PYTHON

코딩의 기본기를 채울 수 있는
다양한 예제로 배우는

파이썬

개정판

1:1 개인 지도하듯이 편안한 구어체를 이용하여 재미있고 쉽게 배울 수 있도록 하였습니다.

- 136개의 다양한 예제를 통한 기초 기능 습득
- 재미있는 프로그램 개발을 통한 실전 훈련

필자는 초등학교 때 학교 컴퓨터 실습실에서 접한 컴퓨터가 너무 좋아서 무작정 어머니께 프로그래밍 학원을 보내달라고 했습니다. 그 당시 학원에서 교육용 프로그래밍 언어로 널리 알려졌던 BASIC이라는 언어를 공부했는데, 간단한 명령어를 하나씩 배우면서 컴퓨터에게 명령을 내릴 때마다 주어진 명령에 따라 응답을 해주는 과정은 어렸던 제게 정말 새로운 경험이었습니다. 이를 계기로 부모님을 설득하여 집에 처음으로 386 컴퓨터를 들이게 되는 계기도 되었습니다.

지금은 스크래치(https://scratch.mit.edu/), 엔트리(https://playentry.org) 등의 다양한 교육용 프로그래밍 언어가 개발되어 초중등 학생들도 쉽게 프로그래밍이라는 것을 경험할 수 있는 기회가 생겼습니다. 이 언어들은 레고처럼 블록을 하나씩 연결하여 프로그래밍을 하는 방식인데 BASIC과는 비교가 안 될 정도로 쉬우면서도 그래픽 효과를 통해 직관적으로 자신의 코딩 결과를 확인할 수 있습니다. 혹시 아직 경험해 보지 못한 분은 한 번쯤 위 두 사이트를 방문해 간단한 코딩을 해보는 것을 권해드립니다. 제 생각에 이처럼 잘 만들어진 교육용 프로그래밍 언어는 그 동안 없었습니다. 그러나 스크래치나 엔트리는 실제로 프로그램을 만들지는 못합니다. 말 그대로 코딩 교육을 위한 언어일 뿐입니다. 실제로 자신이 필요로 하는 프로그램을 만들기 위해서는 진정한 프로그래밍 언어를 선택해야 합니다.

세상에는 무수히 많은 프로그래밍 언어가 존재합니다. 그리고 지금도 어디선가 새로운 프로그래밍 언어가 탄생하고 있을지 모릅니다. 만약 여러분이 첫 프로그래밍 언어를 선택해야 하는 입장이라면 저는 단연 파이썬을 추천합니다. 파이썬을 추천하는 이유는 정말 단순합니다. 배우기 쉽고 코딩하기 쉽기 때문입니다.

프로그래밍이란 무엇일까요? C, 자바, 파이썬 등 프로그래밍 언어를 배우는 것일까요? 아닙니다. 프로그래밍이란 우리 주변의 문제들을 컴퓨터를 도구 삼아 해결하려는 활동입니다. 예를 들어, 내 컴퓨터에 있는 수백 개의 그림 파일의 이름을 수정하는 문제가 있다고 가정합시다. 수백 개의 파일 이름을 일일이 수정한다는 것은 쉽지 않은 일이고, 수정했다고 해도 타이핑하다 보면 실수가 생길 수도 있는 일입니다. 이럴 때 프로그래밍을 통해 문제를 해결하면 됩니다. 컴퓨터는 빠르고 정확하기 때문에 이용하지 않을 이유가 없습니다. 우리가 주변에서 프로그래밍을 이용해서 문제를 해결할 수 있는 사례는 정말 많고 앞으로 IoT(사물 인터넷) 시대로 바뀌면서 더 많아질 것입니다.

필자는 과학영재학교에서 학생들에게 C언어와 자바를 가르치고 있는데 매번 느끼는 것은 C와 자바의 복잡하고 긴 표기법으로 인해 학생들은 무언가를 만들어 보려하기도 전에 지치게 된다는 것입니다. 영재들인데도 말입니다. 이들은 매우 논리적인 학생들이지만 중괄호나 세미콜론을 빼먹었을 때 어디서 오류가 났는지 헤매는 과정은 이들에게도 일반인들과 같이 매우 지루하고 따분한 시간입니다.

필자가 맨 처음 파이썬을 접했을 때는 또 새로운 언어를 공부해야 하나 싶었지만 파이썬을 알고 나서는 왜 파이썬을 공부해야 하고 또 학생들을 가르쳐야 하는지 느끼게 되었습니다. 파이썬은 문법과 의미 구조가 간결하고, 언어의 표현이 쉬워 문제 해결을 위한 알고리즘이나 프로젝트 디자인에 더 많은 시간을 할애할 수 있게 해줍니다. 앞서 설명했던 것처럼 프로그래밍은 언어 자체를 배우는 것이 아닌 문제를 해결하기 위한 과정입니다. 따라서 같은 결과물을 만들어낼 수 있다면 어렵고 복잡한 C언어나 자바보다는 배우기 쉽고 적용하기 쉬운 파이썬을 이용하는 것이 당연합니다.

C언어와 자바는 연구 분야나 산업 현장에서 분명 가장 인기 있는 언어들임에 틀림없습니다. 그리고 각자 나름의 강점들을 가지고 있는 언어들입니다. 그래서 미래에 지속적으로 정보과학 분야에 관심을 가질 예정이라면 언젠가는 다뤄봐야 하는 언어들이기도 합니다. 그러나 앞서 설명한 이유로 위 두 언어는 첫 프로그래밍 언어로 만나기에는 적절하지 않은 언어라고 생각합니다.

파이썬을 첫 프로그래밍 언어로 추천하는 또 다른 이유는 파이썬으로 만들 수 있는 프로그램이 정말 다양하고, 실제로 구글이나 인스타그램 같은 IT기업에서도 파이썬 언어를 이용해 일을 합니다. 세계적인 IT 기업들이 파이썬을 선택했다는 것은 그만큼 파이썬이 안정적이고 쓰임새가 많다는 의미기도 하겠습니다.
그래서 필자는 첫 프로그래밍 언어를 선택하려는 사람은 파이썬을 선택하길 권합니다.

이 책은 파이썬을 처음 접하는 사람이 기초를 쉽게 익힐 수 있도록 핵심 개념을 중심으로 구성했습니다. 각 핵심 개념 별로 하나의 예제를 제공하였으며 가능한 하나의 예제에는 하나의 새로운 개념만을 담으려고 노력했습니다. 그리고 예제는 반드시 직접 코딩하면서 공부하길 바랍니다. 눈으로 봐도 이해가 될 정도로 쉽겠지만, 눈으로 보고 이해하는 것과 직접 손으로 치면서 이해하는 것은 하늘과 땅 차이만큼 큽니다. 그러니 꼭 직접 코딩하길 당부합니다.

이 책으로 공부하는 분에게 한 가지 더 당부하고 싶은 것은 파이썬 공부에 있어서 언어 자체의 공부에 매몰되지 않기 위해서는 "프로그래밍 하고 싶은 무엇"을 찾아보시기 바랍니다. 이 책의 Chapter 9에 여러분이 흥미가 있을 법한 실전 예제를 담았지만 충분하지는 않을 것입니다. 이 책에서 제공하는 실전 예제 외에 인터넷 검색 등을 통해서 파이썬으로 만들 수 있는 프로그램이 어떤 것들이 있는지 알아보고 스스로 무엇을 코딩하고 싶은지 생각해 보기 바랍니다. 진짜 코딩 실력은 무언가 만들어가는 과정에서 급격하게 향상된다는 것을 알게 될 것입니다.

마지막으로, 한 가지 양해를 부탁드릴 것은 책을 서술하는 문체를 학교에서 수업하듯이 편안한 구어체로 하였습니다. 학교에서 수업하는 것처럼 구어체를 사용하면 개개인에게 1:1 지도를 하듯이 의미 전달이 더 잘 이루어진다는 경험을 발판삼아 조금이라도 더 필자가 가진 노하우를 여러분에게 전달하고자 선택한 것입니다.

끝으로 이 책을 엮게끔 해주신 출판사 아티오 사장님께 감사드리고, 어려운 환경 속에서도 저를 끊임없이 응원해 주는 아내 솔희와 언제나 웃음꽃이 피도록 해맑게 커주고 있는 우리 세인에게도 감사의 마음을 전합니다.

돌마리에서
박 병 기

책의 특징

P · Y · T · H · O · N

SECTION 012

여러 개의 값 출력하기

[핵심 내용] print( )로 여러 값을 한 번에 출력할 수 있다.

파이썬 기능을 핵심 개념별로 128개의 독립된 섹션으로 나누어 각 항목에 최적화된 예제를 풀어보면서 보다 쉽게 배울 수 있도록 하였습니다.

이곳에서 배울 핵심 내용을 한 줄로 정리해 놓았습니다.

```
1:  # section_012
2:
3:  mass = 100
4:  height = 1.7
5:  g = 9.8065
6:
7:  print('질량은', mass)
8:  print('높이는', height)
9:  print('중력상수는', g)
10: print()
11:
12: # 여러 변수 출력하기
13: print(mass, height, mass * height * g)
14: print()
15:
16: # 구분자 넣고 출력하기
17: print(mass, height, mass * height * g, sep=",")
18: print(mass, height, mass * height * g, sep=" 에헴")
```

여러 변수 출력하기는 주석이기 때문에 코딩하지 않아도 실행에는 문제없어!

물리 수업에서 배우는 위치 에너지 공식은 E=mgh야. 즉 질량*중력상수*높이야.

각 기능을 쉽게 이해할 수 있는 맞춤형 예제와 실행 결과를 보여줍니다.

```
질량은 100
높이는 1.7
중력상수는 9.8065

100 1.7 1667.105

100,1.7,1667.105
100 에헴 1.7 에헴 1667.105
```

10번 줄 때문에 빈 줄이 생겼어

콤마를 구분자로 출력

'에헴'을 구분자로 출력

소스의 중요한 부분에 설명을 달아놓아 이해도를 높였습니다.

TIP 키보드에서 역슬래시(＼)가 안 보이면?

한글 키보드에서는 역슬래시가 '＼' 대신 '₩'로 표시되어 있어. 두 개가 같은 것이니까 키보드에서 찾아보자고. 위치가 어디냐면 보통 엔터키 바로 위에 위치하고 있어.

강의 도중 학생들에게 질문을 많이 받았던 중요한 내용 및 노하우를 별도의 팁으로 구성하였습니다.

앞에서 print( ) 함수를 사용해 봤잖아. 숫자, 문자열, 변수 등을 하나씩 출력해 봤는데 이번에는 print( ) 함수에 여러 개의 변수나 값들을 넣고 출력해 볼게.

3번~5번 줄	질량(mass)을 100, 높이(height)는 1.7, 중력 상수(g)는 9.8065로 설정했어. 이 변수들을 위치 에너지 공식에 넣어보려고 해.
7번~9번 줄	print( ) 함수 안에 문자열과 변수를 콤마(,)로 나열해서 출력할 수 있어. 특징적인 것은 두 인수 사이에 공백이 자동으로 삽입돼서 출력된다는 거야.
10번 줄	print( )만 입력하면 빈 줄을 출력하라는 명령이야. 출력 결과를 보면 한 줄의 빈 줄이 들어간 건 바로 이 코드 때문이야. 앞으로의 예제들에서 출력 결과들을 보기좋게 구분하기 위해서 이 명령을 종종 사용할 거야.
13번 줄	변수 여러 개를 콤마(,)로 나열해서 적어주었어. 마찬가지로 결과값을 보면 각 변수 값들을 공백으로 구분해서 출력해 주는 것을 확인할 수 있어.
17번, 18번 줄	공백 대신 내가 원하는 문자를 구분자로 설정할 수 있어. print( )문의 인수로 sep='원하는 문자'를 적어주면 돼. 거꾸로 말하면 sep 옵션을 생략할 경우 공백이 기본 값이라는 것을 알 수 있지.

1 : 1 개인 지도 형태로 줄번호 단위 해설을 하여 한눈에 쏙 들어오도록 하였습니다.

3줄 요약

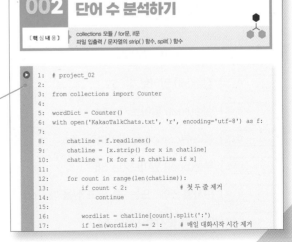

- ☑ print( )문으로 여러 개의 값을 출력할 수 있다.
- ☑ sep='원하는 문자' 옵션을 이용하면 출력 값들을 공백 대신 다른 문자로 구분하여 출력할 수 있다.
- ☑ print()문은 변수의 변화를 파악하면서 디버깅에 활용할 수 있다.

하나의 예제가 끝난 후 꼭 알아두어야 할 핵심 내용을 정돈해 놓았습니다.

P·Y·T·H·O·N

PROJECT 002

카카오톡 대화 파일에서 단어 수 분석하기

[핵심내용] collections 모듈 / for문, if문
파일 입출력 / 문자열의 strip( ) 함수, split( ) 함수

```
# project_02

from collections import Counter

wordDict = Counter()
with open('KakaoTalkChats.txt', 'r', encoding='utf-8') as f:

    chatline = f.readlines()
    chatline = [x.strip() for x in chatline]
    chatline = [x for x in chatline if x]

    for count in range(len(chatline)):
        if count < 2:                # 첫 두 줄 제거
            continue

        wordlist = chatline[count].split(':')
        if len(wordlist) == 2 :      # 매일 대화시작 시간 제거
```

기능을 모두 배운 후 재미있는 프로그램을 만들어보면서 종합적인 정리를 할 수 있도록 하였습니다.

차 례

P · Y · T · H · O · N

Chapter 8 ▸ 예외 처리

Chapter 9 ▸ 파이썬으로 만들어보는 재미있는 프로그램들

Chapter 10 ▸ 부록

1. 파이썬은 프로그래밍 언어다.

프로그래밍 언어란 프로그램을 작성하기 위해 만든 인공적인 언어를 말해. 컴퓨터는 인간이 만든 가장 똑똑한 기계 장치이긴 하지만 프로그램이 없다면 사용할 수 없는 고철덩어리에 불과하거든. 이 똑똑한 장치를 움직이게 하려면 반드시 프로그램이 필요해. 이 프로그램을 작성하기 위한 언어가 프로그래밍 언어야.

프로그래밍 언어를 분류하는 기준은 다양한데 그중에서 고급 언어냐, 저급 언어냐 하는 구분이 있어. 고급 언어는 인간의 언어(영어)와 유사한 문법을 제공해서 사용하기 편리한 언어들을 말해. 파이썬을 포함해서 C언어, 자바, PHP 등등 많은 언어가 있어. 저급 언어는 인간보다는 기계어에 가까운 언어를 말해. 기계어, 어셈블리어 등이 있어. 이 언어들은 하드웨어를 직접 조작하는 언어라서 정말 배우기 어렵고, 코딩하기는 더 어려워.

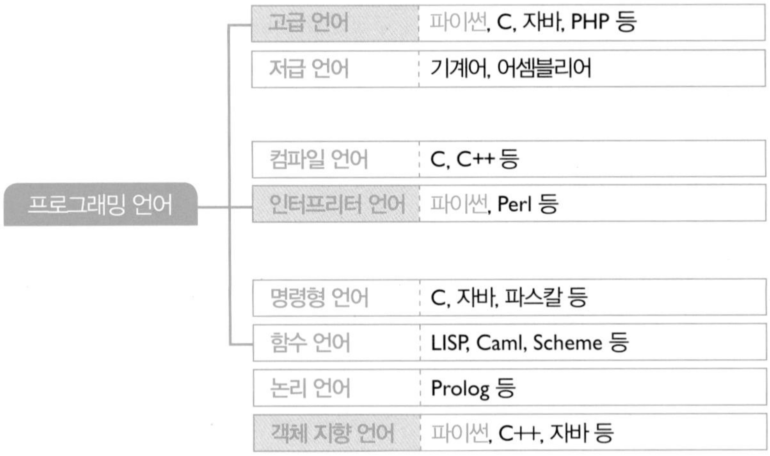

[프로그래밍 언어의 분류와 파이썬의 위치]

프로그래밍 언어를 컴파일 언어와 인터프리터 언어로 나누기도 해. 컴파일 언어는 프로그래머가 작성한 소스코드를 한꺼번에 해석해서 완성된 기계어 프로그램을 만들고 이 프로그램을 실행하는 방법이야. 대표적으로 C, C++ 등의 언어가 이쪽에 속해. 반면에 인터프리터 언어는 프로그래머가 작성한 소스코드를 바로 기계어로 번역한 다음 직접 실행하는 방법이야. 그래서 완성된 기계어 프로그램을 만들지 않고 소스코드를 매번 실행하니까 컴파일 언어 계열보다 속도가 느리다는 단점이 있어. 여기에 파이썬이 속하고, Perl도 인터프리터 언어야.

마지막으로 하나 더! 프로그래밍 언어를 명령형 언어, 함수 언어, 논리 언어, 객체지향 언어로 분류하기도 해. 명령형 언어는 명령의 순차적 실행을 의미하는 언어로 대부분의 언어가 여기에 포함돼. 함수 언어는 변수나 대입문 없이 함수로 프로그램을 구성하는 언어들이야. LISP, Caml, Scheme 등이 여기에 포함되고, 논리 언어는 개체와 개체간 규칙을 이용해서 코딩하는 언어들이야. Prolog 등이 여기에 속해. 마지막으로 객체지향 언어는 변수와 함수의 집합인 객체를 단위로 코딩하는 언어를 말해. C++, Java, 파이썬 등이 여기에 속해.

정리하면, 파이썬은 고급 언어, 인터프리터 언어, 객체지향 언어인 프로그래밍 언어야. 위의 내용처럼 어렵고 재미없는 얘기를 굳이 언급한 이유는 파이썬의 특징을 엿볼 수 있기 때문이야.

파이썬은 고급 언어이기 때문에 우리가 이해하기 쉬운 문법을 제공하고, 인터프리터 언어라서 코딩하면서 즉시 실행시키면서 결과를 확인할 수 있지만 소스코드가 길어질수록 속도가 느리다는 단점을 가지기도 하지. 또 객체지향 언어이기 때문에 대단위 프로젝트를 위한 프로그램을 작성하는데도 사용될 수 있어.

2. 파이썬의 장점

- 읽고 코딩하기 쉽다. 머리말에서 설명했듯이 파이썬은 문법이 쉽고 읽기 쉽다. 최소한의 제한을 두고자 한 창시자 귀도(Guido Van Rossum)의 의도가 반영되어 복잡한 문법이 없다. 그래서 배우기 쉽다.
- 객체지향이면서 절차지향이다. 소소한 프로그램을 만들기 위해 객체를 만들 필요없이 간단한 코드로 목적을 달성할 수 있다.
- 강력하다. 파이썬으로 우리가 생각하는 대부분의 일을 할 수 있다. 단, 윈도우 같은 운영체제를 만들고 싶다든지, 하드웨어를 직접 제어하고 싶다면 C언어로 갈 것. 기계 친화적 프로그램(운영체제나 하드웨어 제어 같은) 외에는 거의 제한이 없다.
- 공짜다. 파이썬은 오픈 소스라서 공짜다.
- 개발속도가 빠르다. 작성하기 쉬운 만큼 프로그램 개발 속도가 매우 빠르다.

3. 우리는 파이썬3으로 공부할 거야!

우리는 파이썬3으로 공부할 거야. 혹시 이전에 파이썬2도 있었다는 사실을 알고 있어? 파이썬은 2000년 10월에 처음으로 파이썬 2.0(파이썬2)이란 이름으로 등장하고 꾸준히 성장하면서 주류 프로그래밍 언어가 되었어. 그리고 2008년 12월 파이썬 3.0(파이썬3)이 등장했지. 이때만 해도 프로그래머들은 기존에 사용하던 파이썬2를 더 선호했어. 하지만 파이썬2의 보안 취약점 등이 개선되는 동안 파이썬3의 성능이 급격하게 발전하자 사람들은 점차 파이썬3으로 옮겨가기 시작했지. 그리고 이즈음 코딩 붐이 불면서 새롭게 배우기 시작하는 초보 프로그래머들이 파이썬3을 선택하면서 프로그래머도 많아졌지. 그렇게 파이썬3이 대세가 되자 파이썬2는 단종하기에 이르렀어. 이게 2020년의 일이야. 아무래도 파이썬2가 먼저 시작했기에 지금도 인터넷에는 파이썬2 버전으로 작성된 코드가 많을거야. 혹시 공부하다가 책에서 다룬 문법과 조금 다른 파이썬 코드가 보인다면 그건 파이썬2로 작성된 코드일거야.

4. 참고해 볼 만한 파이썬 공부사이트 소개

- 파이썬 공식 홈페이지: https://www.python.org/
- 코드아카데미: https://www.codecademy.com
- 위키독스: https://wikidocs.net/
- 바이트오브파이썬: http://byteofpython-korean.sourceforge.net/byte_of_python.html

파이썬 코딩은 다양한 환경에서 실행할 수 있는데 개정판에서는 온라인에서 쉽고 편리하게 코딩하는 방법을 소개할게. 바로 구글(Google)에서 제공하는 온라인 코딩 플랫폼인 구글 코랩 노트북(Colab Notebook)이야. 이외의 방법인 주피터 노트북(Jupyter Notebook)과 초판에서 사용한 파이참(PyCharm)을 이용하는 방법은 부록에 담아두었으니 참고해 줘.

1. 구글 코랩(Google Colaboratory)

구글 코랩은 인터넷 웹브라우저(크롬, 웨일, 엣지 등) 내에서 직접 파이썬 코드를 작성하고 실행할 수 있으며, 장점은 다음과 같아.

- 파이썬 설치 등 구성이 필요하지 않다.
- 무료로 GPU를 사용할 수 있다.
- 간편하게 공유할 수 있다.

구글 코랩에서 파이썬 코딩을 하면 복잡한 설치를 하지 않아도 되고, 메모장이나 통합개발 플랫폼 같은 프로그램도 필요 없다는 게 가장 큰 장점이야. 그리고 내 컴퓨터의 CPU를 사용하는 것이 아니고 구글에서 제공하는 CPU와 고성능 GPU까지 무료로 사용할 수 있어. GPU라니 대박! 내가 작성한 코드를 다른 사람들과 간편하게 공유할 수 있다는 건 덤이야. 게다가 코랩은 데이터 분석, 인공지능 코딩 학습에도 유용하게 사용할 수 있어. 나도 학교에서 수업할 때 이 코랩을 이용해서 파이썬 기초, 데이터 분석, 인공지능 수업 등을 진행하고 있어.

코랩에서는 "코랩 노트"라는 파일 단위로 코딩할 수 있어. 일단 코랩 노트가 어떻게 생겼는지 보자.

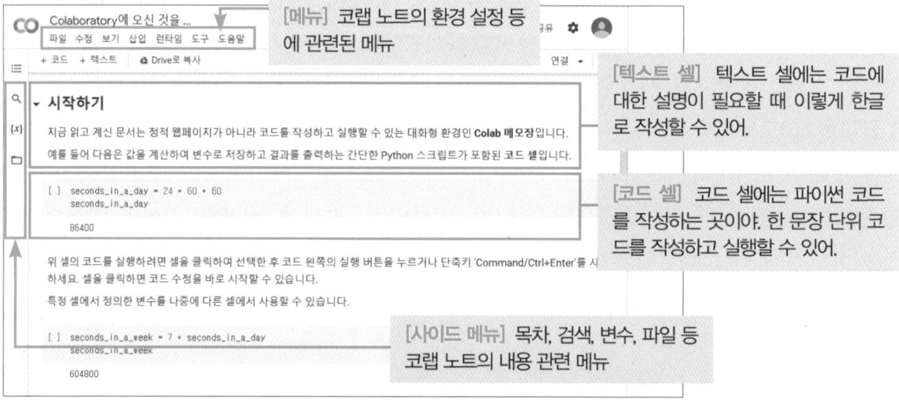

[구글 코랩 노트 화면]

코랩 노트에서 가장 중요한 것은 텍스트 셀(Text Cell)과 코드 셀(Code Cell)이야. 텍스트 셀은 코드에 대한 설명이나 글을 적을 수 있는 곳이고 프로그램 실행과는 전혀 상관없는 셀이야. 말 그대로 그냥 설명을 적어두기 위한 공간이지, 코드 셀은 직접 코드를 작성하고 실행할 수 있는 곳이야. 여기에 우리가 공부하는 코드를 입력하고 한 문장 단위로 바로 실행할 수 있어. 그러면 그 결과를 즉시 확인할 수 있지.

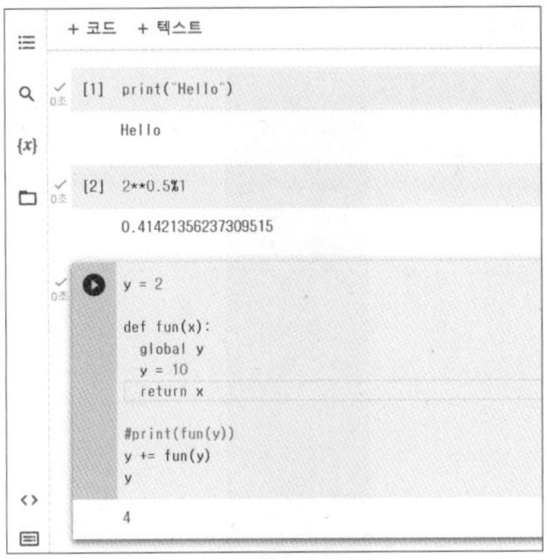

[코랩 노트에서 파이썬 코딩 예시1]

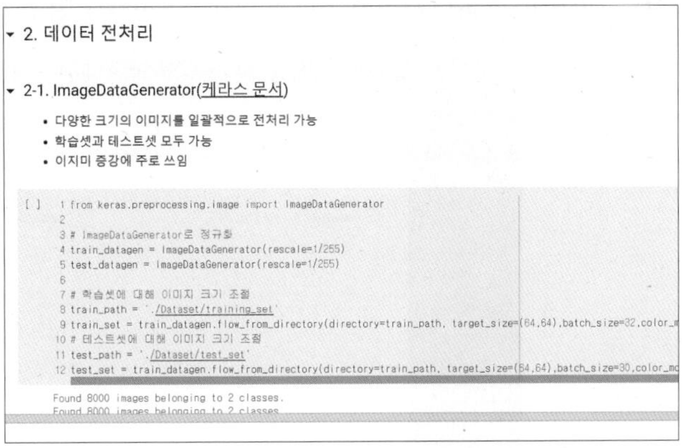

[코랩 노트에서 파이썬 코딩 예시2]

2. 구글 코랩 시작하기

구글 코랩이 무엇인지 알았으니 이제 구글 코랩을 어떻게 사용하는지 알아보자.

(1) 구글 계정 만들기

구글 코랩을 이용하기 위해서는 당연한 말이지만 구글 계정이 필요해. 아직 구글 계정이 없다면 구글(https://www.google.co.kr/)에서 회원가입을 통해 계정을 만들어야 해.

(2) 구글에서 '구글 코랩'으로 검색하기

(3) 검색 결과에서 코랩 찾아가기

검색 결과에서 거의 첫 번째로 나오는 "Colaboratory에 오신 것을 환영합니다 - Colaboratory - Google"을 찾아서 클릭하자.

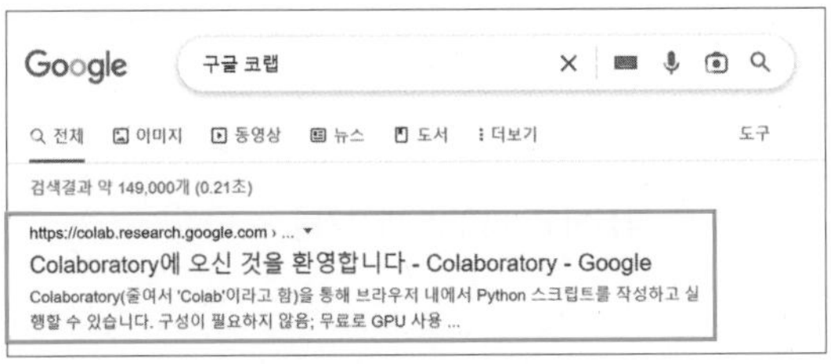

(4) 구글 코랩에서 [새 노트] 시작하기

그러면 아래와 같은 화면이 나올거야. 오른쪽 아래에 [새 노트]를 선택하자. 코랩에서는 각각의 파일을 '노트' 라고 불러. 우리는 여기서 코딩을 위한 새로운 노트를 만들어볼 거야.

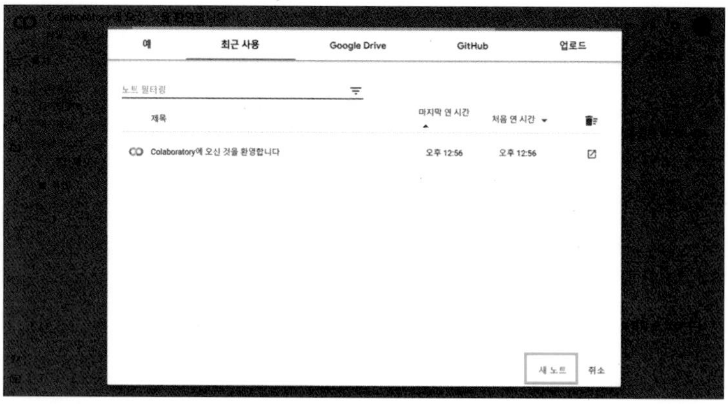

[코랩에서 [새 노트] 추가하기]

(5) 새 노트 확인하기

새로운 노트를 열면 아래와 같은 화면이 나와. 노트 안에는 코드 셀 하나만 생성되어 있을거야.

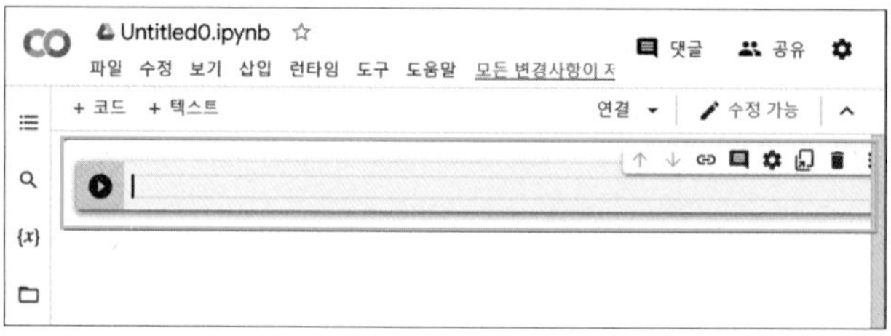

(6) 코딩하고 파일명 바꾸기

코드 셀에 간단한 덧셈 수식을 넣어보자. 아래 그림처럼 '2 + 3'을 계산해 달라는 명령을 코드로 작성해 봐. 코딩을 마쳤으면 이제 코드 셀을 실행해야겠지? 코드 셀을 실행하는 방법에는 3가지 방법이 있어.

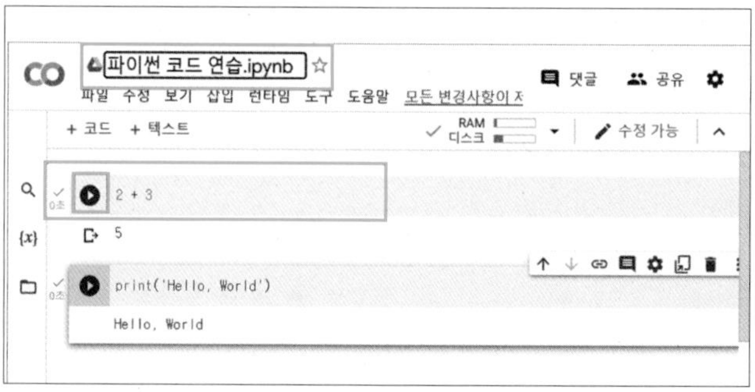

[코드 작성하고, 파일명 바꾸기]

① Ctrl + Enter : 현재 셀을 실행한 후 셀 포커스가 현재 셀에 머문다.
② Shift + Enter : 현재 셀을 실행한 후 셀 포커스가 다음 셀로 이동한다.
③ 마우스로 ▶ 버튼을 클릭 : 클릭한 해당 코드 셀을 실행한다.

위에서 Ctrl + Enter 와 Shift + Enter 의 차이는 셀을 실행하고 나서 다음 셀로 이동하는지 여부만 다르고 셀을 실행한다는 점에서는 똑같애.

코드를 실행하고 나면 코드 셀 바로 밑에 출력 결과를 즉시 확인할 수 있지? 맞아! 숫자 5라고 적힌 부분이야.

여러 개의 노트를 관리하려면 파일 이름을 지정해야 하는데, 맨 위에 Untitled0.ipynb를 클릭하면 파일명을 바꿀 수 있어. 'Untitled0' 대신 '파이썬 코드 연습'으로 파일명을 바꿔보자. 그리고 파일명 오른쪽에 ipynb는 노트의 파일 확장자야. 만약 인터넷에서 *.ipynb 파일을 발견한다면, 코랩에서 열어볼 수 있는 파일이란 걸 알 수 있겠지?

여기서 특이한 점! 코랩 노트는 [저장]을 따로 하지 않아도 자동으로 저장된다는 것! 무슨 말이냐 하면, 우리가 각 셀을 실행할 때마다 코랩 노트는 자동으로 변경된 내용을 저장해주기 때문에 굳이 저장 버튼을 누르지 않고 파일을 닫아도 우리의 작업이 잘 저장된다는 거야. 어때? 편리하지 않아? 하지만, 셀을 실행하기 전까지 작업한 코드나 글이 저장되지 않은 경우도 있으니 Ctrl + S 또는 [파일] 〉 [저장] 메뉴를 이용해서 저장한다면 더 안전할 거야.

3. 구글 드라이브에서 코랩 노트 만들고 관리하기

우리는 지금까지 구글 코랩에서 새 노트를 만들어서 간단한 코드를 작성해보았고, 파일을 저장해봤어. 그럼 내가 저장한 파일은 어디서 확인할 수 있을까? 바로 구글 드라이브야. 구글 드라이브는 구글에서 제공하는 클라우드라고 할 수 있지. 네이버의 클라우드나 MS의 원드라이브처럼 파일을 온라인 상에 저장하고 보관하는 저장소라고 생각하면 돼. 구글 드라이브에 저장해 둔 파일은 컴퓨터, 스마트폰, 태블릿 등 어느 장치에서나 접속할 수 있어서 편리하지.

그럼, 코랩 노트 파일을 확인하러 구글 드라이브로 가보자. 구글 드라이브는 로그인한 후 구글 홈페이지 등에서 바로 들어갈 수 있어. 구글 화면의 오른쪽 위에 ⠿ 버튼을 누르면 구글에서 제공하는 다양한 서비스를 확인할 수 있는데, 그중에서 '드라이브'를 클릭해보자.

[구글 드라이브 메뉴]

자, 여긴 구글 드라이브야. 최근 사용한 파일 내역에 방금 우리가 작성한 '파이썬 코드 연습.ipynb' 파일을 확인할 수 있지? 이런 파일은 [내 드라이브] 〉 [Colab Notebooks] 폴더에 저장되니까 이 특별한 노란색 폴더를 앞으로 자주 이용해 보자구.

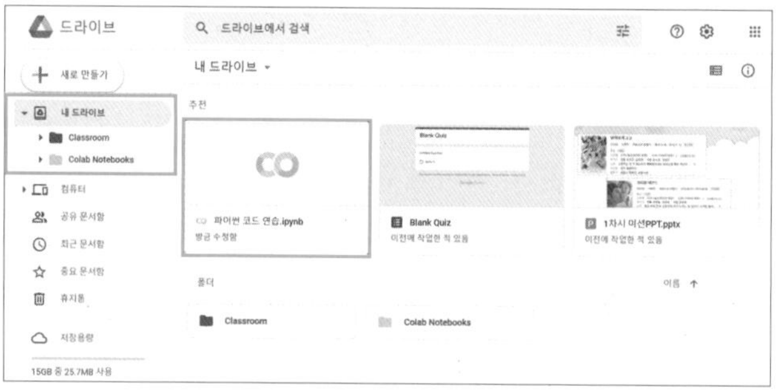

[구글 드라이브 첫 화면]

구글 드라이브에서 직접 새 노트를 생성해 보자. 구글 드라이브 화면 왼쪽 위에서 [+ 새로 만들기] 버튼을 누르고, 여기서 [더보기] 〉 [Google Colaboratory] 메뉴를 선택하면 새로운 노트를 만들 수 있어. 새로운 파일 이름은 다시 Untitled0.ipynb라는 걸 확인할 수 있을 거야. 파일명을 바꾸지 않으면 Untitled1, Untitled2, ... 이렇게 임시 파일명이 자동으로 만들어져.

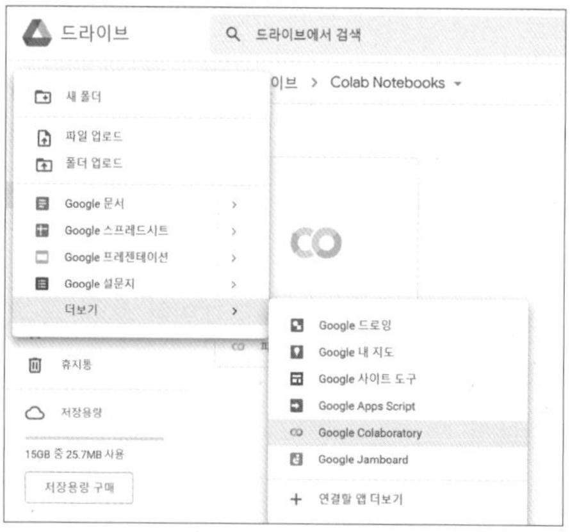

[드라이브에서 코랩 노트 만들기]

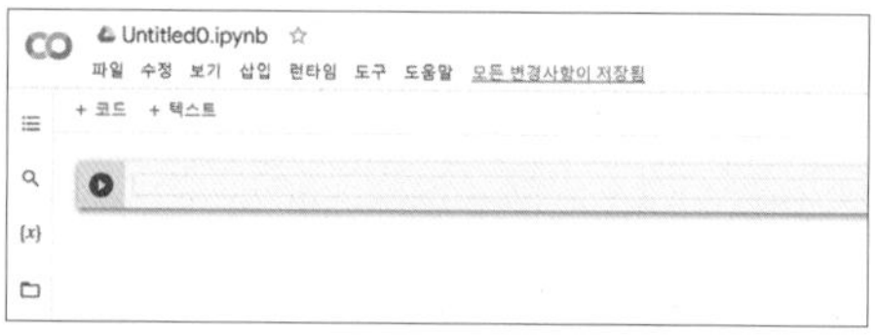

[새로 만들어진 코랩 노트]

다시 구글 드라이브의 [Colab Notebooks] 폴더를 가보자. 우리가 만든 2개의 파일이 저장된 걸 확인할 수 있어.

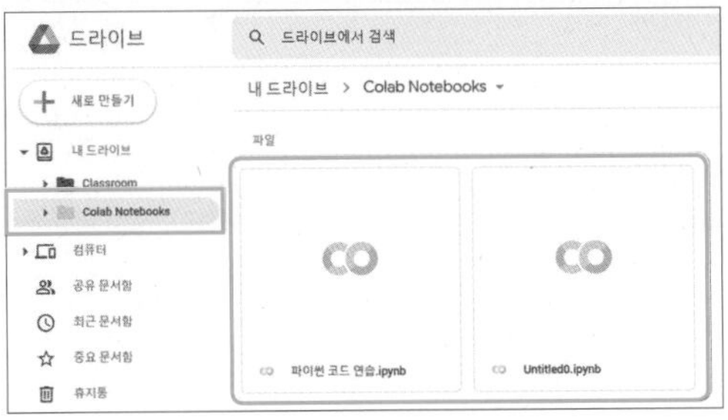

[[Colab Notebooks] 폴더]

수고했어. 앞으로 책 내용을 따라갈 때마다 이렇게 노트를 생성하고 코딩하는 거야. 처음이라면 어색할 건데 곧 익숙해질 거야.

4. 코랩은 항상 사용할 수 있나?

코랩은 인터넷이 연결되어 있는 환경에서 크롬, 웨일 등 웹브라우저를 이용하면 언제든 자유롭게 사용할 수 있어. 그런데, 앞으로 코랩 노트를 사용하다 보면 런타임 연결이 끊겼다는 알림창을 종종 보게 될 거야.

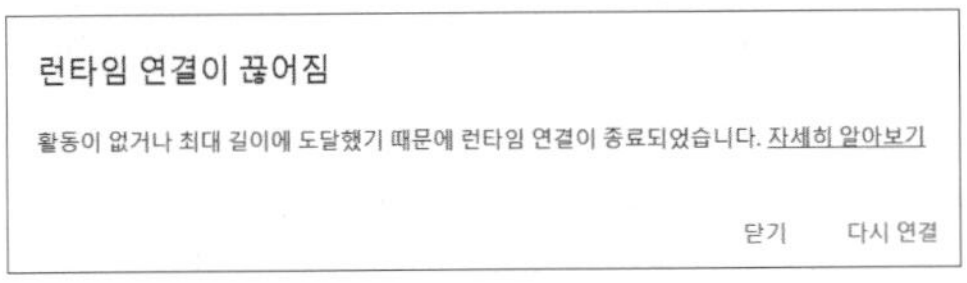

런타임(runtime)은 노트를 사용할 수 있도록 허락된 시간을 말해. 코랩 노트로 공부하다가 몇 분간 자리를 비우고 다른 작업을 하고 오면 노트에서 위와 같은 메시지를 보게 돼. 그러면 그동안 코딩했던 내용들이 제대로 실행되지 않을 거야. 이럴 때는 노트의 맨 처음 코드 셀부터 다시 시작하면 돼.

이런 제약을 둔 이유는 코랩이 전 세계 사람들에게 웹에서 무료로 코딩할 수 있는 환경을 제공해주는 플랫폼이고 누군가 노트를 사용하면 구글의 컴퓨팅 자원(CPU, 메모리 등)을 할당해주는 거잖아. 그러다 보니 쉬고 있는 유저에게서는 자원을 회수하고, 다른 유저에게 자원을 할당해서 효율적으로 운영하려고 하다보니 런타임이 생긴거야. 노트에서 코딩하는 동안 런타임은 계속 유지되니까 크게 걱정할 것은 없어, 게다가 12시간 정도는 쉬지 않고 사용할 수 있으니까 말이야.

런타임이 종료되면 해야할 일!
- 노트의 맨 처음 코드 셀부터 다시 시작한다.
- 코랩 노트에서 사용한 데이터 파일을 다시 업로드한다.

P·Y·T·H·O·N

Chapter

01

파이썬 맛보기

앞으로 파이썬을 공부하는데 있어 기초 지식이라고 할 수 있는 내용을 먼저 알아볼게. 입력과 출력, 그리고 간단한 개념 소개들로 구성되어 있으니 꼭 먼저 읽기를 추천해.

SECTION 001

P·Y·T·H·O·N

값 출력하기와 주석 넣기

〔핵심내용〕 print( ) 함수는 화면에 값을 출력하는 명령이다.

```
# section_001

print(2020)     # 2020을 출력한다
print(3 + 2)
print("반갑다 파이썬!")
```

```
2020
5
반갑다 파이썬!
```

이제 파이썬 프로그래밍을 배워보자. 위 예제를 코드 셀에 입력한 다음 파일명을 section_001.ipynb로 저장해. 그런 다음 Ctrl + Enter 나 Shift + Enter 또는 코드 셀의 ▶ 버튼을 눌러서 코드 셀을 실행해보자. 그러면 코드 셀 바로 아래에 실행 결과가 나타나지? 코랩 노트의 장점이 코드 셀마다 즉시 결과를 확인할 수 있다는 점이야. 이제 한 줄 한 줄 설명해볼게.

TIP 코드 셀을 추가하려면?

```
# section_001

print(2020)     # 2020을 출력한다
print(3 + 2)
print("반갑다 파이썬!")
```

```
2020
5
반갑다 파이썬!
```

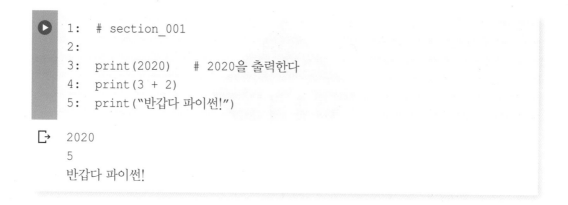

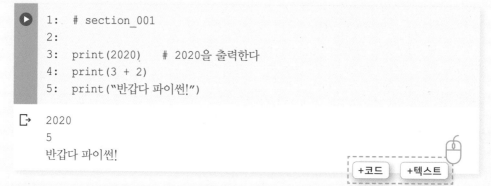

그림처럼 코드 셀 아래쪽 경계선에 마우스를 올리면 [+ 코드]와 [+ 텍스트] 버튼이 생겨. 코드 셀을 추가하려면 [+ 코드], 텍스트 셀을 추가하려면 [+ 텍스트]를 클릭하면 돼.

1번 줄

#은 소스 프로그램에 주석을 넣을 때 사용하는 거야. #을 쓰면 그 뒤에 있는 코드들은 모두 주석 처리가 되는 것이지. 그런데 주석이 뭐냐구? 주석이란 코드를 설명하기 위해 삽입하는 설명글을 말하는데, 프로그램의 실행에는 아무런 영향을 주지 않아.

코드가 길어지고 복잡해지면 한두 달 후에 자신이 작성한 코드를 봐도 이해하는 것이 쉽지가 않아. 또 여러 명이 같이 작업할 때는 남에게 내 코드를 일일이 설명하는 것 또한 쉽지 않은 일이야. 더욱이 팀원이 멀리 떨어져 있다면 더욱 그렇지. 이럴 때 주석을 사용하면 좋아. 주석은 코드에 달아주는 메모같은 거야. 주석은 때때로 소스 프로그램의 맨 처음에 프로그램에 대한 설명이나 개발자에 대한 정보를 넣을 때 사용하기도 해.

2번 줄

2번 줄은 주석과 코드를 분리해서 보기 좋게 하려고 삽입한 빈 줄에 불과해. 이것 또한 프로그램 실행에 아무런 영향을 주지 않아.

3번~5번 줄

print( ) 함수는 화면에 값을 출력할 때 사용하는 거야. print( ) 함수의 괄호 안에 화면에 출력하고 싶은 값을 넣어주면 돼. 여기서는 간단하게 숫자 2020, 수식 3+2 그리고 문자열 "반갑다 파이썬!"을 출력해 보았어.

내가 원하는 값을 출력하기 위해서 print( ) 함수를 어떻게 활용할지는 앞으로 차근차근 배워보자. print( ) 함수는 출력과 관련해서 다양한 기능을 가졌기 때문에 한꺼번에 배우기보다는 하나씩 천천히 다뤄볼게.

TIP 코드 셀을 추가하려면?

```
1:  3 + 2
```

```
5
```

코드 셀에 수식 등을 직접 입력하면 print( ) 함수를 사용하지 않아도 결과를 확인할 수 있어. 단, 수식 등이 여러 문장이라면 맨 마지막 문장만 출력한다는 거 알아둬.

3줄 요약

- ☑ 화면에 값을 출력할 때는 print( ) 함수를 사용한다.
- ☑ print( )의 괄호 안에 화면에 출력하고 싶은 값을 넣어주면 된다.
- ☑ 코드에 주석을 넣고 싶으면 #을 사용한다.

SECTION

P·Y·T·H·O·N

002 변수와 변수 출력

〔핵심내용〕 변수는 데이터를 임시로 저장하는 공간이다.

```
# section_002

apple = 10
lemon, banana = 20, 50
fruit = apple + lemon + banana

print(apple)··········❶
print(banana)·········❷
print(fruit)··········❸

apple = 30
print(apple)··········❹
```

```
10
50
80
30
```

print( ) 함수가 네 번 사용되었으니 출력 결과에도 네 개의 값이 출력되어 있어.

물건을 사고 거스름돈으로 동전이 생기면 주머니 또는 지갑에 동전을 넣어두지? 왜냐하면 동전을 잠시 보관해야 하니까 말이야. 앱이나 게임 등을 프로그래밍 하다보면 다양한 종류의 값을 처리하게 되는데 중간중간 생기는 값들을 어딘가 저장해 두어야 할 때가 있어. 이때 사용하는 게 변수야. 변수는 값을 잠시 저장할 수 있는 공간이야.

변수를 사용하면 값을 보관할 수 있을 뿐만 아니라, 변수 그 자체가 자신이 가지고 있는 값을 대표하기 때문에 값 대신 변수를 사용할 수 있는 것이 장점이야. 무슨 뜻인가는 예제 코드를 통해서 보게 될 거야.

변수는 하나의 프로그램에 여러 개가 사용될 수 있어서 각각을 구분하기 위한 이름을 부여하는데, 이것을 변수명이라고 해.

3번 줄

<변수 만들기와 값 저장>

우리가 사용한 첫 번째 변수명은 apple이야. 변수명을 만들 때는 a, b, c처럼 간단하게 만드는 것도 좋지만 가능하면 apple, banana처럼 변수명만 보고도 대략적으로 변수가 가진 값의 성격을 알 수 있도록 지어주는 것이 바람직해.
아래와 같이 작성하면 변수가 만들어지는 동시에 값이 저장돼.

변수 = 값

'='은 대입 연산자 또는 할당 연산자라고 부르는데, 이 연산자의 의미는 오른쪽의 '값'을 왼쪽의 변수에 저장하라는 거야. 그러니까 apple = 10의 의미는 apple이라는 변수를 만든 후 값 10을 변수 apple에 저장하라는 명령이지. 대입 연산자로 인해 apple은 값 10을 저장하게 돼.

4번 줄

파이썬은 여러 개의 변수를 한 줄에 저장할 수 있어. '=' 왼쪽에 변수를 나열하고 오른쪽에는 각각의 값을 순서대로 나열하는 거야. 즉, 예제처럼 하면 lemon에는 20, banana에는 50이라는 값이 저장 돼. 간단하지? 단, 변수의 개수와 값의 개수가 같아야 해.

5번 줄

<수식에서 변수 사용>

역시나 대입 연산자야. 대입 연산자의 역할은 오른쪽에 있는 값을 왼쪽의 변수에 저장하라는 의미야. 그런데 오른쪽을 보니 값이 아니라 수식이 있네? 이럴 땐 다음과 같이 작동이 이루어져.

① 등호의 오른쪽을 계산한다.
② 계산 결과를 등호 왼쪽의 변수에 저장한다.

위 방법대로라면 우변의 수식을 계산해야 하는데, 숫자들의 연산이 아니라 변수들의 연산이네! 잘 기억해 둬. 변수가 이렇게 '=' 오른쪽에 있을 때는 변수가 저장한 값을 사용하겠다는 의미인거야. 그래서 파이썬은 5번 줄을 다음과 같이 해석해.

fruit = apple + lemon + banana

↓

fruit = 10 + 20 + 50

↓

fruit = 80

덧셈을 계산하고 나면 결국 fruit = 80과 의미가 같게 되고, 변수 fruit에 값 80이 저장되는 거야.

7번~9번 줄

<변수 출력하기>

변수가 가진 값을 출력하는 문장이야. 앞서 배웠듯이 print( ) 함수는 괄호 사이에 있는 것을 출력하는 기능을 가지고 있어. 괄호 안에 변수를 넣어주면 변수에 저장된 값이 출력 돼.

11번 줄

변수 apple에 저장된 값을 수정했어. apple은 3번 줄에서 값 10을 가진 후로 10번 줄까지 같은 값을 유지하고 있었는데 이것을 30으로 수정한 거야. 변수(變數)의 변(變)은 변한다는 의미야. 그러니까 변수에 저장된 값은 대입 연산자를 이용해서 언제든지 변할 수 있다는 것 기억해 둬.

12번 줄

변수의 값이 바뀐 것을 맨 마지막 출력 결과로 확인할 수 있어.

변수를 만들고 값을 저장한 다음 변수를 사용하는 방법에 대해서 알아봤어. 이 장을 마무리하기 전에 변수명을 만드는 방법에 대한 몇 가지 이야기를 해줄게. 꼭 읽고 넘어가 줘.

변수명 만들기

변수의 이름을 지을 때는 여러분이 원하는 단어를 선택하여 사용하면 되지만 다음 5가지 규칙을 지켜야 한다.

① 대문자와 소문자를 구분한다(apple과 Apple은 다른 변수이다).
② 영문 대문자, 소문자, 숫자 그리고 밑줄(_)을 사용하여 만들 수 있다.
③ 변수명 중간에 공백이 들어가면 안 된다.
④ 숫자로 시작하는 변수명도 안 된다.
⑤ 예약어는 변수로 사용할 수 없다.

좋은 변수명은 이름만 보고 변수가 저장한 값의 의미를 짐작할 수 있도록 하는 것이 좋다. 변수 값의 의미를 알 수 없는 나쁜 변수명은 가능한 안 쓰는 것이 좋다.

좋은 변수명	나쁜 변수명
sum	abc
maxAge	aaa
next_value	a
score	c1

사용할 수 없는 변수명	이유
2016year	변수의 맨 앞에 숫자가 들어있다(규칙4 위반).
user name	변수명에 공백은 들어갈 수 없다(규칙3 위반).
$wiss	변수명에 사용할 수 있는 특수 문자는 밑줄(_)뿐이다(규칙2 위반).
for	for는 예약어로서 변수명으로 사용할 수 없다(규칙5 위반).

예약어(keyword)란 파이썬에서 이미 다른 목적을 위해 사용하는 단어로서 변수명으로 사용할 수 없는데 예약어 종류는 다음 목록을 참조하기 바란다. 33개의 예약어 중 True, False, None를 제외하면 모두 소문자로만 구성되어 있다.

[파이썬의 예약어]

파이썬의 예약어
and, as, assert, break, class, continue, def, del, elif, else, except, False finally, for, from, global, if, import, in, is, lambda, None, nonlocal, not, or, pass, raise, return, True try, while, with, yield

예약어를 변수명으로 사용하면 에러가 발생한다. 파이썬 셸에서 다음 코드를 작성해 보자.

```
>>> and = 1
SyntaxError: invalid syntax
```

변수명으로 사용할 수 없는 예약어 'and'를 변수로 사용하려고 했기 때문에 에러가 난 것이다.

TIP 코드 셀에 줄번호 표시하기

코드 셀에 줄번호를 넣는 방법을 소개할게. 이 책에서는 각 줄 별로 설명을 하고 있으니 코드 셀에도 줄번호를 넣어두면 따라가기 편할 거야.

코랩 노트의 오른쪽 위 설정 버튼을 누르면 뜨는 창에서 [편집기] 탭의 [행 번호 표시]를 선택하고 [저장]을 눌러. 그러면 그림처럼 코드 왼쪽에 줄번호가 들어간 것을 확인할 수 있어.

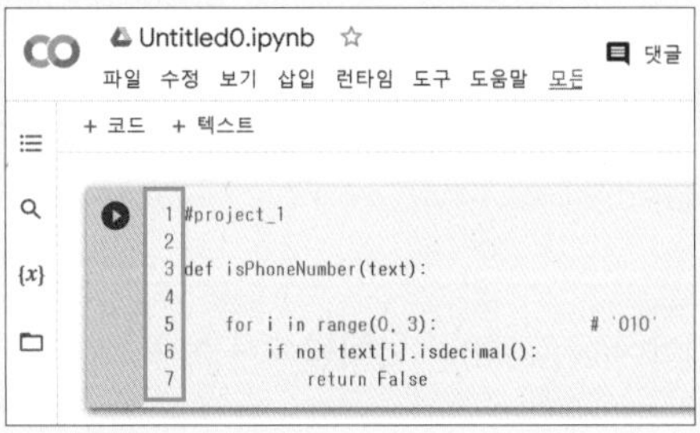

3줄 요약

- ☑ 변수는 값을 임시로 저장하는 공간을 말한다.
- ☑ 변수명 만들기 규칙 5개를 기억하자.
- ☑ 변수가 '=' 왼쪽에 있으면 값을 저장한다는 의미이고, '=' 오른쪽에 있으면 변수를 사용한다는 의미이다.

P·Y·T·H·O·N

SECTION 003

간단한 연산 맛보기

〔핵심내용〕 산술 연산과 산술 연산자

```
1:  # section_003
2:
3:  add = 3 + 25
4:  sub = 45 - 13
5:  mul = 9 * 9
6:  div = 3 / 2
7:  div_int = 3 // 2
8:  exp = 10 ** 3
9:  mod = 101 % 10
10:
11: print(add)
12: print(sub)
13: print(mul)
14: print(div)
15: print(div_int)
16: print(exp)
17: print(mod)
```

> 각 줄에 있는 띄어쓰기는 가독성을 위한 거야. 띄어쓰기를 하든 안하든 프로그램 실행에는 관계가 없어. 즉, add=3+25 이렇게 작성해도 문제없어.

```
28
32
81
1.5
1
1000
1
```

3번~4번 줄

산술 연산은 더하기, 빼기, 곱하기, 나누기 등의 연산을 의미해. 산술 연산자는 산술 연산을 위해 사용하는 명령 기호를 말하며 더하기 '+', 빼기 '−', 곱하기 '*', 나누기 '/' 등이 있어.

산술 연산은 수학에서도 가장 기본이 되는 연산인 것처럼 프로그래밍에서도 복잡한 작업을 처리하기 위한 가장 기본이 되는 연산이므로 잘 배워둬야 해.

5번 줄

파이썬에서 곱셈은 별표(*) 기호를 사용해. 키보드를 보면 영문자 X 말고는 곱하기(×) 모양의 특수 키가 없기 때문에 가장 유사하게 생긴 별표(*)를 곱셈 기호로 사용하는 거야.

6번, 7번 줄

대부분의 프로그래밍 언어가 다 그렇듯이 파이썬에서 나누기 계산은 나누기(÷)가 아닌 슬래시(/) 기호를 사용해. 그런데 파이썬에는 또 다른 나누기 연산자를 제공해. 슬래시 두 개를 연달아 사용(//)하는 방법인데 이 연산자를 사용하면 두 수의 나눗셈에서 정수만 돌려준다는 거야. 즉, 3을 2로 나눈 결과값은 1.5인데 이 중 정수인 1만 돌려준다는 뜻이지.

8번 줄

지수를 계산하는 연산자는 ** 이야. 즉, 10**3이란 10을 3번 곱하는 연산을 의미해. 별이 한 개인 * 는 곱셈을 의미하고, ** 는 지수 계산을 의미한다고 생각하면 돼.

9번 줄

%는 나머지 연산자야. 101을 10으로 나눈 나머지는 1이므로 1이 출력되는 거야.

파이썬에서 제공하는 연산자를 정리하면 다음 표와 같아.

[파이썬 기본 연산자]

기호	연산자	의미
x + y	더하기	x와 y를 더한다.
x − y	빼기	x에서 y를 뺀다.
x * y	곱하기	x와 y를 곱한다.
x / y	나누기	x를 y로 나눈다.
x // y	나누기	x를 y로 나눈다. 단, 결과를 정수로 표현한다.
x ** y	지수승	x의 y승을 구한다.
x % y	나누기	x를 y로 나눈 나머지를 구한다.

3줄 요약

- ☑ 곱셈 기호(*)와 나눗셈 기호(/ 와 //)는 수학 기호와 다르니까 잘 기억해 두자.
- ☑ 지수승을 구하는 연산자는 별 두 개를 연결한 **이다.
- ☑ %는 나머지 연산자로서 연산에서 자주 사용된다.

P·Y·T·H·O·N

SECTION 004

문자열 맛보기

〔핵심 내용〕 문자열은 문자를 표현하기 위한 것으로 따옴표로 묶어 처리한다.

```
# section_004

print(‘안녕하세요.’)
print(“I love the Earth!”)
print(“내가 좋아하는 숫자는 1, 4, 7입니다.”)

city = ‘Seoul’
dosi = “미래 도시”
print(dosi)
print(city)
```

```
안녕하세요.
I love the Earth!
내가 좋아하는 숫자는 1, 4, 7입니다.
미래 도시
Seoul
```

프로그래밍을 하다가 학교 이름을 저장하거나 영화 제목 등을 저장하려면 숫자가 아닌 문자를 다룰 수 있어야 해.

여러분이 지금 스마트폰을 열어 본다면 아마도 숫자보다 글자가 더 많이 보일 거야. 또 맛집을 검색할 때도 글자를 주로 사용하고 보고서를 작성할 때도 대부분 글자를 사용하잖아? 그만큼 프로그램에서 문자열을 다루는 것은 매우 중요한 작업이야.

3번~5번 줄

문자열은 글자 또는 숫자, 특수 문자, 공백 등이 나열된 것을 말해. 파이썬에서 문자열을 표현하기 위해서는 항상 작은 따옴표(‘) 또는 큰따옴표(“)로 묶어주면 돼. 다음과 같이 말야.

‘안녕하세요.’

“I love the Earth!”

“내가 좋아하는 숫자는 1, 4, 7입니다.”

주의할 것은 작은 따옴표(‘)로 시작한 문자열은 작은 따옴표(’)로, 큰 따옴표(“)로 시작한 문자열은 큰 따옴표(”)로 끝나야 한다는 거야.

7번, 8번 줄

문자열을 변수에 저장할 수도 있어. 그러면 변수 city는 문자열 자료를 저장한 문자열 변수가 되는 거야. 변수 dosi도 마찬가지이고.

9번, 10번 줄

각 문자열 변수에 저장된 값을 출력하는 코드야.

3줄 요약

- ☑ 프로그래밍에서 문자열을 다루는 것은 매우 중요한 일이다.
- ☑ 작은 따옴표 또는 큰 따옴표로 묶여 있으면 문자열이다.
- ☑ 문자열을 저장한 변수는 문자열 변수이다.

SECTION 005

P·Y·T·H·O·N

파이썬 문장

[핵심 내용] 파이썬은 문장 단위로 처리한다.

```
# section_005

number = 1
print(number)

num1 = 10; num2 = 20; num3 = 30
print(num1 + num2 + num3)

sum = 1 + 2 + 3 + \
      4 + 5 + 6 + \
      7 + 8 + 9
print(sum)

tup = (1 + 2 + 3 +
       4 + 5 + 6 +
       7 + 8 + 9)
print(tup)

color = ['red',
         'blue',
         'green']
print(color)
```

```
1
60
45
45
['red', 'blue', 'green']
```

문장(statement)이란 보통 파이썬 코드로 한 줄을 구성할 수 있는 모든 것을 말해. 기본적으로는 한 줄로 처리하지만 여러 줄로 구성된 문장도 있을 수 있어. 예제를 보면서 살펴보자.

3번 줄 number = 1은 한 줄로 구성하고 있는 문장이야. 특히 이렇게 변수에 값을 저장하는 문장을 할당문(assignment statement)이라고 해. 우리는 이밖에도 if문, for문 등 다양한 문장에 대해 배울 거야.

4번 줄 print( ) 함수를 호출하는 4번 줄도 하나의 문장이야.

6번 줄 한 줄에 여러 문장이 나올 수도 있는데 이때는 세미콜론(;)으로 구분해주면 돼. 즉, 6번 줄은 다음과 같은 뜻이야.

```
num1 = 10
num2 = 20
num3 = 30
```

9번 줄 파이썬 코딩을 하다보면 한 문장이 아주 길어질 때가 있어. 긴 문장을 그냥 한 줄로 다 완성해도 문제없지만 그러면 스크롤을 해야 해서 보기 불편해지거든. 이럴 때 연결 문자인 역슬래시(\)를 줄의 끝에 입력하면 다음 줄과 하나의 문장이라는 의미가 되는 거야. 따라서 9번, 10번, 11번 줄은 하나의 문장으로 다음과 같아. 즉 할당문을 3줄에 걸쳐서 작성한 것이지.

```
sum = 1 + 2 + 3 + 4 + 5 + 6 + 7 + 8 + 9
```

파이썬 코딩 스타일 가이드에서는 한 줄에 최대 79문자를 작성하라고 되어 있어.

14번, 19번 줄 소괄호(( )), 중괄호({ }), 대괄호([ ])로 묶인 경우엔 연결 문자(\)를 사용하지 않아도 여러 줄로 표현할 수 있어. 그렇다고 괄호들을 아무 때나 사용하는 것은 아니고, 이 기호들의 특별한 역할에 대해서는 앞으로 자세히 배우게 될 거야.

TIP 키보드에서 역슬래시(\)가 안 보이면?

한글 키보드에서는 역슬래시가 '\' 대신 '₩'로 표시되어 있어. 두 개가 같은 것이니까 키보드에서 찾아보자고. 위치가 어디냐면 보통 엔터키 바로 위에 위치하고 있어.

3줄 요약

- ☑ 문장은 보통 파이썬 코드로 한 줄을 구성할 수 있는 모든 것을 말한다.
- ☑ 여러 문장을 한 줄에 나타내고 싶으면 세미콜론(;)을 사용한다.
- ☑ 한 문장을 여러 줄로 나누고 싶을 땐 연결 연산자인 역슬래시(\)를 사용한다.

SECTION 006

P·Y·T·H·O·N

함수 맛보기

〔핵심내용〕 함수란 특정한 일을 처리해주는 역할을 한다.

```
1:  # section_006
2:
3:  print("안녕! 나도 함수야")
4:
5:  length = len("이 문자열의 길이는 얼마일까?")
6:  print(length)
7:
8:  max_number = max(11, 2, 63, 47, 50)
9:  print(max_number)
```

```
안녕! 나도 함수야
16
63
```

함수(function)는 특정한 일을 처리해 주는 코드들의 집합이야. 특정한 일이란 무엇일까? 뭐 최댓값을 구하는 일일 수도 있고, 합계를 구하는 일일 수도 있고, 훨씬 더 복잡한 일일 수도 있어. 익숙한 함수를 하나 예로 들면, print( ) 함수는 괄호 안에 주어진 값을 화면에 출력하는 일을 처리해 주는 함수야.

함수의 기능을 구현한 실제적인 코드 집합은 파이썬 내부 어딘가에 파이썬 설계자가 만들어 두었어. 우리는 그것을 사용할 줄만 알면 되는 것이지.

3번 줄

함수를 사용하고 싶을 때 함수의 이름을 불러주는 것을 '함수를 호출한다'고 표현해. 3번 줄은 print( ) 함수를 호출한 거야. 함수를 호출할 때는 함수명과 괄호( )를 붙여서 사용하면 돼.

라면 조리법에 따라 라면을 끓이려면 '라면, 물, 스프' 등의 입력이 필요하듯이 함수가 일을 처리하려면 입력이 필요한 경우가 있어. 함수에서 그 입력 값을 넣어주는 표시가 바로 괄호야.

3번 줄에서 괄호 안의 문자열("안녕! 나도 함수야")은 print( ) 함수에 제공하는 입력 값이야. 그런데 모든 함수가 입력이 필요한 것은 아니고 함수에 따라서는 입력이 필요 없는 함수도 있을 수 있고, 한 개일 수도 있고, 여러 개일 수도 있어. 그건 함수마다 달라. 그래서 우리가 함수를 공부할 때는 함수의 기능만이 아니라 함수가 어떤 입력값을 필요로 하는지도 함께 공부할 필요가 있어.

입력

↓

함수의 처리 내용을 적어 둔 코드 집합

↓

출력

라면, 물, 스프

↓

물 500ml에 건더기 스프를 넣고 물을 끓인 후 면과 분말 스프를 넣고 4분간 더 끓여 준 후 그릇에 담는다.

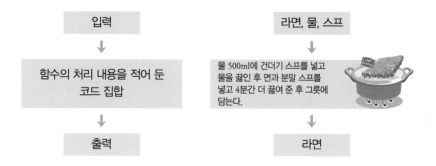

↓

라면

파이썬을 설치하고 나면 바로 사용할 수 있는 함수들이 있는데, 파이썬에서 직접 제공하는 이런 함수를 내장 함수(built-in function)라고 그래. 이해를 돕기 위해 몇 가지만 소개해 볼게.

함수의 실행 결과를 호출하는 곳에 돌려주는 것을 "반환한다" 또는 "리턴한다"라고 표현해.

함수	어떤 특정한 일? 이런 일!
print( )	입력값을 화면에 출력해 준다.
max( )	입력값들 중 최댓값을 구해서 반환해 준다.
min( )	입력값들 중 최솟값을 구해서 반환해 준다.
len( )	입력된 문자열의 길이를 구해서 반환해 준다.
sum( )	입력값들의 합계를 구해서 반환해 준다.

함수명만 봐도 대충 어떤 기능을 가진 함수인지 알겠지? 파이썬에서는 이것 말고도 많은 내장 함수를 제공하고 있어. 그래서 최댓값을 구할 때는 직접 함수를 만들 필요 없이 파이썬이 제공하는 max( ) 함수를 가져다 사용하면 되지. 어때, 편리하겠지? 이렇게 파이썬이 내장 함수를 제공하는 이유는 일반적으로 많이 사용되는 함수를 미리 구현해 놓음으로써 프로그래머들이 편리하게 사용할 수 있도록 배려하기 위한 거야.

5번, 6번 줄

대입 연산자('=')처럼 변수에 값을 저장하는 문장을 할당문이라고 했어. 그리고 '=' 연산자를 만나면 먼저 오른쪽을 실행한 다음 반환된 결과값을 왼쪽에 있는 변수에 저장하는 거야. 함수를 호출하는 것도 마찬가지야. 다음을 봐.

length = len("이 문자열의 길이는 얼마일까?")

↓

length = 16

len( ) 함수는 괄호 안에 입력된 값의 길이를 구해서 반환해주는 함수야. 그러니까 len("이 문자열의 길이는 얼마일까?")을 호출하면 문자열 "이 문자열의 길이는 얼마일까?"의 길이인 16(공백 포함해서 16개 문자니까)을 반환해 주는 거야. 결국 변수 length에는 16이라는 값이 저장되는 거야.

6번 줄은 length의 값을 출력한 거고. len( ) 함수를 사용할 줄 안다면 문자열의 길이를 셀 때 힘들게 모니터에 손가락 찍어가면서 세지 않아도 되겠지?

여기서 잠깐!

3번 줄과 5번 줄의 차이가 보이니? 5번 줄은 len( ) 함수를 실행한 결과 어떤 값을 반환하니까 그 값을 보존하기 위해 할당문으로 작성한 반면에, 3번 줄의 print( ) 함수는 아무것도 반환하지 않기 때문에 할당문을 사용하지 않았어. 그냥 출력만 하고 끝낸거잖아.

함수에 따라서 반환값이 있는 함수와 반환값이 없는 함수가 있는데 이것도 함수마다 달라. 이것도 함수 공부 중 일부분이라고 생각해.

8번, 9번 줄

max( )는 주어진 입력 값들 중에서 최댓값을 구해서 반환해 주는 기능을 가진 함수야.

max_number = max(11, 2, 63, 47, 50)

↓

max_number = 63

우리가 어떤 제품을 사면 그 제품의 사용법을 먼저 익히는 것이 순서잖아? 이 함수들도 이미 만들어진 것이기 때문에 함수의 사용법을 익혀야 해. 그래서 내장 함수 몇 가지를 선별해서 이 책에서 소개했으니 궁금하면 section 74로 가 봐.

그리고 중요한 것! 이 책에서는 함수를 직접 만드는 방법도 배울 거야. 함수를 직접 만들어보면 함수에 대해서 더 자세하게 알게 될테니 혹시 아직 함수 개념이 잘 이해가 안가더라도 포기하지 말아! 함수를 만들면 프로그램이 정말로 간결해지고 보기 좋아지거든? 그때 함수의 필요성을 저절로 알게 될 것이라 믿어.
마지막으로 함수라는 용어를 메서드(method), 프로시저(procedure), 루틴(routine), 서브루틴(subroutine) 등 다양한 단어로 사용되기도 하지만 의미는 비슷해. 그러니 앞으로 이런 단어들을 보면 어렵게 생각하지 말 것.

3줄 요약

- ☑ 함수는 특정한 일을 처리하는 코드들의 집합이다.
- ☑ 함수는 호출됨으로써 그 기능을 실행시킬 수 있다.
- ☑ 함수를 공부할 때는 함수의 기능과 함께 입력값과 반환값이 어떤 형태인지를 기억해야 한다.

P·Y·T·H·O·N

SECTION

007 사용자로부터 입력받기

〔핵심내용〕 쉘 화면을 통해 사용자로부터 값을 입력받을 때는 input( ) 함수를 사용한다.

```
# section_007

print('회원가입 기본정보')
name = input()
age = input('나이를 입력하세요:')

print('당신의 이름과 나이는 다음과 같습니다.')
print(name)
print(age)
```

```
회원가입 기본정보
하하
나이를 입력하세요: 15
당신의 이름과 나이는 다음과 같습니다.
하하
15
```

사용자가 입력하는 부분이야.

프로그램은 기본적으로 입력 – 처리 – 출력의 세 단계를 거치면서 실행되는 거야. 출력은 앞서 print( ) 함수를 이용한 화면 출력을 배웠어. 처리는 산술 연산처럼 값을 조작하는 것을 포함해서 앞으로 배우는 대부분의 것들이 정보를 처리하기 위한 것들이야.

이번에는 사용자로부터 값을 입력받는 방법을 배워볼게. 파이썬에서 화면을 통해 값을 입력받을 때는 input( ) 함수를 사용해. 예제를 보면서 살펴보자.

3번 줄 안내 메시지를 출력하고.

4번 줄 대입 연산자(=)가 보이면 등호의 우변을 먼저 실행한다는 것은 알고 있지? 그런데 우변의 내용을 보니 input( ) 함수를 사용하네?

input( ) 함수 코드가 있는 부분을 실행할 때 쉘 화면을 보면 마치 멈춘 것처럼 보여. 그러나 실제로 멈춘 것은 아니고 사용자가 입력하기를 기다리는 거야. 위 예제를 실행하면 '회원가입 기본정보'라는 글자가 화면에 나타날텐데 이때 뭐라도 입력하면 다음 줄로 넘어갈 거야. 우리는 '하하'라는 이름을 입력해 보자구.

사용자가 입력한 데이터는 대입 연산자에 의해서 변수 name에 저장되는 거야. 출력 결과에서 두 번째 줄의 '하하'는 사용자가 입력한 거야. 다른 값을 입력해도 상관없어.

5번 줄 4번 줄의 단점은 파이썬은 사용자 입력을 기다리지만 사용자 입장에서는 뭘 입력하라는 것인지 알 수 없다는 점이야. 이럴 때는 input( ) 함수의 괄호 안에 사용자에게 전달하고 싶은 메시지를 넣으면 돼. 예를 들어 '나이를 입력하세요' 라든지, '이름을 입력하세요'처럼 말이야. 그러면 지시 내용을 보고 사용자가 어떤 값을 입력해야 하는지 명확히 알 수 있다는 거야.
'하하'를 입력하자마자 '나이를 입력하세요'라는 메시지가 뜰 거야.
예제에서는 15를 입력했고, 이 값은 변수 age에 입력되겠지.

7번 줄 역시나 안내 메시지를 출력하고

8번, 9번 줄 사용자가 입력한 이름과 나이가 출력되고 있어.

3줄 요약

- ☑ 프로그램은 기본적으로 입력-처리-출력의 세 단계를 계속 반복하면서 실행된다.
- ☑ 사용자로부터 값을 입력받을 때는 input( ) 함수를 사용한다.
- ☑ input( ) 함수의 괄호에 사용자에게 전달할 지시 내용을 삽입할 수 있다.

SECTION 008

P·Y·T·H·O·N

모듈 맛보기

〔핵심내용〕 모듈을 임포트하고 모듈이 가진 기능을 사용해 보자.

```
# section_008

import math

print(math.pi)
print(math.sqrt(16))

r = 10
cir = 2 * math.pi * r

print('반지름이', r,'인 원의 둘레는', cir,' 이다.')
```

```
3.141592653589793
4.0
반지름이 10인 원의 둘레는 62.83185307179586 이다.
```

모듈이란 서로 관련이 있는 변수나 함수 같은 코드들을 모아놓은 파일을 말해. 예를 들면, math 모듈 안에는 원주율 변수 pi, 제곱근을 구해주는 함수 sqrt( ) 등등 수학(math)에 관련된 수많은 코드들로 구성되어 있어.

파이썬은 math 모듈 외에도 수많은 모듈들을 제공하고 있어. 파이썬이 기본적으로 제공해 주는 모듈을 내장 모듈(built-in module)이라고 해. 우리는 이 책에서 몇 가지 내장 모듈을 다뤄볼 거야. 이 외에도 전 세계의 개발자들이 자신이 만든 모듈을 공개해 놓기도 하는데, 이런 모듈을 서드 파티(third-party) 모듈이라고 해. 파이썬으로 인공지능을 만들 수 있는 keras 모듈도 인터넷에 공개된 아주 유용한 모듈 중 하나야. 파이썬의 강점은 이렇게 유용하고 강력한 서드 파티 모듈들이 많이 개발되어 있다는 거야.

왜 굳이 모듈이라는 것을 만들었을까? 서로 관련있는 코드들을 따로따로 관리하는 것 보다는 하나의 단위로 묶어주면 더 분류하기도 좋고, 사용하기도 좋기 때문이야.

여기 예제에서는 math 모듈을 사용하고 있어. 앞에서 얘기했던 것처럼 math 모듈에는 수학 계산과 관련 다양한 코드들을 모아 놓았기 때문에 파이썬으로 수학 계산 프로그램을 만들 땐 math 모듈을 사용하면 편리해.

모듈을 내 프로그램에 삽입하면 그 모듈이 가진 다양한 코드들을 사용할 수 있어. 물론 내가 필요한 기능을 직접 제작해서 사용하는 것도 좋지만, 선배 프로그래머들이 이전에 잘 만들어 놓은 모듈을 사용한다면 시간도 절약하고 검증된 거니까 안심하고 사용할 수 있지. 모듈을 사용하기로 했으면 이 모듈을 내 프로그램에 넣는 것을 임포트(import)라고 해. 임포트하면 거기에 담긴 모든 것들을 사용할 수 있어.

3번 줄 — math 모듈을 임포트한다는 것의 의미는 내 프로그램에서 이 모듈을 사용하겠다고 파이썬에게 알려주는 거야. 그럼 파이썬이 내 프로그램에서 math 모듈을 사용할 수 있게 만들어 줘.

5번 줄 — math 모듈에는 원주율 π를 의미하는 math.pi가 있어(모듈에 있는 변수 또는 함수를 사용할 때는 점(.)을 찍으면 돼). 이 값을 출력하는 코드야. math 모듈만 임포트하면 우리는 굳이 3.14xxxxx를 외우거나 찾을 필요 없이 이렇게 편리하게 쓸 수 있는 거야.

6번 줄 — 또 제곱근을 구하는 sqrt( ) 함수를 사용해 봤어. 우리는 이 함수를 직접 만들 필요 없이 그냥 가져다 쓰면 되는 거야. 물론 math 모듈을 임포트 한 후에! 모듈을 왜 사용해야 하는지 알겠지?

8번, 9번 줄 — 반지름을 r이라고 할 때 원의 둘레를 구하는 공식은 $2\pi r$이야. 원의 둘레를 cir이라고 할 때 cir = $2\pi r$이 되고 이를 파이썬 코드로 표현하면 9번 줄과 같아.

11번 줄 — 반지름과 원의 둘레를 출력하는 코드야. 모듈을 공부한다는 것은 그 안에 들어 있는 변수나 함수 등과 같은 코드들의 이름과 사용 방법을 익히는 거를 가리키는 거야. math 모듈에 관한 자세한 내용은 파이썬 문서에 자세히 나와 있어. 자신이 사용하고 싶은 함수만 알고 싶으면 인터넷 검색을 이용하는 것도 좋아.

3줄 요약

- ☑ 모듈은 서로 관련 있는 코드들을 모아 놓은 파일이다.
- ☑ 모듈을 내 프로그램에서 사용하려면 import문을 이용해서 모듈을 임포트한다.
- ☑ 모듈을 임포트한 후에는 모듈이 가진 기능을 편리하게 사용할 수 있다.

P·Y·T·H·O·N

SECTION 009 오류와 친해지기

〔핵심내용〕 오류를 무서워하지 말자.

```
1:  # section_009
2:
3:  frint(2020)              # 함수 이름을 잘못 입력한 오류
4:
5:  # print("안녕하세요')  # 문자열의 시작과 끝을 서로 다른 따옴표로 작성한 오류
```

외국인과 대화를 하다보면 내가 말하는 콩글리시를 외국인이 알아듣지 못하는 경우가 있는 것처럼 프로그래밍 언어로 컴퓨터와 대화를 하다보면 컴퓨터가 알아들을 수 없다고 말하는 경우가 있어.

컴퓨터가 이해할 수 없는 문법적, 논리적 문제를 오류라고 하는데 컴퓨터는 자기만의 방식으로 오류를 표현해. 어쨌든 컴퓨터가 오류를 나타내는 것도 컴퓨터가 사람과 대화하는 과정 중 하나니까 특별하게 여길 것도, 두려워 할 필요도 없어.

3번 줄 3번 줄은 오류를 발생시켜보기 위해서 print를 frint로 틀리게 코딩한 거야. 이걸 실행하면 컴퓨터는 아래와 같은 오류 메시지를 보내.

```
<ipython-input-6-6ba71fa41b62> in <module>
      1 #section_011
      2
----> 3 frint(2020)   # 함수 이름을 잘못 입력한 오류
      4
      5 #print("안녕하세요')  # 문자열의 시작과 끝을 서로 다른 따옴표로 작성한 오류

NameError: name 'frint' is not defined
```

앞으로 자주 보게 될 화면이야. 하지만 이런 오류 화면도 컴퓨터와 대화하는 과정이라고 생각하고 편하게 생각하기 바래.
오류 메시지의 첫 줄은 일단 넘어가자.

오류 메시지에서 확인해야 할 중요한 정보는 오류가 어디에서 났냐는 거야. 그 정보를 화살표로 보여주고 있어. fprint(2020)에서 오류가 났다고 말이야.
그럼, 그 줄에서 어떤 오류가 난 걸까? 그 정보를 마지막 줄에서 NameError! 라고 보여주고 있어. 이 에러는 변수명 또는 함수명을 잘못 사용할 때 주로 나타나는 오류야.

불행히도 영어로 표시되지만 어려운 단어들이 아니니까, 어렵더라도 자주 보게 되면 익숙해지니까 절대 두려워하지 말고 친해지길 바래. 진정한 개발자는 오류를 무서워하지 않아. 그만큼 오류를 많이 접했다는 의미기도 하고.
오류 내용을 정리하자면 컴퓨터 입장에서 print는 이미 출력 함수라는 것이 약속이 되어 있지만 frint는 아직 정의되지 않았기(not defined) 때문에 '난 이런 이름 처음 본다!' 라고 알려주는 거야.

5번 줄

이번에는 파이썬이 실행하지 않도록 맨 앞에 주석 처리 기호 #을 넣었어. 주석 처리하면 해당 줄은 파이썬이 실행하지 않으니까 오류도 생기지 않아. 5번 줄에 있는 주석 처리 기호 #을 지운 상태에서 실행시켜 봐. 그러면 다음과 같은 오류 메시지가 나타나게 돼.

SyntaxError: EOL while scanning string literal

이 오류도 종종 접하게 될 거야. 앞서 설명했듯이 문자열은 반드시 한 종류의 따옴표로 묶어줘야 하는데 시작은 큰 따옴표(")로 하고 끝은 작은 따옴표(')로 끝냈기 때문에 발생한 오류야. EOL(End Of Line)이란 문장의 끝을 의미하는데, 오류 메시지를 해석하면 문자열의 끝을 찾으려고 했지만 문장의 끝까지 가도 찾지 못했다는 뜻이야.

오류 메시지는 다양하지만 초보 프로그래머가 접하게 되는 오류는 몇 가지에 불과해. 익숙해지면 나중에는 어떤 오류인지 금방 알아채고 쉽게 수정할 수 있어.
이렇게 오류를 찾아내서 수정하는 과정을 디버깅(debugging)이라고 해. 디버깅은 프로그래밍 과정에서 매우 중요한 단계 중 하나이고 또한 필연적으로 거쳐야 하는 과정이기도 해. 화이팅!

3줄 요약

- ☑ 컴퓨터가 이해할 수 없는 문법적, 논리적 문제를 오류라고 한다.
- ☑ 오류는 컴퓨터와의 대화 과정이므로 무서워하지 말자.
- ☑ 오류를 수정하는 과정을 디버깅이라고 한다.

SECTION 010

P·Y·T·H·O·N

복합 대입 연산자

〔핵심내용〕 복합 대입 연산자란 두 개의 연산자를 결합해 놓은 것이다.

```
1:  # section_010
2:
3:  x = 5
4:
5:  x = x + 1
6:  print(x)
7:
8:  x += 1      # x = x + 1
9:  print(x)
10:
11: y = 10
12: y *= x     # y = y * x
13: print(y)
```

```
6
7
70
```

앞에서 변수에 값을 저장할 때 대입 연산자를 사용했었지? 이번에는 복합 대입 연산자를 알아보려고 해. 어려운 개념은 아니지만 헷갈릴 수 있으니 잘 이해하고 넘어가기로 해.

3번 줄 　대입 연산자를 사용해서 변수 x에 숫자 5를 대입했어.

5번 줄 　많이 헷갈려하는 연산자 중의 하나인데 수학적으로 생각할 때 x = x + 1이라는 문장이 이해가 안 가지? 이건 좌변과 우변이 같다는 뜻이 아니야. 대입 연산자가 나오면 무조건 오른쪽을 먼저 계산한다는 건 알고 있지? 따라서 현재 x값이 5니까 x + 1은 6을 계산한 다음 그 값을 왼쪽에 있는 x에 넘겨주게 돼. 즉, x = x + 1이란 간단히 말해 x라는 변수에 1을 더한 값을 기억시키라는 뜻이야.

x = x + 1
↓
x = 5 + 1
↓
x = 6

8번 줄 식을 보면 +=와 같은 기호가 보이지? 주석에서 설명한 것처럼 x = x + 1이라는 식을 줄여서 표현한 것으로 기능적으로는 둘 다 동일해. 이렇게 표현하는 연산자를 복합 대입 연산자라고 하는데 복합 대입 연산자의 목적은 코드를 간결하게 표현하기 위한 것이야.

12번 줄 예를 들어, y *= x 라는 식은 y = y * x 와 같은 식이야.

y *= x
↓
y = y * x
↓
y = 10 * 7 = 70

복합 대입 연산자가 어떤 식으로 작동하는지 이해하겠지? 이외에도 다양한 복합 대입 연산자들이 있어. 다음을 참고해.

[복합 대입 연산자의 종류]

연산자	같은 의미	연산자	같은 의미
x += y	x = x + y	x //= y	x = x // y
x −= y	x = x − y	x %= y	x = x % y
x *= y	x = x * y	x **= y	x = x ** y
x /= y	x = x / y		

3줄 요약

- ☑ 복합 대입 연산자는 대입 연산자와 계산에 사용되는 연산자를 합쳐놓은 것이다.
- ☑ 복합 대입 연산자를 이용하면 코드를 간결하게 표현할 수 있다.
- ☑ 복합 대입 연산자를 너무 많이 사용하면 오히려 코드가 복잡해 보일 수 있다.

SECTION 011

P·Y·T·H·O·N

연산자 우선 순위

〔핵심내용〕 연산자들 사이에는 우선 순위가 있다.

```
1:  # section_011
2:
3:  x = 5
4:
5:  x = x + 1 * 10     # x = x + (1 * 10)
6:  print(x)
7:
8:  y = 42 - 1 + 1 - 10
9:  print(y)
10:
11: z = (x + y) * 6
12: print(z)
```

```
15
32
282
```

우리는 현재까지 여러 연산자들을 배웠어. 산술 연산자, 대입 연산자, 복합 대입 연산자 등등. 그런데 연산자들이 예제와 같이 한 줄에 여러 개가 나열되면 '어느 연산자를 먼저 계산해야 하지?' 하고 고민을 하게 되는데 이 고민을 해결해 줄 키가 우선 순위야.
예제를 보면서 알아보자.

3번 줄 변수 x에 값 5를 저장했어.

5번, 6번 줄 대입문이니까 오른쪽을 먼저 계산해야지? +와 * 연산자 두 개가 나열되어 있어. 어느 것을 먼저 계산해야 할까? 이럴 때는 수학에서 배운 것처럼 곱셈을 먼저 계산하는 거야. 왜냐하면 곱셈이 덧셈보다 우선 순위가 높으니까.
파이썬 연산자를 공부할 때 연산자 우선 순위를 알아둘 필요가 있어. 연산자들이

한 줄에 나열되어 있을 때는 먼저 계산해야 하는 연산자들이 이미 정해져 있는데 이를 연산자 우선 순위라고 해.
물론 주석처럼 친절하게 괄호로 묶어주면 우선 순위를 고민하지 않아도 되니까 읽기도 편하고 해석하기도 편해. 그런데 그렇지 않은 코드들도 많으니까 알아둬야 해.
지금까지 배운 연산자들의 우선 순위를 소개할게. 다음 표를 봐.

[연산자 우선 순위]

우선 순위	연산자	참고
1	( )	괄호(괄호를 가장 먼저 계산한다)
2	**	지수승
3	*, /, //, %	곱셈과 나눗셈, 나머지 연산
4	+, −	덧셈과 뺄셈
5	=, 복합 대입 연산자	대입 연산자와 복합 대입 연산자

우선 순위 표를 보면 괄호는 가장 높은 우선 순위를 가지고 있고, 대입 연산자 부류가 가장 낮은 연산 순위를 가지고 있어. 앞에서 대입 연산자가 보이면 오른쪽부터 계산하라고 했던 건 대입 연산자의 우선 순위가 가장 낮기 때문이야.

8번, 9번 줄

8번 줄에는 같은 순위의 덧셈, 뺄셈 연산자가 나열되어 있어. 이런 경우에는 왼쪽에서 오른쪽 방향(→)으로 차례대로 계산하면 돼.

11번 줄

괄호는 가장 높은 우선 순위를 가졌기 때문에 x + y를 먼저 계산하는 거야.

3줄 요약

- ☑ 연산자들 사이에는 우선 순위가 있다.
- ☑ 동등한 우선 순위를 가지는 연산자들이 나열되어 있을 때에는 오른쪽 방향으로 순서대로 계산한다.
- ☑ 괄호는 가장 높은 우선 순위를, 대입 연산자/복합 대입 연산자는 가장 낮은 우선 순위를 갖는다.

P·Y·T·H·O·N

Chapter

02

파이썬 친해지기

이 장에서는 파이썬이 기본적으로 제공해 주는 자료형들을 알아볼거야. 파이썬을 이용하여 프로그래밍하는데 있어서 기초라고 할 수 있는 중요한 파트야. 자칫 지루할 수도 있지만 기초를 닦기 위해 중요한 부분이니 차근차근 살펴보기 바래. 자료형 이외에 다채롭게 출력하는 방법과 형변환 등의 내용도 담겨 있으니 공부하러 고고씽!

여러 개의 값 출력하기

〔핵심내용〕 ▶ print()로 여러 값을 한 번에 출력할 수 있다.

```
1:  # section_012
2:
3:  mass = 100
4:  height = 1.7
5:  g = 9.8065
6:
7:  print('질량은', mass)
8:  print('높이는', height)
9:  print('중력상수는', g)
10: print()
11:
12: # 여러 변수 출력하기
13: print(mass, height, mass * height * g)
14: print()
15:
16: # 구분자 넣고 출력하기
17: print(mass, height, mass * height * g, sep=",")
18: print(mass, height, mass * height * g, sep=" 에헴")
```

> # 여러 변수 출력하기는 주석이기 때문에 코딩하지 않아도 실행에는 문제없어!

> 물리 수업에서 배우는 위치 에너지 공식은 E=mgh야. 즉 질량*중력상수*높이야.

```
질량은 100
높이는 1.7
중력상수는 9.8065
```
·················· 10번 줄 때문에 빈 줄이 생겼어

```
100 1.7 1667.105
```

```
100,1.7,1667.105
```
··········· 콤마를 구분자로 출력
```
100 에헴 1.7 에헴 1667.105
```
··········· '에헴'을 구분자로 출력

앞에서 print( ) 함수를 사용해 봤잖아. 숫자, 문자열, 변수 등을 하나씩 출력해 봤는데 이번에는 print( ) 함수에 여러 개의 변수나 값들을 넣고 출력해 볼게.

3번~5번 줄 질량(mass)을 100, 높이(height)는 1.7, 중력 상수(g)는 9.8065로 설정했어. 이 변수들을 위치 에너지 공식에 넣어보려고 해.

7번~9번 줄 print( ) 함수 안에 문자열과 변수를 콤마(,)로 나열해서 출력할 수 있어. 특징적인 것은 두 인수 사이에 공백이 자동으로 삽입돼서 출력된다는 거야.

10번 줄 print( )만 입력하면 빈 줄을 출력하라는 명령이야. 출력 결과를 보면 한 줄의 빈 줄이 들어간 건 바로 이 코드 때문이야. 앞으로의 예제들에서 출력 결과들을 보기좋게 구분하기 위해서 이 명령을 종종 사용할 거야.

13번 줄 변수 여러 개를 콤마(,)로 나열해서 적어주었어. 마찬가지로 결과값을 보면 각 변수 값들을 공백으로 구분해서 출력해 주는 것을 확인할 수 있어.

17번, 18번 줄 공백 대신 내가 원하는 문자를 구분자로 설정할 수 있어. print( )문의 인수로 sep='원하는 문자'를 적어주면 돼. 거꾸로 말하면 sep 옵션을 생략할 경우 공백이 기본 값이라는 것을 알 수 있지.

출력문은 프로그램의 결과를 보여주기 위한 목적이기도 하지만, 때론 코드 중간중간에 변수 변화의 흐름을 파악하거나 디버깅을 위해서 사용되기도 해. 출력문은 정말 많이 사용하는 기능이니까 잘 알아두기 바래.

3줄 요약

- ☑ print( )문으로 여러 개의 값을 출력할 수 있다.
- ☑ sep='원하는 문자' 옵션을 이용하면 출력 값들을 공백 대신 다른 문자로 구분하여 출력할 수 있다.
- ☑ print()문은 변수의 변화를 파악하면서 디버깅에 활용할 수 있다.

SECTION 013

P·Y·T·H·O·N

정수(int) 알아보기

〔핵심내용〕 정수형은 음수, 0, 양수를 표현하기 위한 것이다.

```
# section_013

age = 20
print(type(age))

bigNumber = 2**124
print(bigNumber)
print(type(bigNumber))
```

```
<class 'int'>
21267647932558653966460912964485513216
<class 'int'>
```

자료형(data type)이란 자료(data)+형(type)의 합성어로 자료(또는 데이터)의 형태란 의미야. −1, 0, 1, 2, 3, .. 과 같은 정수를 정수 자료형이라고 하고, 0.01, 3.14, 9.8 과 같은 실수는 실수 자료형, 그리고 'abcdef', 'hello world' 같은 문자열은 문자열 자료형이라고 해. 우리는 앞으로 다양한 자료형에 대해서 배우게 될 거야.

프로그래밍 언어에서 자료형을 구분하는 이유는 컴퓨터 내부에서 각 자료들을 저장하고 처리하는 방식이 다르기 때문에 그에 따라서 코딩할 때 사용할 수 있는 기능도 다르기 때문이야. 그래서 우리는 파이썬이 제공하는 자료형을 공부해야 하는 거야.

자료형 중 먼저 알아볼 것은 정수(int)형인데 정수는 ..., −2, −1, 0, 1, 2, ... 와 같이 표현되는 수를 말해.

3번 줄 변수 age에 20을 저장하라는 명령이야. 20은 정수 자료니까 정수를 저장하게 된 변수 age는 정수형 변수가 되는 거야. 즉, 파이썬에서는 변수가 저장하고 있는 값이 변수의 자료형을 결정해 줘. 변수에 실수가 저장되면 실수형 변수가 되고, 문자열이 저장되어 있으면 문자열형 변수가 되는 것이지.

4번 줄 그래서 코딩하다보면 어느 순간 변수가 가지고 있는 자료형(변수의 자료형)이 궁금해질 때가 생기겠지? type( ) 함수는 자료형을 알고 싶을 때 사용하는 함수야. 괄호 안에 실제 값이나 변수를 넣으면 자료형에 대한 정보를 알 수 있어.
파이썬에서는 정수형을 〈class 'int'〉로 표현해. int는 정수를 의미하고 class(클래스)는 객체라는 의미야. 나중에 클래스나 객체에 대해서 배우겠지만 지금은 파이썬의 모든 요소가 객체로 구현되어 있다는 것만 알아 둬.

6번, 7번 줄 파이썬에서 정수를 표현하는 데는 거의 한계가 없기 때문에 일상적으로 사용하는 수들은 모두 표현할 수 있다고 보면 돼. 2**124(2의 124승)은 21267647932558653966460912964485513216이고 굉장히 큰 수인데도 변수에 저장할 수 있다는 것이지.

8번 줄 이렇게 큰 수를 저장한 변수 bigNumber도 정수형(int)이야.

3줄 요약

- ☑ 파이썬에서 정수형은 int라고 부르며 정수는 음수, 0, 양수의 집합이다.
- ☑ 정수형 변수를 사용할 때는 정수 값의 크기에 상관없이 사용할 수 있다.
- ☑ type( ) 함수는 값 또는 변수의 자료형을 알고 싶을 때 사용한다.

SECTION 014

P·Y·T·H·O·N

실수(float) 알아보기

〔핵심내용〕 실수형은 소수점이 들어간 수를 표현하기 위한 것이다.

```
# section_014

pi = 3.14
print("변수 pi의 자료형은", type(pi))

pi = 3
print("변수 pi의 자료형은", type(pi))
```

```
변수 pi의 자료형은 <class 'float'>
변수 pi의 자료형은 <class 'int'>
```

두 번째로 알아볼 자료형은 실수(float)형이야. 파이썬을 포함한 대부분의 프로그래밍 언어에서 실수는 소수점을 가진 모든 숫자를 의미해. 예를 들면, 36.5, 3.14, 100.0 등과 같은 숫자들은 파이썬이 실수형으로 처리한다는 거야.

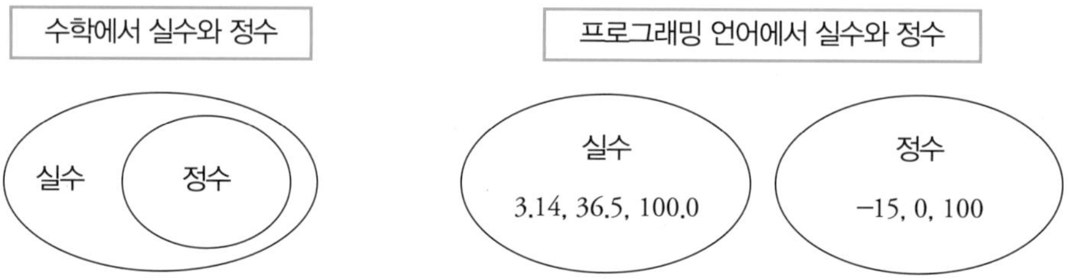

수학과는 달리 프로그래밍 언어에서 실수는 정수를 포함하는 개념이 아니야. 실수를 정수와 구분하는 이유는 컴퓨터 내부적으로 다른 방식으로 저장되기 때문이지. 실수는 정수보다 훨씬 더 작은 수와 큰 수를 표현할 수 있도록 고안되어 있어.

따라서 파이썬에서 0.0은 실수형(float)이고, 0은 정수형(int)이지만 실수형은 아니야.

3번 줄 | 변수 pi에 실수 3.14를 저장하는 명령이야. 실수형 자료를 저장하니까 변수 pi는 실수형 변수가 되는 것이고.

4번 줄 | print( ) 함수를 이용해 변수 pi의 자료형을 출력하면 class 'float'라고 출력 돼. 파이썬에서 실수는 float라고 불러.

6번, 7번 줄 | 기존의 변수 pi에 정수 3을 저장했어. 변수의 값은 언제든 이런 방법으로 변경할 수 있는 거야. 그런데 변수 pi에 정수형 자료를 저장했으니까 이제 변수 pi는 정수형 변수가 되는 것이지. print( ) 함수를 이용해 정수형 변수 pi의 자료형을 출력하도록 했어.

TIP 파이썬에서의 변수와 다른 프로그래밍 언어의 변수와 차이점

보통 다른 프로그래밍 언어들은 변수에 값을 저장하기 전에 다음과 같이 변수의 자료형을 미리 지정해야 한다.

```
int number = 10
```

이것은 변수 number에 정수(int) 자료만 넣겠다는 선언과 같아서 정수 10과 같은 정수형 자료만 넣을 수 있다.
따라서 number = "hello"라는 명령을 실행하려고 하면 정수형 자료가 아니기 때문에 오류가 발생하게 된다.
반면 파이썬은 변수에 값을 저장하기 전에 변수의 자료형을 미리 지정할 필요가 없다. 파이썬의 변수는 저장한 값에 따라 형이 결정된다. 그래서 파이썬의 변수는 다양한 자료형으로 변할 수 있다는 장점이 있다.

```
number = 10        # number는 정수형 변수
number = "hello"  # number는 문자열 변수
```

number 변수에 10을 넣으면 정수형 변수가 되고, number에 다시 문자열을 넣으면 문자열형 변수가 된다. 이러한 특징은 파이썬이 다른 언어와 차별되는 특징이자 장점 중에 하나이다.
변수의 자료형이 언제든 변할 수 있다는 점에서 type( ) 함수의 쓰임새는 잘 알아두어야 할 필요가 있다.
어느 시점에서 변수의 자료형이 무엇인지, 즉 변수가 어떤 자료형의 값을 저장하고 있는지를 확인하고 싶을 때 type( ) 함수를 사용한다.

3줄 요약

- ☑ 파이썬에서 실수형은 float라고 부르며 실수를 표현하기 위한 것이다.
- ☑ 실수형 변수를 사용하면 정수 값보다 더 세밀한 값을 표현할 수 있다.
- ☑ 파이썬 변수의 자료형은 저장하는 값이 무엇인지에 따라 결정된다.

SECTION 015

P·Y·T·H·O·N

복소수(complex) 알아보기

〔핵심내용〕 파이썬은 복소수 표현도 가능하다.

```
# section_015

comp1 = 2 + 5j
print("변수 comp1의 자료형은", type(comp1))
print()

comp2 = complex(3, -6)
print("복소수 comp2의 값은", comp2)
print("실수 부분은", comp2.real)
print("허수 부분은", comp2.imag)
print("켤레 복소수는", comp2.conjugate())
```

```
변수 comp1의 자료형은 <class 'complex'>

복소수 comp2의 값은 (3-6j)
실수 부분은 3.0
허수 부분은 -6.0
켤레 복소수는 (3+6j)
```

파이썬에서는 실수보다 큰 범위의 수인 복소수(complex)를 기본 자료형으로 제공하고 있어. 복소수란 실수와 허수를 표현하는 수학적 표기법으로 a + bi 식으로 표현하는 수를 말해. 혹시나 복소수에 대한 개념을 배우지 않았으면 그냥 가볍게 읽고 넘어가도 돼.

3번 줄 복소수를 저장하는 방법은 두 가지가 있는데 그 중 하나가 변수에 복소수 값을 직접 저장하는 거야. 수학과 다른 점은 허수 단위가 i가 아닌 j라서 2 + 5j와 같이 표현하면 돼. 2는 실수부이고 5j는 허수부를 나타내는데 허수부에서 j는 반드시 5와 붙여서 써야 해.

4번 줄 변수 comp1의 자료형은 복소수를 저장하고 있으니 복소수형이 되고, 파이썬에서 복소수는 complex라고 불러.

7번 줄 복소수를 저장하는 또 다른 방법은 complex( ) 함수를 사용하는 거야. 괄호 안에 실수와 허수를 입력해 주면 복소수를 만들어 주고 그 값이 변수 comp2에 저장되는 거야.

8번 줄 comp2를 출력하면 복소수 형태로 변환되어 3−6j식으로 출력이 이루어져.

9번 줄 복소수에서 실수 부분만 따로 떼어내서 보고 싶으면 9번 줄처럼 사용하면 돼. real은 복소수의 실수부를 나타내.

10번 줄 복소수에서 허수 부분만 따로 표시하려면 10번 줄처럼 하면 되고. imag는 복소수의 허수부를 나타내는 거야.

11번 줄 복소수의 켤레 복소수를 구하고 싶을 때는 conjugate( )를 사용해서 구할 수 있어. 켤레 복소수란 허수부의 부호를 바꾼 복소수를 말하는 것으로 a + bi의 켤레 복소수는 a − bi 야.

3줄 요약

- ☑ 파이썬에서 복소수형은 complex라고 부르며 복소수를 표현하기 위한 것이다.
- ☑ comp2.real은 실수부를, comp2.imag는 허수부를 돌려준다.
- ☑ comp2.conjugate( )는 켤레 복소수를 구해준다.

SECTION 016

부울(bool) 알아보기

P·Y·T·H·O·N

〔핵심내용〕 부울형은 참/거짓을 표현하기 위한 자료형이다.

```
# section_016

boot = True                    # 참
print(boot)
print(type(boot))

boof = False                   # 거짓
print(boof)
print(type(boof))
print()

print(20 > 13)                 # 두 값의 비교의 결과는?
print(0 < 0)
print('안녕' == '안녕')        # 두 문자열이 같은가?
print()

birds = 3                      # 숫자 3은 참? 거짓?
print(bool(birds))
birds = 0                      # 숫자 0은 참? 거짓?
print(bool(birds))
```

```
True
<class 'bool'>
False
<class 'bool'>

True
False
True

True
False
```

우리는 일상생활에서 종종 참과 거짓을 판단하면서 살고 있어. 예를 들어, 친구가 '난 오늘 8시

정각에 등교했어' 라고 말했다고 해보자. 친구가 8시에 등교했다면 참인 말이 되고, 8시 이전이나 이후에 등교했다면 거짓이 되겠지.

현실에서는 이런 참/거짓 판단이 그리 중요하지 않은 경우도 있고 중요한 경우도 있지만, 컴퓨터에서 참/거짓을 판단하는 것은 정말 중요한 문제야. 예를 들어, 미사일 발사 버튼을 누르면 참, 떼면 거짓이라고 할 때 컴퓨터가 참/거짓을 혼동한다면 큰 문제가 생길 거 아냐. 참/거짓에 따라 어떤 코드를 실행할 것인지 안할 것인지가 결정되기 때문에 프로그래밍에서 부울형은 중요하게 쓰여.

프로그래밍에서는 참/거짓을 처리하기 위해서 부울형을 제공해. 마치 컴퓨터에서 숫자를 처리하기 위해 정수형, 실수형 등이 있는 것처럼 말야. 부울형은 딱 2개의 값만 존재해. 참을 의미하는 True와 거짓을 의미하는 False야. 예제를 한 번 살펴볼게.

3번 줄	변수 boot에 True를 저장했어.
4번 줄	변수 boot를 출력하면 당연히 True가 출력되겠지.
5번 줄	True의 타입을 확인해보니 〈class 'bool'〉이라고 나오네. 파이썬에서 참/거짓은 bool이라고 불러.
7번~9번 줄	이번에는 boof에 False를 저장하고, 출력해 본 거야.
12번~14번 줄	20은 13보다 크다. 누가 봐도 참이지? 그래서 출력값이 True가 나오는 거야. 결과값이 참/거짓으로 나오게 하는 연산에는 비교 연산과 논리 연산이 있는데, 이런 연산들에 대해서는 나중에 배우게 될 거야.
17번~20번 줄	bool( ) 함수는 주어진 값이 참인지 거짓인지를 알려주는 함수야. 숫자 3은 True, 숫자 0은 False로 나왔어. 파이썬에서 숫자 0은 False, 그 외의 모든 숫자는 True라는 사실을 기억해 둬.

3줄 요약

- 참/거짓을 표현하기 위한 자료형이 부울형이다.
- 부울형에는 True, False 딱 2 개의 값만 존재한다.
- 파이썬에서 숫자 0은 False, 그 외의 숫자는 True를 의미한다.

P·Y·T·H·O·N

SECTION 017

문자열 안에 ' 또는 "를 넣고 싶을 때

〔핵심내용〕 문자열 안에 따옴표 등을 사용할 때는 특수 문자열을 사용한다.

```
# section_017

text1 = '문자열은 작은 따옴표 또는 큰 따옴표로 묶어서 만들 수 있다'
print(type(text1))

text2 = '작은 따옴표로 묶인 문자열 안에 큰 따옴표(")는 문제 없네요'
print(text2)

text3 = "큰 따옴표로 묶인 문자열 안에 작은 따옴표(')는 문제 없네요"
print(text3)

text4 = '특수 문자열은 ₩'이렇게₩' 출력되요'
print(text4)

```

```
<class 'str'>
작은 따옴표로 묶인 문자열 안에 큰 따옴표(")는 문제 없네요
큰 따옴표로 묶인 문자열 안에 작은 따옴표(')는 문제 없네요
특수 문자열은 '이렇게' 출력되요
```

앞서 간단하게 문자열에 대해서 알아보았으니까 여기서는 문자열에서 특징적인 것을 몇 가지 알아볼게. 우선 문자열을 표현하려면 값을 작은 따옴표(')나 큰 따옴표(") 중 하나로 묶어주면 된다고 했어.

'안녕' 또는 "안녕"

'Hello' 또는 "Hello"

'2020' 또는 "2020"

뭐 이런 식이지. 그런데 말야. 작은 따옴표로 만들어진 문자열 중간에 작은 따옴표가 들어가게 되면 어쩌지?

'라이브(La'eeb)는 2022년 카타르 월드컵의 마스코트이다.'

이 문장을 보면, 프로그래머는 작은 따옴표로 시작한 문자열이 문자열의 끝까지 묶여주길 바랬을 거야. 그런데 파이썬은 '라이브(La'까지만 문자열로 인식해. 왜냐하면 파이썬은 작은 따옴표로 시작한 문자열은 그 다음 번에 발견되는 작은 따옴표까지 문자열로 인식하도록 되어 있거든. 이런 문제는 큰 따옴표로 묶어도 마찬가지야.

"그는 이렇게 말했다. "난 파이썬을 사랑해"라고.."

파이썬은 여기서도 "그는 이렇게 말했다. "만 문자열로 인식할 거야. 그렇다면 그 뒤에 남겨진 문자들은? 파이썬은 난 모르겠다라며 다음과 같은 오류를 발생시켜.

SyntaxError: invalid syntax

이 에러를 구문 에러라고 하는데 문법상 뭔가 빠졌을 때 또는 오타일 때 주로 생기는 오류야. 우리가 앞으로 자주 접할 에러 중 하나지. 따라서 이 오류를 만나면 오타가 있는 건 아닌지, 따옴표를 뺀 건 아닌지 살펴보면 돼.
암튼 이 문제를 해결하는 방법은 대략 두 가지가 있어. 우선 문자열 중간에 작은 따옴표를 넣고 싶을 땐 문자열 자체를 큰 따옴표로 묶어주는 것이지. 그 반대도 가능하고.

"라이브(La'eeb)는 2022년 카타르 월드컵의 마스코트이다."

'그는 이렇게 말했다. "난 파이썬을 사랑해"라고..'

그런데 이 방법은 한계가 있어. 문자열 중간에 둘 다 쓰고 싶다면 어떻게 해야 하지?
이럴 때 특수 문자열을 사용하면 해결이 가능해. 특수 문자열이란 문자열 안에서 특별한 기능을 가지는 문자열을 말하는데 종류가 많지만 여기서는 자주 사용되는 몇 가지를 소개할게.

특수 문자열	기능
\‘	화면에 작은 따옴표를 표시
\“	화면에 큰 따옴표를 표시
\n	줄 바꿈
\\	화면에 역슬래시(\)를 표시
\t	탭(tab)만큼 띄우기

표에서 보는 것처럼 특수 문자열은 역슬래시(\)로 시작하고, 파이썬은 특수 문자열을 발견하면 특수 문자열이 가진 기능에 따라 표시를 해 줘. 그럼 특수 문자열을 이용해서 문자열을 만들어 볼까?

‘라이브(La\’eeb)는 2022년 카타르 월드컵의 마스코트이다.’

“그는 이렇게 말했다. \“난 파이썬을 사랑해\”라고..”

특수 문자열을 문자열 안에서 어떻게 사용하는지 대략 감이 오지? 문자열을 위와 같이 작성하면 오류 없이 잘 저장될 거야.
자, 그럼 이제 예제 코드를 살펴보자.

3번 줄 　간단한 문자열을 만들어서 변수 text1에 저장한 후

4번 줄 　print( ) 함수를 이용해 변수 text1의 자료형을 출력하면 class 'str'이라고 출력 돼. 파이썬에서는 문자열을 str이라고 불러.

6번, 9번 줄 　작은 따옴표로 만든 문자열 안에 큰 따옴표를 삽입하는 것은 문제가 없지? 마찬가지로 큰 따옴표로 만든 문자열 안에 작은 따옴표를 삽입하는 것도 문제없어.

12번 줄 　작은 따옴표로 묶인 문자열 안에 작은 따옴표를 사용하려면 문자열 중간에 들어가는 따옴표에 역슬래시(\)를 추가해서 특수 문자열로 만들어 주는 거야. 그러면 문제없이 출력할 수 있어.

3줄 요약

- ☑ 파이썬에서 문자열형은 str이라고 부르며 문자열을 표현하기 위한 것이다.
- ☑ 문자열 안에 '를 넣고 싶으면 문자열을 "로 묶어준다. 그 반대도 가능하다.
- ☑ 문자열 안에 '나 "를 넣는 다른 방법은 특수 문자열을 사용한다.

SECTION 018

P·Y·T·H·O·N

여러 줄 문자열 처리

〔핵심내용〕 여러 줄 문자열은 있는 그대로 출력해 준다.

```
# section_018

text = '나는 문자열이다. \n줄바꿈하려면 특수 문자열을 써야 하고, \n특수 문자열을 사용하면 \t탭도 가능하다.'
print(text)
print()

multiText = '''
그런데 여러 줄 문자열을 사용하면
여기 보이는 그대로 출력된다.
줄바꿈이나 탭이나 공백도 그대로이다.
   큰 따옴표 세 개(""")를 사용해도
   같은 결과를 얻을 수 있다.
   물론 다양한 특수 문자(~!@#$%^&*( )도
   그대로 출력된다.
'''
print(multiText)
```

범위의 내용이 그대로 출력된다.

```
나는 문자열이다.
줄바꿈하려면 특수 문자열을 써야하고,
특수 문자열을 사용하면      탭도 가능하다.



그런데 여러 줄 문자열을 사용하면
여기 보이는 그대로 출력된다.
줄바꿈이나 탭이나 공백도 그대로이다.
   큰 따옴표 세 개(""")를 사용해도
   같은 결과를 얻을 수 있다.
   물론 다양한 특수 문자(~!@#$%^&*( )도
   그대로 출력된다.
```

여러 줄로 구성된 문자열을 표현할 때는 작은 따옴표 또는 큰 따옴표 세 개를 연달아 ''' 또는 """처럼 사용해서 여러 줄 문자열을 묶어주면 돼.
그러면 예제에서 multiText의 값과 같이 코드 상에 쓰여진 문자열의 형태 그대로 출력되는 거야.
여러 줄 문자열을 사용하면 덤으로 얻는 이점은 특수 문자를 있는 그대로 담을 수 있다는 거야.
문자열에서 ' 나 "를 표현하려면 특수 문자열을 사용해야 했잖아? 여러 줄 문자열을 사용하면 이런 제약이 사라진다는 거야.

3번 줄 앞에서 특수 문자열을 배웠지? 문자열 안에 특수 문자열 \n를 넣으면 줄바꿈을 해주고, 특수 문자열 \t를 넣으면 탭 공백을 넣어주는 거야.

4번 줄 그리고 이것을 출력하면 특수 문자열이 어떻게 작동하는지 결과를 통해 확인해 볼 수 있어.

7번 줄 여러 줄 문자열을 작은 따옴표 세 개로 묶었어. 이렇게 사용하면 문자열 내의 형태 그대로 출력해 주는 거야. 물론 작은 따옴표, 큰 따옴표, 그 외의 문자들도 잘 표현할 수 있어.

16번 줄 여러 줄 문자열이 저장된 변수를 출력하고 있어.

변수 text의 결과에서 보듯이 특수 문자열을 사용하면 여러 줄 문자열처럼 효과를 줄 수 있지만, 단지 이런 목적이라면 여러 줄 문자열을 사용하는 것을 백배 추천.

3줄 요약

- 파이썬에서는 여러 줄 문자열을 만들 수 있다.
- 여러 줄 문자열은 ' ' ' 또는 " " "로 문자열을 묶어서 표현한다.
- 여러 줄 문자열을 사용하면 줄바꿈, 탭, 공백 등이 그대로 표현된다.

SECTION 019

문자열 연산

〔핵심내용〕 문자열에서 곱셈은 문자열 반복, 덧셈은 문자열 연결을 의미한다.

```
# section_019

print("=" * 40)

print("Python은" + " 훌륭한 프로그래밍 언어이다")

head = "Python은"
tail = " 훌륭한 프로그래밍 언어이다"
string = head + tail
print(string)

str1 = "꿈"
str2 = "과"
str3 = "도"
str4 = "전"
print(str1 + str2 + " " + str3 + str4)

print("=" * 40)
```

```
========================================
Python은 훌륭한 프로그래밍 언어이다
Python은 훌륭한 프로그래밍 언어이다
꿈과 도전
========================================
```

산술 연산에서 곱셈(*) 연산자는 양쪽에 숫자를 대상으로 해서 곱셈의 결과를 돌려주고, 덧셈(+) 연산자도 양쪽에 숫자를 대상으로 해서 덧셈의 결과를 돌려주잖아.
그런데 파이썬에서는 문자열에 대해서도 곱셈 연산과 덧셈 연산을 제공하고 있어서 소개하려고 해.

3번 줄

문자열 "="에 40을 곱하는 연산이야. 문자열과 숫자의 곱셈이라 재밌는 형태지? 이건 수학의 곱셈과 달리 반복의 의미이기 때문에 문자열을 40회 반복하라는 뜻이야.
주의할 것은 '문자열 * 문자열' 기능은 제공하지 않는다는 것. 즉, '=' * '$' 같은 것은 처리가 안된다는 뜻이야. 파이썬 설계자가 그렇게 만들어 놓은 것이니까 왜냐고 의문을 가질 필요는 없어. 우리는 이대로 사용하면 되는 거야.

문자열 * 숫자 ⎤
숫자 * 문자열 ⎦ 가능

5번 줄

문자열에서 곱셈이 반복을 의미했다면, 덧셈은 문자열과 문자열의 연결을 의미해. 그래서 두 문자열이 연결되서 출력된 것을 확인 할 수 있어.
여기서도 주의할 것은 '문자열 + 숫자' 기능은 제공하지 않는다는 것.

문자열 * 문자열] 가능

7번~10번 줄

문자열을 저장하고 있는 두 문자열 변수를 더하는 것도 가능하고.

16번 줄

str1, str2, str3, str4 모두 문자열이니까 덧셈 연산이 가능하고, 공백 문자인 " " 도 문자열이니까 문자열 변수와 함께 덧셈 연산이 가능해.

3줄 요약

- ☑ 문자열 * 숫자는 문자열을 숫자만큼 반복하라는 명령이다.
- ☑ 문자열 + 문자열은 두 문자열을 연결하라는 명령이다.
- ☑ 문자열 변수에 대해서도 이러한 연산이 가능하다.

SECTION 020

P·Y·T·H·O·N

문자열 인덱싱

〔핵심내용〕 문자열을 구성하는 각 문자는 번호를 이용하여 접근할 수 있다.

```
# section_020

string = "NATURE"

print(string[0])
print(string[1])
print(string[5])

print(string[-1])
print(string[-2])
print(string[-6])
```

```
N
A
E
E
R
N
```

파이썬은 문자열을 쉽게 다룰 수 있도록 인덱싱이라는 기능을 제공해. 인덱싱은 문자열을 구성하는 각 문자에 번호를 매겨 놓고 이 번호를 이용해서 원하는 위치의 문자를 가져올 수 있는 기능이야. 문자열을 만들고 나면 다음과 같이 문자열 내 각 문자 하나하나마다 번호가 매겨지는데 이 번호를 위치 번호 또는 인덱스(index)라고 해.

	N	A	T	U	R	E
정방향	0	1	2	3	4	5
역방향	−6	−5	−4	−3	−2	−1

맨 앞 문자의 인덱스는 0부터 시작한다는 것을 기억해 둬. 그러다보니 nature의 문자 개수는 6개임에도 맨 마지막 문자의 인덱스는 5가 되는 거야. 또 인덱스는 거꾸로도 있는데 맨 마지막 문자의 인덱스는 −1이고, 맨 앞 문자는 −6이야.
인덱싱 방법은 '문자열[인덱스]' 또는 '문자열 변수[인덱스]'와 같이 문자열 또는 문자열 변수 뒤에 위치 값을 적고 대괄호로 묶어주는 거야.

3번 줄 문자열 NATURE를 변수 string에 저장했어. 이 문자열은 6개 문자로 구성되어 있으니 문자열의 길이는 6이고.

5번 줄 string[0]은 0번 위치의 문자를 가져오라는 의미야. 따라서 첫 번째 문자인 N이 출력되는 거야. 다시 한 번 말하지만 첫 번째 문자의 위치 값은 1이 아닌 0이라는 것.

6번 줄 string[1]은 1번 위치의 문자를 가져오라는 의미야. A가 출력되지.

7번 줄 string[5]는 5번 위치의 문자를 가져오라는 의미야. E가 출력 돼.

9번 줄 역방향으로도 접근할 수 있는데 정방향과 다른 점은 가장 오른쪽 위치가 0이 아니라 −1부터 시작한다는 거야. 따라서 string[−1]은 맨 마지막 문자인 E가 되는 거야.

10번, 11번 줄 같은 방법으로 string[−2]은 R이고, string[−6]은 N이야.

이렇게 순서를 가지고 있어서 위치 번호(또는 인덱스)를 이용해 인덱싱이 가능한 객체를 **시퀀스형 객체**라고 불러. 문자열과 더불어 앞으로 배울 **리스트**, **튜플**, **range** 등이 시퀀스형 객체야.

3줄 요약

- 인덱스는 문자열에 지정되어 있는 번호를 말하며, 정방향으로는 0부터 시작하고 역방향으로는 −1부터 시작한다.
- 인덱싱은 인덱스를 이용해서 문자를 가져오는 기능을 말한다.
- 시퀀스형 객체란 순서를 가지고 있어서 인덱싱이 가능한 객체를 말한다.

SECTION 021

P·Y·T·H·O·N

문자열 슬라이싱

〔핵심내용〕 슬라이싱을 이용해 문자열의 일부분을 추출할 수 있다.

```python
# section_021

string = "NATURE"
print("-" * 5 + "정방향" + "-" * 5)
print(string[0:5])
print(string[2:4])
print(string[2:])
print(string[:3])

print("-" * 5 + "역방향" + "-" * 5)
print(string[-4:-2])
print(string[-6:])
print(string[:-3])
```

```
-----정방향-----
NATUR
TU
TURE
NAT
-----역방향-----
TU
NATURE
NAT
```

인덱싱이 원하는 위치의 문자를 가져오기 위한 기능이라면, 슬라이싱은 문자의 일부를 추출할 때 사용하는 기능이야. 그래서 추출하고 싶은 문자열의 시작 위치와 끝 위치가 필요해.

변수 [시작 위치 : 끝 위치]

그런데 주의할 것은 끝 위치의 문자는 포함하지 않는다는 거야. 예제를 보면 이해하기 쉬워.

5번 줄 string[0:5]는 0번부터 시작해서 5번 위치의 문자인 E는 포함되지 않으니까 'NATUR'만 가져오는 거야.

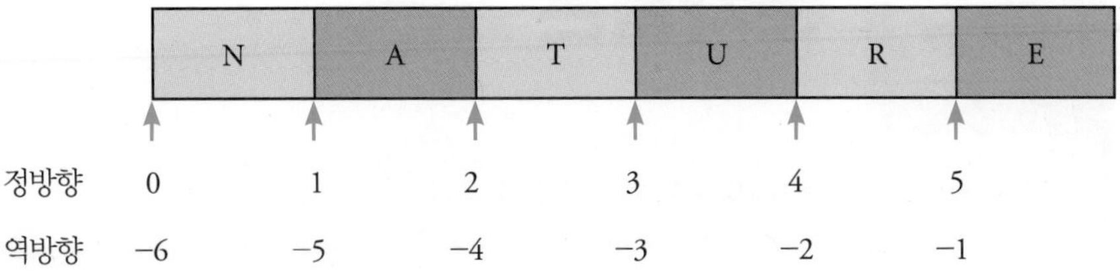

5번 줄 같은 방법으로 string[2:4]는 2번과 3번에 있는 문자를 추출한다는 의미가 되서 'TU'가 되는 것이고.

7번 줄 string[2:]처럼 끝 위치를 생략하면 시작 위치부터 시작해 마지막 문자까지 추출해서 'TURE'가 돼.

8번 줄 string[:3]과 같이 시작 위치를 생략하면 맨 처음부터 시작해 2번 위치까지 추출해서 'NAT'가 되는 거야.

11번 줄 슬라이싱도 역방향으로 가능해. string[−4:−2]는 −4번 위치부터 −3번 위치까지 추출하라는 의미야.

12번 줄 string[−6:]처럼 끝 위치를 생략하면 마지막 문자까지 추출하고.

13번 줄 string[:−3]은 맨 처음부터 시작해 −4번 위치까지 추출하라는 의미가 돼.

3줄 요약

- 슬라이싱은 문자의 일부를 추출할 수 있으며, 역방향으로도 슬라이싱 할 수 있다.
- 추출하고 싶은 부분의 시작 위치와 끝 위치를 알면 슬라이싱 할 수 있다.
- 슬라이싱에서 끝 위치의 값은 포함하지 않는다.

SECTION 022

P·Y·T·H·O·N

문자열은 불변이다

〔핵심내용〕 문자열의 문자들은 변경할 수 없다.

```
1:  # section_022
2:
3:  string = "name"
4:  print(string)
5:
6:  capital = string.upper()
7:
8:  print(capital)
9:  print(string)
10:
11: #string[0] = "N"     # 오류 발생
```

```
name
NAME
name
```

파이썬에서 문자열은 변하지 않는 객체(불변 객체)야. 다시 말하면, 문자열을 구성하는 문자를 다른 문자로 변경할 수 없다는 것이지. 이게 무슨 의미인지 한 번 살펴보기로 해.

3번, 4번 줄 우선 변수 string에 소문자 name을 저장했어. 별 내용 아니지? 문자열 변수를 출력했으니 저장된 값이 출력될 거야.

6번 줄 문자열의 upper( ) 메서드를 이용해서 대문자로 만든 문자열을 capital에 저장했어. capital에는 대문자로 변환된 문자열이 저장될 거야. 자 그럼 여기서 생각해 봐, 과연 string 변수에 있는 문자열도 대문자로 변했을까? 참고로 upper( ) 메서드는 영문 소문자를 대문자로 변경하라는 메서드야.

9번 줄

출력 결과를 보니 string에 있는 문자열은 여전히 소문자라는 것을 알 수 있지? 파이썬에서 문자열 메서드를 사용하면 원본 문자열 자체가 변하는 것이 아니라 메서드의 기능이 적용된 새로운 문자열을 생성하여 새로운 변수에 할당하도록 되어 있어.

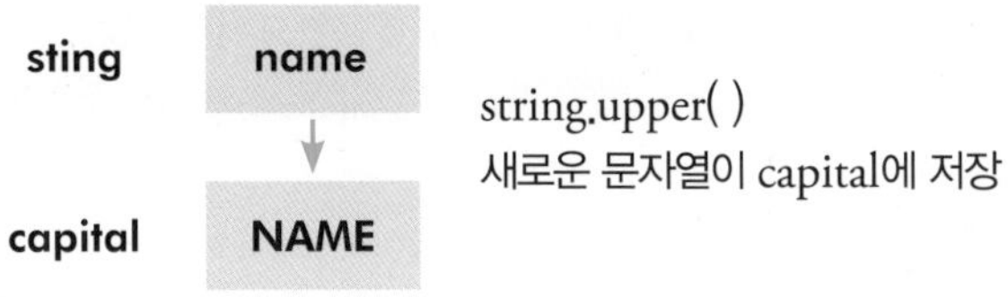

11번 줄

더 확실한 코드를 볼까? 11번 줄 맨 앞의 주석 문자를 제거하고 실행해 봐. 문자열 인덱스를 이용해서 문자열 내부의 문자를 강제로 다른 문자로 변경하려고 하면 파이썬은 다음과 같은 오류를 내.

TypeError: 'str' object does not support item assignment

오류 메시지의 의미는 문자열 객체(str)는 문자를 변경하려는 작업을 지원하지 않는다는 뜻이야. 즉, string 변수의 값인 'name'을 'Name'으로 변경할 수 없다는 얘기야. 그러면 Name을 사용하고 싶다면 어떻게 할까?

string = "name"
string = "Name"

이렇게 전체에 대해 새로운 문자열을 만들어서 변수에 할당하는 방법을 사용하면 돼.

3줄 요약

- 문자열을 구성하는 문자들은 다른 것으로 변경할 수 없다.
- 문자열 메서드를 이용하면 새로운 문자열이 생성되는 것이지 원본 문자열이 바뀌는 것은 아니다.
- 문자열을 강제로 바꾸려고 할 경우 에러가 발생한다.

P·Y·T·H·O·N

SECTION 023

문자열 관련 메서드

[핵심내용] 문자열을 위한 유용한 메서드가 많다.

```
# section_025.py

myStr = 'Hello, My little baby'
print(myStr.upper())
print(myStr.lower())
print(myStr.title())
print()

print(myStr.count('b'))
print(myStr.endswith('y'))
print(myStr.startswith('h'))
print(myStr.lower().startswith('h'))
print()

myStrlist1 = myStr.split()
print(myStrlist1)
myStrlist2 = myStr.split(',')
print(myStrlist2)
print()

myStrfill = myStr.zfill(30)
print(myStrfill)
```

메서드를 이렇게 여러 번 겹쳐 쓸 수 있어. 이럴 땐 메서드가 나열된 순으로 작동해.

```
HELLO, MY LITTLE BABY
hello, my little baby
Hello, My Little Baby

2
True
False
True
['Hello,', 'My', 'little', 'baby']
['Hello', ' My little baby']
000000000Hello, My little baby
```

문자열은 정말 많이 사용되는 자료형인 만큼 문자열과 관련된 메서드들도 많아. 여기서는 몇 가지만 소개하고 나머지는 부록에 정리해 둘게.

3번 줄	문자열 변수를 만든 후
4번~ 6번 줄	문자열에 upper( ) 메서드를 사용하면 모든 문자를 대문자로 바꾼 문자열을 돌려주고, 반대로 lower( ) 메서드는 소문자로 변경된 문자열을, title( )은 각 단어의 첫 문자만 대문자로 변경한 문자열을 돌려줘.
9번~12번 줄	count( ) 메서드는 문자열 내에 괄호 안의 문자가 몇 개 있는지 알려주는 거라 2가 출력됐어. endswith( )는 문자열이 괄호 안의 문자로 끝나는지 알려주는 거야. y로 끝난게 맞으니까 True가 출력됐어. startswith( )는 괄호 안의 문자로 시작하는지 확인하는 건데 대소 문자를 가리기 때문에 False가 나온거야. 12번 줄처럼 두 개 이상의 메서드를 겹쳐서 사용하는 것도 가능해.
15번~18번 줄	split( ) 함수는 괄호 안 문자를 기준으로 문자열을 분리해서 리스트로 만들어주는 함수야. 괄호를 비워두면 공백 문자가 기본값이기 때문에 16번 줄의 출력을 보면 공백으로 분리된 모든 단어가 리스트로 나온 것을 확인할 수 있고, 17번 줄처럼 ','로 지정하면 두 개의 항목을 가진 리스트를 반환해.
21번, 22번 줄	zfill( ) 함수는 괄호 안 숫자만큼 문자열의 길이를 늘이는데 재미있는 건 늘어난 부분을 숫자 0으로 채워주는 독특한 함수야. 이때 기존 문자열은 우측 정렬되고, 왼쪽 추가 생성된 공간에 숫자 0이 채워지는 거야.

3줄 요약

- ☑ 문자열에는 매우 많은 메서드가 있으니 부록을 참조하자.
- ☑ 메서드를 여러 개 나열하여 사용할 수 있으며, 나열된 순서대로 적용하면 된다.
- ☑ 문자열 메서드를 모두 외울 필요는 없고 대략 어떤 종류의 메서드가 있는지만 알아두자.

SECTION 024

P·Y·T·H·O·N

리스트(list) 사용하기

〔핵심내용〕 리스트는 여러 항목을 저장하고 관리하고 싶을 때 사용한다.

```
1:  # section_024
2:
3:  count = [1, 2, 3, 4, 5]
4:  cars = ['버스', '트럭', '승용차', '밴']
5:  wondolar = [1000, '1달러', 2000,
    '2달러', 3000, '3달러']
6:
7:  print(count)
8:  print(cars)
9:  print(wondolar)
10:
11: print(count[0])
12: print(cars[2])
13: print(wondolar[-1])
```

리스트 인덱싱이야. 문자열 인덱싱과 방법이 똑같아.

```
[1, 2, 3, 4, 5]
['버스', '트럭', '승용차', '밴']
[1000, '1달러', 2000, '2달러', 3000, '3달러']
1
승용차
3달러
```

전교생이 500명인 학교에서 학번을 일일이 변수에 저장하려면 500개의 변수가 필요하겠지? 왜냐하면 변수는 하나의 값을 저장하는 임시 기억 공간이니까. 그런데 500개의 변수를 만드는 건 진짜 힘든 작업이야. 안 그래? 그런데 파이썬에서는 500개의 학번을 쉽게 저장하고 관리할 수 있어. 그게 바로 리스트야.

3번~5번 줄 파이썬에서 리스트를 만들 때는 대괄호([ ])를 이용해서 만들어. 다음과 같이 말야.

[1, 2, 3, 4, 5]

[1000, '1달러', 2000, '2달러', 3000, '3달러']

리스트의 장점은 여러 항목을 담을 수 있다는 점이야. 예제에서는 손으로 셀 수 있는 정도이지만, 수 백 개 혹은 수 천 개의 항목으로 구성할 수도 있어. 리스트의 또 다른 장점은 어떤 종류의 객체도 담을 수 있다는 점이야. 숫자나 문자열뿐만 아니라 앞으로 배울 여러 자료형의 값들도 담을 수 있고, 또 다양한 자료형이 혼재된 리스트도 만들 수 있다는 것이지.

count = [1, 2, 3, 4, 5]

이렇게 리스트를 변수에 할당하면 count는 리스트 변수가 되는 거야.

TIP 컴퓨터 내부에서 리스트는 어떻게 저장될까?

리스트가 컴퓨터 내부적으로 저장되는 형태를 그림으로 나타내면 아래와 같다.

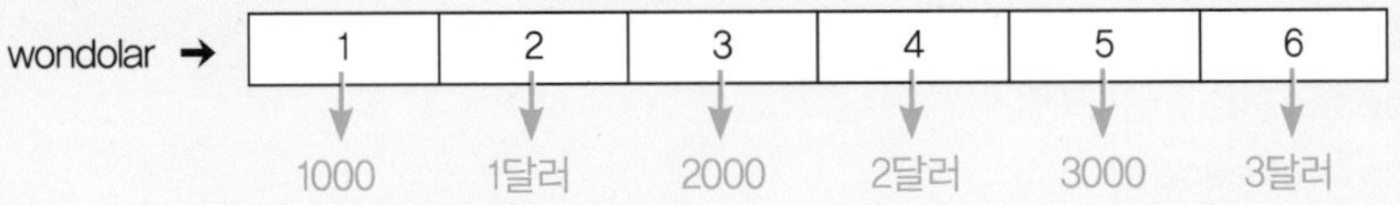

wondolar 변수가 여섯 개의 항목으로 된 기억공간을 가리키고 있고, 리스트의 각 항목이 숫자 객체 또는 문자열 객체를 가리키고 있다. 리스트 자체는 하나의 객체지만 각 항목마다 하나의 하위 객체를 담을 수 있기 때문에 여러 다른 종류의 객체를 담을 수도 있다는 것이다.

11번, 12번 줄

리스트의 각 항목을 구분하기 위해 항목들에는 순서가 있고 순서마다 인덱스가 매겨져 있어. 인덱스는 첫 번째 항목을 0번으로 시작해서 하나씩 증가하도록 되어 있어. 리스트의 각 항목을 사용할 때는 이 인덱스를 이용해서 접근해. 이런 점에서 문자열의 인덱싱과 같아.

count 변수의 첫 번째 항목에 접근하려면 count[0]이라고 쓰는 거야. 리스트의 시작 인덱스는 0이라는 것을 잊지마. 그래서 12번 줄에서 cars[2]라고 하면 세 번째 항목인 '승용차'가 출력되는 거야.

13번 줄

리스트는 반대 방향으로도 인덱스를 사용할 수 있어. 가장 마지막 항목의 인덱스를 −1로 시작해서 그 옆의 항목은 −2, 이런 식으로 번호가 매겨져 있어.

3줄 요약

- ☑ 리스트는 여러 개의 값을 저장하고 관리하고 싶을 때 사용한다.
- ☑ 하나의 리스트 안에 여러 종류의 자료형을 담을 수 있다.
- ☑ 리스트의 인덱싱은 문자열의 인덱싱 방법과 거의 같다.

SECTION 025

P·Y·T·H·O·N

리스트 변경하기

〔핵심내용〕 리스트의 각 항목을 변경할 수 있다.

```python
# section_025

cheeses = ['체다', '모짜렐라', '까망베르', '리코타']
print(cheeses)

cheeses[0] = '크림'
print(cheeses)

all = cheeses + ['블루']
print(all)
print(cheeses)
```

```
['체다', '모짜렐라', '까망베르', '리코타']
['크림', '모짜렐라', '까망베르', '리코타']
['크림', '모짜렐라', '까망베르', '리코타', '블루']
['크림', '모짜렐라', '까망베르', '리코타']
```

문자열을 구성하는 문자들은 변경될 수 없다고 했지? 그렇지만 리스트의 내용은 언제든지 변경하는 게 가능해. 리스트와 같이 포함하고 있는 내용을 변경할 수 있는 것을 가변 객체라고 해.

3번, 4번 줄 | 내가 좋아하는 치즈 리스트를 만든 다음 출력해 보면 리스트에 잘 저장되어 있는 것을 확인할 수 있지.

6번 줄 | 첫 번째 항목의 '체다'를 '크림' 치즈로 변경하려고 하면 리스트의 인덱스를 이용해서 접근하면 돼. cheeses[0]이라고 하면 첫 번째 항목에 접근할 수 있어.

9번 줄 | 리스트와 리스트를 + 연산자로 연결하면 두 개의 리스트가 결합한 새로운 리스트가 생겨. cheeses 변수도 리스트이고 ['블루']도 항목이 한 개인 리스트잖아. 두 리스트를 연결하기 위해 + 연산자를 사용했고 이렇게 연결된 새로운 리스트를 all이라는 변수에 할당한 거야.

10번, 11번 줄 | 리스트 변수 all에는 두 개의 리스트가 결합된 리스트가 저장되어 있지만, cheeses 변수에는 아무런 영향이 없다는 것을 확인할 수 있지.
즉, 9번처럼 + 연산자를 이용한 리스트 연결은 새로운 리스트를 만든다는 사실 잊지 말 것!

3줄 요약

- ☑ 리스트의 각 항목은 바뀔 수 있다.
- ☑ 리스트의 항목을 바꾸고 싶을 때는 인덱스를 이용하여 접근하면 된다.
- ☑ 리스트와 리스트를 연결할 때는 + 연산자를 사용하며, 이때 새로운 리스트가 생성된다.

P·Y·T·H·O·N

SECTION 026

리스트 슬라이싱

〔핵심내용〕 리스트도 문자열처럼 슬라이싱 할 수 있다.

```
# section_026

bucket = ['세계일주', '악기 하나 배우기', '누군가의 후원자되기',
          '베스트셀러 작가']
print(bucket)

done = bucket[1:3]
print(done)

print(bucket[0:4])
```

```
['세계일주', '악기 하나 배우기', '누군가의 후원자되기', '베스트셀러 작가']
['악기 하나 배우기', '누군가의 후원자되기']
['세계일주', '악기 하나 배우기', '누군가의 후원자되기', '베스트셀러 작가']
```

리스트도 문자열과 같은 방법으로 슬라이싱 할 수 있어.

3번 줄 이번 예제에서는 인생에 있어서 꼭 하고 싶은 버킷리스트를 작성해 볼게. bucket 변수에 리스트로 항목을 작성했어. 여러분은 여러분의 버킷리스트로 채워 넣어 보길 바래.

7번, 8번 줄 슬라이싱 사용법은 다음과 같아.

리스트 이름 [시작 항목의 위치 : 끝 항목의 위치]

'악기 하나 배우기'의 인덱스는 1이고, '누군가의 후원자되기'의 인덱스는 2이므로 bucket[1:3]이라고 하면 두 항목을 슬라이싱 할 수 있어. 문자열에서 슬라이싱 했던 것처럼 끝 항목의 위치에 해당하는 항목은 포함되지 않기 때문이야.
즉, bucket[h:k]라면 h부터 k−1까지의 항목을 가져오라는 의미가 되는 거야.
이렇게 슬라이싱하면 2개의 항목으로 된 새로운 리스트가 생성되는데 이 리스트를 계속 사용하고 싶으면 별도의 변수에 저장해야 해. 여기서는 done 변수에 저장했어. 만약 변수에 저장하지 않으면 슬라이싱 했을 때 딱 한 번 사용하고 사라져 버리니까.

10번 줄 리스트의 모든 항목을 슬라이싱하고 싶으면 10번 줄처럼 하면 돼.
추가로 리스트 슬라이싱에 대한 설명을 소개할게. 기본적으로 문자열의 슬라이싱과 같아.

bucket[:2]: 시작 인덱스를 생략하면 첫 번째 항목부터 시작한다.
bucket[1:]: 끝 인덱스를 생략하면 마지막 항목까지 포함한다.
bucket[:]: 인덱스 두 개를 전부 생략하면 모든 항목을 포함한다.

3줄 요약

- ☑ 리스트도 문자열과 같이 슬라이싱해서 일부분만 추출할 수 있다.
- ☑ 리스트 슬라이싱 방법은 문자열의 슬라이싱과 같다.
- ☑ 슬라이싱하면 새로운 리스트가 생기며 이것을 계속 사용하려면 별도의 변수에 저장해야 한다.

SECTION 027

P·Y·T·H·O·N

리스트 관련 메서드 1

〔핵심내용〕 리스트의 메서드인 index( ), append( ), insert( ), extend( )를 알아보자.

```
# section_027

colors = ['red', 'orange', 'yellow']
print(colors)

print('red의 위치:', colors.index('red')) #위치 가져오기
print('orange의 위치:', colors.index('orange'))
print()

colors.append('purple')                    # 항목 추가하기1
print(colors)

colors.insert(3, 'green')                  # 항목 추가하기2
print(colors)

colors.extend(['black', 'white'])          # 항목 추가하기3
print(colors)
```

```
['red', 'orange', 'yellow']
red의 위치: 0
orange의 위치: 1

['red', 'orange', 'yellow', 'purple']
['red', 'orange', 'yellow', 'green', 'purple']
['red', 'orange', 'yellow', 'green', 'purple', 'black', 'white']
```

리스트도 객체이기 때문에 리스트를 조작하기 위한 여러 가지 메서드를 가지고 있어. 메서드는 기본적으로 특정한 작업을 처리하기 위해 만들었다는 점에서 함수랑 같아. 다만 차이가 있다면 메서드는 객체에 소속된 함수라는 점이야. 그래서 메서드는 단독으로 사용하지 않고 객체.메서드() 형식으로 사용해야 해. 예제처럼 colors.index()라고 쓰면, colors가 리스트니까 리스트 객체에 정의되어 있는 index() 메서드를 사용하겠다는 뜻이 되는 거야.

리스트 관련 메서드를 사용하면 리스트의 항목을 자유자재로 편집할 수 있기 때문에 기억해 두면 유용하게 사용할 수 있을 거야.

3번 줄 색과 관련된 리스트를 만들고 이걸 colors 변수에 담았어.

6번, 7번 줄 index( ) 메서드는 특정 항목의 위치(인덱스)를 알려주는 메서드야. 'red'가 첫 번째 항목이니까 0이라고 알려주겠지? 마찬가지로 'orange'는 두 번째 항목이니까 1이라고 출력되는 거야.

10번 줄 append( ) 메서드는 한 개의 항목을 리스트에 추가하는 기능을 가진 메서드야. 리스트의 맨 마지막에 추가된다는 걸 기억해 둬.

13번 줄 insert( ) 메서드도 항목을 추가하는 메서드인데, append( )와 달리 원하는 위치에 삽입할 수 있어. 그래서 인수도 두 개가 필요해. 하나는 삽입하고 싶은 위치 번호와 나머지는 추가하고 싶은 항목이지. 3번 인덱스에 'green'이 추가된 것을 확인할 수 있어.

16번 줄 extend( ) 메서드는 괄호 안에 리스트를 넣어서 기존의 리스트에 추가할 수 있기 때문에 여러 항목을 추가할 때 사용하면 편리할 거야.
여기서 사용된 리스트 메서드를 정리하면 다음과 같아.

메서드	설명	리턴값
list.index(obj)	리스트에서 obj 객체가 위치한 가장 첫 번째 인덱스를 리턴한다.	인덱스 리턴, 값이 없으면 오류 발생
list.append(obj)	리스트에 obj 객체를 추가한다.	리턴값은 없고 리스트만 갱신
list.insert(index, obj)	리스트의 index 위치에 obj 객체를 삽입한다.	리턴값은 없고 리스트만 갱신
list.extend(obj)	리스트에 obj 객체를 추가한다.	리턴값은 없고 리스트만 갱신

3줄 요약

- ☑ 리스트는 다양한 메서드를 가지고 있고 이걸 알아두면 좋다.
- ☑ 리스트에서 특정 항목의 위치를 가져오기 위한 index( ) 메서드가 있다.
- ☑ 리스트에 항목을 추가하기 위한 append( ), insert( ), extend( ) 메서드가 있으며 각각의 차이를 익혀두자.

SECTION 028 P·Y·T·H·O·N

리스트 관련 메서드 2

〔핵심 내용〕 리스트에 관련된 다양한 메서드를 배우자.

```
# section_028

colors = ['red', 'orange', 'yellow', 'green', 'yellow']
print(colors)

colors.sort()                              # 항목 정렬하기
print(colors)

colors.reverse()                           # 역순 정렬하기
print(colors)
print()

print(colors.pop())                        # 항목 가져오기
print(colors)

colors.remove('red')                       # 항목 삭제하기
print(colors)

print(colors.count('yellow'))              # 항목 개수 세기
```

```
['red', 'orange', 'yellow', 'green', 'yellow']
['green', 'orange', 'red', 'yellow', 'yellow']
['yellow', 'yellow', 'red', 'orange', 'green']

green
['yellow', 'yellow', 'red', 'orange']
['yellow', 'yellow', 'orange']
2
```

앞 장에 이어서 자주 사용하는 리스트 메서드를 알아보기로 해.

3번 줄 색과 관련된 리스트를 만들고 이걸 colors 변수에 담았어. 'yellow' 항목이 두 개 있다는 거 기억해 둬.

6번 줄 sort( ) 메서드는 리스트 내에 있는 각 항목을 크기순으로 정렬해 주는데, 각 항목이 문자열이면 알파벳과 가나다 순서대로 정렬해 주고, 숫자라면 오름차순으로 정렬해 줘.

9번 줄 reverse( ) 메서드는 sort( ) 메서드의 반대야. 거꾸로 정렬해 주는 기능을 가진 메서드야.

13번 줄 pop( ) 메서드는 리스트의 맨 마지막에 있는 항목을 가져오는 메서드야. 단, pop( ) 메서드를 사용하면 추출된 항목은 리스트에서 삭제된다는 것을 주의해.

16번 줄 remove( ) 메서드는 괄호 안의 항목을 삭제하는 메서드야. pop( )이나 remove( ) 둘 다 리스트에서 항목을 삭제하는 건 같은데, 해당 항목을 가져다 쓰려면 pop( ), 그냥 지우고 끝내려면 remove( )를 선택하면 돼.

19번 줄 count( ) 메서드는 항목의 개수를 세어주는 메서드야. 'yellow' 항목이 두 개 있으니 2가 출력되었어.

여기서 사용된 리스트 메서드를 정리하면 다음과 같아.

메서드	설명	리턴값
list.sort( )	리스트를 구성하는 항목들을 정렬한다.	리턴값은 없고 리스트 내부를 정렬
list.reverse( )	리스트를 구성하는 항목들을 거꾸로 정렬한다.	리턴값은 없고 리스트 내부를 정렬
list.pop( )	리스트의 맨 마지막 항목을 리턴하고 삭제한다.	삭제된 항목을 리턴
list.remove(obj)	리스트에서 obj 객체를 삭제한다.	리턴값은 없고 리스트만 갱신
list.count(obj)	리스트에서 obj 객체가 몇 개 있는지 알려준다.	obj 객체의 개수를 리턴

3줄 요약

- ☑ 리스트의 항목들을 정렬하기 위한 메서드로 sort( )와 reverse( )가 있다.
- ☑ pop( ), remove( ) 둘 다 항목을 삭제하지만 해당 항목을 사용하고 싶으면 pop( )을 사용한다.
- ☑ count( ) 메서드는 항목의 개수를 셀 때 사용한다.

SECTION 029

P·Y·T·H·O·N

리스트 관련 내장 함수

〔핵심내용〕 리스트와 함께 사용할 수 있는 내장 함수를 알면 코딩이 편하다.

```
1:  # section_029
2:
3:  floating = [12.837, 4.89, 4037.0, 11.19]
4:
5:  print(len(floating))
6:  print(max(floating))
7:  print(min(floating))
8:  print(sum(floating))
9:  print()
10:
11: print(sorted(floating))
12: print(floating)
13:
14: string = "python"
15: print(list(string))
```

```
4
4037.0
4.89
4065.917

[4.89, 11.19, 12.837, 4037.0]
[12.837, 4.89, 4037.0, 11.19]
['p', 'y', 't', 'h', 'o', 'n']
```

파이썬에서 제공하는 내장 함수 중에는 리스트에 적용하여 사용할 수 있는 함수들이 있어서 소개할게.

3번 줄 | 실수형 자료로 구성된 리스트를 만들고 변수 floating에 담았어. 이제 함수를 적용해 보고 결과를 확인해 보자.

5번 줄

len( ) 함수의 입력으로 리스트를 사용하면 리스트 항목의 개수를 반환해 줘. 이 리스트는 4개의 항목으로 구성되어 있어서 4가 반환되어 출력된 거야.

6번~8번 줄

max( ) 함수는 리스트의 항목들 중에서 최댓값을 반환해 주고, min( ) 함수는 리스트의 항목들 중에서 최솟값을 반환해 줘. sum( ) 함수는 단어 그대로 항목들의 합을 구해서 리턴해 주고.

11번, 12번 줄

sorted( ) 함수는 리스트의 각 항목이 같은 종류일 때 오름차순으로 정렬된 새로운 리스트를 만들어주는 기능을 가지고 있어. 그런데 12번 줄에서 출력된 리스트 변수 floating을 보니 그대로지? 앞서 배운 sort( ) 메서드와 달리 sorted( ) 함수는 정렬된 새로운 리스트를 만들어서 반환해줄 뿐 원본 리스트를 변경하지 않아. 따라서, 정렬된 새로운 리스트를 사용하려면 별도의 변수에 저장해야 해.
그런데 리스트의 메서드인 sort( )와 내장 함수 sorted( )는 더 큰 차이점이 있어. sort( )는 리스트 객체 내부에 정의되어 있어서 리스트 전용인 반면 sorted는 내장 함수로서 파이썬이 제공하는 다른 객체에도 사용할 수 있는 범용이라는 차이가 있지.

14번, 15번 줄

list( ) 함수는 다른 시퀀스형 객체를 받아서 리스트로 변경해 주는 함수야. string 변수에는 문자열이 담겨 있고 문자열은 시퀀스형 객체잖아. list( ) 함수는 이 문자열을 리스트형 객체로 변경해 주는 역할을 해주는 거지.
리스트와 함께 사용할 수 있는 내장 함수를 정리하면 다음과 같아.

함수	설명	리턴값
len( )	리스트에 들어있는 항목의 개수를 리턴한다.	항목의 개수
max( )	리스트에 들어있는 항목 중 최댓값을 리턴한다.	항목 중 최댓값
min( )	리스트에 들어있는 항목 중 최솟값을 리턴한다.	항목 중 최솟값
sum( )	리스트에 들어있는 항목들의 합을 리턴한다.	항목들의 합
sorted( )	리스트에 들어있는 항목을 오름차순으로 정렬한다.	정렬된 새로운 리스트
list(seq)	괄호 안의 시퀀스형 객체 seq를 리스트로 만들어 준다.	리스트

시퀀스형 객체란 순서를 가지고 있어서 위치 번호를 이용해 인덱싱이 가능한 객체를 말한다. str, list, tuple, range 등이 있다.

3줄 요약

- ☑ 리스트를 내장 함수와 함께 사용하면 코딩이 편리해진다.
- ☑ 리스트의 sort( ) 메서드와 sorted( ) 함수의 차이를 알자.
- ☑ list( ) 함수는 다른 종류의 시퀀스형 객체를 리스트로 만들어준다.

SECTION 030

P·Y·T·H·O·N

튜플(tuple) 사용하기

〔핵심내용〕 튜플은 리스트와 같지만 가장 큰 차이점은 항목을 변경할 수 없다는 것이다.

```
# section_030

myTuple = ()
myTuple = (1, 2, 3)
myTuple = (1, "python", 3.14)
myTuple = ("문자열도 넣고", (1,2,3), [4,5,6])

myTuple = 1, 2, "number"
print(myTuple)
a, b, c = myTuple
print(a, b, c)
print()

# 튜플 선언시 한 가지 유의점
myTuple = ("hello")
print(type(myTuple))   # myTuple는 문자열 변수
myTuple = ("hello", )
print(type(myTuple))   # myTuple는 튜플 변수

myTuple = (1, 2, 3)
# myTuple[0] = 10       # 오류 발생
```

```
(1, 2, 'number')
1 2 number

<class 'str'>
<class 'tuple'>
```

파이썬에는 튜플이라는 자료형이 있는데, 튜플은 리스트처럼 다양한 종류의 여러 자료를 저장할 수 있기 때문에 자주 사용돼. 튜플과 리스트의 차이점은 리스트와 달리 읽기 전용이라는 거야. 쉽게 말하자면 읽기 전용이란 말은 항목을 변경할 수 없다는 뜻이고 문자열처럼 불변 객체라는

거야. 그래서 제공되는 메서드는 적지만 그만큼 속도가 빠르다는 장점이 있지. 또 다른 점은 리스트는 대괄호([ ])를 사용하지만 튜플은 소괄호(( ))를 사용한다는 점이지.

3번 줄 값이 없는 빈 튜플을 만들 땐 빈 괄호를 사용해.

4번~6번 줄 튜플의 각 항목을 같은 자료형으로 구성할 수도 있고, 서로 다른 자료형으로 구성할 수도 있어. (1,2,3)과 [4,5,6]도 한 개의 객체니까 튜플의 항목이 될 수 있지.

8번, 9번 줄 바로 위에서 튜플은 소괄호를 사용한다고 했는데 항목들을 콤마(,)로 구분하기만 해도 튜플로 선언되는 것을 볼 수 있어. 결국 튜플을 만드는데 있어 가장 결정적인 역할을 하는 것은 괄호( )가 아니라 콤마(,)라고 할 수 있지.

10번, 11번 줄 myTuple 변수가 3개의 항목으로 되어 있을 때 등호 왼쪽에 3개의 변수를 나열해 주면 3개의 항목이 각각 순서대로 저장이 이루어져.

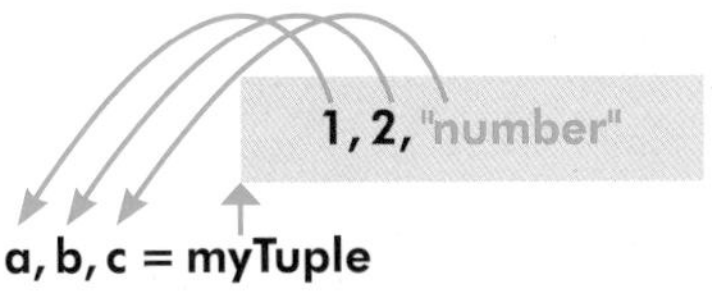

15번~18번 줄 15번 줄처럼 튜플 선언할 때 주의할 것이 있는데, 괄호 안에 하나의 항목만 넣으면 튜플로 인정하지 않는다는 거야. 그냥 문자열일 뿐이지. 그렇다면 한 개의 항목만 있는 튜플은 어떻게 만들까? 이럴 땐 17번 줄처럼 콤마(,)로 마무리 지으면 돼.

21번 줄 튜플 변수 myTuple을 이용해 첫 번째 항목 myTuple[0]에 있는 1을 10으로 변경하려고 하면 오류가 발생해. 튜플은 읽기 전용이라 수정할 수 없으니까.

TypeError: 'tuple' object does not support item assignment

3줄 요약

- ☑ 튜플도 리스트처럼 여러 종류의 데이터를 담을 수 있다.
- ☑ 튜플을 만들 때 값들 사이에 콤마(,)만 사용해도 튜플로 인정된다.
- ☑ 튜플은 리스트와 달리 항목을 수정할 수 없다.

SECTION 031

P·Y·T·H·O·N

튜플의 인덱싱과 슬라이싱

〔핵심 내용〕 여기에서 배우는 내용은 모든 시퀀스형 객체에 적용할 수 있다.

```
# section_031

#인덱싱
myTuple = ('a', 'b', 'c')
print(myTuple[0])
#print(myTuple[3])        # 오류 발생
#print(myTuple[2.0])      # 오류 발생
print()

myTuple = ("tuple", (1, 2, 3), [4, 5, 6])
print(myTuple[0])
print(myTuple[0][1])
print(myTuple[2][0])
print(myTuple[-1])
print(myTuple[-1][0])
print()

# 슬라이싱
myTuple = ('p', 'y', 't', 'h', 'o', 'n')
print(myTuple[1:4])
print(myTuple[ :-2])
print(myTuple[ : ])
```

```
a

tuple
u
4
[4, 5, 6]
4
('y', 't', 'h')
('p', 'y', 't', 'h')
('p', 'y', 't', 'h', 'o', 'n')
```

문자열과 리스트의 인덱싱과 슬라이싱을 잘 이해했다면 이번 것도 잘 넘어갈 것이라고 생각해. 이번에 배우는 것들도 모든 시퀀스형 객체에 동일하게 적용되는 내용이야.

4번, 5번 줄 문자열 'a', 'b', 'c'로 구성된 튜플을 만들고 변수 myTuple에 담았어. 첫 번째 항목은 0번부터 시작해. 그래서 myTuple[0]은 'a'를 가리키는거야.

6번 줄 튜플 변수 myTuple이 가진 항목은 3개니까 인덱스는 0, 1, 2뿐이잖아! 그런데 myTuple[3]처럼 인덱스의 범위를 벗어난 위치를 접근하려고 하면 파이썬은 오류를 내.

IndexError: tuple index out of range

7번 줄 그리고 위치 번호인 인덱스로 실수(float)를 사용하면 안 돼. 위치 번호는 반드시 정수(int)를 사용할 것.

10번~15번 줄 세 개의 시퀀스형 객체들로 튜플을 구성했어. 첫 번째 항목은 문자열로 되어 있고 이것에 접근하려면 myTuple[0]이라고 하면 돼. 그런데 문자열도 인덱싱이 되잖아! 그래서 myTuple[0]에 인덱스를 하나 더 달아서 myTuple[0][1]처럼 사용하면 문자열의 각 문자들에 접근할 수 있다는거지. 재미있지? 인덱스에 음의 값을 넣으면 거꾸로 인덱싱이 가능하다는 것은 문자열, 리스트와 같아.

19번, 20번 줄 슬라이싱하는 방법도 문자열, 리스트와 같아. myTuple[1:4]는 시작 인덱스(1)에서 시작해서 끝 인덱스(4)를 포함하지 않는 위치까지 가져오는거니까 y, t, h를 출력하는 거야.

21번, 22번 줄 슬라이싱도 음의 값을 사용하면 거꾸로 할 수 있어. 그리고 두 항목을 모두 생략하면 모든 값을 슬라이싱해서 가져오라는 의미야.

3줄 요약

- ☑ 튜플의 인덱싱과 슬라이싱 방법은 문자열, 리스트와 동일하다.
- ☑ 튜플의 크기를 벗어난 인덱스를 접근하려고 하면 오류가 난다.
- ☑ 인덱스는 반드시 정수만 사용한다.

SECTION 032

P·Y·T·H·O·N

불변 객체 튜플이 가변 객체를 가지면

〔핵심내용〕 튜플은 불변 객체이지만 항목이 가변 객체이면 가변 객체는 수정될 수 있다.

```
1:  # section_032
2:
3:  myTuple = (1, 2, [10, 20, 30])
4:  print(myTuple)
5:  #myTuple[0] = 5    # 오류 발생
6:  #myTuple[2] = 9    # 오류 발생
7:
8:  myTuple[2][1] = 5
9:  print(myTuple)
10:
11: myTuple = ('p', 'y', 't', 'h', 'o', 'n')
12: print(myTuple)
```

```
(1, 2, [10, 20, 30])
(1, 2, [10, 5, 30])
('p', 'y', 't', 'h', 'o', 'n')
```

튜플은 불변 객체, 즉 항목을 수정할 수 없다고 했지? 그렇다면 위 예제를 한 번 실행해 볼까?

3번~6번 줄

튜플에 담긴 3개의 항목을 보면 1과 2, 그리고 리스트인 [10, 20, 30]으로 구성되어 있어. 앞에서 본 것처럼 튜플은 불변 객체이기 때문에 myTuple[0]=5와 같은 명령은 오류를 발생시켜.

8번 줄

그런데 myTuple의 세 번째 항목은 리스트잖아? 리스트는 변경 가능한 객체이고. 따라서 리스트가 튜플의 항목일지라도 리스트 고유의 특성은 그대로 있어서 이 안의 값을 수정할 수 있어. 그래서 myTuple[2][1]=5로 수정하라는 명령이 문제없는 거야.

그렇지만 myTuple의 구성 항목에 (숫자 1, 숫자 2, 3개 항목을 가진 리스트)가 들어

있다는 사실은 여전히 수정될 수 없어.

11번 줄

11번 줄을 볼까? myTuple이 (1, 2, [10, 20, 30])인 튜플을 담고 있다가 11번 줄에서 전혀 다른 새로운 튜플 ('p', 'y', 't', 'h', 'o', 'n')을 가리키는 거야. 이것은 튜플의 항목을 변경하는게 아니기 때문에 '튜플은 불변 객체이다' 라는 규칙을 어기는게 아니거든. myTuple은 변수니까 언제든지 새로운 값을 저장할 수 있으니 myTuple이 새로운 튜플을 담는 것은 자연스러운거야. 11번 줄에서의 변화를 아래 그림처럼 나타낼 수 있어.

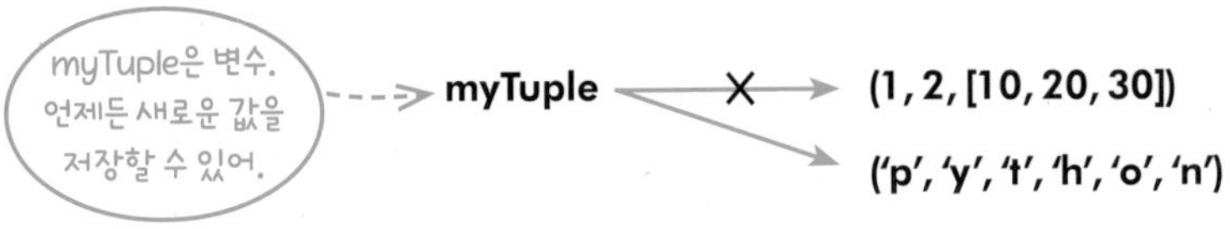

그렇다면 맨 처음 myTuple과 연결되었던 튜플(1,2,[10,20,30])는 어떻게 될까? 아마도 자신을 가리키는 변수가 사라졌으니 메모리에서 곧 사라지게 될 거야. 튜플에 대해서 앞으로 조금 더 보겠지만 지금까지 살펴본 바에 따르면 튜플은 리스트와 거의 유사해. 그렇다면 튜플을 사용할 때 리스트보다 얻는 이점을 정리해 볼게.

- 튜플은 불변이기 때문에 리스트보다 속도가 빨라서 프로그램의 속도를 좀 더 높힐 수 있다는 장점이 있어.
- 역시 튜플은 불변이기 때문에 튜플을 사용하면 적어도 '그 내용에는 변화가 없겠구나' 라는 확신을 가질 수 있지. 이런 확신은 리스트로는 얻을 수 없어. 어느 순간 확인한 리스트의 항목들이 처음부터 그랬으리라는 보장이 없으니까!

이와 같이 튜플이 얻는 이점이라는 것들은 순전히 튜플의 항목은 변할 수 없다라는 특징에서 나온다는 사실 기억해 둬.

3줄 요약

- ☑ 불변 객체 튜플이 가변 객체 리스트를 항목으로 가지고 있을 땐 리스트의 항목 수정이 가능하다.
- ☑ 튜플이 불변 객체라는 의미는 튜플의 항목을 수정할 수 없다는 의미일 뿐
  튜플 변수에 새로운 값을 저장할 수 없다는 의미는 아니다.
- ☑ 튜플은 불변 객체라서 처리 속도가 빠르고 내용의 일관성에 대한 믿음이 있다.

SECTION 033

P·Y·T·H·O·N

튜플의 연산과 관련 메서드

〔핵심내용〕 튜플에서 사용할 수 있는 연산과 메서드를 알아보자.

```python
# section_033

my_tuple = (1, 2, 3)
your_tuple = (4, 5, 6)

# 튜플 연산
our_tuple = my_tuple + your_tuple
print(our_tuple)

multiply_tuple = my_tuple * 3
print(multiply_tuple)

#del our_tuple
#print(our_tuple)

# 튜플 멤버십 테스트
print(1 in my_tuple)
print(4 in my_tuple)
print(3 not in my_tuple)

# 튜플 관련 메서드
print(multiply_tuple.count(1))
print(multiply_tuple.index(2))
```

```
(1, 2, 3, 4, 5, 6)
(1, 2, 3, 1, 2, 3, 1, 2, 3)
True
False
False
3
1
```

튜플도 문자열과 리스트처럼 몇 가지 연산이 가능해.

7번 줄 | 두 개의 튜플을 연결하려면 + 연산자를 사용하면 돼.

10번 줄 | 튜플을 반복하려면 * 연산자를 사용하면 되고.

13번, 14번 줄 | 튜플을 완전히 삭제하는 방법은 del이라는 명령을 사용해. 그러면 메모리에서 사라지기 때문에 이후에 튜플을 사용하려고 하면 오류를 발생하지. 다음과 같이 말이야. our_tuple이 사라졌으니 정의되지 않았다는 뜻이야.

NameError: name 'out_tuple' is not defined

del 명령은 튜플뿐만 아니라 다른 객체에도 적용할 수 있어.

17번~19번 줄 | 어떤 값이 튜플에 존재하는지 여부를 체크하는 연산자가 있어.

값 in 튜플 —— ①

값 not in 튜플 —— ②

①은 값이 튜플에 포함되어 있으면 참(True)을 리턴해 주고, 값이 튜플에 없으면 거짓(False)을 리턴해 줘. 반면 ②는 값이 튜플에 존재하지 않으면 참(True), 존재하면 거짓(False)을 반환해 주고.

22번, 23번 줄 | 튜플은 항목을 변경할 수 없기 때문에 가지고 있는 메서드가 많지 않아. 두 개만 기억하자. 하나는 count( ) 메서드. 이건 괄호 안의 항목이 튜플에 몇 개 존재하는지 알려주는 거야. multiply_tuple에 숫자 1이 3개 있으니까 3이 출력된 거야. 다른 하나는 index( ) 메서드. 괄호 안의 항목이 처음으로 발견된 위치를 알려줘. multiply_tuple에서 숫자 2가 처음 발견되는 위치는 1이야.
튜플 메서드를 정리하면 다음과 같아.

메서드	설명	리턴값
tuple.count(obj)	튜플에서 obj 객체가 몇 개 있는지 알려준다.	obj 객체의 개수를 리턴
tuple.index(obj)	튜플에서 obj 객체가 위치한 가장 첫 번째 인덱스를 리턴한다.	인덱스 리턴, 값이 없으면 오류 발생

3줄 요약

- del은 변수 등 객체를 삭제하는 기능을 가진 명령어이다.
- in 연산자는 값이 있으면 True이고, not in 연산자는 값이 없으면 True이다.
- count( )는 주어진 값의 개수, index( )는 주어진 값의 첫 번째 위치를 알려준다.

SECTION 034

P·Y·T·H·O·N

튜플의 관련 내장 함수

〔핵심내용〕 튜플과 함께 사용되는 내장 함수의 특징을 파악하자.

```
1:  # section_034
2:
3:  t_float = (120.09, 9.11, 2.8)
4:  L_int = [1, 2, 3]
5:
6:  print(len(t_float))
7:  print(max(t_float))
8:  print(min(t_float))
9:  print(sum(t_float))
10: print(sorted(t_float))
11: print(t_float)
12:
13: print(tuple(L_int))
```

```
3
120.09
2.8
132.0
[2.8, 9.11, 120.09]
(120.09, 9.11, 2.8)
(1, 2, 3)
```

sorted( ) 함수가 반환해 주는 것은 튜플이 아니라 리스트야!!

파이썬에서 제공하는 내장 함수 중에는 튜플에 적용하여 사용할 수 있는 함수들이 있는데, 문자열이나 리스트에 사용할 수 있는 내장 함수와 거의 비슷해. 시퀀스형 객체들이 대략 비슷한 특성을 가지고 있다는 사실을 기억해.

3번 줄 | 실수(float)로 구성된 튜플을 만들고 변수 t_float에 담았어. 이제 함수를 적용해 보고 결과를 확인해 보자.

6번 줄 len( ) 함수는 괄호 안 튜플의 항목 개수를 리턴해 주는 함수야. 이 튜플은 3개의 항목으로 구성되어 있어서 3을 반환해 줘.

7번~9번 줄 max( ) 함수는 튜플의 항목들 중에서 최댓값을 리턴해 주고, min( ) 함수는 튜플의 항목들 중에서 최솟값을 반환해 줘. sum( ) 함수는 단어 그대로 항목들의 합을 구해서 반환해 줘.

10번, 11번 줄 sorted( ) 함수는 튜플의 각 항목이 같은 종류일 때 오름차순으로 정렬된 새로운 리스트를 만들어주는 기능을 가지고 있어. 주의할 것은 sorted( )로 인해 생겨나는 것이 튜플이 아니라 리스트라는 거야. 11번 줄에서 튜플의 원본은 변함이 없다는 것을 확인할 수 있어.

13번 줄 tuple( ) 함수는 다른 시퀀스형 객체를 입력으로 받아서 튜플로 변경해 주는 함수야. L_int 변수에 있는 리스트를 tuple( ) 함수가 튜플로 변환시킨 것을 확인할 수 있어. 이 또한 L_int 변수의 원본에는 아무런 영향도 주지 않는다는 것 잊지마.

튜플과 함께 사용할 수 있는 내장 함수를 정리하면 다음과 같아.

함수	설명	리턴값
len( )	튜플에 들어있는 항목의 개수를 리턴한다.	항목의 개수
max( )	튜플에 들어있는 항목 중 최댓값을 리턴한다.	항목 중 최댓값
min( )	튜플에 들어있는 항목 중 최솟값을 리턴한다.	항목 중 최솟값
sum( )	튜플에 들어있는 항목들의 합을 리턴한다.	항목들의 합
sorted( )	튜플에 들어있는 항목을 오름차순으로 정렬한다.	정렬된 새로운 리스트
tuple(seq)	괄호 안의 시퀀스형 객체 seq를 튜플로 새롭게 만들어준다.	튜플

3줄 요약

- ☑ sorted( ) 함수에 튜플을 적용하면 정렬된 리스트를 얻게 된다.
- ☑ tuple( ) 함수는 시퀀스 객체를 입력받아 튜플을 만들어준다.
- ☑ tuple( ) 함수에 입력된 시퀀스 객체의 원본은 변하지 않는다.

P·Y·T·H·O·N

SECTION 035

집합(set) 사용하기

〔핵심내용〕 집합의 특징은 두 가지이다. 중복이 없다는 것과 순서가 없다는 것.

```python
# section_035

my_set = {1, 2, 3}
print(my_set)
print(type(my_set))

my_set = {"hello", 1.0, (1,2,3)}
print(my_set)
#my_set = {1, 2, [4, 5]}     # 오류 발생

my_set = {1, 2, 3, 3, 4, 2}
print(my_set)

#print(my_set[0])             # 오류 발생

# 빈 집합 만들 때 주의할 것
my_set = { }
print(type(my_set))
my_set = set()
print(type(my_set))
```

```
{1, 2, 3}
<class 'set'>
{1.0, 'hello', (1, 2, 3)}
{1, 2, 3, 4}
<class 'dict'>
<class 'set'>
```

집합은 우리가 수학에서 배웠던 집합이랑 같아. 파이썬에서 집합의 특징은 중복이 없다는 점과 순서가 없다는 점이야. 예제를 보면서 하나씩 살펴볼까?

3번 줄 집합형 자료 {1, 2, 3}을 만들고 my_set 변수에 담았어.

5번 줄 집합은 파이썬에서 set이라는 자료형으로 불려.

7번~9번 줄 집합도 리스트나 튜플처럼 다양한 자료형을 담을 수 있어. 그런데 리스트 같은 가변 객체는 집합의 항목이 될 수 없어.
그래서 리스트를 항목으로 넣으려고 하면 이런 오류가 나.

TypeError: unhashable type: 'list'

11번, 12번 줄 집합의 중요한 특징 중 하나가 중복이 없다는 거야. 그래서 11번 줄과 같이 중복되는 항목들을 넣어서 집합을 만들면 중복 값들은 하나만 남게 되지.

14번 줄 집합의 또 다른 중요한 특징은 순서가 없다는 거야. 문자열, 리스트, 튜플은 모두 시퀀스형 객체로 순서가 있다고 했잖아. 순서가 있으면 인덱싱이 가능한데, 집합은 순서가 없기 때문에 인덱스를 이용해 각 항목에 접근하는 인덱싱을 할 수가 없어. 마찬가지로 슬라이싱도 안 돼.

17번~20번 줄 비어있는 집합을 만들려고 할 때 17번 줄처럼 하면 이상하게도 다음에 배우게 될 사전형으로 만들어져. 좀 이상하지만 파이썬이 그렇게 만들어져 있으니 우리가 그러려니 해야지. 혹시 빈 집합을 만들고 싶다면 19번 줄처럼 set( )이라는 내장 함수를 사용하면 돼.

3줄 요약

- 집합은 수학에서 배우는 집합과 같은 개념이다.
- 집합은 '중복이 없다'와 '순서가 없다'는 특징이 있다.
- 빈 집합을 만들 때는 set( ) 함수를 사용한다.

SECTION 036

P·Y·T·H·O·N

집합(set) 관련 메서드 1 - 항목 추가하고 가져오기

〔핵심내용〕 항목을 추가하려면 add( )와 update( ) 메서드, 가져올 땐 pop( ) 메서드

```
# section_036

s_nature = {'sky', 'sea'}
print(s_nature)
print()

# 항목 추가하기
s_nature.add('earth')
print(s_nature)
s_nature.update({1, 2}, [2, 3])
print(s_nature)
print()

# 항목 추가하기
print(s_nature.pop())
print(s_nature)
print(s_nature.pop())
```

```
{'sky', 'sea'}

{'sky', 'earth', 'sea'}
{1, 2, 3, 'earth', 'sky', 'sea'}

1
{2, 3, 'earth', 'sky', 'sea'}
sky
```

3번 줄 일단 두 개 항목을 가진 집합을 만들어 놓았어.

8번 줄 add( ) 메서드는 집합에 한 개 항목을 추가하는 기능을 가지고 있어. 집합에 항목을 추가할 수 있다는 뜻은 집합이 불변 객체가 아닌 변경 가능한 객체, 즉 가변 객체라는 거야.

9번 줄 집합은 순서가 없기 때문에 항목들이 어떤 순서로 나열될 지 예측할 수 없어. 'earth'를 새로 추가했는데 출력된 것을 보니 중간에 위치했군.

10번, 11번 줄 update( ) 메서드는 여러 항목을 추가하고 싶을 때 사용해. 집합 {1, 2}와 리스트 [2, 3] 두 항목을 추가해 봤어. 집합은 중복을 알아서 제거해 줘.

15번, 16번 줄 자, 집합에서 항목을 가져와 볼까?
pop( ) 메서드는 집합에서 항목 하나를 가져오는 기능을 가지고 있어 그걸 print( ) 함수로 출력한거지. 그런데 pop( ) 메서드는 추출한 항목을 기존 집합에서 삭제하기까지 해. 출력된 결과를 보면 1이 없는 걸 확인할 수 있어.

17번 줄 리스트같은 시퀀스형 객체에서 pop( )을 사용하면 맨 마지막 항목이 나왔던 거 기억해? 그런데 집합은 순서가 없기 때문에 실제로 어떤 항목이 추출될지 알 수 없어! 한 번 더 출력해 볼까? 이번엔 'sky'가 출력됐군. 예측할 수 없어.
여기서 사용한 집합 메서드를 정리하면 다음과 같아.

메서드	설명	리턴값
set.add(obj)	집합에 obj 객체를 추가한다.	리턴값은 없고 집합만 갱신
set.update(obj1, obj2)	집합에 여러 객체를 추가한다.	리턴값은 없고 집합만 갱신
set.pop( )	집합에서 임의의 한 항목을 리턴하고 집합에서 삭제한다.	삭제된 항목을 리턴

3줄 요약

- ☑ 집합은 값을 처리하기 위한 다양한 메서드를 제공하고 있다.
- ☑ 집합은 순서가 없기 때문에 값을 추가해도 어디에 배치될지 알 수 없다.
- ☑ 집합은 순서가 없기 때문에 값을 추출할 때 어떤 값이 나올지 알 수 없다.

SECTION 037

P·Y·T·H·O·N

집합(set) 관련 메서드 2 - 항목 삭제하기

〔핵심내용〕 삭제할 때는 discard( )와 remove( ) 메서드, 완전히 비울 때는 clear( ) 메서드

```
# section_037

s_planet = {'수성', '금성', '지구', '화성', '목성',
            '토성', '천왕성', '해왕성'}
print(s_planet)
print()

# 항목 추가하기
s_planet.discard('금성')
print(s_planet)
s_planet.remove('천왕성')
print(s_planet)
s_planet.remove('명왕성')   # 오류 발생
print()

# 항목 비우기
s_planet.clear()
print(s_planet)
```

```
{'해왕성', '천왕성', '화성', '지구', '목성', '수성', '금성', '토성'}

{'해왕성', '천왕성', '화성', '지구', '목성', '수성', '토성'}
{'해왕성', '화성', '지구', '목성', '수성', '토성'}

set()
```

이번에는 집합이 사용할 수 있는 메서드 중 삭제와 관련된 메서드들을 좀 알아볼게.

3번 줄 태양계 행성들로 이루어진 집합을 만들고.

8번~12번 줄 discard( ), remove( ) 메서드는 둘 다 항목을 제거할 때 사용하는건데, 차이점은 discard( )는 삭제하려는 항목이 집합에 없어도 아무 일이 안생기지만, remove( ) 메서드는 삭제하려는 항목이 집합에 없으면 오류를 발생시켜. 예를 들어서 s_planet.remove('명왕성')이라고 하면 '명왕성' 항목이 없기 때문에 아래와 같은 오류 메시지가 나타나.

KeyError: '명왕성'

16번 줄 clear( ) 메서드는 집합을 깨끗하게 비우는 기능을 가졌어. 메서드를 적용한 다음 s_planet을 출력해 보니 빈 집합이 출력되었네.

여기서 사용한 집합 메서드를 정리하면 다음과 같아.

메서드	설명	리턴값
set.discard(obj)	집합에서 obj 객체를 삭제한다. 삭제하려는 객체가 집합에 없어도 오류를 발생시키지 않는다.	리턴값은 없고 집합만 갱신
set.remove(obj)	집합에서 obj 객체를 삭제한다. 삭제하려는 객체가 집합에 없으면 오류가 발생한다.	리턴값은 없고 집합만 갱신
set.clear( )	집합의 모든 항목을 삭제한다.	리턴값은 없고 집합을 빈집합으로 갱신

3줄 요약

- ☑ discard( ) 메서드는 삭제하는 항목이 없어도 문제 없다.
- ☑ remove( ) 메서드는 삭제하려는 항목이 없으면 오류가 발생한다.
- ☑ clear( ) 메서드는 집합 내 모든 항목을 삭제한 빈 집합을 만든다.

P·Y·T·H·O·N

SECTION 038

집합(set) 관련 메서드 3 - 집합 연산하기

〔핵심내용〕 집합 연산자와 메서드로 집합 연산하는 방법을 알아보자.

```
# section_040.py

A = {1, 2, 3, 4, 5, 6}
B = {1, 2, 3, 7, 8, 9}

# 합집합
print(A | B, '-> A | B')
print(A.union(B), '-> A.union(B)')
print(B.union(A), '-> B.union(A)')
print(A, '-> A')
print()

# 교집합
print(A & B, '-> A & B')
print(A.intersection(B), '-> A.intersection(B)')
print()

# 차집합
print(A - B, '-> A - B')
print(A.difference(B), '-> A.difference(B)')
print()

# 대칭차집합
print(A ^ B, '-> A ^ B')
print(A.symmetric_difference(B), '-> A.symmetric_difference(B)')
print()

# 부분집합
print({4, 5, 6} <= A)
print({4, 5, 6}.issubset(A))
print({1, 2, 3, 4, 5, 6} >= A)
print({1, 2, 3, 4, 5, 6}.issuperset(A))
```

A | B에서 '|'는 다음을 누르면 돼. Shift + |₩

```
{1, 2, 3, 4, 5, 6, 7, 8, 9} -> A | B
{1, 2, 3, 4, 5, 6, 7, 8, 9} -> A.union(B)
{1, 2, 3, 4, 5, 6, 7, 8, 9} -> B.union(A)
{1, 2, 3, 4, 5, 6} -> A

{1, 2, 3} -> A & B
{1, 2, 3} -> A.intersection(B)

{4, 5, 6} -> A - B
{4, 5, 6} -> A.difference(B)

{4, 5, 6, 7, 8, 9} -> A ^ B
{4, 5, 6, 7, 8, 9} -> A.symmetric_difference(B)

True
True
True
True
```

집합을 소개할 때 수학의 집합과 같다고 했는데, 이번에는 수학 교과서에 나오는 집합 연산과 같은 걸 해보기로 해. 파이썬은 집합 연산들이 메서드로 구현되어 있어.

3번, 4번 줄 두 집합 A와 B가 선언되어 있을 때 하나씩 살펴볼까?

7번~9번 줄 두 집합의 합집합을 구할 때는 union() 메서드를 사용하거나 '|' 연산자를 사용하면 돼. 어느 것이든 편한 것을 사용해. '|' 연산자는 역슬래시(\ 또는 ₩)를 Shift 키를 누른 상태에서 누르면 나타나는 특수 문자야. union() 메서드는 집합 A에 집합 B를 더하든, 집합 B에 집합 A를 더하든 결과는 같아.

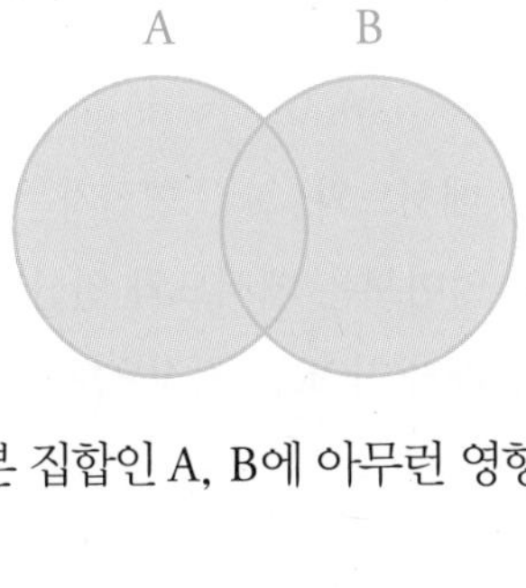

10번 줄 그리고 연산의 결과는 원본 집합인 A, B에 아무런 영향을 주지 않는다는 것.

14번, 15번 줄	교집합은 두 집합에 공통으로 존재하는 항목들의 집합이야. 교집합을 구할 때는 intersection( ) 메서드를 사용하거나 '&' 연산자를 사용하면 돼.

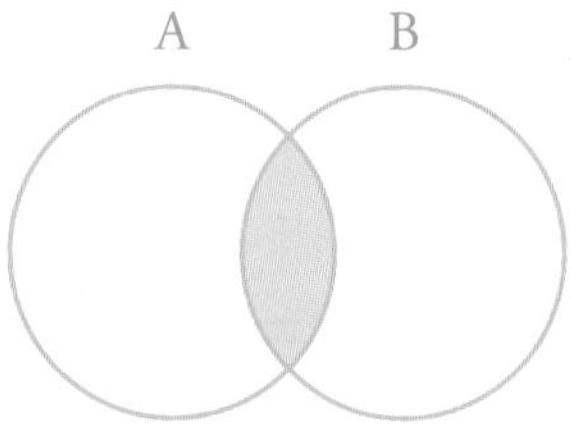

19번, 20번 줄	차집합은 A에만 존재하고 B에는 존재하지 않는 항목들의 집합이야. 그 반대도 가능하고. 차집합은 difference( ) 메서드나 '−' 연산자를 사용하고

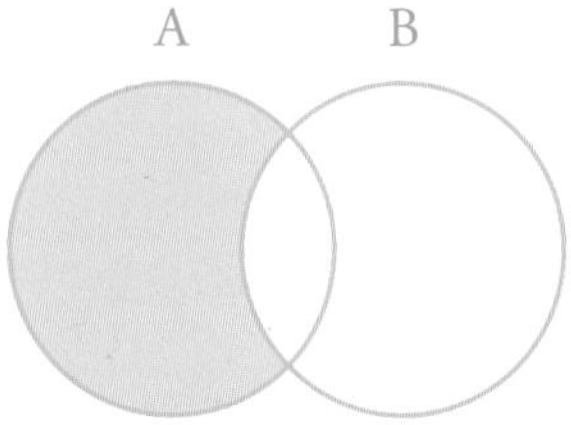

24번, 25번 줄	대칭차집합은 둘 중 한 집합에는 속하지만 공통된 항목은 제외된 집합이야. 결과적으로 A와 B의 합집합에서 교집합을 뺀 것과 같아. 대칭차집합은 symmetric_difference( ) 메서드나 ' ^ ' 연산자를 사용해.

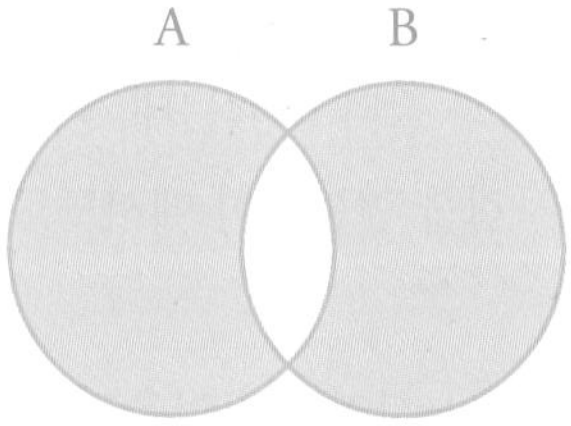

29번, 30번 줄	부분집합은 issubset( ) 메서드나 '<=' 연산자를 사용하면 돼. 집합 {4, 5, 6}은 집합 A의 부분집합이니까 True가 반환되고 이것이 출력되는 거야.

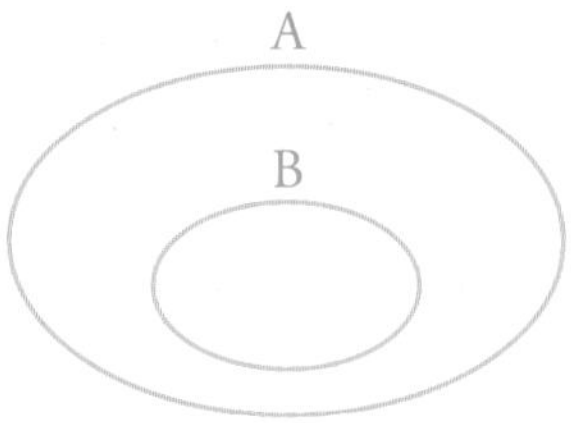

31번, 32번 줄	issuperset( ) 메서드와 ' >= ' 연산자는 거꾸로 집합 A가 {1, 2, 3, 4, 5, 6}의 부분집합인지를 알아보는 메서드와 연산자야. 부분집합인지를 판단해주는 연산자와 메서드는 결과가 참 또는 거짓으로 나와.

여기서 사용한 집합 메서드를 정리하면 다음과 같아.

메서드	연산자	설명	리턴값
set.union(set)	|	집합과 set 집합의 합집합을 구한다.	합집합을 리턴함
set. intersection(set)	&	집합과 set 집합의 교집합을 구한다.	교집합을 리턴함
set. difference(set)	-	집합에서 set 집합의 차집합을 구한다.	차집합을 리턴함.
set. symmetric_ difference(set)	^	집합과 set 집합의 대칭차집합을 구한다.	대칭차집합을 리턴함.
set. issubset(set)	<=	집합이 set 집합의 부분집합인지 알려준다.	부분집합이면 True, 아니면 False를 리턴함
set.issuperset(set)	>=	집합이 set 집합을 포함하는지 알려준다.	포함하면 True, 아니면 False를 리턴함

3줄 요약

- ☑ 파이썬의 집합은 수학의 집합과 똑같은 연산을 제공해준다.
- ☑ 집합 연산에 관련된 연산자와 메서드가 함께 있다.
- ☑ 집합 연산을 해도 원본 집합은 변하지 않고 새로운 집합을 생성해 준다.

SECTION 039

집합(set) 관련 연산과 내장 함수

〔핵심내용〕 집합과 관련된 연산과 내장 함수를 알아보자.

```
# section_039

s_float = {1.0, 3.0, 2.0, 10.0}
print(s_float)
print()

print(0.0 in s_float)
print('a' not in s_float)
print()

print(len(s_float))
print(max(s_float))
print(min(s_float))
print(sum(s_float))
print(sorted(s_float))
print(s_float)
print()

print(set([1, 2, 3, 2, 3]))
```

```
{1.0, 10.0, 2.0, 3.0}

False
True

4
10.0
1.0
16.0
[1.0, 2.0, 3.0, 10.0]
{1.0, 10.0, 2.0, 3.0}

{1, 2, 3}
```

파이썬에서 제공하는 내장 함수 중 집합에 적용하여 사용할 수 있는 연산자와 함수들을 알아보자.

3번, 4번 줄 실수(float)로 구성된 집합을 만들고 출력했어.

7번, 8번 줄 in 연산자는 '값 in 집합'처럼 사용해서 해당 값이 집합에 있는지를 확인하는 연산자야. not in 연산자는 반대로 해당 값이 집합에 없는지를 확인하는 것이고. in 연산자의 경우 집합에 있으면 True, 없으면 False를 돌려줘. not in은 그 반대이고.

11번~14번 줄 len( ) 함수는 괄호 안 객체의 길이를 반환해 주는 함수고, max( ) 함수는 집합의 항목들 중에서 최댓값을 반환해 주고, min( ) 함수는 집합의 항목들 중에서 최솟값을 반환해 줘. sum( ) 함수는 단어 그대로 항목들의 합을 구해서 반환해 주고.

15번, 16번 줄 sorted( ) 함수는 집합의 각 항목이 같은 종류일 때 오름차순으로 정렬된 새로운 리스트를 만들어주는 기능을 가지고 있어. 주의할 것은 sorted( )로 인해 생겨나는 것이 집합이 아니라 리스트라는 거야. 그리고 집합의 원본은 변함이 없다는 것을 확인할 수 있어.

19번 줄 set( ) 함수는 앞에서도 봤는데, 괄호 안의 객체를 집합형 객체로 만들어 주는 함수야. 집합으로 바뀌면서 중복 값들도 제거되는 것을 확인할 수 있어.

집합과 함께 사용할 수 있는 내장 함수를 정리하면 다음과 같아.

함수	설명	리턴값
len( )	집합에 들어있는 항목의 개수를 리턴한다.	항목의 개수
max( )	집합에 들어있는 항목 중 최댓값을 리턴한다.	항목 중 최댓값
min( )	집합에 들어있는 항목 중 최솟값을 리턴한다.	항목 중 최솟값
sum( )	집합에 들어있는 항목들의 합을 리턴한다.	항목들의 합
sorted( )	집합에 들어있는 항목을 오름차순으로 정렬한다.	정렬된 새로운 리스트
set( )	괄호 안의 객체를 집합으로 만들어준다.	집합

3줄 요약

- in과 not in 연산의 결과는 True 또는 False이다.
- sorted( ) 함수를 사용하면 집합이 아닌 리스트로 반환해 준다.
- set( ) 함수는 주어진 값을 집합으로 만들어주는 함수이다.

SECTION 040

P·Y·T·H·O·N

사전(dict) 사용하기

〔핵심내용〕 사전은 키와 값의 쌍으로 항목이 구성된다.

```
1:  # section_040
2:
3:  my_dict = {}
4:  my_dict = {'fishing': '낚시질', 'fishing banks':'어초',
              'fishing boat': '낚싯배'}
5:  my_dict = {1: "수소", 2: "헬륨", 2: "리튬", 3: "리튬"}
6:  print(my_dict)
7:
8:  my_dict = {"name": "mr. Kang", 14003: [3,2,0,1]}
9:  my_dict = dict([(1, '서울'), (2, '부산')])
10: print(my_dict)
11:
12: my_idol = {"name": "임영웅", "age": 34, "manager":
             "물고기컴퍼니", "job": "singer"}
13: print(my_idol)
14: print(type(my_idol))
```

```
{1: '수소', 2: '리튬', 3: '리튬'}
{1: '서울', 2: '부산'}
{'name': '임영웅', 'age'': 34, 'manager': '물고기컴퍼니', 'job':
'singer'}
<class 'dict'>
```

파이썬의 사전(dict)은 독특하고 재미있는 자료형인데, 간단하게 국어 사전, 영어 사전과 같은 개념으로 생각하면 돼. 사전을 보면 단어와 그 단어의 뜻이 쌍을 이루고 있어서 어떤 단어의 뜻을 찾고 싶으면 그 단어를 찾기만 하면 되잖아. 파이썬의 사전도 단어에 해당하는 "키"와 뜻에 해당하는 "값"이 쌍을 이루고 있고, 키를 이용해서 값을 가져올 수 있어. 먼저 사전을 선언하는 방법부터 알아보기로 해.

3번 줄 | 사전을 만들 때는 중괄호{}를 사용하는데 빈 사전을 만들 때는 중괄호 안을 비워 두면 돼.

4번 줄

사전을 만드는 가장 일반적인 방법이야. 각 항목은 콜론(:)을 중심으로 '키:값'의 쌍으로 묶어주고, 항목끼리는 콤마(,)를 이용해서 구분해 줘. 어때 간단하지? 'fishing'은 키이고, 'fishing'에 대응하는 값이 "낚시질"이야.

{ 키: 값, 키: 값, 키: 값, ...}

5번, 6번 줄

6번 줄에서 출력한 결과를 한 번 봐. 2라는 같은 키를 가진 "헬륨"과 "리튬" 중에 하나만 사전에 남았지? 사전을 만들 때 키가 중복되면 하나는 사라지게 되어 있어. 국어 사전을 봐도 같은 단어가 중복되지는 않잖아? 파이썬의 사전도 마찬가지야. 키는 절대 중복될 수 없어. 그러나 값은 여러 번 중복돼도 상관없어.

8번 줄

키는 값을 찾는 중요한 단서이기 때문에 프로그램 실행 중에 자꾸 변하면 안되겠지? 그래서 키에는 불변 객체를 사용하는 거야. 예를 들면, "name" 같은 문자열이나 14003 같은 숫자 또는 튜플(불변 객체를 항목으로 가져야 해) 같은 것들이 키에 적합하지.

9번, 10번 줄

내장 함수인 dict( )를 사용하면 괄호 안의 자료를 사전으로 만들 수 있어. 괄호 안에 리스트가 있는데 이 안에 키와 값의 쌍으로 구성된 튜플이 들어 있으니 사전으로 구성되기에 안성맞춤이네. 9번 줄을 다음처럼 변경해도 결과는 같아.

dict(([1, '서울'], [2, '부산']))

12번, 13번 줄

가수 임영웅의 정보를 가지고 새로운 사전을 선언했어. 출력 결과를 봐. 우리가 선언해준 순서와 출력 순서가 다르지? 사전은 집합과 마찬가지로 순서가 없어. 그래서 인덱싱도 안되고. 뭔가 패턴이 보이니? 순서가 없으면(집합, 사전) 인덱싱이 안된다는 것과 순서가 있으면(리스트, 튜플, 문자열) 인덱싱이 된다는 것!

14번 줄

파이썬에서는 사전의 자료형을 dict라고 표현해.

3줄 요약

- ☑ 사전도 집합처럼 중괄호 { }를 사용한다.
- ☑ 파이썬의 사전은 실제 사전과 같이 항목이 키와 값의 쌍으로 구성되어 있다.
- ☑ 키는 불변 객체여야 하며 절대 중복될 수 없지만, 값은 중복될 수 있다.

SECTION 041

P·Y·T·H·O·N

사전에서 값 가져오기

〔핵심내용〕 사전은 순서가 없어서 키를 이용해야 값을 사용할 수 있다.

```python
# section_041

my_idol = {"name": "쯔위", "age": 25, "job": "singer"}
print(my_idol['name'])                # 값 가져오기
print(my_idol.get('age'))
print(my_idol.get('birth'))
# print(my_idol['birth'])             # 오류 발생
print()

my_idol['name'] = '수지'               # 항목 수정하기
print(my_idol)
print()

my_idol['birth'] = '1994-10-10'       # 항목 추가하기
my_idol['manager'] = 'JYP'
print(my_idol)
```

```
쯔위
25
None

{'name': '수지', 'age': 25, 'job': 'singer'}

{'name': '수지', 'age': 25, 'job': 'singer',
 'birth': '1994-10-10', 'manager': 'JYP'}
```

3번 줄 my_idol 변수는 "name", "age", "job"이라는 키와 그에 대응하는 값을 항목으로 갖는 사전을 담고 있어.

4번 줄 순서가 없는 사전은 키를 이용해 정보를 가져올 수 있어. 'name'이라는 키를 이용하면 "쯔위"라는 값을 얻을 수 있지.

5번 줄 get( ) 메서드를 사용해도 같은 결과를 얻을 수 있어. 'age'의 값이 잘 나온 걸 확인할 수 있지?

6번, 7번 줄 그럼 get('키')와 ['키'], 두 방법의 차이점을 알아볼까? 사전에 존재하지 않는 키를 이용할 때 차이가 생기는데, get( ) 메서드를 이용하면 사전에 존재하지 않는 'birth' 키를 이용해도 문제가 없어. 키가 없을 땐 아무 것도 없다는 의미의 None을 돌려줄 뿐 오류가 발생하진 않아. 그런데 사전에 없는 키를 7번 줄처럼 사용하면 오류가 발생해. 두 방법의 차이를 알겠지?

```
KeyError: 'birth'
```

10번 줄 사전은 가변 객체라서 새로운 항목을 추가하거나 이미 존재하는 항목의 값을 변경할 수 있어. 10번 줄의 name처럼 키가 이미 존재한다면 값을 새로운 값으로 변경해 주고,

14번~16번 줄 birth, manager처럼 사전에 없는 키라면 새로운 항목으로 키와 값을 사전에 추가해 줘.

메서드	설명	리턴값
dict.get(key)	키에 해당하는 값을 돌려준다.	키에 대응하는 값을 리턴

3줄 요약

- ☑ 사전은 순서가 없기 때문에 키를 이용해 값에 접근한다.
- ☑ 사전에서 값을 가져오는 방법은 키를 직접 이용하는 방법과 get( ) 메서드를 사용하는 방법이 있다.
- ☑ 접근하려는 키가 존재하면 기존 값을 새로운 값으로 수정하고, 접근하려는 키가 존재하지 않으면 새로운 항목(키와 값)으로 추가된다.

P·Y·T·H·O·N

SECTION 042

사전에서 값 삭제하기

〔핵심내용〕 사전의 항목을 삭제해 보자.

```
# section_042

my_idol = {'job': 'singer', 'age': 29, 'name': '수지',
              'birth': '1994-10-10'}
print(my_idol)
print()

print(my_idol.pop('birth')) # 항목 가져오면서 삭제하기
print(my_idol)
print()

del my_idol['age']          # 항목 삭제하기
print(my_idol)
print()

print(my_idol.popitem())    # 임의의 항목 가져오면서 삭제하기
print(my_idol)
print()

my_idol.clear()             # 사전 비우기
print(my_idol)

del my_idol
#print(my_idol)
```

```
{'job': 'singer', 'age': 29, 'name': '수지', 'birth': '1994-10-10'}

1994-10-10
{'job': 'singer', 'age': 29, 'name': '수지'}

{'job': 'singer', 'name': '수지'}
('name', '수지')
{'job': 'singer'}

{}
```

3번, 4번 줄 | my_idol 변수에 사전을 저장하고 값을 확인해 봤어.

7번, 8번 줄 | pop( ) 메서드는 항목을 가져오는 동시에 삭제하는 방법이야. 괄호 안에 원하는 키를 넣어주면 돼. pop('birth')를 하니까 값이 출력되면서 동시에 사전에서 사라지지?

11번, 12번 줄 | del 명령을 이용해도 특정 항목을 삭제할 수 있어. 참고로 del 명령은 파이썬의 33개 키워드 중 하나야. 그래서 괄호를 사용하지 않는다는 차이점을 잘 봐 둬.

15번, 16번 줄 | popitem( ) 메서드도 값을 가져오면서 삭제한다는 점에서 pop( )과 같지만, 다른 점은 popitem( )은 임의의 항목을 삭제시켜. popitem( ) 메서드는 괄호 안에 입력값을 넣지 않는 메서드야. 그래서 이걸 사용하면 어떤 항목이 삭제될 지 알 수 없어.

19번, 20번 줄 | clear( ) 메서드는 사전의 모든 항목을 삭제하는 메서드야. 바로 출력해 보면 빈 사전이 나와.

22번, 23번 줄 | 물론 del 명령을 사용하면 사전 변수 자체를 삭제할 수도 있어. clear( ) 메서드와 다른 점은 clear( ) 메서드는 사전의 모든 항목을 삭제하지만, del문은 my_idol이라는 변수 자체를 삭제시키기 때문에 23번 줄의 주석 기호를 지우고 실행하면 변수를 찾을 수 없다는 에러가 발생해.

3줄 요약

- ☑ pop( )과 popitem( )은 항목을 반환해 주고 동시에 사전에서 삭제시키지만, pop( )은 지정한 항목을, popitem( )은 임의의 항목을 반환한다는 점에서 차이가 있다.
- ☑ clear( ) 메서드는 사전의 모든 항목을 삭제하는 메서드이다.
- ☑ del 명령으로 항목을 삭제할 수 있고, 변수 자체를 삭제할 수도 있다.

P·Y·T·H·O·N

SECTION 043

사전 관련 메서드

〔핵심 내용〕 사전의 내용을 종류별로 가져오는 방법을 알아보자.

```
# section_043

my_bts = {1: "RM", 2: "진", 3: "슈가", 4: "제이홉", 5: "지민", 6: "뷔", 7: "정국"}
viewItems = my_bts.items()
viewKeys = my_bts.keys()
viewValues = my_bts.values()

print(viewItems)
print(viewKeys)
print(viewValues)
print()

my_bts.pop(4)          # 원본에 변화를 줌
print(viewItems)
print(viewKeys)
print(viewValues)
print()

print(list(my_bts.keys()))
print(list(viewValues))
```

```
dict_items([(1, 'RM'), (2, '진'), (3, '슈가'), (4, '제이홉'), (5, '지민'), (6, '뷔'), (7, '정국')])
dict_keys([1, 2, 3, 4, 5, 6, 7])
dict_values(['RM', '진', '슈가', '제이홉', '지민', '뷔', '정국'])

dict_items([(1, 'RM'), (2, '진'), (3, '슈가'), (5, '지민'), (6, '뷔'), (7, '정국')])
dict_keys([1, 2, 3, 5, 6, 7])
dict_values(['RM', '진', '슈가', '지민', '뷔', '정국'])

[1, 2, 3, 5, 6, 7]
['RM', '진', '슈가', '지민', '뷔', '정국']
```

3번 줄 my_bts에 사전을 저장했어.

4번~10번 줄 items( ), keys( ), values( ) 메서드를 사용한 거야. 이 세 메서드는 사전의 내용을 얻기 위한 메서드들이야. items( )는 각 항목을 (키:값)의 튜플로 묶어서 반환해 주고, keys( )는 키만 모아서 반환해 주고, values( )는 값만 모아서 반환해 주는 거야. 이 세 가지 메서드는 나중에 배울 반복문에서 주로 사용하니까 여기서는 이런 메서드가 있다라는 것만 알아두고 넘어가도 충분해.

13번~16번 줄 그런데 출력 결과를 보면 알겠지만 세 메서드를 실행한 결과를 보면 모두 dict_xxxx 형태로 반환된 것을 알 수 있잖아? 이 형태는 원본의 상태를 그대로 반영해 주는 사전의 특별한 형식이야. 그래서 원본 내용을 변경해도 그 상태가 그대로 반영돼.

19번~20번 줄 그런데 dict_xxxx 형태는 반복문에서 사용하기는 편리하지만 리스트처럼 한 항목씩 접근하기는 불편하거든. 이때는 세 메서드가 반환한 값을 리스트로 변경해서 사용할 수 있어. 튜플로 변경하고 싶다면 tuple(my_bts.keys( ))을 사용하면 되겠지? 세 메서드로부터 돌려받은 값 모두 이런 변경이 가능해.

여기까지 배운 사전 메서드를 정리할게. 이외에 사전에서 사용할 수 있는 추가적인 메서드는 부록을 참고해 줘.

메서드	설명	리턴값
dict.pop(key, [default])	해당 key가 사전에 있으면 대응하는 값을 돌려주고 원본 사전에서 해당 항목을 삭제한다. 만약 사전에 key가 없으면 지정해둔 default를 리턴함. 이때 default를 지정하지 않았다면 에러가 발생한다.	사전에 키가 있으면 대응하는 값을 리턴. 키가 없으면 default를 리턴
dict.popitem( )	사전에서 임의의 항목을 돌려주고 원본 사전에서 해당 항목을 삭제한다.	임의의 항목을 리턴
dict.clear( )	사전의 모든 항목을 삭제한다.	리턴값은 없고 사전을 빈 사전으로 갱신
dict.items( )	사전의 키와 값을 dict_items 형태로 돌려준다.	dict_items 형태로 리턴
dict.keys( )	사전의 키들만 dict_keys 형태로 돌려준다.	dict_keys 형태로 리턴
dict.values( )	사전의 값들만 dict_values 형태로 돌려준다.	dict_values 형태로 리턴

3줄 요약

- ☑ 사전의 내용을 받는 세 가지 메서드 items( ), keys( ), items( )가 있다.
- ☑ 이 메서드로 받은 값들은 나중에 반복문과 결합하면 강력해진다.
- ☑ 이 메서드로 받은 값을 리스트나 튜플로 변경하여 사용할 수도 있다.

SECTION 044

P·Y·T·H·O·N

형 변환

〔핵심내용〕 다른 형태의 자료로 변환하는 것을 형 변환이라고 한다.

```
# section_044

# 숫자와 문자열 사이의 형 변환
iNumber = int('7')
print(iNumber, type(iNumber))

fNumber = float(iNumber)
print(fNumber, type(fNumber))

sNumber = str(iNumber)
print(sNumber, type(sNumber))
#print(sNumber + 1)       # 오류 발생

print('-' * 20)
# 리스트와 튜플 사이의 형 변환
myList = [1, 2, 3]
print(myList, type(myList))

myTuple = tuple(myList)
print(myTuple, type(myTuple))
```

```
7 <class 'int'>
7.0 <class 'float'>
7 <class 'str'>
--------------------
[1, 2, 3] <class 'list'>
(1, 2, 3) <class 'tuple'>
```

우린 지금까지 여러 가지 자료형에 대해서 배웠어. 정수를 표현하는 int형, 실수를 표현하는 float형, 문자를 표현하는 str형을 배웠고, 항목을 수정할 수 있는 list형, 항목을 수정할 수 없는 tuple형, 수학 시간에 배운 집합과 같은 set형, 마지막으로 키와 값의 쌍으로 구성된 dict형을 배웠어.

코딩을 하다보면 이들 자료형들 간 변환이 필요할 때가 있는데 한 자료형에서 다른 자료형으로 바꾸는 것을 형 변환이라고 해. 파이썬은 아주 쉽게 형 변환이 가능한데 몇 가지 형 변환 함수를 알아두면 되지. 이전 예제에서 한 번씩 봤던 것들을 여기서 정리해 볼게.

4번, 5번 줄 '7'은 숫자처럼 생겼지만 작은 따옴표(' ')로 묶여있기 때문에 문자열이야. 이 문자열을 정수로 변환하려면 내장 함수인 int( ) 함수를 사용하면 돼. 변수의 값이 어떤 자료형인지 확인하는 방법은 type( ) 함수를 사용하면 돼.

7번, 8번 줄 어떤 값을 실수형으로 바꾸려면 float( ) 함수를 사용해. int( )와 float( ) 함수는 바꾸려는 값이 숫자로 바뀌질 수 있는 것이어야 해. 예를 들어, 문자열 'abc'는 정수나 실수로 형 변환할 수 없지만, 문자열 '108'은 가능하다는 얘기야.

10번~12번 줄 str( ) 함수를 이용하면 문자열로 변환할 수도 있지. 문자열로 변환된 sNumber를 출력하면 7이라서 숫자처럼 보이지만 엄연히 문자열이기 때문에 12번 줄처럼 덧셈을 하면 오류가 발생해.

14번 줄 문자열 '–'을 20번 반복하라는 명령어야.

16번~20번 줄 리스트는 언제나 튜플로, 튜플은 언제나 리스트로 변환될 수 있어. 튜플로 변환할 때는 19번 줄처럼 tuple( ) 함수를 사용하고, 다시 리스트로 변환할 때는 list( ) 함수를 사용하면 돼.

여기에 나온 예제들만 가능한 게 아니야. 문자열을 리스트나 튜플로 바꿀 수도 있어. 사전을 리스트와 튜플로 바꿀 수도 있고. 어떤 형 변환이 가능한지는 앞으로 코딩을 이어가면서 조금씩 배우면 되니까 천천히 따라가보기로 해.

3줄 요약

- ☑ 다른 형태의 자료로 변경하는 것을 형 변환이라고 한다.
- ☑ int( )나 float( )로 숫자가 될 수 있는 건 숫자 모양을 한 자료여야 한다.
- ☑ 예제에 나온 것 이외에도 다양한 자료형들 간에 형 변환이 가능하다.

P·Y·T·H·O·N

SECTION 045

출력하기 - %를 이용해 형식에 맞춰 출력하기

〔핵심내용〕 % 연산자를 이용해서 출력하기

```
# section_045

print('%s, %s'  % ('하나','둘'))
print('%d, %d, %d' % (1, 2, 3))
print()

print('작품번호: %5d, 작품선호도: %6.2f' % (365, 9.228))
print('작품번호: %5d, 작품선호도: %6.2f' % (468, 8.124))
print()

print('체질량지수(BMI)를 계산해 보아요')

weight = int(input('체중을 입력하세요: '))
height = float(input('키를 입력하세요: '))
bmi = weight/(height*height)
comment = 'BMI는 %d/(%.2f * %.2f)이므로 %6.2f이다.'

print(comment % (weight, height, height, bmi))
```

```
하나, 둘
1, 2, 3

작품번호:   365, 작품선호도:   9.23
작품번호:   468, 작품선호도:   8.12

체질량지수(BMI)를 계산해 보아요.
체중을 입력하세요: 70
키를 입력하세요: 1.7
BMI는 70/(1.70 * 1.70)이므로  24.22이다.
```

70과 1.7은 사용자가 입력하는 거야.

이번에는 print() 함수를 이용해서 문자열을 출력할 건데, 그냥 문자열을 출력하는 것과 다른 점은 문자열 안에서 원하는 위치에 값을 출력할 수 있다는 점이야.
여기서 우리는 % 연산자를 이용할 거야. 최근에는 % 연산자를 대체하기 위해 다음에 배울 내용인 format( )을 이용한 방법을 권장해. 그런데도 우리가 배워야 하는 이유는 이 방식으로 코딩된 프로그램이 굉장히 많고, 지금도 이 방식을 선호하는 프로그래머들이 많기 때문이야. 어쨌든 우리는 남의 코드도 잘 읽고 해석해야 하니까 이 방식도 알아보자고.

3번 줄

% 연산자의 왼쪽에 있는 %s를 '형식 문자열'이라고 해. 형식 문자열은 %로 시작하는데 그 뒤에 붙는 영문자에 따라서 기능이 달라. %s는 '문자열'을 배치하겠다는 선언과 같아.
% 연산자 오른쪽에는 왼쪽의 형식 문자열에 들어갈 값들을 튜플형으로 적어두면 돼. 그러면 오른쪽에 있는 값이 각각의 형식 문자열에 순서대로 배치되는 건데, 아래 그림을 보면 좀 더 이해가 쉬울 거야.

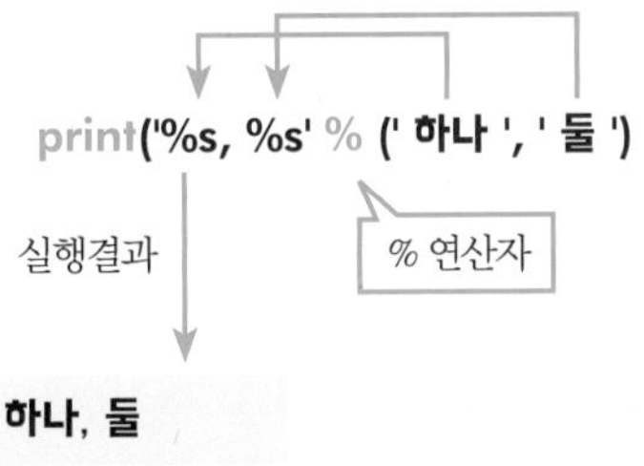

4번 줄

십진수 숫자를 배치하고 싶을 때 사용하는 형식 문자열은 %d야.

7번, 8번 줄

보통은 3번, 4번 줄처럼 사용하는 경우는 거의 없고, 7번 줄처럼, 출력할 문장 내에서 특정 위치에 형식 문자열을 배치해서 변수의 값이나 숫자/문자열 등을 출력해.
%5d에서 숫자 5는 최소한으로 확보해야 할 출력 공간을 의미해. 5자리 공간을 확보했는데 숫자는 3자리니까 왼쪽 두 칸은 빈 칸으로 남는 거야(오른쪽 정렬이 기본값이야).

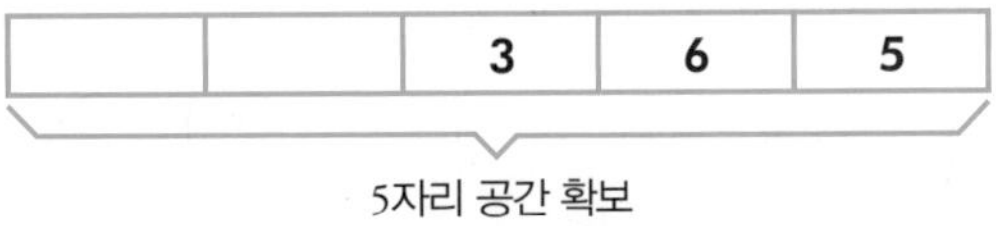

실수 숫자를 배치하고 싶을 때는 %f를 사용하는데 중간에 있는 6의 의미는 아까와 마찬가지로 값을 출력할 6자리를 공간을 확보하라는 것이고, '.2'의 의미는 소수점 이하 2자리까지만 나타내라는 거야. 정리하면 %6.2f의 의미는 실수를 출력하는데, 최소 6자리 공간을 확보하고 그 중 소수점 두 자리는 반드시 출력하라는 거야.

		9	.	2	3

6자리 공간 확보

출력 결과에서 보면 9.228이 9.23으로 출력되었지? 소수점 이하 세 번째 자리가 있을 땐 반올림이 발생한다는 걸 알 수 있어. 6.2f일 때 다른 숫자들은 어떻게 처리되는지 볼까?

200.7 →	2	0	0	.	7	0
31 →		3	1	.	0	0
0.048 →	0		0	.	0	5

13번, 14번 줄 input( ) 함수를 이용해 값을 입력받는데 input( ) 함수는 값을 문자열형으로 반환해주기 때문에 체중은 int( ) 함수를 이용해서 정수형으로, 키는 float( ) 함수를 이용해서 실수형으로 형 변환해서 각각 변수에 저장했어. 참고로 체질량 지수를 구할 때 몸무게는 kg 단위이고, 키는 m 단위야. 그래서 키가 170cm라면 1,7을 입력해야 해.

15번 줄 bmi에 신체질량지수(= 체중/(키×키))를 계산해서 저장했고.

16번 줄 comment에 형식 문자열이 들어간 문자열을 미리 준비한 거야. %.2f는 알겠지? 실수를 출력하는데 소수점 2자리는 반드시 출력하라는 의미야.

18번 줄 comment에 4개의 형식 문자열이 있으니 튜플에도 반드시 4개의 값을 차례대로 넣어줘야 해.

여기까지 형식 문자열인 %s, %d, %f를 보았고, 중간에 옵션으로 들어가는 숫자들의 기능을 봤어. 이외에도 print( ) 함수는 다양한 형식 문자열을 제공하는데 그 중 일부만 소개할게.

형식 문자열	의미	형식	예시 → 출력
s	문자열 출력	'%s'	% ('안녕') → 안녕
d	십진 정수 출력	'%d'	% (2020) → 2020
f, F	실수 출력	'%f'	% (3.14) → 3.14
x, X	16진수 출력	'%x'	% (10) → a
e, E	실수를 지수승 형태로 출력	'%e'	% (0.000123) → 1.230000e-04

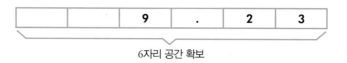

x나 X는 10진 정수를 16진수로 변환해서 출력해 주는 역할을 해 줘(16진수를 이해하지 못하면 패스해도 좋아. 하지만 앞으로 컴퓨터를 계속할 것이라면 인터넷으로 16진수에 대해 검색해서 익혀놓길 바래). 10진수 숫자 10은 16진수에서 a로 표현되니까 a가 출력 돼. 만약 대문자 X를 사용하면 A가 출력 돼.
e나 E는 실수를 지수승 형태로 변환해서 출력해 주는 역할을 해 줘. 지수승으로 표현하는 과정은 다음과 같아.

① 0.000123의 소수점을 첫 번째 0이 아닌 숫자 옆으로 옮긴다. 그러면 1.23이 되고,
② 옮긴 자릿수만큼 10을 곱해주거나 나눠준다. 여기서는 10^{-4}을 해 주면 되는 거야.

따라서 0.000123을 지수승으로 표현하면 1.23×10^{-4}과 같아. 이것을 컴퓨터식으로 표현하면 1.230000e−04이 되고, 즉 10의 −4승을 e−04로 표현해 주는 거야. 만약 대문자 E를 사용하면 1.230000E−04가 출력 돼.
형식 문자열에 대해서 오해하지 말아야 할 것은 형식 문자열은 출력 형태를 결정해 주는 것일 뿐 원래 값 자체가 변형되는 것은 아니라는 거야.

3줄 요약

- ☑ 형식 문자열을 이용하면 문자열 내에서 원하는 위치에 값을 출력할 수 있다.
- ☑ 가장 많이 사용되는 %s, %d, %f의 의미는 꼭 알아두자.
- ☑ %를 사용하는 방식은 여전히 많이 사용되므로 꼭 짚고 넘어가자.

P·Y·T·H·O·N

SECTION 046

출력하기 - format( )을 이용해 형식에 맞춰 출력하기

[핵심내용] % 연산자 대신 format( )을 이용하여 출력하기

```
# section_046

print('{0}, {1}'.format('하나','둘'))
print('{0}, {1}, {2}'.format(1, 2, [3,4,5]))
print('칸이 비어도 {}, {}, {}'.format('하나', '둘', '셋'))
print()

print('{2}, {1}, {0}'.format('a', 'b', 'c'))
print('{0}{1}{0}'.format('오렌지', '를 먹은 지 얼마나 '))
print()

print('체질량지수(BMI)를 계산해 보아요')

weight = int(input('체중을 입력하세요: '))
height = float(input('키를 입력하세요: '))
bmi = weight/(height*height)
comment = 'BMI는 {0}/({1}*{1})이므로 {2:6.2f}이다.'

print(comment.format(weight, height, bmi))
```

```
하나, 둘
1, 2, [3, 4, 5]
칸이 비어도 하나, 둘, 셋

c, b, a
오렌지를 먹은 지 얼마나 오렌지

체질량지수(BMI)를 계산해 보아요
체중을 입력하세요: 70
키를 입력하세요: 1.7
BMI는 70/(1.7*1.7)이므로 24.22이다.
```

문자열의 format() 메서드를 사용하는 방식을 소개할게. % 연산자를 사용하는 방식과 크게 다르진 않아. 그래도 파이썬 문법에 보다 적합한 출력 방법은 format()을 이용한 방법이라고 생각해. 한 줄씩 살펴보자.

3번 줄 출력하려는 문장 안에서 값을 넣고 싶은 위치를 중괄호({ })를 사용해서 표시한 다음 format()의 인수로 값을 넣어주면 되는 거야. format()의 각 인수는 번호가 있는데 첫 번째 인수는 0, 두 번째 인수는 1, ... 이런 식이야. 그래서 문장 안에 넣은 중괄호에 번호를 넣어서 사용할 수 있어.

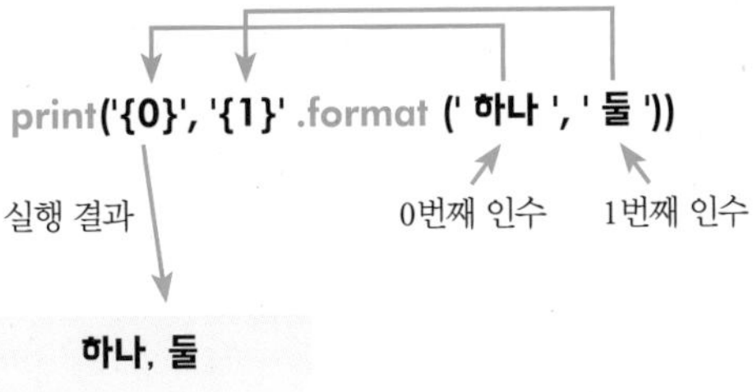

4번 줄 인수로 숫자도 가능하고 다른 형태의 자료들도 가능해. 그리고 %s, %d처럼 자료형을 적어줄 필요도 없어.

5번 줄 중괄호에 숫자를 생략하면 값을 차례대로 넣겠다는 의미야. 근데 중괄호에 값을 생략하는 방식은 파이썬 버전 3.1이상에서만 가능해. 이 책을 공부하는 친구들은 파이썬 최신 버전일테니 패쓰~

8번 줄 인수마다 번호가 있으니까 위치를 마음대로 바꿀 수도 있고,

9번 줄 인수를 여러 번 사용할 수도 있어. 즉, 왼쪽에서 중괄호의 개수와 format() 메서드의 인수 개수가 반드시 같을 필요가 없다는 거야.

17번 줄 출력하려는 문장을 미리 comment에 저장했는데, {2:6.2f}와 같이 인수의 번호에 콜론(:)을 연결하고 6.2f처럼 형식 문자열을 지정할 수 있어(형식 문자열에 대해서는 바로 전 절(section_45)을 읽어보도록). 그러면 값을 내가 원하는 형식으로 변환해서 출력시킬 수 있지.

3줄 요약

- % 연산자를 이용하는 방식보다 format( )을 이용하는 것이 더 효율적이다.
- format( )의 각 인수는 번호를 가지고 있어서 이걸 이용하면 편리하다.
- 이 방식에서도 형식 문자열을 사용할 수 있다.

SECTION 047

출력하기 - format( ) 더 알아보기

P·Y·T·H·O·N

〔핵심내용〕 format( )에 인수 번호 대신 키워드 인수를 사용할 수 있다.

```
# section_047

print('햄버거를 만들어보자.')

basemat = ('빵', '토마토', '야채', '소스')
coremat = ('새우', '불고기', '한우', '치즈')

print('''{food}의 기본재료는 {base}이고,
핵심재료에 따라 이름이 달라져.'''.format(food='햄버거', base=basemat))
print()

for item in coremat:
    print('핵심재료가 {core}면 {core}버거'.format(core=item))
```

여기서는 food와 base가 키워드 인수야.

```
햄버거를 만들어보자.
햄버거의 기본재료는 ('빵', '토마토', '야채', '소스')이고,
핵심재료에 따라 이름이 달라져.

핵심재료가 새우면 새우버거
핵심재료가 불고기면 불고기버거
핵심재료가 한우면 한우버거
핵심재료가 치즈면 치즈버거
```

format( )을 사용할 때 인수 번호 대신 키워드 인수를 사용하는 방법을 알아볼게. 8번 줄처럼 중괄호 안에 인수 번호 대신에 키워드 인수를 만들어서 적어주고, format( )의 인수에 키워드 인수와 들어갈 값의 쌍(예, food='햄버거')을 적어주면 되는 거야. 키워드 인수는 마치 변수와 같은 것이라고 생각하면 돼.

인수 번호를 사용하면 format( ) 안에 값들을 순서대로 입력해야 하지만, 키워드 인수를 사용하면 키워드 인수를 기준으로 배치되기 때문에 순서를 지키지 않아도 되고. 또 키워드 인수에 의미 있는 단어를 사용할 수 있어서 인수를 헷갈리지 않고 무엇을 출력하려는 것인지 쉽게 알 수 있다는 장점이 있어.

한 줄씩 살펴보자.

5번, 6번 줄	변수 basemat과 coremat에 튜플형 자료들을 입력했어.
8번, 9번 줄	문장 안 중괄호에 키워드 인수 food와 base를 적어주었으면, 이들 키워드 인수에 들어갈 값을 format( )에 적어주면 되는 거야.
12번, 13번 줄	coremat 변수가 튜플이니까 for문으로 회전시키면 각 항목들을 순회할 수 있어. 반복할 때마다 변수 item에 각 항목들이 저장될 테고 그때마다 키워드 인수 core에 '새우', '불고기', '한우', '치즈' 값들이 하나씩 들어가겠지. for문에 대한 자세한 내용은 다음 장에서 공부할 예정인데 여기서는 그냥 반복문이란 것만 알아 둬.

3줄 요약

- 이 장을 공부하기 전에 꼭 앞에 있는 출력하기를 읽어보자.
- 중괄호에 인수 번호 대신 키워드 인수를 사용할 수 있다.
- format( )은 여러 줄 문자열에도 사용할 수 있다.

P·Y·T·H·O·N

Chapter

03

프로그램의 흐름 제어하기

지금까지 코드들을 보면 위에서 아래로 한 줄씩 실행하면서 프로그램이 작동했잖아? 이렇게 명령을 순서대로 실행하는 구조를 순차 구조라고 해. 이제부터는 선택 구조와 반복 구조를 학습할 거야. 선택 구조는 참/거짓에 따라 실행할 명령과 실행하지 않을 명령을 선택해주는 구조야. 그리고 반복 구조는 특정 명령을 반복해서 실행하게 만드는 구조를 말해.
제어문이란 선택 구조/반복 구조처럼 프로그램의 흐름에 변화를 주기 위한 파이썬 명령을 말해. 제어문에는 선택 구조를 구현하는 if문과 반복 구조를 구현하는 while문, for문이 있어. 지금부터 제어문에 대해서 공부하기로 해.

P·Y·T·H·O·N

SECTION 048

그래픽 - turtle 모듈 사용하기

〔핵심내용〕 turtle 모듈은 그래픽을 그릴 수 있도록 파이썬이 제공하는 내장 모듈이다.

```
!pip install ColabTurtlePlus
```

```
Looking in indexes: https://pypi.org/simple, https://us-python.pkg.dev/colab-wheels/public/simple/
Collecting ColabTurtlePlus
  Downloading ColabTurtlePlus-2.0.1-py3-none-any.whl (31 kB)
Installing collected packages: ColabTurtlePlus
Successfully installed ColabTurtlePlus-2.0.1
```

```
# section_048

from ColabTurtlePlus.Turtle import *

clearscreen()
setup(300, 300)
showborder()

forward(100)
left(90)
forward(100)
left(90)
forward(100)
left(90)
forward(100)
left(90)
```

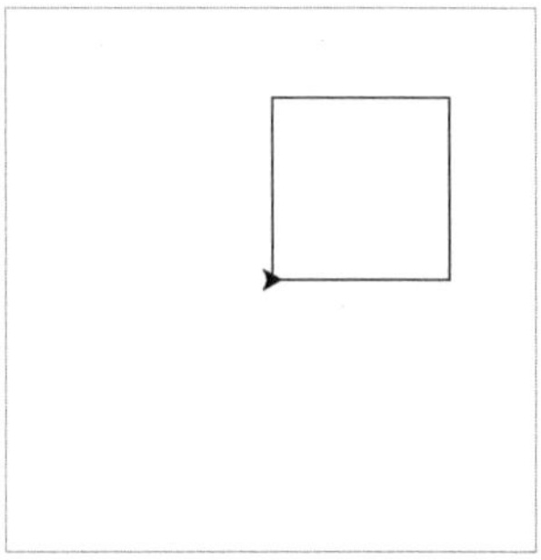

잠시 쉬어가는 의미에서 코랩에서 코딩 가능한 그래픽 모듈을 한 번 사용해 보자. 우리가 살펴볼 모듈은 ColabTurtlePlus야. 파이썬의 거북이(turtle) 모듈을 코랩에서 사용할 수 있도록 만들어 놓은 코랩용 거북이 모듈이라고 할 수 있지. 이 모듈은 간단한 그림판 같은 기능을 제공하고 사용법도 쉬우니까 가벼운 마음으로 해 보자고. 그런데 왜 모듈의 이름을 거북이로 지었는지는 모르

겠어. 결과를 보면 알겠지만 거북이가 아니라 ➤ 화살표처럼 생겼잖아?
그런데 화살표를 거북이 아이콘으로 바꿀 수도 있어. 아래 코드를 6번 줄에 추가해 봐.

```
shape('turtle')
```

그리고 다시 실행해 봐. 화살표 대신 커다란 거북이가 나와서 그림을 그릴 거야. 다시 화살표로 바꾸려면 shape('classic')로 수정하면 돼. 그러면 예제를 한 번 살펴볼까?

우선, ColabTurtlePlus는 코랩 노트의 기본 내장 모듈이 아니라서 코랩 노트에서 사용하려면 별도로 설치하는 과정이 필요해. 아래 코드를 코드 셀에서 실행해 봐.

```
!pip install ColabTurtlePlus
```

모듈 다운로드부터 설치까지 금방 끝날거야. 여기서 맨 앞에 느낌표(!)를 잊지 않도록 해. 코드 셀에서 느낌표의 기능은 파이썬 코드가 아닌 운영체제 관련 명령어를 실행할 때 사용하는 거야. 코랩 노트에 외부 모듈을 설치하는 과정은 '!' 가 필요하다는 사실을 기억해둬. 그리고 pip install 은 파이썬 모듈을 설치할 때 사용하는 명령어야.

위 과정을 거쳤다면 현재 코랩 노트에서 거북이(ColabTurtlePlus) 모듈을 사용할 수 있는 준비가 된거야.

3번 줄 거북이(ColabTurtlePlus) 모듈을 임포트해서 내 노트에 삽입하는 거야.

5번 줄 이전에 그렸던 그림을 지워주는 함수야. 코드 셀을 여러 번 실행할 때 유용하겠지?

6번 줄 그림판 캔버스의 크기를 지정해주는 건데, 여기서는 가로 300픽셀 X 세로 300픽셀 크기로 설정했어. 생략해도 문제없는 코드야. 픽셀은 화면을 구성하는 단위라고 생각하면 돼.

7번 줄 캔버스의 외곽선을 그려주는 코드야. 이것도 생략 가능해.

9번 줄 forward( )는 거북이를 화살표 방향(기본값은 오른쪽 방향)으로 전진하라는 의미야. 괄호 안의 숫자 크기만큼 이동하는데, 100 픽셀만큼 이동하라는 뜻이지. 화살표가 이동할 때 선이 그려지는 것을 확인할 수 있어.

10번 줄 left( )는 화살표 방향을 왼쪽(시계 반대방향)으로 돌리는 기능을 가졌어. 그래서 left(90)은 왼쪽으로 90도 돌리는 명령이야.
아래 그림은 9번, 10번 줄을 실행한 상태야

11번~16번 줄 사각형의 나머지 각 변을 그리고 회전하는 것을 순서대로 실행하는 거야.

다음 함수들을 참고해서 자유롭게 그림 그려봐.

함수	설명
reset( ), clearscreen( )	캔버스를 깨끗이 지우고 화살표를 원위치로 위치시킨다.
clear( )	캔버스를 깨끗이 지우고 화살표는 그대로 둔다.
forward(값)	화살표가 '값'만큼 앞으로 이동한다.
backward(값)	화살표가 '값'만큼 뒤로 이동한다.
right(값)	화살표가 바라보는 방향에서 오른쪽(시계 방향)으로 '값'만큼 회전한다.
left(값)	화살표가 바라보는 방향에서 왼쪽(반시계 방향)으로 '값'만큼 회전한다.
up( )	펜을 올린다. 화살표가 이동해도 선이 안그려진다.
down( )	펜을 내린다. 화살표가 이동할 때 선이 그려진다.

아, 마지막으로 ColabTurtlePlus 모듈로 그린 그림을 좀 소개할게. 간단하지만 아주 복잡한 도형들도 그릴 수 있어.

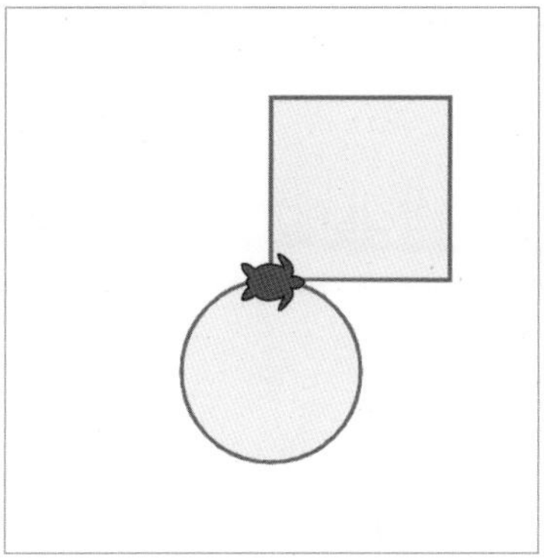

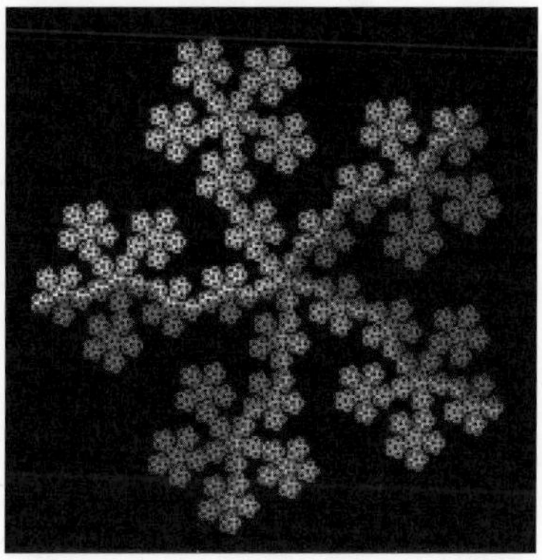

- 왼쪽 이미지 출처 : https://pypi.org/project/ColabTurtlePlus/
- 오른쪽 이미지 출처 : https://larryriddle.agnesscott.org/artwork/artwork.htm

3줄 요약

- ☑ ColabTurtlePlus 모듈은 간단한 그래픽을 그리는데 도움이 되는 코드들의 모음이다.
- ☑ 다양한 함수로 화살표를 이동시켜서 도형이나 그림 등을 그릴 수 있다.
- ☑ 화살표가 이동하는 단위는 픽셀이고, 픽셀은 화면을 구성하는 단위이다.

SECTION 049

P·Y·T·H·O·N

조건문 - if문

〔핵심내용〕 if문 블록은 조건식의 판단 결과가 참일 때만 실행한다.

```
# section_051

from ColabTurtlePlus.Turtle import *

clearscreen()
setup(400, 200), showborder(), shape("turtle2")

rabbit = 50
carrot = 0

 if rabbit :
     forward(100)
 if carrot :
     forward(100)
 backward(100)
```

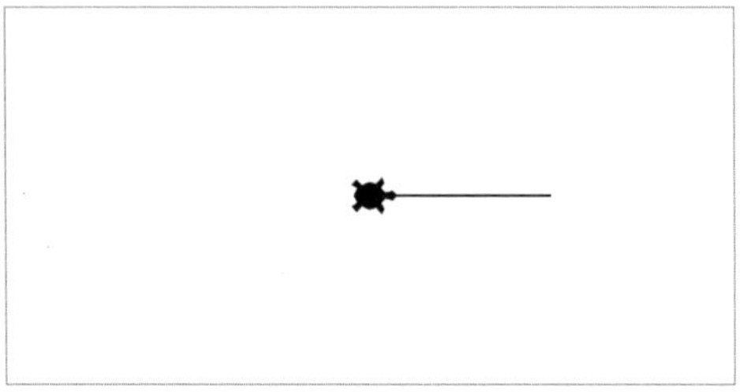

로봇 청소기가 직진을 계속하다가 벽을 만났을 때 피해가도록 하려면 어떻게 하면 될까? 제일 먼저 벽이 있다는 것을 감지해야 할 거고 그 다음은 벽을 피하는 방법을 알려주면 되겠지? 간단하게 표현하면 아래와 같을 거야.

만약, 벽을 만난다면 피해가라.

이걸 컴퓨터가 이해할 수 있는 파이썬 문법으로 표현할 땐 다음과 같은 조건문의 형식을 사용하면 돼.

```
if 조건식 :
    명령문1 ⎫
    명령문2 ⎬ 명령문 블록
    명령문3 ⎭
```

if문을 조건문이라고 하는데 조건식의 결과가 참인지 거짓인지에 따라 실행할 명령을 따로 정해 줄 수 있어. '만약' 조건식이 참이면 if문 블록의 명령들을 실행하고, 거짓이면 아무 것도 실행하지 않고 if문을 벗어나. '**if**'는 조건문을 사용할 때 사용하는 키워드야. 그리고 파이썬은 if를 보자마자 바로 조건식을 판단해. 조건식 다음에 오는 콜론(:)을 빠트리면 에러가 나니까 꼭 챙겨줘. 콜론은 바로 다음에 if문 블록이 시작된다는 신호이기도 해.
조건식에는 언제나 참 또는 거짓으로 결정되는 식만 넣을 수 있어. if문을 코딩하거나 읽을 때 가장 중요한 건 조건식이 참(True)인지 거짓(False)인지를 판단하는 거야.
자료형 별로 참과 거짓이 결정되어 있는 것들을 소개할게.

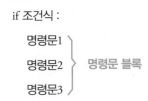

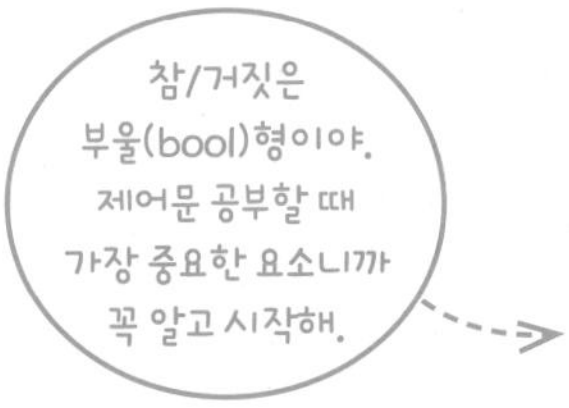
참/거짓은
부울(bool)형이야.
제어문 공부할 때
가장 중요한 요소니까
꼭 알고 시작해.

자료형	참(True)	거짓(False)
숫자	0이 아닌 값	0
문자열	"abc" (빈 문자열이 아닌 값)	" " 빈 문자열
리스트	[1, 2, 3] (빈 리스트가 아닌 값)	[ ] 빈 리스트
튜플	(1, 2, 3) (빈 튜플이 아닌 값)	( ) 빈 튜플

11번 줄에서 rabbit이 저장하고 있는 값 50은 0이 아니니까 늘 참이야. 그러니까 if문 블록은 언제나 실행되겠지.

다음은 블록에 대해 알아보자. 블록이란 프로그래밍 명령문들을 모아둔 것을 말하는데 보통 같은 블록에는 서로 관련 있는 명령문들을 모아 놓는게 일반적이야. 프로그래밍을 하다보면 여러 블록을 만들 수 있는데 파이썬에서는 블록을 구분할 때 들여쓰기를 이용해.
들여쓰기를 하는 방법은 Space Bar 키를 이용해 공백을 4칸 넣거나 Tab 키를 한 번 사용하면 돼. 공백이 반드시 4칸일 필요는 없지만 같은 블록으로 묶어주기 위해서는 같은 수의 칸으로 들여쓰기 해줘야 한다는 것을 잊지마. 위에서 명령문1, 명령문2, 명령문3은 같은 공백으로 들여쓰기 되어 있으니까 같은 블록이라고 할 수 있지. 다음을 봐.

```
if 조건식 :
    명령문1
    명령문2
명령문3
```

위와 같은 모양의 코드가 있다면 명령문1, 명령문2는 같은 블록이고, 명령문3은 들여쓰기가 안 되어 있으니 다른 블록으로 분류되는 거야. 이해하겠지? 좀 다른 형태를 볼까?

```
if 조건식 :
□□□□ 명령문1      # 4칸 들여쓰기
□□□□ 명령문2
□□□□□□ 명령문3  # 6칸 들여쓰기
```

4칸의 공백으로 들여쓰기 하다가 명령문3에서 6칸 공백을 가진 명령문을 실행하면 다음과 같이 들여쓰기 에러가 날거야.

IndentationError: unexpected indent

파이썬은 한 블록 안의 명령문들은 모두 같은 공백을 가질 거라고 예상하거든. 파이썬은 이렇게 들여쓰기를 이용해서 블록을 구분 짓는데, 이렇게 코딩을 하면 코드 보기가 더 쉬워지는 장점이 있어. 설명이 길었지? 그럼 이제부터 예제 코드를 살펴볼까?

3번~6번 줄 거북이 모듈을 임포트하고, 화면 크기와 외곽선을 그린 다음, 아이콘을 거북이 모양으로 변경했어.

8번, 9번 줄 변수 rabbit에 50, carrot에는 0을 저장했어.

11번, 12번 줄 자, if문이네. rabbit의 값이 50, 즉 0이 아니니까 조건식은 늘 참이야. 조건식이 참이니 if문 블록이 실행되고 들여쓰기 상태를 보니까 if문 블록은 한 줄의 코드로만 구성되어 있다는 것을 알 수 있어. 그 결과 거북이가 100만큼 전진하는 거야.

13번, 14번 줄 다시 if문이 나오는데 carrot의 값이 0이니까 이 값은 거짓을 의미해. 그래서 if문 블록(14번 줄)은 실행되지 않고 프로그램의 흐름은 바로 15번 줄로 이동해.

15번 줄

15번 줄은 들여쓰기가 안 되어 있으니 바로 위의 if문 블록이 아니라는 것을 알겠지? 그래서 이 문장은 반드시 실행될 거야. backward()는 forward()와 반대로 뒤로 이동하라는 명령이야. 거북이가 제자리로 돌아간 걸 확인할 수 있지?

이 예제의 전체적인 흐름을 정리하면 그림과 같아.

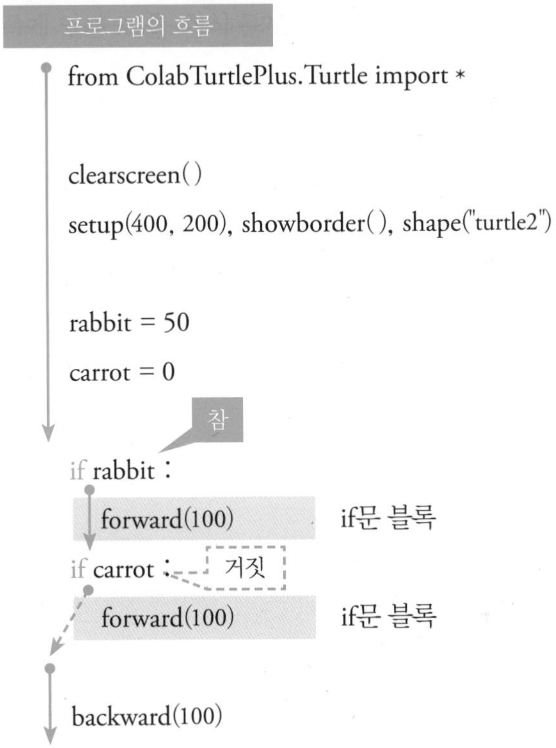

즉, 정리하면 1번 줄부터 순차적으로 실행하다가 if문을 만나면 참/거짓을 판단하여 참이면 실행하고, 거짓이면 건너 뛰는 거야. if문 실행이 끝나면 프로그램은 다시 순차적으로 코드를 실행해.

3줄 요약

- ☑ 조건문은 if를 이용하고, 조건식의 참/거짓을 판단하는 것이 가장 중요하다.
- ☑ 각 자료형 별로 거짓인 경우를 알아두자.
- ☑ 블록은 반드시 들여쓰기를 해야 한다.

SECTION 050

조건문 - if와 비교 연산자

P·Y·T·H·O·N

〔핵심내용〕 비교 연산은 두 값을 비교하여 참 또는 거짓을 알려준다.

```
# section_050

from ColabTurtlePlus.Turtle import *

clearscreen()
setup(600, 200), showborder(), shape("turtle2")

side1 = 100
side2 = 50
if side1 > 0 :
    t.forward(side1)

if side1 >= side2 :
    up()
    forward(side2)
    down()
    forward(side1)

if 60 < side2 <= side1 :
    reset()
```

이번 예제에서는 조건식에 대해 좀 더 알아볼게. “조건식의 결과는 항상 참이나 거짓이어야 한다” 이 문장은 늘 기억해 둬. 그리고 다음 문제를 한 번 풀어봐.

문제 : 식 100 > 0 은 참일까 거짓일까?

100이 0보다 크다는 사실은 누가 봐도 맞으니까 참이야. 그렇지? 이와 같이 두 값을 비교해서 참/거짓을 판단하는 연산을 비교 연산이라고 하고 이때 사용하는 기호를 비교 연산자라고 해. 비교의 결과는 항상 참이나 거짓이기 때문에 조건식에서 아주~~ 많이 사용되고 있어.
그래서 프로그래밍에서 사용하는 비교 연산자를 모두 정리했어.

[조건식을 위한 연산자(비교 연산자)]

기호	의미
x > y	x값이 y값보다 크면 True, 그 외에는 False
x < y	x값이 y값보다 작으면 True, 그 외에는 False
x >= y	x값이 y값보다 크거나 같으면 True, 그 외에는 False
x <= y	x값이 y값보다 작거나 같으면 True, 그 외에는 False
x == y	x와 y의 값이 같으면 True, 그 외에는 False
x != y	x와 y의 값이 다르면 True, 그 외에는 False

대체적으로 개념은 쉬운데 기호가 좀 낯설 수도 있을거야. 크다(>), 작다(<) 기호는 수학의 기호와 같으니 알거야. 크거나 같다(>=), 작거나 같다(<=)는 부등호와 등호를 차례대로 연결해서 만든 거야. 그리고 수학에서는 두 값이 같은지를 판단할 때 등호 하나(=)만 사용하잖아? 그런데 프로그래밍에서는 이 등호를 변수에 값을 할당하는 기호로 이미 사용하고 있기 때문에 등호 두 개(==)를 연결해서 두 값이 같은지를 비교하는 연산자로 만든 거야. 두 값이 다른지를 판단할 때 사용하는 기호(!=)는 느낌표(!)와 등호(=)를 연결해서 사용하면 돼.
이 예제에서는 세 번의 비교 연산이 있어. 10번 줄, 13번 줄, 19번 줄. 하나씩 살펴보자.

8번, 9번 줄

기호 ‘=’는 변수에 값을 저장하는 대입 연산자야. side1과 side2에 각각 100과 50이 저장 돼.

10번, 11번 줄

if문이네. 조건식(side1 > 0)을 판단해보면 side1은 100을 가지고 있으므로 누가 봐도 참이야. 조건식이 참이니까 if문 블록인 11번 줄을 실행하는 거지. 11번 줄은 거북이를 100만큼 이동시키는 명령이고.

```
if side1 > 0 :
↓
if 100 > 0 :
↓
if True :
```

13번 줄 다시 if문이야. 조건식에서 side1과 side2를 비교하는 식이 나왔네. 100 〉 50이니까 이 조건식도 참이야. 맞지? 따라서 if문 블록(14번~17번 줄)이 실행 돼.

14번~17번 줄 up( ) 메서드는 가상의 펜을 캔버스에서 떼어 올리는 메서드야. 그래서 거북이가 이동해도 선은 그려지지 않아. 그래서 50만큼은 선 없이 이동하는 것을 알 수 있어. down( ) 메서드는 반대로 펜을 캔버스에 내려놓는 것이지. 그래서 100만큼은 선이 그려지고 있어.

19번 줄 다시 if문. 여기에 있는 조건식 60 〈 side2 〈= side1은 side2가 60보다 크고 side1인 100보다 작거나 같으면 참이야. side2는 50이니까 조건식은 거짓이고 if문 블록은 실행되지 않는 거야. reset( )은 캔버스를 깨끗이 지우고 거북이를 원위치로 위치시키는 명령이야. 만약 실행됐다면 선들이 모두 지워지고 거북이도 원점에 있었을 거야. 이제 if문이 어떤 형태를 가지고 있으며, 어떻게 읽고, 어떻게 사용하는지 알겠지?

이제 비교 연산을 새로 배웠으니까 비교 연산자와 기존 연산자들과의 우선 순위를 알아보기로 해. 비교 연산의 우선 순위는 산술 연산보다 낮아. 다음 코드를 봐.

```
if 3 * 7 〈 3 / 2 :
    print('블랙커피')
```

위 코드에서 '블랙커피'가 출력될지 여부는 조건식이 참인지 거짓인지에 달려있어. 조건식을 보니 *, 〈, / 연산자가 나열되어 있으니 어느 것을 먼저 연산해야 하는지 헷갈릴거야. 그래서 연산자 우선 순위가 중요한 거야. 산술 연산자가 비교 연산자인 〈 보다 우선 순위가 높으니까 아래와 같은 의미가 돼.

```
if (3 * 7) 〈 (3 / 2) :
    print('블랙커피')
```

괄호를 넣어주니 더 명확하지? 그래서 우선 순위를 잘 안다고 해도 코딩할 때는 괄호를 이용해서 우선 계산할 것을 명시해주는 습관이 필요해. 코드 이해가 빨라지니까. 이제 조건식을 살펴보자.

```
if 3 * 7 < 3 / 2 :
↓
if 21 < 3 / 2 :
↓
if 21 < 1.5 :
↓
if False
```

조건식이 거짓이니 '블랙커피'는 출력되지 않을 거야. 연산자 우선 순위가 이처럼 중요해. 아래는 비교 연산자가 삽입된 우선 순위 표니까 참고해. 그리고 우선 순위가 같으면 오른쪽 방향 순서대로 처리한다는 것은 꼭 기억할 것!

[연산자 우선 순위]

우선 순위	연산자	참고
1	( )	괄호(괄호를 가장 먼저 계산한다.)
2	**	지수승
3	*, /, //, %	곱셈과 나눗셈
4	+, −	덧셈과 뺄셈
5	==, !=, 〈, 〉, 〈=, 〉=	비교 연산자
6	=, 복합 대입 연산자	대입 연산자는 가장 마지막에 처리한다.

3줄 요약

- ☑ 비교 연산은 두 값을 비교하기 위한 연산이다.
- ☑ 비교 연산의 결과는 반드시 참 또는 거짓이다.
- ☑ 비교 연산자의 우선 순위는 산술 연산자보다 낮다.

SECTION 051

P·Y·T·H·O·N

조건문 - if와 논리 연산자

[핵심내용] 논리 연산자는 참과 거짓을 위한 연산자이다.

```
# section_051

from ColabTurtlePlus.Turtle import *

clearscreen()
setup(300, 300), showborder(), shape("turtle2")

legs = input('거북이의 다리 개수는?')
legs = int(legs)
skin = input('거북이의 색은?')

if legs == 4 and skin == 'green' :
    forward(100)
    left(90)
    forward(100)
    left(90)
    forward(100)
    left(90)
    forward(100)
    left(90)
if legs == 4 or skin == 'black' :
    forward(100)
    right(90)
    forward(100)
    right(90)
    forward(100)
    right(90)
    forward(100)
    right(90)
```

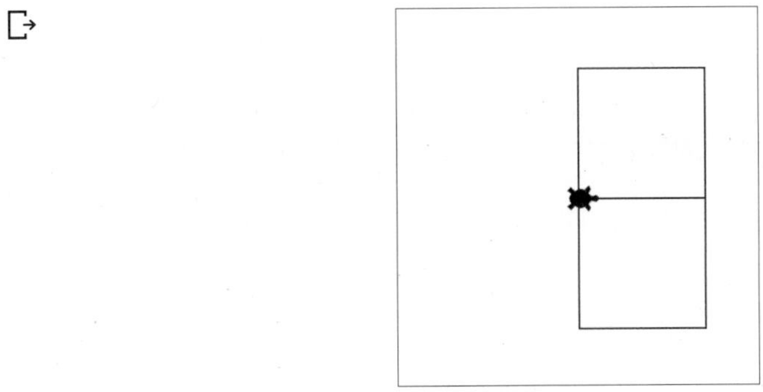

우선 논리 연산자 기호를 소개할게. 논리 연산자는 아래와 같이 3개가 있어.

기호	의미
x and y	x와 y가 모두 True이면 True, 그 외에는 False
x or y	x와 y 중 하나라도 True이면 True, 그 외에는 False
not x	x가 True이면 False, x가 False이면 True, 즉 x의 결과를 반대로 바꿔준다.

논리 연산자의 대상은 논리값이야. 논리값은 참이나 거짓을 의미해. 위 표에서 논리 연산의 대상인 x나 y는 참 또는 거짓으로 결정될 수 있는 것이어야 해. 그리고 논리 연산의 결과도 참 또는 거짓이야. 문제를 내볼게. 위 표를 보면서 풀어봐.

① True and True의 결과는? True
② True and False의 결과는? False
③ False and True의 결과는? False
④ False and False의 결과는? False
⑤ True or True의 결과는? True
⑥ True or False의 결과는? True
⑦ False or True의 결과는? True
⑧ False or False의 결과는? False
⑨ not True의 결과는? False
⑩ not False의 결과는? True

and, or 연산은 좀 복잡한 반면에 not 연산은 정말 쉬워. True와 False를 바꿔주기만 하면 되니까. 위의 10가지 경우만 이해하면 돼. 그럼 실전에서 사용되는 식을 좀 풀어볼까?

⑪ (100 〉 0) and (1 = = 0)의 결과는? False

이 식은 True and False와 같으니까 False야.

⑫ (50 〉= 50) or 0의 결과는? True

이 식은 True or False와 같으니까 True야(단독으로 쓰인 0은 False를 의미함).

⑬ 0 〈= score 〈50 and True의 결과는?

이 식은 두 가지 경우가 있어. score 변수의 값에 따라 왼쪽의 식이 True라면 결과는 True가 될테고, False라면 False가 될 거야.

⑭ not isAble( )의 결과는?

이 식도 isAble( ) 함수의 반환값에 따라 결정될 거야. isAble( )의 반환값이 True라면 결과는 False가 되고, False 라면 True가 되겠지.

자, 논리 연산자를 배웠으니 이 연산자들의 우선 순위를 살펴볼까?
논리 연산자는 산술 연산자와 비교 연산자보다 낮은 우선 순위를 가지고 있어. 그래서 ⑬번 문제의 경우 비교 연산자와 논리 연산자가 혼재되어 있지만 우선 순위에 의해서 다음과 같이 계산될 거야.

0 <= score <50 and True
↓
(0 <= score <50) and True

논리 연산자만 놓고 보면 not 〉 and 〉 or 순으로 우선 순위가 달라. 그래서 False and False or True는 (False and False) or True → False or True → True가 되는 거야.

[연산자 우선 순위]

우선 순위	연산자	참고
1	( )	괄호(괄호를 가장 먼저 계산한다.)
2	**	지수승
3	*, /, //, %	곱셈과 나눗셈
4	+, −	덧셈과 뺄셈
5	==, !=, 〈, 〉, 〈=, 〉=	비교 연산자
6	not	논리 연산자
7	and	논리 연산자
8	or	논리 연산자
9	=, 복합 대입 연산자	대입 연산자는 가장 마지막에 처리한다.

8번~10번 줄 input( ) 함수로 사용자로부터 값을 입력받은 값은 문자열형이니까 int( ) 함수를 이용해 숫자로 만들어서 legs에 저장하고, 거북이의 색을 문자열로 받아서 skin에 저장했어.

12번 줄 비교 연산자와 논리 연산자가 동시에 쓰여있을 때는 우선 순위 원칙에 따라 비교 연산이 먼저니까 결국 x and y 형태가 되잖아. 그러면 4가지 경우 중 하나라고. legs에 4가 저장되면 x가 참이고, skin에 'green'이 저장되면 y도 참이 되어 조건식 전체가 참이야. 그러면 if문 블록이 실행되는 것이지. 둘 중 하나라도 거짓이면 전체가 거짓이 돼.

21번 줄 12번 줄과 마찬가지로 x or y 형태니까 총 4가지 경우의 수가 나와. legs에 4가 저장되면 x가 참이 되니 y는 볼 것도 없이 참이 돼. 맞지? 둘 중 하나라도 참이면 전체가 참이 돼.

3줄 요약

- ☑ 논리 연산은 두 논리값(참/거짓)을 위한 연산이다.
- ☑ 논리 연산의 결과는 반드시 참 또는 거짓이다.
- ☑ 논리 연산자의 우선 순위는 비교 연산자보다 낮다.

P·Y·T·H·O·N

SECTION 052

조건문 - in과 not in 연산자

〔핵심내용〕 in은 존재하는지, not in은 존재하지 않는지를 확인해주는 연산자이다.

```
# section_052

from ColabTurtlePlus.Turtle import *

clearscreen()
setup(500, 300), showborder(), shape("turtle2")

reptilia = ['turtle', 'crocodile', 'iguana', 'chameleon']
amphibian = ['frog', 'toad', 'axolotl']

if 'turtle' in reptilia:
    color('gray')
    forward(100)

if 'turtle' not in amphibian:
    color('lightgray')
    forward(100)
```

in과 not in 연산자는 튜플과 집합을 공부할 때도 봤던 것들인데, 왼쪽에 있는 항목이 오른쪽에 있는 리스트나 튜플 또는 문자열에 존재하는지를 판단해서 있으면 True, 없으면 False를 반환해 주는 연산자야. 참/거짓을 반환해 주기 때문에 if문의 조건식으로 종종 사용되는 연산자야. 예를 들면,

① 1 in [1, 2, 3]의 결과는? True

② 1 not in (1, 2, 3)의 결과는? False

TIP

gray와 lightgray처럼 색상을 표현하기 위한 몇 가지 컬러 상수를 부록에 담아두었어.

8번 줄	파충류에 속하는 동물을 reptilia 변수에 리스트 형태로 저장하고
9번 줄	양서류에 속하는 동물을 amphibian 변수에 저장했어.
11번 줄	'turtle' in reptilia의 의미는 'turtle' 문자열이 reptilia 리스트에 존재하는가를 묻는 거야. 첫 번째 항목에 동일한 문자열이 존재하니까 True를 반환할테고, if문의 조건식이 참이니까 if문 블록을 실행(12, 13번 줄) 하겠지.
12번, 13번 줄	거북이의 색을 설정하는 함수인 color( )를 사용했어. 괄호 안에 색을 지정하면 출력 결과처럼 거북이의 색이 바뀌는 거야. 그리고는 100만큼 전진하는 코드야.
15번 줄	'turtle' not in amphibian의 의미는 'turtle' 문자열이 amphibian 리스트에 존재하지 않는지를 묻는 거야. 양서류 목록에는 없으니까 역시 True를 반환하겠지. 그래서 if 블록이 실행 돼.
16번, 17번 줄	거북이의 색깔을 밝은 회색으로 바꾸고 다시 100만큼 전진하는 코드야.

3줄 요약

- ☑ x in s는 s 안에 x가 존재하는가를 묻고, 있으면 True, 없으면 False를 알려주는 연산자이다.
- ☑ x not in s는 s 안에 x가 없는지를 묻고, 없으면 True, 있으면 False를 알려주는 연산자이다.
- ☑ 두 연산의 결과는 모두 True 또는 False로 반환된다.

SECTION 053

조건문 - if와 else문

P·Y·T·H·O·N

〔핵심내용〕 else 블록은 조건식이 거짓일 때 실행되는 코드이다.

```
# section_055.py

from ColabTurtlePlus.Turtle import *

clearscreen()
setup(300, 300), showborder(), shape("turtle2")

draw = True
if draw :
    forward(100)

if not draw :
    forward(-100)

moyang = 3
if moyang == 4 :
    left(90)
    forward(100)
    left(90)
    forward(100)
    left(90)
    forward(100)
else :
    left(120)
    forward(100)
    left(120)
    forward(100)
```

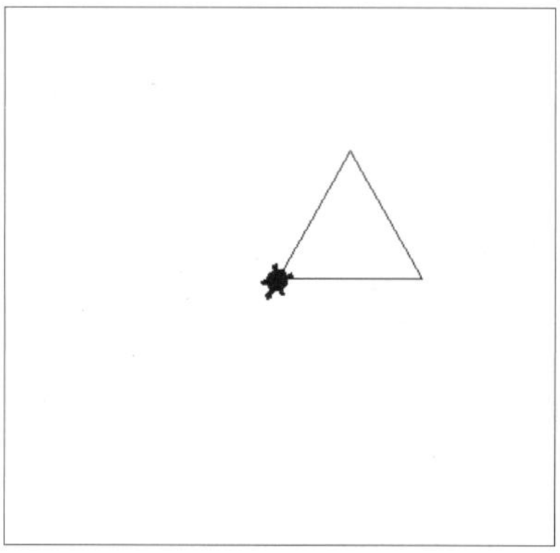

3번~6번 줄 거북이 모듈을 임포트하고 그림 그릴 준비를 하는 코드.

8번 줄 변수 draw에 bool형인 True를 저장했어 True는 참을 의미하지.

9번 줄 if문의 조건식에 draw만 있지? 이렇게 참, 거짓을 저장한 변수가 들어갈 수도 있고, True나 False가 직접 들어갈 수도 있어. if True처럼 말야.

10번 줄 draw가 참이니까 거북이가 100만큼 전진할거야.

12번, 13번 줄 not draw를 보면 draw는 True니까 이것을 부정했으니 not draw는 False가 되겠다. 그러니까 if문 블록인 13번 줄은 실행되지 않고 if문을 빠져나가게 돼. 그러면 바로 15번 줄로 넘어가는 거야.

15번 줄 변수 moyang에 3을 저장하고

16번 줄 moyang과 4가 같은 값인지 비교했는데 서로 다른 값이니까 거짓이야. 그러니까 if문 블록인 17번~22번 줄을 실행하지 않아. 대신 else문 블록인 24번~27번 줄이 실행되는 거야. if-else문은 다음과 같은 형태를 가지고 있어.

```
if 조건식 :                          else :
    명령문1 ┐                            명령문3 ┐
            ├ if 문 블록                          ├ else 문 블록
    명령문2 ┘                            명령문4 ┘
      ⋮
```

else문 블록은 if문의 조건식이 거짓일 때만 실행하는 블록이야.

24번~27번 줄 100만큼 전진한 상태에서 왼쪽으로 120도를 회전하고, 다시 100만큼 전진하고 왼쪽으로 120도를 회전하면 삼각형을 그릴 수 있어.

3줄 요약

- ☑ if문의 조건식이 거짓일 때도 실행할 명령어를 지정하기 위해 else를 사용한다.
- ☑ else 블록은 조건식이 거짓일 때 실행할 코드들을 입력한다.
- ☑ if 블록은 참일 때만, else 블록은 거짓일 때만 실행되므로 if~else를 사용하면 조건식이 참이든 거짓이든 상관없이 실행되는 코드가 존재한다.

P·Y·T·H·O·N

SECTION 054

조건문 - if와 elif문

〔핵심내용〕 if문에 조건식을 2개 이상 사용하고 싶다면 elif문을 사용한다.

```
# section_054

from ColabTurtlePlus.Turtle import *

clearscreen()
setup(300, 300), showborder(), shape("turtle2")

color = int(input('색을 선택하세요(1:파랑, 2:빨강, 3:노랑): '))

if color == 1 :
    pencolor("blue")
elif color == 2 :
    pencolor("red")
elif color == 3 :
    pencolor("yellow")
else :
    pencolor("black")

forward(100)
left(120)
forward(100)
left(120)
forward(100)
left(120)
```

input( ) 함수로 받은 값은 문자열형이야.

색을 선택하세요(1:파랑, 2:빨강, 3:초록): 4

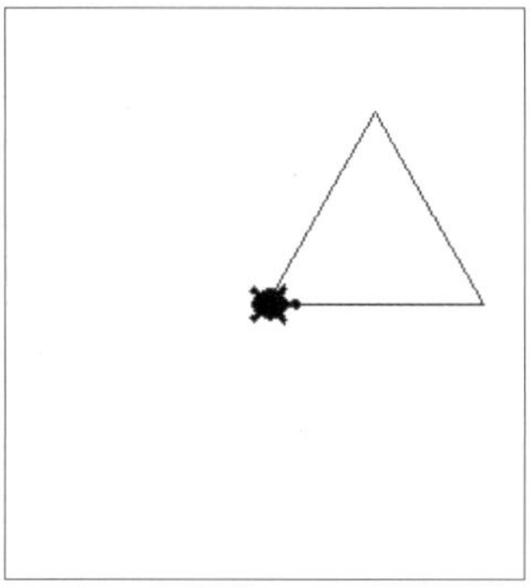

if문은 조건이 참일 때 실행할 코드만 지정할 수 있었고, if-else문은 조건이 참일 때와 거짓일 때 각각 실행할 수 있는 코드를 지정할 수 있었어.

elif문은 조건이 두 개 이상일 때 사용하는 코드야. 형태는 다음과 같아.

```
if 조건식1 :
    명령어1 } if 문 블록
elif 조건식2 :
    명령어2 } elif 문 블록
else :
    명령어3 } else 문 블록
```

조건식1이 참이면 if문 블록을 실행한 다음 전체 if문을 빠져나와. 즉 명령어1만 실행될 거야.
만약 조건식1이 거짓이면? elif문의 조건식2를 판단하여 참이면 명령어2가 실행되고 전체 if문을 빠져나와. 즉, 명령어2만 실행 돼.
만약 조건식2가 거짓이면? else로 이동해서 명령어3이 실행되는 거야. 즉, 모든 조건식이 거짓일 때 실행할 코드를 기재하면 되겠지.
정리하면, 위의 구조는 각 조건식의 참/거짓에 따라서 세 개의 블록 중 하나만 실행되는 구조야.

3번~6번 줄	거북이 모듈을 임포트하고 그림을 그릴 준비하는 코드
8번 줄	사용자로부터 숫자를 입력받기 위한 코드야.
10번~17번 줄	입력된 숫자가 1이면 펜 색을 'blue'로, 2이면 'red', 3이면 'yellow'로, 그 외의 숫자라면 'black'으로 설정해. 이 네 가지 색 중에 단 하나로 선택되겠지?
19번~24번 줄	삼각형을 그리는 코드야.

3줄 요약

- ☑ elif문을 이용하면 여러 개의 조건식을 추가할 수 있다.
- ☑ if 블록, elif 블록, else 블록 중 단 하나의 블록만 실행된다.
- ☑ else 블록에는 모든 조건식이 거짓일 때 실행할 코드를 삽입한다.

P·Y·T·H·O·N

SECTION 055

반복문 - while문

〔핵심내용〕 while문의 조건식이 참인 동안 while 블록이 반복 실행된다.

```
# section_055

from ColabTurtlePlus.Turtle import *

clearscreen()
setup(300, 300), showborder(), shape("turtle2")

count = 0

while count < 4 :
    forward(100)
    left(90)

    count = count + 1

```

while문 끝에 반드시 콜론(:)을 넣어야 해.

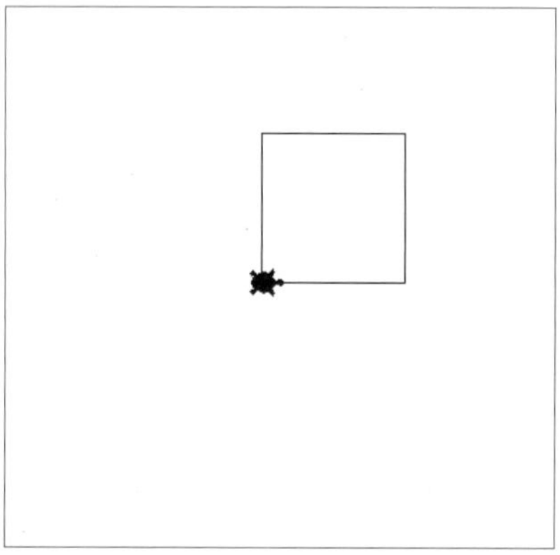

앞에서 다음과 같은 사각형 그려봤지?

```
t.forward(100)    # 100만큼 이동하고
t.left(90)        # 왼쪽으로 90도 회전하고
t.forward(100)
t.left(90)
t.forward(100)
t.left(90)
t.forward(100)
t.left(90)
```

이 코드를 보면 처음 두 줄의 코드가 4번 반복한다는 것을 알 수 있지? 같은 작업을 반복적으로 코딩한다는 것은 지루하기도 하고 코드 줄도 많아지고 시간도 오래 걸리잖아. 실제 프로그래밍 하다보면 100번, 10,000번 반복이 필요한 경우도 종종 생겨.
어떤 코드를 반복적으로 실행하고 싶을 때 반복문을 사용하는데 대표적인 반복문 중 하나가 while문이야. 형태는 아래와 같이 생겼어.

```
while 조건식 :
    명령어1 ┐
    명령어2 ├ while 문 블록
    명령어3 ┘
```

while문의 조건식을 판단한 결과가 '참인 동안에만' while문 블록을 반복적으로 실행하게 돼. while문도 if문처럼 조건식의 판단 결과가 매우 중요하지. 예제를 보면서 while문의 흐름을 보자.

3번~6번 줄	거북이 모듈을 임포트하고 그림 그릴 준비를 하는 코드야.
8번 줄	count 변수의 값에 0을 저장했고
10번 줄	while문이네. 조건식을 판단해 보면 count 〈 4에서 현재 count의 값이 0이니까 0 〈 4가 되고 이 식은 True! 조건식이 참이면 while문 블록을 실행해. while문 블록은 어디까지일까? while문의 콜론(:) 이후에 같은 들여쓰기를 하고 있는 11번~14번 줄까지 모두 while문 블록이야. 13번 줄에 빈 줄이 들어갔다고 해서 다른 블록으로 분리되지 않아.

11번~12번 줄 | 1 회전: 거북이가 100만큼 이동한 다음 왼쪽으로 90도 회전해.

14번 줄 | 우변의 count + 1을 먼저 보면 count 값이 0이니까 count + 1은 0+1이고 이건 1이야. 이제 count는 0이 아니라 1이 되었어.

14번 줄의 코드는 매우 유용한 코드야. 앞으로 변수 값을 증가시키거나 감소시키고 싶을 때 이 코드를 자주 활용하게 될 테니까 잘 봐두길. 물론 count += 1 형태로 줄여 표현할 수도 있어.

while문 블록(11번~14번 줄)을 다 실행하고 나면 끝나는 게 아니라 다시 while문의 조건식이 있는 10번 줄로 이동하여 다시 조건식을 실행하게 돼. 그래서 조건식의 판단 결과가 참이면 while문 블록을 한 번 더 실행하고, 만약 거짓이면 while문을 빠져나오게 되지. 이렇게 조건식이 참인 동안에 계속 반복하기 때문에 반복문이라고 하는 거야.

10번 줄 | while문의 조건식인 count 〈 4는 count가 1이니까 여전히 참이야. while 블록이 다시 실행된다는 얘기지.

11번~14번 줄 | 2 회전: 그래서 사각형의 오른쪽 변이 그려지지. 또 count 값이 1 증가하니까 count는 2가 돼.

10번 줄 | while문의 조건식을 다시 보자고. count는 2이고 count 〈 4는 아직도 참이야.

11번~14번 줄 | 3 회전: 조건식이 참이니까 while문 블록이 실행돼. 사각형의 윗변이 그려지고, count는 2에서 3이 되지.

10번 줄 | 또 while문의 조건식을 판단하는 거야. count는 3이고 count 〈 4는 참이야.

11번~14번 줄 | 4 회전: 조건식이 여전히 참이니까 while문 블록이 실행되면 사각형의 또 다른 한 변이 그려지고 count는 3에서 4가 될 거야.

10번 줄

```
while count < 4 :
      ↓
while 4 < 4:
      ↓
while False:
```

4 회전에서 count값이 4가 된 후 wihle문의 조건식을 판단했더니 거짓이 됐어. 그러면 프로그램의 흐름은 while문을 바로 빠져나와서 while문 블록 밖으로 이동하면서 while문 실행이 완료되는 거야.
위 과정이 while 반복문이 작동하는 방법이야. 정리하면, 조건식이 참인 동안 프로그램은 while문 블록을 계속 반복 실행하다가 어느 순간 조건식이 거짓이 되면 whie문을 빠져나간다!

예제에서 while문 블록은 총 4번 실행한 것으로 조건식을 어떻게 작성하느냐에 따라 반복 실행 횟수를 조절할 수 있어. 예를 들어 count의 초기값을 0으로 저장하고 조건식만 count 〈 100 으로 수정하면 while 블록을 100번 실행시킬 수 있지.
한 가지 주의할 점은 조건식이 언젠가는 거짓이 되도록 while문 블록 내부에서 적절하게 코딩을 해줘야 한다는 사실. 그렇지 않으면 조건식은 영원히 참이 되고 while문 블록도 무한히 실행돼서 프로그램은 멈추지 않을 거야. 이런 증상을 “무한 루프에 빠졌다”라고 표현해. 한 번 구경해 볼래? 14번 줄의 + 기호를 – 로 바꿔서 실행해 봐. 그리고 왜 무한 루프에 빠지는지 생각해 봐.

무한 루프를 만드는 코드는 다음과 같아.
while True :
　while문 블록

그런데 무한 루프를 사용하는 프로그램이 있어. 1년 365일 실행해야 하는 서버 프로그램이나 사용자로부터 매순간 입력을 받아들여야 하는 게임 프로그램 같은 경우야.

3줄 요약

- ☑ while문은 특정 코드를 반복 실행하고 싶을 때 사용한다.
- ☑ while문 조건식이 참일 때만 while 블록이 실행된다.
- ☑ 조건식을 조절하여 while 블록 실행 횟수를 조절할 수 있다.

SECTION

056

반복문 - for문

〔핵심내용〕 ▶ for문은 시퀀스형 객체의 항목 수만큼 반복한다.

```
1:  # section_056
2:
3:  from ColabTurtlePlus.Turtle import *
4:
5:  clearscreen()
6:  setup(300, 400), showborder(), shape("turtle2")
7:
8:  for i in [1, 2, 3, 4, 5]:
9:      forward(100)
10:     left(72)
11:
```

for문 끝에도 반드시 콜론(:)을 넣어야해.

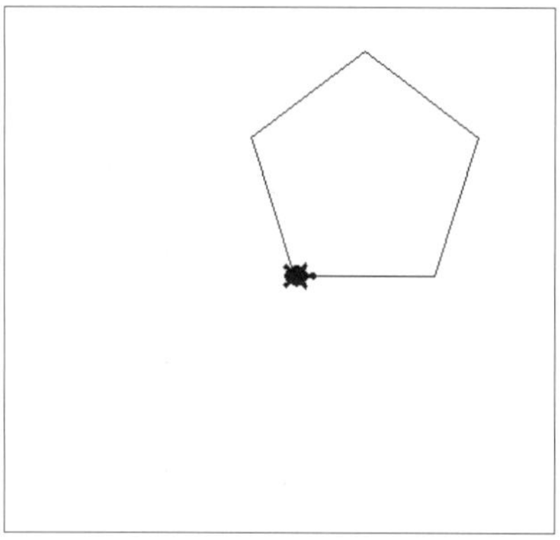

for문은 while문과 같이 블록을 반복하기 위한 명령어야. for문은 다음과 같은 형태를 가지고 있어.

for 변수 in 시퀀스형 객체 :
 명령어1 ⎫
 명령어2 ⎬ for문 블록
 명령어3 ⎭

시퀀스형 객체에는 문자열, 리스트, 튜플, 레인지(range) 등이 있어.

시퀀스형 객체의 첫 번째 항목부터 마지막 항목이 차례대로 변수에 대입되어 for문 블록이 실행되는 구조야. 그러다 시퀀스형 객체의 마지막 항목에 도달하면 반복이 종료되는 거야.

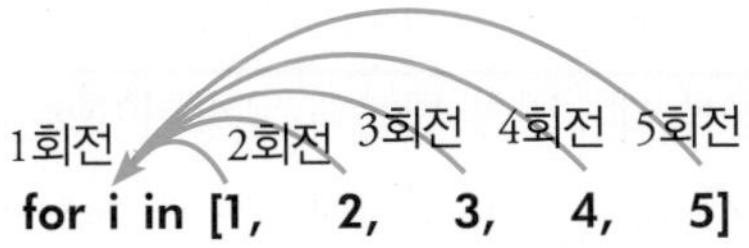

따라서 시퀀스형 객체인 리스트의 항목이 5개라면 for문 블록은 5번 실행될 것이고, 항목이 100개라면 for문 블록은 100번 실행될 거야. 즉, for문의 경우 실행 횟수가 거의 정해져 있다는 것이 특징으로 예제를 통해 for문을 한번 살펴보자.

3번~6번 줄	거북이 모듈을 임포트하고, 그림 그릴 준비를 하는 코드야.
8번 줄	시퀀스형 객체 중 리스트를 사용했어. 리스트의 각 항목은 1부터 5까지 차례대로 나열되어 있지. 1 회전: 리스트의 첫 번째 항목인 1이 변수 i에 저장되면서 for문 블록을 실행하게 돼.
9번, 10번 줄	거북이를 100만큼 이동시키고, 왼쪽으로 72도 회전.
8번 줄	2 회전: for문 블록을 실행 후 다시 8번 줄로 돌아와서 두 번째 항목인 2를 변수 i에 저장한 다음 다시 for문 블록을 실행하지.
9번, 10번 줄	바라보는 방향으로 거북이를 100만큼 이동하고, 왼쪽으로 72도 회전.
8번 줄	3 회전: 리스트의 세 번째 항목인 3을 변수 i에 저장한 다음 for문 블록을 실행해.
9번, 10번 줄	이번에도 바라보는 방향으로 거북이를 100만큼 이동하고, 왼쪽으로 72도 회전.
8번 줄	4 회전: 리스트의 네 번째 항목인 4를 변수 i에 저장한 다음 for문 블록을 실행해.
9번, 10번 줄	역시나 바라보는 방향으로 거북이를 100만큼 이동하고, 왼쪽으로 72도 회전.
8번 줄	5 회전: 리스트의 다섯 번째 항목인 5를 변수 i에 저장한 다음 for문 블록을 실행해.

9번, 10번 줄 마지막, 바라보는 방향으로 거북이를 100만큼 이동하고, 왼쪽으로 72도 회전.

for문이 어떤 식으로 반복 작업을 실행하는지 이해되니? 정리하면, for문은 시퀀스형 객체의 항목 개수만큼 반복하는 방식이야. 첫 번째 항목부터 차례대로 변수에 저장하면서 for문 블록을 실행하는 과정을 반복하는 거지. 그렇다면 필요에 따라 10회전, 20회전도 시킬 수 있겠지? 리스트 항목의 개수만 조절하면 되니까 말이야.

TIP for문과 while문의 차이

for문과 while문의 특징을 살펴보자. 우선 while문을 보면,

```
count = 10
while count < 70:
    print(count)
    count = count + 10
```

while문은 조건식이 참인 동안 while 블록을 계속 실행하기 때문에 while문이 종료되기 위한 조건은 조건식이 거짓이 돼야 한다는 거야. 그래서 조건식이 거짓이 되게 하려면 count 변수를 while 블록 내에서 조작을 해줘야 해. count = count + 10처럼.
반면, for문은 보면,

```
for count in (10, 20, 30, 40, 50, 60):
    print(count)
```

for문 블록에서 count 변수를 별도로 처리할 필요가 없어. for문이 알아서 튜플의 항목 수만큼만 실행하거든.
위 두 코드를 보면 반복문이 왜 굳이 for문과 while문 이렇게 두 개나 있을까 싶지만, for문은 앞서 얘기한 것처럼 실행 횟수가 정해져 있을 때 주로 사용하고, while문은 실행 횟수가 정해져 있지 않을 때 주로 사용해. 다음 코드를 보자.

```
count = 0
while count < 100:
    count = int(input('아무 숫자나 입력하세요'))
    print(count)
```

위 코드를 보면 맨 처음에는 count가 0이니까 조건식을 만족하지만 그 이후부터는 사용자가 어떤 값을 입력하느냐에 따라서 while문 블록이 실행될지 멈출지가 결정되는 거야. 즉 실행 횟수가 정해지지 않은 예라고 할 수 있지.
이렇게 while문은 반복 횟수가 정해져있지 않을 때 사용하고, for문은 반복 횟수가 정해져있을 때 사용해. 그렇다고 이 기준이 절대적인 것은 아니고, for문으로 만든 것은 대부분 while문 코드로 변경할 수 있어.

TIP 오각형 그리기 – 거북이는 왜 72도 회전했을까?

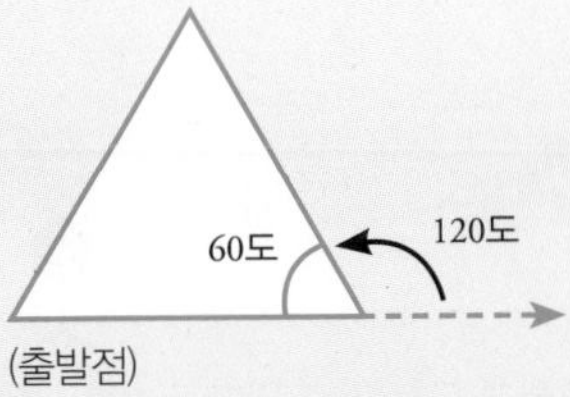

정삼각형은 한 내각이 60도니까 거북이가 바라보는 방향을 기준으로 왼쪽으로 120를 회전해야 했지?

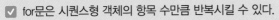

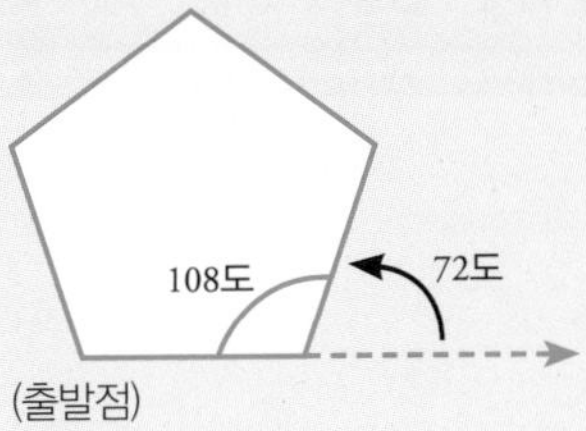

정오각형은 한 내각이 108도니까 거북이가 바라보는 방향을 기준으로 왼쪽으로 72도를 회전하면 되는 거야.

3줄 요약

- ☑ for문은 시퀀스형 객체의 항목 수만큼 반복시킬 수 있다.
- ☑ 매 회전마다 for문 변수는 시퀀스형 객체의 항목을 순서대로 저장한다.
- ☑ for문은 실행 횟수가 정해져 있을 때, while문은 정해져 있지 않을 때 주로 사용한다.

SECTION 057

P·Y·T·H·O·N

반복문 - for문과 range( ) 함수

〔핵심내용〕 range( ) 함수를 for문에서 이용하면 아주 많은 반복을 쉽게 구현할 수 있다.

```
# section_057

from ColabTurtlePlus.Turtle import *

clearscreen()
setup(400, 400), showborder(), shape("turtle2")

for k in range(40) :
    forward(k * 10)
    right(144)

```

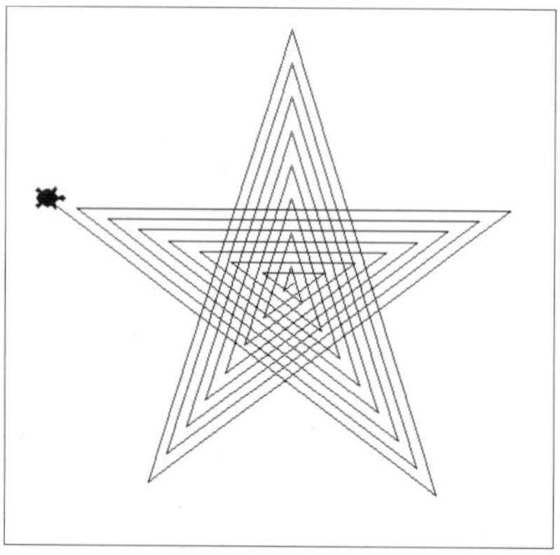

이번에는 for문에서 시퀀스형 객체로 자주 사용되는 range( ) 함수를 이용해서 문제를 해결해 보자. 바로 전 예제의 코드에서는 리스트를 이용해서 for문을 반복했어. 다음과 같이 말이야.

for i in [1, 2, 3, 4, 5]:

이 코드는 for문을 5번 회전시킨다고 했잖아? 그런데 만약 100회전, 1,000회전을 시키려면?

[1, 2, 3, 4, 5, 6, ... , 1000]

이렇게 쓰다가는 리스트 작성하는데 너무 많은 시간을 낭비하게 될거야. 이때 사용하는 함수가 range( ) 함수야.

```
for 변수 in range(반복 횟수) :
    명령어1 ┐
            > for문 블록
    명령어2 ┘
```

range( ) 함수는 for문이 사용 가능한 range 객체라는 것을 만들어주는 함수야. 다음과 같이 말이야.

```
>>> range(3)        # range(3)은 range(0, 3)을 만들어준다.
range(0, 3)
>>> range(1000)     # range(1000)은 range(0, 1000)을 만들어준다.
range(0, 1000)
```

range(0, 3)은 0, 1, 2를 만들어서 for문 변수에 전달해. 그래서 range(3)이라고 하면 3번 회전하지만, for문 변수에는 0부터 3보다 1 작은 값까지 저장된다는 것을 기억해 둬. 사실상 for문에서 사용되는 range(3)은 리스트 [0, 1, 2]와 동일한 역할이지만 range 객체는 반복문의 순환을 위한 것이기 때문에 리스트보다 속도가 더 빠르다는 점과 작성하기 편하다는 장점이 있어.

3번~6번 줄	거북이 모듈을 임포트하고, 그림 그릴 준비를 하는 코드야.
8번 줄	range(40)은 range(0, 40)인 range 객체를 만들어서 for문 변수 k에는 0~39까지의 값이 차례대로 저장될 거야. 그래서 첫 번째 항목인 0을 변수 k에 저장한 다음 for문 블록을 실행하게 돼.
9번 줄	거북이를 전진시키는 명령어인데 괄호 안을 잘 봐. k * 10이라는 식이야. 이전 예제에서 for문에 사용되는 리스트는 단지 항목의 개수만 중요했잖아. 즉, 5회전 하려면 5개 항목을 가진 리스트를 만들어주면 됐다고. 그런데 이 예제에서는 for문 블록에서 range 객체의 각 항목 값이 중요해졌어. 왜냐하면 변수 k에게 전진하는 코드의 움직이는 길이를 결정해 주는 역할이 주어졌기 때문이야.

1 회전: k 값이 0이니까 forward(k * 10)은 forward(0 * 10)으로 forward(0)이야. 즉, 거북이는 움직이지 않아.

10번 줄 거북이가 바라보는 방향을 기준에서 오른쪽으로 144도 회전하라는 뜻이야.

8번 줄 2 회전: range 객체의 두 번째 항목인 1이 변수 k에 저장되고

9번, 10번 줄 forward(k * 10)은 forward(10)이 되어 거북이는 10만큼 이동해. 그리고 오른쪽으로 144도 회전하지.

8번 줄 3 회전: range 객체의 세 번째 항목인 2가 변수 k에 저장되고

9번, 10번 줄 forward(k * 10)은 forward(20)이 되어 거북이는 20만큼 이동해. 그리고 오른쪽으로 144도 회전하지.

어때? 이 코드가 어떻게 작동하는지 이해되겠지? 거북이는 회전을 거듭할수록 10씩 증가된 거리를 이동하도록 코드가 짜여져 있는 거야. 결과를 보면 별이 점점 커지는 걸 확인할 수 있지?
이처럼 for문에서 사용된 시퀀스형 객체가 단순히 for문의 회전수를 결정하기도 하지만 때로는 이렇게 for문 블록 안에서 중요한 변수로 사용될 수 있다는 것을 기억해 둬.
이런 식으로 리스트의 모든 항목들이 변수 k에 저장되면서 40회전하게 될 거야. 맨 마지막에 실행되는 코드는 forward(39 * 10)가 되겠지.

range( ) 함수에 대해서 좀 더 알아볼까? range( ) 함수의 기본적인 사용법은 다음과 같아.

range(시작값, 종료값, 증가값)

여기서 시작값과 증가값은 생략할 수 있는데, 시작값을 생략하면 기본값이 0이고 증가값을 생략하면 1이야.

빈 코드 셀에서 다음을 코딩해 봐.

```
>>> range(0, 5)
range(0, 5)            # range( ) 함수는 range 객체를 반환
>>> list(range(0, 5))  # 시작/끝 값을 확인하기 위해 리스트로 변환
[0, 1, 2, 3, 4]
>>> list(range(0, 10))
[0, 1, 2, 3, 4, 5, 6, 7, 8, 9]
>>> list(range(1, 11))
[1, 2, 3, 4, 5, 6, 7, 8, 9, 10]
>>> list(range(3, 8))
[3, 4, 5, 6, 7]
>>> list(range(1, 10, 2))
[1, 3, 5, 7, 9]
>>> list(range(0, -10, -1))
[0, -1, -2, -3, -4, -5, -6, -7, -8, -9]
```

range(0, 5)는 항목이 0~4인 range 객체를 반환해 주는데, 이것을 리스트로 만들고 싶으면 list( ) 함수를 사용하면 돼. list(range(0, 5)) 함수를 사용하면 [0, 1, 2, 3, 4]를 얻을 수 있어. 이때부터는 리스트의 성질을 가지고 있으니 마음대로 편집할 수 있지.

아주 많은 항목을 가진 리스트를 일일이 만들기는 어려우니까 range( ) 함수로 만든 range 객체를 list( ) 함수를 이용해 리스트로 변환하면 되는 거야. 예를 들어 list(range(10000))라고 하면 [0, 1, 2, ..., 9999]인 리스트를 쉽게 얻을 수 있지. 물론 같은 방법으로 tuple( ) 함수를 이용하면 range 객체를 튜플로도 만들 수 있어.

3줄 요약

- ☑ range( ) 함수는 range 객체를 만들어준다.
- ☑ range(시작값, 종료값, 증가값)에서 종료값은 필수로 입력해야 한다.
- ☑ range( )로 만든 range 객체를 리스트나 튜플 등으로 변환할 수 있다.

SECTION 058 반복문 – 중첩 for문

〔핵심내용〕 ▶ 중첩 for문이란 for문 블록에 또 다른 for문이 들어있는 것을 말한다.

```
1:  # section_058
2:
3:  from ColabTurtlePlus.Turtle import *
4:
5:  clearscreen()
6:  setup(300, 300), showborder(), shape("turtle2")
7:  up()
8:
9:  colors = ['red', 'green', 'blue', 'yellow', 'purple']
10: for c in colors :
11:     color(c)
12:     for i in range(12) :
13:         forward(100)
14:         dot()
15:         backward(100)
16:         right(30)
17:     right(6)
18:
```

for❷ 블록 for❶ 블록

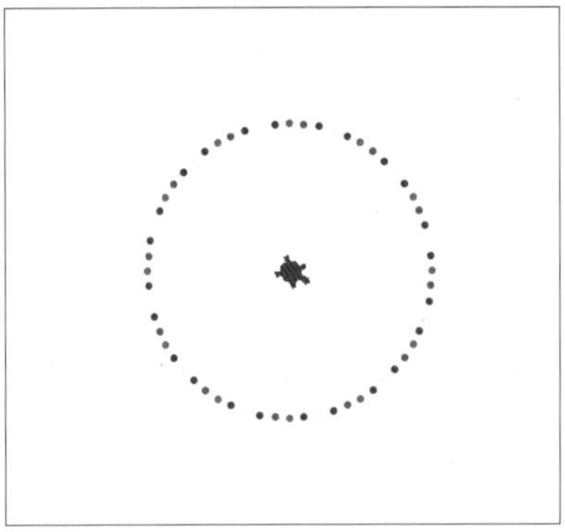

for문 블록 안에는 변수를 만들 수도 있고 if문을 넣을 수도 있고 또 다른 반복문을 넣을 수도 있어. 특히 반복문 안에 반복문을 넣으면 다채로운 알고리즘을 만들어낼 수가 있기 때문에 알아뒀

으면 좋겠어. for문 안에 for문이 들어가 있는 것을 중첩 for문이라고 해.
중첩 for문은 조금 복잡할 수 있으니 조금 더 집중해 줘.

3번~6번 줄	거북이 모듈을 임포트하고 그림 그릴 준비를 하는 코드야.
7번 줄	이번에는 점만 찍을 것이기 때문에 미리 펜을 올려놓은 거야.
9번 줄	거북이에게 다양한 색상을 주려고 색상들로 이루어진 리스트를 만들었어. 리스트는 5개의 항목으로 구성되어 있네.
10번 줄	자, for문이 시작되었어. 이 for문을 내부 for문과 구분하기 위해 for①문이라고 부를게. for①문에서 리스트 colors의 첫 번째 항목인 'red'가 변수 c에 저장되고 for①문 블록이 시작될 거야. 이미 알아챈 친구도 있겠지만, 리스트의 개수가 5개니까 for①문이 5회전 하게 될거야.
11번 줄	**for①문 블록 1 회전:** 거북이의 색을 설정해 주는 color( ) 메서드를 이용해서 거북이의 색을 'red'(빨강색)으로 설정했어.
12번 줄	새로운 for문이 시작되었네. 이 for문을 for②문이라고 할게. 여기서 빨간 거북이가 어떻게 되는지를 잘 보자고. 우선 range(12)이니까 이 for문은 12회전하게 되리라는 것을 예측할 수 있어. 첫 번째 항목인 0이 변수 i 에 저장되고 for②문 블록이 시작될 거야.
13번~16번 줄	**for②문 블록 1 회전:** 거북이를 100만큼 이동시키고(이미 up( ) 함수가 실행되었기 때문에 선은 그려지지 않아), dot( ) 함수가 점을 찍어. backward( )로 다시 원래 위치로 복귀시킨 다음에, 다음을 위해 오른쪽으로 30도 회전시켜 놓는 거야. 이로써 빨간 점이 한 개가 찍히게 돼. for②문 블록은 16번 줄까지야. 왜냐하면 17번 줄에서 들여쓰기가 바뀌지? 그리고 17번 들여쓰기는 11번, 12번 줄과 일치하니까 같은 for①문 블록에 속하는 거야. 이제 for②문 블록의 실행이 끝났으니 흐름의 제어가 다시 12번 줄로 가겠네. 아직 for②문 블록은 11회전이 남았어.

12번~16번 줄

for②문 블록 2 회전: 좀 전에 30도 회전한 상태에서 다시 100만큼 이동한 후 빨간 점을 추가하고 다시 복귀하는 코드를 실행한 다음 오른쪽으로 30도 회전해. 이런 방식으로 12회전을 모두 마치면 아래와 같은 그림이 나타나.

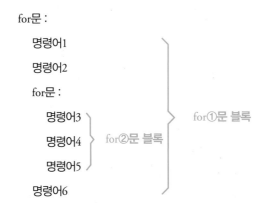

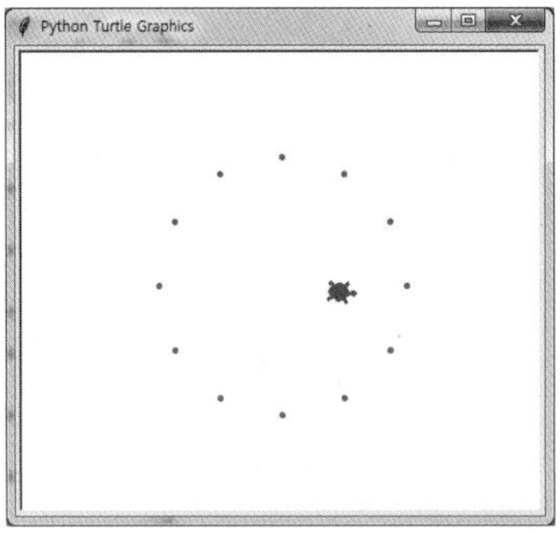

17번 줄

for②문 실행이 종료되면 흐름은 자연스럽게 17번 줄로 이동해. 여기서 거북이의 각도를 오른쪽으로 6도 회전시킨 거야. 여기까지가 for①문 블록의 1회전 완료!

10번 줄

for①문 블록 2 회전: for문의 흐름에 따라 다음 실행할 순서는 다시 10번 줄이지. 리스트의 다음 항목인 'green'(초록색)을 변수 c에 저장하고 다시 for①문 블록이 실행되는 거야.

for①문 블록 2 회전이 완료되면 초록색 점 12개가 찍히는 거야. 빨간 점보다 6도 오른쪽 위치에 말이지.

마찬가지로 for①문 블록 3 회전이 완성되면 파란색 점 12개가 초록색 점보다 6도 오른쪽 위치에 찍히는 거야. 4 회전 때는 노란색, 5 회전 때는 보라색 점이 각각 12개씩 찍혀.

정리하면 중첩 for문을 사용하면, for①문 1회전 할 때마다 for②문은 각각 12회전씩 한다고 보면 돼.

중첩 for문을 간략한 형태로 다시 볼까?

```
for문 :
    명령어1                      ┐
    명령어2                      │
    for문 :                      │
        명령어3 ┐                │  for①문 블록
        명령어4 ├ for②문 블록    │
        명령어5 ┘                │
    명령어6                      ┘
```

이런 중첩 for문을 활용한 대표적인 프로그램이 구구단을 출력하는 프로그램인데, 2단일 때 9번 회전하고 3단일 때도 9회전하고 4단 일 때도 9회전 하는 식이니까 중첩 for문으로 표현하기 쉽겠지?

중첩 for문은 많이 사용하는 방법이니까 프로그램의 흐름을 잘 이해하는 것이 중요해. 여러 번 코딩하고 다양한 예제를 찾아서 실습해 보면 어느새 익숙해질 거야. 연습이 곧 실력!

3줄 요약

- ☑ 중첩 for문은 for문 안에 또 다른 for문을 사용하는 것을 말한다.
- ☑ for문 블록에는 변수 할당이나 if문, for문, while문 등 다양한 코드들이 삽입될 수 있다.
- ☑ for①문 블록이 한 번 실행될 때마다 for②문 블록이 모두 실행 완료되어야 for①문이 다음 회전으로 넘어갈 수 있다.

SECTION 059 반복문 중지 - break

〔핵심내용〕 ▶ break는 반복문을 중지하기 위한 명령어이다.

```
1:  # section_059
2:
3:  from ColabTurtlePlus.Turtle import *
4:
5:  clearscreen()
6:  setup(300, 300), showborder(), shape("turtle2")
7:
8:  for item in range(30):
9:      if item%2:
10:         pendown()
11:     else:
12:         penup()
13:
14:     if item == 10:
15:         break
16:
17:     forward(10)
```

> break가 실행되면 반복문을 중지하게 돼.

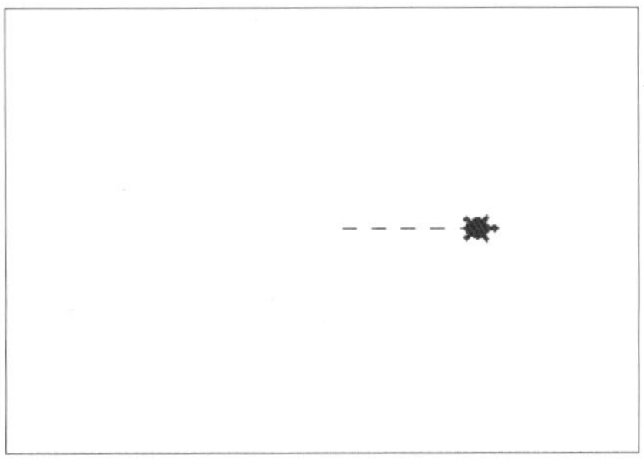

while문이나 for문 등의 반복문은 기본적으로 내부 블록의 모든 코드를 조건이 맞는 동안 계속 반복하도록 되어 있어. 그런데 이러한 흐름을 바꿔주는 명령이 바로 break와 바로 다음에 배울 continue야. 둘 다 반복문 안에서 쓰인다는 공통점이 있어.

break : 반복문 안에서 break를 만나면 반복을 중지하고 무조건 반복문을 탈출한다.

8번 줄

우선 for문을 30회전 돌리기 위해서 range(30)을 사용했어. 그래서 특별한 이유가 없는 한 for문 블록(9번~17번 줄)은 30번 실행되겠지.

9번~12번 줄

%는 나머지 연산자니까 item 값을 2로 나눈 나머지는 0, 1 뿐이잖아? 즉 item의 값이 짝수(0, 2, 4, ...) 일 땐 0이고, 홀수(1, 3, 5, ...)일 때는 1이야. 그런데 파이썬에서 숫자 0은 False, 그 외의 숫자는 True를 의미하니까 item 값이 짝수이면 if문 조건식은 거짓이 될테고, 홀수라면 참이 될 거야. 결국, item 값이 짝수이면 else문 블록이 실행되고, 홀수라면 if문 블록이 실행되겠지.

14번, 15번 줄

for문 안에서 item 값은 0부터 시작해서 점차 올라가다가 item 값이 10이 되는 순간 이 if문의 조건식이 참이 되겠지. 이때만 if문 블록인 break가 실행되는데, break는 아까 말했듯이 반복문을 중지하고 빠져나가는 기능이야. for문을 빠져나가면 더 이상 실행 할 코드가 없으니 프로그램이 종료되는 거고.

이와 같이 **break문을 만나면 반복문을 즉시 빠져나가기 때문에 break문은 보통 if문 안에서 특정 조건을 만족할 때만 실행되도록 작성해.** 또 한 가지 알아둘 점은 중첩 반복문에서 break를 사용하면 가장 가까운 반복문만 탈출한다는 것!

17번 줄

item이 0~9 사이의 값을 가질 때만 10만큼 거북이를 이동시키는17번 줄이 실행될테니 거북이는 10만큼씩 총 10번 이동하는 거야.

그런데 거북이가 점선을 그린 이유는 9번~12번 줄에서 홀수일 때만 pendown()이 실행되기 때문이야. item 값이 0~9 사이에서 0을 포함한 짝수일 때는 이동만 할 뿐 선을 그리진 않고, 홀수일 때만 선을 그리면서 이동하는거지.

3줄 요약

- ☑ break는 반복문을 탈출하는 역할을 한다.
- ☑ break를 만나면 반복문을 즉시 탈출하기 때문에 보통 if문 등을 이용해 특정 조건 하에서만 실행되도록 한다.
- ☑ 중첩 반복문에서 사용하면 가장 가까운 반복문을 탈출한다.

SECTION 060

P·Y·T·H·O·N

반복문 - continue

[핵심내용] continue는 프로그램의 흐름을 반복문의 시작점으로 즉시 이동시킨다.

```
1:  # section_060
2:
3:  from ColabTurtlePlus.Turtle import *
4:
5:  clearscreen()
6:  setup(700, 200), showborder(), shape("turtle2")
7:
8:  for item in range(30):
9:      if item%2:
10:         penup()
11:         forward(10)
12:         pendown()
13:         continue
14:
15:     forward(10)
```

8번째 줄이 반복문의 시작점이야.

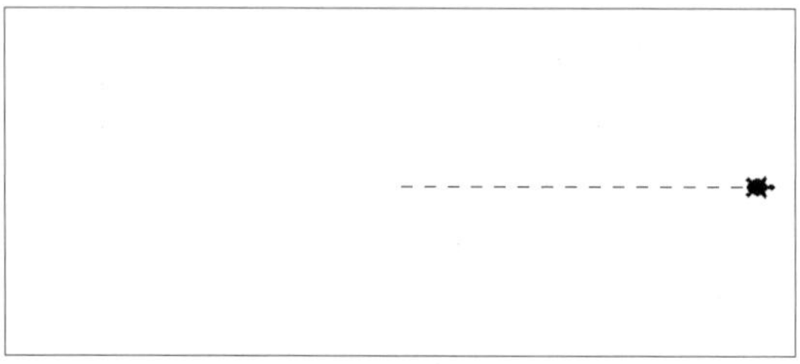

break문과 함께 반복문의 흐름을 바꿔주는 명령어가 지금 만나 볼 continue문이야.

continue : 반복문 안에서 continue를 만나면 블록의 나머지 부분을 실행하지 않고 무조건 반복문의 시작점으로 이동한다.

break문과 마찬가지로 continue문은 아무데나 쓰면 안 되고 꼭 if문과 같이 특정 조건을 만족시킬 때만 사용하도록 코딩해야 해. 왜냐하면 continue나 break가 실행되는 순간 흐름이 바뀌기 때문에 반복 블록 내에서 그 아래에 위치하는 코드들은 실행되지 않게 되거든.

8번 줄 여기가 for문의 시작점이야. range(30)은 0부터 29까지 순회할 수 있는 range 객체를 만들어주는 것이고.

9번 줄 item 값이 0부터 1씩 증가하는 동안 2로 나눈 나머지 값을 체크하는 것인데. 2로 나눈 나머지 값은 0과 1뿐이잖아. 파이썬에서 숫자 0은 False, 그 외의 숫자 값은 True를 의미하니까 if문의 조건식은 item이 짝수일 때 False, 홀수일 때 True가 되는 거야. 즉, item이 홀수일 때만 10번~13번 줄이 실행되는 것이지.

10번~12번 줄 item 값이 홀수라면 펜을 올리고 10만큼 전진한 후 펜을 내리게 해서 선을 그리지 않고 거북이를 이동시키는 코드야. item 값이 짝수라면 if문 블록은 실행되지 않고 바로 15번 줄로 이동할 거야.

13번 줄 continue 야. 이 명령을 만나면 프로그램의 흐름은 반복문의 시작점(8번 줄)으로 무조건 이동해. 만약 이 명령이 없었다면 15번 줄은 item이 짝수든 홀수든 상관없이 실행되었겠지.

continue와 break는 for문 뿐 아니라 또 다른 반복문인 while문에서도 사용할 수 있는 명령어야.

3줄 요약

- ☑ continue는 프로그램의 흐름을 반복문의 시작점으로 즉시 이동시킨다.
- ☑ continue는 보통 if문 등을 이용해 특정 조건 하에서만 실행되도록 한다.
- ☑ 중첩 반복문에서 사용하면 가장 가까운 반복문의 시작점으로 이동한다.

P · Y · T · H · O · N

Chapter

04

파이썬 함수

지금까지 파이썬이 제공해 주는 내장 함수인 range( ) 함수, print( ) 함수, type( ) 함수 등등 다양한 함수들을 사용해 왔었어. 그런데 코딩을 하다보면 파이썬에서 제공해 주는 내장 함수로는 부족하다고 느낄 때가 많게 될 거야. 이럴 때는 내가 필요로 하는 함수를 직접 만들어서 사용하면 돼. 이번 장에서는 함수를 직접 만들어 사용하는 방법에 대해 알아볼게.

SECTION 061

P·Y·T·H·O·N

가장 심플한 함수

[핵심내용] 함수를 사용하면 가독성이 높아지고 재사용성이 증가한다.

```
1:  # section_061
2:
3:  def simple():
4:     pass
5:
6:  print(simple())
```

3번 줄을 함수 선언부 또는 함수 헤더(header)라고 해.

```
None
```

함수를 만들면 다음과 같은 장점이 있어.

① 유사한 기능을 하는 코드들을 묶어서 이름을 붙일 수 있으므로 소스 코드를 작성하거나 읽을 때 보기 좋게 만들 수가 있는데 이런 것을 가독성이라고 해.

② 함수를 한 번 만들고 나면 그 다음부터 같은 코드가 필요할 때 또 다시 작성할 필요 없이 기존에 만든 함수를 호출하기만 하면 되니까 중복 코드를 줄일 수 있어. 이것을 재사용성이라고 해.

함수를 직접 만드는 것을 '정의한다'라고 표현하는데 함수를 정의하는 방법은 다음과 같아.

```
def 함수 이름(매개변수1, 매개변수2, ...매개변수 n):
    명령어1
    명령어2
    return 반환값
```

함수 블록

들여쓰기

- 'def'는 함수를 만들겠다고 선언하는 키워드.
- '함수 이름'은 변수명을 만드는 규칙과 동일하게 만들 수 있어.

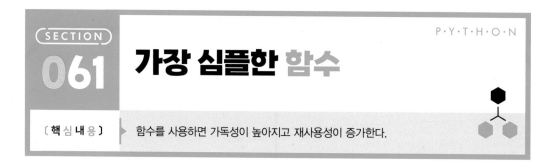

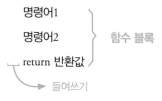

- '매개변수1, 매개변수2, …매개변수 n'은 함수가 실행되는데 필요한 값을 입력받는 부분이야.
- def의 맨 마지막에는 콜론(:)을 꼭 써줘야 해.
- '명령어1, 명령어2'는 함수가 하는 일을 적는 부분으로 함수 블록에 해당하지. 꼭 같은 크기의 공백으로 들여쓰기를 해줘.
- 'return'은 함수를 종료시키고 실행한 결과를 돌려주기 위한 명령이야. 그런데 return문이 없어도 함수 블록의 마지막에 다다르면 함수가 종료되고 호출된 곳으로 돌아가게 되어 있어. return문도 함수 블록 안에 있어야 하기 때문에 들여쓰기에 유의해야 해.

3번 줄

함수를 정의하는 코드로 함수를 만들 땐 꼭 def로 시작해, 내가 만든 함수 이름은 simple이고 함수를 선언할 때는 꼭 괄호(( ))를 적어 줘. 콜론(:)도 잊지마.

4번 줄

pass는 아무런 동작도 수행하지 않는다는 것을 표현할 때 사용해. 함수나 클래스, 반복문, 메서드 등에 사용할 수 있지. 그런데 아무 일도 안하는 pass를 왜 만들었을까? pass는 함수의 이름과 대충의 기능은 정했지만, 구체적인 기능 구현은 나중으로 미룰 때 사용하는 예약어야.

아무튼 이 함수는 내용이 pass밖에 없으니 아무 일도 안하는 껍데기 함수라고 할 수 있어.

6번 줄

함수를 실행할 때는 simple( )과 같이 함수명과 괄호를 이용해서 호출하면 돼. 내장 함수를 호출하는 것과 완전히 같아. 이 함수는 return문이 없어서 아무 것도 돌려주지 않기 때문에 함수를 실행하고 나면 아무것도 없다는 의미의 None를 돌려주게 되어 있어. 그래서 None이 출력되는 거야.

3줄 요약

- ☑ 여러 번 재사용할 코드는 묶어서 함수로 만들자.
- ☑ 함수를 만들면 가독성이 높아지고 재사용성으로 인해 효율적인 코딩이 가능하다.
- ☑ 함수 블록도 역시 들여쓰기로 구분한다.

P·Y·T·H·O·N

SECTION 062

매개 변수도 있고 반환도 있는 함수

〔핵심내용〕 함수에서 매개 변수는 입력이고 반환값은 출력과 같다.

```
1:  # section_062
2:
3:  def abs(number):
4:      if number < 0:
5:          number = -number
6:      return number
7:
8:  print('-3의 절댓값 구하기:', abs(-3))
9:  print('10의 절댓값 구하기:', abs(10))
10: print()
11: temp = abs(-9)/3 * abs(20) + 3 + abs(-19)
12: print('계산 결과:', temp)
```

함수 선언부(함수 헤더)는 선언의 의미이고 실제로 아무런 실행을 하지 않아.

```
-3의 절댓값 구하기: 3
10의 절댓값 구하기: 10

계산 결과: 82.0
```

이번 예제에서는 절댓값을 구해주는 abs( ) 함수를 만들어 볼 거야. abs(−3)처럼 괄호 안에 값을 입력해 주면 무조건 양수를 반환해 주는 기능을 가진 함수를 만드는 거야. 직접 함수를 만들고 사용해 보면서 함수의 구조와 사용법을 공부해 보자.

3번 줄

<함수 만들기>

절댓값을 구하는 함수의 이름을 abs라고 지었어. 함수 이름을 정할 때는 함수의 기능을 잘 설명할 수 있는 단어로 정하는 것이 좋아. abs는 절댓값(Absolute value)의 앞 글자를 따서 만든 거야.

매개 변수도 변수이기 때문에 변수명 만드는 5가지 규칙을 따르면 돼.

함수 정의 키워드 | 함수 이름 | 함수의 입력 : 매개 변수

def abs (number):

그리고 '어떤 수'의 절댓값을 구하려면 이 함수의 기능을 수행하는데 필요한 '어떤 수'를 입력받아야 하잖아? 이 전달 창구를 '매개 변수'라고 해. 이 함수는 매개 변수 number를 이용하여 함수에 필요한 값을 입력받겠다는 거야. 예를 들어 abs(−3)이라고 하면 −3이 매개 변수 number에 전달되고 number가 −3을 대신해서 함수 안에서 활동하게 되는 것이지.

4번, 5번 줄

4번, 5번 줄은 이 함수의 기능을 구현한 코드야. number 값이 음수라면 number에 −number값을 저장하라는 의미니까 양수를 구하는 코드지. 만약 number가 양수라면 if문 블록은 실행되지 않을 거고 number 값은 변경되지 않을 거야. 결국 number에 어떤 값이 전달되든지 4번, 5번 줄을 거치면서 양수 값이 number에 저장되어 있을 거야.

6번 줄

return문은 다음 두 가지 의미를 가지고 있어.

① 값의 반환
② 함수의 종료

return문을 만나면 함수가 끝나는 동시에 number에 저장된 값을 호출한 곳으로 돌려주는데 이것을 "반환한다" 또는 "리턴한다"라고 표현해. 만약 return문을 함수 블록 중간에 삽입하면 그 지점에서 함수가 종료되니까 함수의 나머지 부분은 실행되지 않게 돼. 따라서 return은 보통 함수의 끝에 위치하거나 if문과 함께 특정 조건을 만족할 때만 실행되도록 작성하는 것이 보통이야. 예를 들어 len() 함수를 사용하면 입력된 값의 길이를 반환해 주잖아? 아마도 len() 함수의 코드를 살펴보면 맨 마지막에 return문이 있을 거라는 것을 짐작할 수 있어.

이로서 abs() 함수의 정의가 완성되었어!
주의할 것은 파이썬이 3번~6번 줄을 해석하면서 함수가 정의된 내용을 파악하지만 함수를 실행하는 건 아니라는 거야. 단지 "abs()라는 이름의 함수가 만들어졌고 기능은 이런거구나"라고 알고만 있다는 거지. 따라서 이 함수를 실행시키려면 반드시 함수 호출 명령이 필요해. 이제 함수를 호출해 보자.

<함수 호출하기>

8번 줄 방금 만든 따끈한 함수가 잘 작동하는지 한 번 실행시켜 볼까? 매개 변수가 있는 함수를 호출할 때는 abs(−3)처럼 함수 호출 시 입력할 값을 괄호 안에 적어줘야 해. abs(−3)으로 abs 함수를 호출했으니까 이제 함수가 실행될 거야. 그런데 잠깐! 괄호 안에 값 −3을 넣었지? 그러면 파이썬은 함수 호출 명령을 보자마자 함수가 정의된 3번 줄로 이동해서 −3을 number에 저장해.

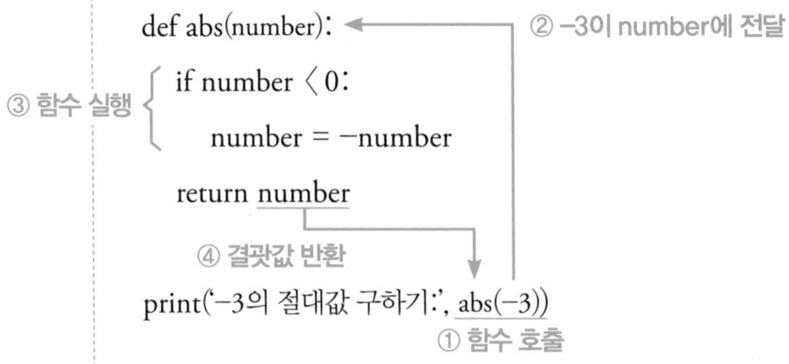

[함수 호출 시 프로그램의 흐름 순서]

3번 줄 이건 마치 변수에 값을 저장하는 과정과 같아.

```
def abs(number):
       ↓
def abs(-3):
```

4번, 5번 줄 number는 −3이니까 if문의 조건문(number < 0)이 참이 되고, if문 블록이 실행되면 number에는 양수 3이 저장될 거야.

6번 줄 return문은 함수를 종료하고 동시에 number에 저장된 값을 호출한 곳으로 반환하라는 의미니까 결과값인 3을 호출한 위치로 돌려주게 돼. 즉 return문은 함수의 기능을 수행한 후 최종 결과값을 돌려주는 역할을 하는거라고 보면 돼.

8번 줄 함수의 실행이 완료되고 나면 프로그램의 흐름은 8번 줄로 돌아와서 다음과 같이 되는 거야.

```
print('-3의 절댓값 구하기:', abs(-3))
                ↓
print('-3의 절댓값 구하기:', 3)
```

자, 여기까지가 함수 호출 후 함수가 실행되고 결과 값을 반환해주는 과정이야.

함수를 호출할 때 주의할 것이 있어. 함수를 호출하는 코드는 반드시 함수를 정의하는 코드(3번~6번 줄)보다 위치상 아래쪽에 있어야 한다는 거야.

```
abs(-3)  # 오류 발생

def abs(number):
    ....
    return number
```

함수 호출을 함수 정의 부분보다 위에서 하면 오류가 발생해.

위와 같이 함수가 정의되기 전에 함수를 호출하면 에러가 발생해. 파이썬 입장에서는 "난 abs란 이름이 뭔지 몰라"라고 하는 거야. 그러니 꼭 함수 호출 전에 함수를 정의할 것!

NameError: name 'abs' is not defined

9번 줄 여기서도 abs() 함수를 호출하니까 프로그램의 흐름이 3번 줄로 이동하게 되고, 이때 함수에 넘겨주는 값이 10이니까 값 10을 반환해 줄거야.

11번 줄 abs() 함수가 여러 번 사용되었지? 만약 abs() 함수가 정의되지 않았다면 절댓값을 구하는 코드가 여러 번 중복 사용되었을 거라고. abs() 함수야 간단한 함수지만 복잡한 함수일 경우엔 중복된 코드로 인한 문제가 훨씬 더 크니까 함수의 필요성이 더 커지겠지!

3줄 요약

- ☑ 함수를 정의한 코드의 아래 부분에서 함수를 호출할 수 있다.
- ☑ 매개 변수는 함수의 입력으로서 함수를 호출할 때 괄호 안에 넣은 값이 저장된다.
- ☑ return문은 함수를 종료하거나 혹은 함수 종료와 함께 결괏값을 돌려주는 역할을 한다.

SECTION 063

함수 내용만 있는 함수

〔핵심내용〕 매개 변수도 없고, 반환값도 없는 함수를 만들 수 있다.

```
1:  # section_063
2:
3:  def sayhello():
4:      print('안녕')
5:      print('반가워. 이 프로그램은 파이썬 공부 프로그램이야')
6:      print('기분 좋은 하루 보내~')
7:
8:  sayhello()
9:  sayhello()
```

```
안녕
반가워. 이 프로그램은 파이썬 공부 프로그램이야
기분 좋은 하루 보내~
안녕
반가워. 이 프로그램은 파이썬 공부 프로그램이야
기분 좋은 하루 보내~
```

함수가 반드시 매개 변수를 가지고 있을 필요는 없어. 예제와 같이 함수 내용에 따라서 입력값이 필요 없는 경우에는 매개 변수가 없는 함수를 만들 수 있어.
마찬가지로 return문도 함수의 결과라 할 수 있는 반환값이 없는 경우에는 생략할 수 있지. return문이 없을 때 함수 블록의 끝은 마지막으로 들여쓰기가 된 문장이 돼.

3번 줄 def 키워드로 함수를 정의하고 있어. 함수 이름은 sayhello이고, 이 함수는 매개 변수가 없어. 그래서 8번, 9번 줄에서 함수를 호출할 때도 값을 넣지 않고 함수를 호출하고 있어.
기억해 둬. 매개 변수가 정의된 함수는 함수 호출 시 매개 변수에 넘겨줄 값을 적어주어야 하고, 매개 변수가 없는 함수는 함수 호출 시 값을 적지 않고 빈칸으로 둔다는 것.

4번~6번 줄 | 함수 블록은 sayhello() 함수가 호출될 때마다 언제나 실행되는 코드지. 6번 줄이 실행되고 나면 함수의 실행은 자동으로 종료되는 거야.

8번 줄 | sayhello() 함수를 호출하고 있어. 프로그램의 흐름은 3번 줄로 이동해서 함수 블록을 실행하면서 출력 결과처럼 화면에 나오게 되는 거야. 함수의 실행이 완료되면 프로그램의 흐름은 다시 8번 줄로 이동해.

9번 줄 | sayhello() 함수를 호출하면 프로그램의 흐름이 다시 3번 줄로 이동하고 함수 블록을 실행한 다음 다시 9번 줄로 오게 돼.
프로그램의 흐름을 그림으로 표시하면 다음과 같아.

```
def sayhello():
    print('안녕')
    print('반가워. 이 프로그램은 파이썬 공부 프로그램이야')
    print('기분 좋은 하루 보내~')

sayhello()        —— 함수 호출 ①
sayhello()        —— 함수 호출 ②
```

(①, ②번에 의해 연속 2번 수행된다.)

[함수 호출 시 프로그램의 흐름 순서]

3줄 요약

- ☑ 함수를 정의할 때 입력이 필요 없다면 매개변수를 생략하고, 함수 호출 시에도 빈칸으로 호출한다.
- ☑ 함수를 정의할 때 실행하고 돌려줄 결과값이 없다면 return문을 생략할 수 있다.
- ☑ return문이 없을 땐 함수 블록의 마지막 문장이 함수 블록의 끝을 의미한다.

SECTION 064

매개 변수만 있는 함수

〔핵심내용〕 반환값 없이 매개 변수만 있는 함수도 만들 수 있다.

```
# section_064

def signGood(when):
    if when == 1:
        print('Good Morning')
    elif when == 2:
        print('Good Afternoon')
    elif when == 3:
        print('Good Evening')
    else:
        print('Good Night')

signGood(1)
signGood(3)
signGood(10)
```

```
Good Morning
Good Evening
Good Night
```

이번에 만들어 볼 함수는 매개 변수만 있고 반환값은 없는 함수야. 즉, 함수의 입력은 필요하지만 아무 것도 반환하지 않는 것이지. 내장 함수에서 print() 함수가 이런 종류의 함수야.
이런 함수는 매개 변수로 값을 입력받아서 자신이 필요한 처리를 한 다음 끝나는 함수야.

3번 줄 def 키워드로 함수를 정의하고 있어. 함수 이름은 signGood이고, 이 함수는 when이라는 하나의 매개 변수를 가지고 있어. 그러니까 13번~15번 줄에서 호출할 때도 반드시 값을 넣어서 호출해야 해.

4번~11번 줄 when의 값에 따라 적당한 문자열을 출력하는게 전부인 함수야. when이 1이면 'Good Morning', when이 2이면 'Good Afternoon', when이 3이면 'Good Evening', when이 1, 2, 3 이외의 값이면 'Good Night'를 출력해.

13번 줄 signGood( ) 함수를 호출하고 있어. 함수를 호출하면서 값 1을 입력했으니 when에 1이 저장될 거야. 그래서 Good Morning이 출력되는 것이고.

14번 줄 signGood( ) 함수를 호출하면서 값 3을 입력했으니 when에 3이 저장될 거야. 그래서 Good Evening이 출력되는 것이고.

15번 줄 signGood( ) 함수를 호출하면서 값 10을 입력했으니 when에 10이 저장될 거야. 결국 1, 2, 3 이외의 값이므로 Good Night이 출력돼.

함수를 어떻게 정의할 것인가 하는 것은 전적으로 프로그래머 마음에 달렸어. 그래서 이런 방식으로 함수에 매개 변수는 없지만 반환값만 존재하는 함수도 만들 수 있어.

중요한 것은 매개 변수는 함수 작동에 필요한 입력값이 필요할 때 사용하고 함수 작동 후 어떤 결괏값이 필요하다고 판단되면 return문을 이용해서 호출한 곳에 반환해 주면 되는 거야.

3줄 요약

- ☑ 함수에 입력이 필요하면 함수를 정의할 때 매개 변수를 넣고, 함수 호출 시에 값을 넣어 호출한다.
- ☑ 매개 변수는 함수의 입력이며, return은 함수의 출력이라고 할 수 있다.
- ☑ 함수에 매개 변수를 넣을 것인지, 반환값을 설정할 것인지 하는 것은 전적으로 프로그래머의 마음에 달렸다.

P·Y·T·H·O·N

SECTION 065

두 개 이상의 매개 변수

〔핵심내용〕 필요하다면 함수 정의 시에 여러 개의 매개 변수를 만들 수 있다.

```
1:  # section_065
2:
3:  def hap(a, b):
4:      result = a + b
5:      print('두 수의 합을 구해 출력해 주는 함수입니다')
6:      print(a, b, '의 합은', result, '입니다')
7:
8:  hap(10, 20)
9:  hap(-87, 172)
```

```
두 수의 합을 구해 출력해 주는 함수입니다
10 20 의 합은  30 입니다
두 수의 합을 구해 출력해 주는 함수입니다
-87 172 의 합은  85 입니다
```

작업을 하다보면 함수가 기능을 수행하는데 필요한 입력 값이 여러 개가 있을 수도 있어. 이럴 때는 매개 변수 여러 개를 나열하여 정의하면 되는 거야. 예를 들어 덧셈에는 두 개의 숫자가 필요하니까 hap() 함수는 2개의 매개 변수를 만들어주면 될 거야.

3번 줄	hap이라는 이름의 함수를 정의했는데 매개 변수가 a, b 두 개로 구성되어 있어.
4번~6번 줄	4번 줄에서 result 변수에 a+b의 결과가 저장되고, 5번, 6번 줄에서 출력해 주는 함수야.
8번 줄	hap() 함수를 호출하고 있는데 10과 20을 입력하고 호출하니까 10과 20은 각각 a, b에 순서대로 저장이 이루어져. 즉, 매개 변수 a에는 10이, b에는 20이 저장되는 거야.

그리고 이 함수는 return문이 없으니까 함수의 실행이 완료되면 바로 다음 줄로 넘어 가.

9번 줄

다시 hap() 함수를 호출하네. 마찬가지로 −87과 172가 차례대로 a, b에 저장되고 함수 블록이 실행돼.

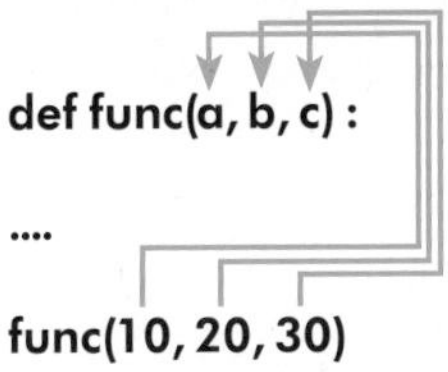

def func(a, b, c) :
....
func(10, 20, 30)

2개 이상의 매개 변수일 때
값은 순서대로 저장된다.

3줄 요약

- 매개 변수는 함수가 필요로 하는 만큼 정의할 수 있다.
- 일반적으로 함수 호출 시 매개 변수의 개수만큼 값을 입력해 준다.
- 매개 변수가 여러 개일 때 호출 시 입력된 값이 차례대로 저장된다.

SECTION 066

P·Y·T·H·O·N

리턴값

〔핵심내용〕 리턴값은 없을 수도 있고, 하나 또는 여러 값일 수 있다.

```
# section_066

def turnNone(value):
    x = value

def turnValue(value):
    x = value * 10
    return x

def turnSet(value):
    x = {value, value+1, value+2}
    return x

def turnTuple(value):
    return value, value-1, value-2

print(turnNone(10))
print(turnValue(10))
print(turnSet(10))
print(turnTuple(10))
```

```
None
100
{10, 11, 12}
(10, 9, 8)
```

파이썬에서는 함수가 결과를 돌려줄 때 한 개가 아닌 여러 값을 돌려줄 수도 있어. 예제를 볼까?

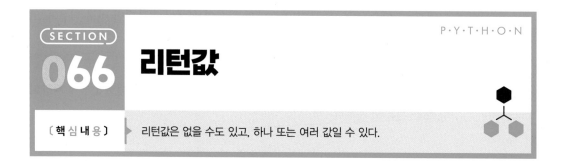

3번, 4번 줄 turnNone( ) 함수는 return문이 없어. 이런 함수는 보통 '리턴값이 없다'고 표현하지만 파이썬에서는 실제로 None이라는 값이 리턴된다는 사실을 알아두길 바래.

6번~8번 줄 turnValue( ) 함수는 return문을 가지고 있고, return문이 x 값을 돌려주고 있어. x는 value에 10을 곱한 숫자형 값 하나를 담고 있다는 것을 알 수 있지.

10번~12번 줄 turnSet( ) 함수는 내부에서 value를 이용해 3개의 값을 가진 집합 자료를 만들어서 변수 x에 할당했어. 따라서 return문으로 돌려받게 되는 값은 3개의 값들이야. 하지만 말야. 실제로 함수는 x 라는 변수 하나만 리턴했다는 사실을 기억해 둬.

14번~15번 줄 turnTuple( ) 함수는 별개의 세 개 값을 돌려주는 것처럼 보이지만, 실제로는 3개의 값을 한 개의 튜플 자료형으로 묶어서 반환해 주는 거야. 출력 결과를 보면 확인할 수 있어.

파이썬의 함수는 실제로 하나의 값을 돌려주는 것이 맞아. 하지만 리스트, 튜플, 사전 등의 자료형에 여러 값을 담아서 돌려줄 수 있기 때문에 함수의 여러 처리 결괏값을 반환할 수 있는 것처럼 보이는 거야. 이것이 파이썬의 장점이기도 해.

3줄 요약

- ☑ return문이 없는 함수는 None 값을 리턴한다.
- ☑ return문은 하나의 객체만 돌려줄 수 있다.
- ☑ 리스트, 튜플, 사전 등의 자료형을 사용하면 한 번에 여러 개의 값을 돌려줄 수 있다.

SECTION 067

P·Y·T·H·O·N

매개 변수의 기본값 설정해 두기

〔핵심내용〕 매개 변수에 기본값을 설정하면 함수 호출시 생략할 수 있다.

```
# section_067

def report(message, who='Everyone'):
    print(message, who)

report('good morning')
report('good morning', 'Mr. Park')
```

매개 변수 who처럼 함수를 정의할 때 매개 변수에 값을 할당해 놓으면 who의 기본값이 설정되는 거야.

```
good morning Everyone
good morning Mr. Park
```

매개 변수가 있는 함수를 호출할 때는 기본적으로 매개 변수의 개수만큼 입력값을 넣어줘야 해. 예를 들어서 입력된 값의 길이를 구해주는 len( ) 함수는 1개의 입력을 필요로 하는 함수야. 그래서 len('hello')와 같은 방식으로 문자열 하나를 입력하면 이것의 길이를 구해 줘. 그런데 len( )이라고만 입력하면? 즉, 아무값도 입력해 주지 않으면 다음과 같은 오류가 발생해.

TypeError: len( ) takes exactly one argument (0 given)

len( ) 함수는 1개의 입력이 반드시 필요한데 아무런 값도 입력하지 않아서 처리할 수 없다는 뜻이야. 그런데 어떤 함수는 입력의 개수가 자유로운 경우가 있어. 무슨 뜻인가 하면 math 모듈에 log('로그'라고 읽음)를 계산해 주는 함수를 살펴볼까? math.log(100, 10)라고 코딩하면 10을 밑수로 하는 100의 로그값을 구해주게 돼. 그런데 math.log(100)이라고 하면 자연수 e를 밑수로 하는 100의 로그값이 구해져. 즉, log( ) 함수는 원칙적으로 두 개의 값이 필요하지만 두 번째 값을 생략했을 때 기본값 e로 대체된다는 거야.

이번 장에서는 함수를 정의할 때 매개 변수의 기본값을 설정해서 함수 호출시 값을 생략하면 기본값이 입력으로 대체시키는 방법을 알아볼게.

3번 줄 방법은 아주 간단해. 함수를 정의할 때 매개 변수에 값을 미리 할당해 놓으면 끝! 이때 할당해 놓은 값이 기본값이 되는 거야.

6번 줄 함수 호출할 때 'good morning'이라는 값 한 개를 입력하면 이 값이 message 매개 변수에 저장되고, who 매개 변수에는 기본값이 할당되서 good morning Everyone이 출력되는 거야.

7번 줄 함수 호출할 때 두 개를 입력하면 첫 번째 입력은 message 매개 변수에, 두 번째 입력은 who 매개 변수에 저장돼.

어떤 함수는 함수 호출 시 반드시 값을 입력해야 하고, 어떤 함수는 기본값이 설정되어 있기도 하니 헷갈리지? 그래서 이미 만들어져 있는 함수라면 우리는 그 함수를 사용하기 위해서 함수의 기능과 함께 이러한 함수의 특징을 익혀야 해. 만약 내가 함수를 만들고자 한다면 함수의 기능에 따라 이런 기능들을 활용해 볼 수 있는 것이고.
마지막으로 한 가지 주의할 것이 있어! 기본값이 설정된 매개 변수는 기본값이 없는 매개 변수 뒤에만 올 수 있다는 것.

```
func(message, who='Everyone')               # 가능
func(message, who='Everyone', when='am')    # 가능
func(who='Everyone', message, when='am')    # 불가능
func(who='Everyone', when='am', message)    # 불가능
```

3줄 요약

- ☑ 매개 변수에 기본값을 설정할 수 있다.
- ☑ 기본값이 설정된 매개 변수를 함수 호출시 생략하면 기본값이 할당된다.
- ☑ 기본값이 설정된 매개 변수는 반드시 기본값이 없는 매개 변수 뒤에만 배치할 수 있다.

SECTION 068

P·Y·T·H·O·N

가변 인수

〔핵심내용〕 함수에 필요한 값들이 가변적이면 가변 인수를 사용한다.

```
1:  # section_068
2:
3:  def select_even(*arg):
4:      result = []
5:      for num in arg:
6:          if num%2 == 1:
7:              continue
8:          result.append(num)
9:      return result
10:
11:  print(select_even(1,2,3,4))
12:  print(select_even(-12, 2, 81, 99, 48, 20))
```

```
[2, 4]
[-12, 2, 48, 20]
```

이번에는 매개 변수의 수가 완전히 유동적인 경우에 가변 인수를 사용하는 방법을 알아볼게. 이 방법도 꽤 간단한데, 함수의 매개 변수에 *을 붙이면 돼. 이렇게 함수에 전달된 값들은 튜플의 형태로 저장된다는 점 기억해 둬. 예제를 한 번 보자.

3번 줄 select_even() 함수의 선언부야. 이 함수는 전달받은 인수들 중에서 짝수만을 고르는 기능을 가지고 있는데, 매개 변수에 *arg라고 하여 가변 인수임을 나타내었어. 좀 전에 얘기했듯이 arg의 자료형은 튜플이야.

4번 줄 인수 중에서 짝수만 골라서 저장해 둘 result라는 빈 리스트 변수를 만들어 두고

5번 줄 arg가 튜플이므로 시퀀스형이고, 이렇게 for문에서 사용될 수 있는 거야. arg의 각 항목은 변수 num에 저장되면서 반복하겠지.

6번, 7번 줄 변수 num에 저장된 값을 2로 나눈 나머지 값이 1이라면 홀수라는 거니까 continue문을 이용해 프로그램의 흐름을 for문의 시작점인 5번 줄로 보내서 바로 다음 숫자를 검토하라는 거야. 만약 변수 num의 값을 2로 나눈 나머지 값이 0이라면 if문 블록은 실행되지 않고 바로 8번 줄로 이동하겠지.

8번 줄 8번 줄에 왔다면 num에 저장된 값은 반드시 짝수일거야. 홀수였다면 6번, 7번 줄에서 걸러졌을 테니까. 리스트의 append() 메서드는 항목을 추가하는 기능을 가졌으니까 result에 짝수 항목이 추가될 거야[리스트 참고].

9번 줄 for문이 모두 실행되고 나면 arg에 있는 항목 중 짝수만 result에 저장되어 있을 거야. 그리고 9번 줄에서 result를 반환하라고 명령하는 거지.

11번 줄 select_even() 함수를 호출하고 있어. 인수로는 1, 2, 3, 4를 입력했지? 이 인수들은 가변 인수인 arg에 저장되는데 이때 튜플의 형태로 저장되는 거야. 그리고 돌려받은 함수 실행 결과를 바로 출력한 거야. 2, 4만 출력된 걸 확인할 수 있지.

12번 줄 이번에는 함수를 호출할 때 더 많은 인수를 전달했지? 가변 인수의 편리성을 쉽게 알 수 있을 거야. 가변 인수를 사용할 때에 주의할 점이 있어.

```
def func(*arg)             # 가능
def func(a, *arg)          # 가능
def func(a, b, *arg)       # 가능
def func(*arg1, *arg2)     # 오류 발생
def func(*arg, c)          # 오류 발생
```

가변 인수는 한 함수에 하나만 사용할 수 있고, 가변 인수 뒤에 매개 변수는 올 수 없다는 것! 가변 인수를 사용하면 모든 값을 가변 인수에 넣기 때문에 가변 인수 뒤에 있는 매개 변수와 구분할 수 없어서 가변 인수는 맨 뒤에 배치해야 해.

3줄 요약

- 함수에 필요한 값이 여러 개이면서 가변적일 때는 가변 인수를 사용한다.
- 가변 인수는 한 함수에 하나만 사용할 수 있다.
- 가변 인수 뒤에 매개 변수는 올 수 없다.

SECTION 069 P·Y·T·H·O·N

함수 정보 표시하기 (__doc__)

〔핵심내용〕 함수 정보는 help( )로 확인할 수 있고, __doc__로 수정할 수 있다.

```
# section_069

def print_odd(start, end):
    '''주어진 범위에서 홀수를 리스트로 만들어 주는 함수입니다.
    start: 시작값을 지정합니다.
    end: 끝값을 지정합니다.'''
    result = []
    for num in range(start, end+1):
        if num%2 == 0:
            continue
        result.append(num)

    return result

help(print_odd)
print('-' * 50)
print_odd.__doc__ = '''이건 연습삼아서'''
help(print_odd)
print('-' * 50)
print(print_odd(3, 19))
```

```
Help on function print_odd in module __main__:

print_odd(start, end)
    주어진 범위에서 홀수를 리스트로 만들어 주는 함수입니다.
    start: 시작값을 지정합니다.
    end: 끝값을 지정합니다.

--------------------------------------------------
Help on function print_odd in module __main__:
print_odd(start, end)
    이건 연습삼아서
--------------------------------------------------
[3, 5, 7, 9, 11, 13, 15, 17, 19]
```

지금 바로 코드 셀에서 help(print)를 치고 실행시켜 봐.

```
help(print)
```

```
Help on built-in function print in module builtins:

print(...)
    print(value, ..., sep=' ', end='\n', file=sys.stdout, flush=False)

    Prints the values to a stream, or to sys.stdout by default.
    Optional keyword arguments:
    file:  a file-like object (stream); defaults to the current sys.stdout.
    sep:   string inserted between values, default a space.
    end:   string appended after the last value, default a newline.
    flush: whether to forcibly flush the stream.
```

그러면 위와 같이 print( ) 함수에 관한 내용들이 나오는데, 인터넷으로 파이썬 문서에서 print( ) 함수를 검색해서 함수 정보를 확인할 수도 있지만, 이렇게 직접 help( ) 함수를 이용하면 직접 정보를 얻을 수 있어서 편리해. 영어로 쓰여 있다는 게 문제긴 하지만...

내가 아주 쓰임새 많은 함수를 만들어서 인터넷에 배포했다고 상상해 봐. 그리고 사람들이 너도 나도 내가 만든 함수를 사용하려고 한단 말이지. 생각만 해도 기분 좋지? 다른 사람들이 내가 만들어 배포한 함수를 사용하려고 할 때 함수에 대한 자세한 정보를 알고 싶다면 이 help 함수를 사용하게 될 거야. 이때를 위해 함수에 대한 자세한 설명을 적어줄 필요가 있어. 이번 장에서는 이렇게 함수에 대한 정보를 작성하는 방법을 알아볼게.

3번 줄	print_odd( ) 함수를 만들겠다고 선언하고
4번~6번 줄	함수 시작 부분에 작은따옴표 세 개(''')를 이용해서 설명을 적어주면 이게 함수 설명문이 되는 거야. 앞서 작은 따옴표 세 개(''')로 묶은 문자열을 여러 줄 문자열이라고 배웠지? 여러 줄 문자열의 또 다른 쓰임새를 알 수 있어. 이렇게 작성한 함수 설명문은 15번 줄처럼 help( ) 함수를 사용할 때 출력 돼. print( ) 함수에 대한 설명문도 print( ) 함수 안에 이런 식으로 저장되어 있을 거야.
7번~11번 줄	홀수를 저장할 빈 리스트를 만들고, range( ) 함수를 이용해 인수로 넘어온 start부터 end−1까지의 값을 순환시키는 거야. num에 저장된 값을 2로 나눈 나머지가 0일 때는 무시하고, 그렇지 않을 때만 result에 추가되도록 하는 내용의 코드야.

13번 줄 result를 반환하는 코드

15번 줄 함수 print_odd()에 대한 함수 설명문을 보고 싶을 때 help() 함수를 이용하는데 print_odd를 입력할 때는 괄호를 생략하고 입력하는 거야. 출력 결과를 확인해 봐.

16번 줄 출력 결과를 구분하기 위해서 넣은 코드야. 문자열 '–'를 50번 반복해서 출력하는 코드.

17번 줄 함수 설명문은 _ _doc_ _속성을 이용해서 변경할 수 있어('_ _'는 '_' 두 개를 연결한 것) _ _doc_ _를 사용하는 방법은 함수 이름과 _ _doc_ _를 점(.)으로 연결하는 거야.

18번 줄 함수 설명문을 수정한 다음 다시 출력해 봤더니 어때? 새로운 설명문이 출력된 것을 확인할 수 있지.

19번 줄 다시 출력 결과를 구분하기 위해 넣은 코드야.

20번 줄 이 함수를 이용해 두 수 사이에 나타나는 홀수들을 리스트로 출력할 수 있어.

함수 설명문은 함수 사용에 있어서 반드시 필요한 부분이라기보다는 내가 만든 함수를 누군가가 사용할 때 잘 이해하고 사용할 수 있도록 배려하는 차원에서 만드는 거야. 함수 설명문을 잘 작성해 놓으면 함수 코드를 굳이 확인하지 않고도 help()를 통해서 함수의 기능을 확인할 수 있지.
파이썬 내장 함수의 경우 파이썬 문서에서 쉽게 찾아볼 수 있지만 개인이 작성한 함수는 별도의 문서가 제공되지 않는 한 함수의 기능을 찾아보기 힘들기 때문에 자신이 만든 함수에 함수 설명문을 넣는 것을 생활화하도록 하는 것이 좋아.
클래스를 정의할 때도 클래스에 대한 정보를 제공하기 위해 작성하게 되는데 이것은 파이썬에서 마치 관례처럼 작성하는 거야. 클래스에 대해서는 다음에 자세히 볼게.

3줄 요약

- ☑ 함수에 대한 정보를 얻고 싶을 때는 내장 함수인 help( ) 함수를 사용한다.
- ☑ 함수 설명문은 여러 줄 문자열(""")을 이용한다.
- ☑ 함수 설명문을 수정하고 싶다면 _ _doc_ _속성을 이용한다.

P·Y·T·H·O·N

SECTION 070

변수의 범위 1 (전역변수와 지역변수)

〔핵심내용〕 변수의 선언 위치에 따라 전역변수와 지역변수로 나뉜다.

```
# section_070

global_var = '전역변수'

def scope():
    local_var = '지역변수'
    print(global_var)
    print(local_var)

scope()        # scope() 함수 실행

print()
print(global_var)
print(local_var)
```

지역변수는 함수 정의 시점에서는 생성되지 않아! 함수 실행 시점에서 생성돼!

```
전역변수
지역변수

전역변수
Traceback (most recent call last):
  File "D:/workspace/python/ex-2-54.py", line 14, in <module>
    print(local_var)
NameError: name 'local_var' is not defined
```

변수의 범위(variable scope)란 변수가 어느 영역까지 사용될 수 있는가의 문제로, 여기서 나오는 개념이 전역변수와 지역변수야.

전역변수

- 프로그램 전체 영역(전역)에 걸쳐서 사용할 수 있는 변수
- 블록 밖에서 변수를 만들어야 한다.
- 전역변수는 프로그램 실행 내내 사용할 수 있다.

지역변수

- 한정된 영역(지역)에서만 사용할 수 있는 변수
- 함수 블록 또는 클래스 블록 내부에서 변수를 만들어야 한다.
- 지역변수는 블록 내 변수가 만들어진 지점에서 태어나 해당 블록이 종료되는 지점에서 소멸된다.
- 함수의 매개 변수도 지역변수의 성질을 가진다.

```
global_var = '전역변수'

def scope():
    local_var = '지역변수'      } 함수 영역(지역)
    print(global_var)
    print(local_var)

scope()     # scope() 함수 실행

print()
print(global_var)
print(local_var)  ── 함수 영역을 벗어나므로 오류 발생
```

[전역과 지역의 구분]

예제에서 global_var는 함수 밖에 선언되어 있어서 전역변수, local_var는 함수 블록 안에 선언되어 있어서 지역변수라고 하는 거야. 구분은 간단하지? 전역변수와 지역변수를 결정짓는 중요한 요소는 선언된 위치라는 것!

그런데 이 두 종류의 변수를 구분하는 게 왜 의미가 있냐하면 전역변수(global_var)는 프로그램 내부에서 어디서든 사용될 수 있기 때문에 7번 줄과 13번 줄에서 모두 출력이 잘 되는데, 지역변수(local_var)는 사용할 수 있는 유효 범위가 자신이 선언된 블록 영역 내부로 한정되어 있어서 14번 줄처럼 자신이 만들어진 블록을 벗어나면 사용할 수 없어.

즉, 14번 줄을 실행하면 에러가 발생하는데, 파이썬 입장에서는 local_var 변수를 전혀 모르겠다

고 말하는 거야. 왜냐하면 local_var 변수는 함수 호출과 함께 생성되었다가 함수가 종료되면 소멸되거든. 즉 함수 블록 내부에서만 유효해.

NameError: name 'local_var' is not defined

3줄 요약

- ☑ 변수는 유효 범위에 따라 전역변수와 지역변수로 나뉜다.
- ☑ 전역변수와 지역변수를 구분 짓는 기준은 선언된 위치이다.
- ☑ 지역변수는 함수 블록 밖에서 사용할 수 없다.

SECTION 071

P·Y·T·H·O·N

변수의 범위 2 (동일한 이름의 변수가 전역과 지역에 있을 때)

〔핵심내용〕 변수가 사용될 때는 자신이 사용된 영역에서 먼저 동일한 이름의 변수를 찾는다.

```
1:  # section_071
2:
3:  var = '전역변수'
4:
5:  def scope():
6:      var = '지역변수'
7:      print(var)
8:
9:  scope()    # scope() 함수 실행
10:
11: print()
12: print(var)
```

```
지역변수

전역변수
```

이번 예제에서는 동일한 이름을 가진 변수 var를 전역(3번 줄)에서 만들었고, 지역(6번 줄)에서도 만들었어. 이렇게 한 프로그램에 동일한 이름의 변수가 전역과 지역에서 같이 사용될 때 과연 7번 줄에서 어떤 값이 출력되느냐가 문제야. 물론 서로 다른 이름으로 변수를 만들었다면 문제가 없지만, 다양한 프로그램을 작성하다 보면 이런 코드가 종종 발견되거든.

3번 줄에서 대입 연산자(=)가 사용되었으니 var라는 변수가 만들어지고 여기에 값을 할당하는 거야. 다만 선언된 위치가 전역이니 전역변수겠지. 6번 줄도 대입 연산자를 사용함으로써 var라는 완전히 새로운 변수가 만들어지는 거야. 위치가 함수 블록 내부이기 때문에 지역변수인 것이고.

잠깐! 완전히 새로운? 그러면 3번 줄의 var와 6번 줄의 var가 서로 다르다는 거야? 맞아!

전역과 지역은 서로 구분되는 영역이 다르기 때문에 이름은 같지만 전혀 다른 변수가 생길 수 있어. 마치 서울에 세인이가 있고, 제주도에도 세인이가 있을 수 있는 것처럼.

자, 3번 줄의 전역변수 var와 6번 줄의 지역변수 var가 서로 완전히 다른 변수라는 것을 알았지만

여전히 7번 줄에서 어떤 값이 사용될지는 아직 모르겠지? 파이썬에서는 이름이 같은 변수가 전역과 지역에 있을 때 다음 규칙을 따르도록 되어 있어.

① 먼저 변수가 사용된 영역 내에서 동일한 이름의 변수를 찾는다.
전역에서 사용될 경우 전역에서 만들어진 변수를 찾고, 지역에서 사용될 경우 해당 지역에서 만들어진 변수를 찾는다는 거야.

② ①번에서 못 찾으면 더 넓은 영역에서 찾는다.
해당 지역 〈 전역(프로그램 전체) 〈 내장 모듈 순으로 범위를 확장해 나가면서 동일한 이름의 변수가 존재하는지 찾아.

3번 줄 변수 var가 함수 밖에 선언되어 있고(전역변수 var)

5번 줄 scope( ) 함수가 선언되었으니 새로운 함수 블록(지역)이 시작되고

6번 줄 함수 영역에 변수 var가 또 선언되어 있어(지역변수 var).

7번 줄 7번 줄에서 변수 var를 사용하면 과연 3번 줄의 var와 6번 줄의 var중 어느 것이 사용되느냐인데, 파이썬은 변수가 사용된 영역에서 먼저 찾기 때문에 6번 줄의 var 변수가 선택되고 '지역변수' 값이 출력되는 거야. 7번 줄에서 함수 블록이 끝나니까 함수 영역도 여기까지야.

12번 줄 여기서도 변수 var가 사용되었어. 그럼 이 변수는 어떤 var를 선택하게 될까? 이곳은 전역이니까 전역변수 var의 값이 출력되는 거야. 어차피 지역변수 var는 유효 범위가 함수 내부로 한정되어 있기 때문에 함수 밖인 12번 줄에서는 전역변수 var 만이 존재하게 돼. 지역변수 var는 함수 실행이 끝나면서 소멸하니까.

자, 이것만 기억하기로 해. 변수가 사용될 때 자신이 사용된 영역에서 먼저 동일한 이름의 변수를 찾는다.

3줄 요약

- ☑ 전역과 지역에 변수명이 같은 변수가 있어도 전혀 다른 변수이다.
- ☑ 이름이 같은 변수가 전역과 지역에 모두 있을 때 변수는 자신이 사용된 영역에서 먼저 동일한 이름을 찾는다.
- ☑ 자신이 사용된 영역에 동일한 이름의 변수가 없다면 더 넓은 영역에서 찾는다.

SECTION 072

P·Y·T·H·O·N

변수의 범위 3 (global)

〔핵심내용〕 지역에서 전역변수를 변경하고 싶을 때 global 명령어를 사용한다.

```
1:  # section_072
2:
3:  var = '전역변수'
4:
5:  def scope():
6:      global var
7:      var = 'global 명령어의 역할'
8:      print('함수 안 var: ', var)
9:
10: scope()    # scope() 함수 실행
11:
12: print()
13: print('함수 밖 var: ', var)
```

```
함수 안 var:  global 명령어의 역할

함수 밖 var:  global 명령어의 역할
```

변수의 범위에 대한 지금까지의 내용을 정리하면 다음과 같아.

① 전역변수는 프로그램 전체 영역에서 사용되는 변수이고, 지역변수는 해당 지역에서만 사용되는 변수이다.

② 함수 블록 내에 동일한 이름의 지역변수가 존재하면 지역변수가 우선하고, 동일한 이름의 지역변수가 존재하지 않으면 전역변수가 사용된다.

이번에는 전역변수를 단순히 지역에서 사용만 하는 게 아니라, 전역변수의 값을 지역에서 변경하고 싶다면 어떻게 해야 하는가에 대한 이야기야.
예제를 한 번 보자고. 프로그래머는 함수 블록 내(지역)에서 3번 줄에서 선언된 전역변수 var의 값을 변경하고 싶은 거야.

그런데 만약 6번 줄이 없다고 생각해 봐(6번 줄을 주석 처리하고 실행해 봐도 좋아). 7번 줄의 변수 var는 지역변수로서 전혀 다른 새로운 변수가 생겨나는 거잖아. 따라서 8번 줄의 출력은 'global 명령어의 역할'이 되겠지만, 13번 줄의 출력은 '전역변수'가 되겠지. 이건 프로그래머가 원한 결과가 아니야.

프로그래머의 의도대로 함수 블록 내에서 전역변수의 값을 수정하고 싶다면 어떻게 해야 될까? 이때 사용하는 명령어가 global이야.

3번 줄 전역변수 var가 선언되었고 '전역변수'라는 문자열로 초기화됐어.

5번 줄 함수의 시작 부분이야.

6번 줄 7번 줄에서 var를 사용하기 전에 6번 줄에서 global이라는 명령어를 사용했지? 전역변수 var를 함수 영역에서도 사용하겠다고 선언하는 거야. 다시 말하면, 7번 줄을 실행할 때 새로운 지역변수 var를 만들지 않고 전역변수 var의 값을 수정하겠다는 것이지.

8번 줄 그렇다면 8번 줄의 var는 같은 지역에 var라는 변수가 존재하지 않으니까 더 넓은 범위에서 동일한 이름을 가진 변수를 찾게 되는 거야. 바로 전역변수 var! 그런데 전역변수 var는 7번 줄에서 값이 변경되었으니 변경된 값이 출력될 거야.

13번 줄 13번 줄은 전역에 위치하니까 var는 전역에서 같은 이름을 가진 변수를 찾아. 전역변수 var가 있으니 이 변수의 값을 출력하는 거야.

3줄 요약

- 지역에서 전역변수를 변경하고자 할 때 global 명령어를 사용한다.
- 전역변수의 유효 범위는 프로그램 전체이지만 지역에 동일한 이름의 변수가 있으면 지역변수가 우선하기 때문에 global 명령어가 필요하다.

SECTION

073

변수의 범위 4

P·Y·T·H·O·N

〔핵심내용〕 if문 블록, for문 블록 등은 새로운 영역을 만들지 않는다.

```
# section_073

var = '전역변수'

def scope():
    var = 'scope() 지역변수'
    print(var, '\t[ scope() 함수에서 출력 ]')

    if True:
        var = 'if 블록에서 변경'
    print(var, '\t[ if문에서 출력 ]')

    for i in range(3):
        var = 'for 블록에서 변경'
    print(var, '\t[ for문에서 출력 ]')

scope()       # scope() 함수 실행

print(var, '\t\t[ scope() 함수 밖에서 출력 ]')
```

```
scope() 지역변수	[ scope() 함수에서 출력 ]
if 블록에서 변경	[ if문에서 출력 ]
for 블록에서 변경	[ for문에서 출력 ]
전역변수		[ scope() 함수 밖에서 출력 ]
```

바로 예제를 볼까?

3번 줄 전역변수 var를 만들고, '전역변수'라는 문자열을 저장했어.

5번 줄 scope( ) 함수를 선언했으니 새로운 함수 영역(지역)이 시작되었고.

6번 줄 함수 영역에서 변수 var가 선언되었으니 이건 완전히 새로운 지역변수가 만들어진거고, 여기에 문자열 'scope( ) 지역변수'를 저장했어.

7번 줄 출력문에서 변수 var를 사용하겠다고 하네. 그럼 파이썬은 같은 지역에서 동일한 이름의 변수 var가 있는지 찾을거고 6번 줄에 지역변수 var가 있으니까 이 변수를 사용하는 거야. 그래서 'scope( ) 지역변수'가 출력됐어.

9번, 10번 줄 if문 블록 안에서 변수 var에 새로운 값('if 블록에서 변경')을 저장하고 if문 블록 밖에서 변수 var의 값을 출력해 봤어. 결괏값을 보니 'if 블록에서 변경'이 나왔어.
만약 if문 블록도 함수 블록처럼 변수의 새로운 영역을 만드는 것이라면 10번 줄의 var는 완전히 새로운 지역변수이고 if문 블록이 종료되면서 소멸되는 거야. 그러면 11번 줄의 출력은 'scope( ) 지역변수'가 나와야 할 것이고.
그런데 그렇지 않다는 것은 if문 블록은 새로운 영역을 만들지 않는다는 것이야. 그밖에 for문 블록, while문 블록과 나중에 배울 with문 블록, try-except 블록도 마찬가지야. 함수 영역과 같이 새로운 영역을 만들 수 있는 것은 함수 외에 클래스, 모듈 등이 있어.

마지막으로, 변수의 유효 범위에 대한 이야기를 마무리하면서 한 가지 더할 말이 있어. 만약 가장 넓은 영역에서도 변수가 발견되지 않으면? 파이썬은 에러를 발생해.

① 우선 변수가 사용된 영역에서 변수를 찾는다.
② ①번에서 못 찾으면 더 넓은 영역에서 찾는다.
③ 가장 넓은 영역에서도 동일한 이름의 변수가 없으면 에러가 발생한다.

3줄 요약

- ☑ if 블록, for 블록, while 블록, with 블록, try-except 블록 등은 변수의 새로운 영역을 만들지 않는다.
- ☑ 함수 영역과 같이 새로운 영역을 만들 수 있는 것은 함수 이외에 클래스, 모듈 등이 있다.
- ☑ 가장 넓은 영역에서도 동일한 이름의 변수를 찾지 못하면 오류가 발생한다.

SECTION 074

내장 함수 - abs( ) 함수

〔핵심내용〕 abs( ) 함수는 절대값을 구해주는 내장 함수이다.

```
# section_074

pos = 10
neg = -10

print(abs(pos))
print(abs(neg))

if neg > 0 :
    print('뒷 걸음질 치다')
if abs(neg) > 0 :
    print('전진하다')
```

```
10
10
전진하다
```

지금부터는 파이썬에서 제공해 주는 내장 함수(bulit-in function)에 대해 배워볼거야. 내장 함수란 파이썬이 제공해 주는 공짜 함수야. 그리고 특별히 모듈을 추가하지 않아도 언제 어디서나 사용할 수 있어. 그만큼 프로그래머들이 자주 사용하는 함수라는 뜻이기도 하니까 잘 기억해 두면 좋겠어.

파이썬 3에서 제공하는 내장 함수에 대한 정보는 파이썬 문서에서 쉽게 확인할 수 있어. 아래 주소로 가면 파이썬이 제공하는 모든 내장 함수에 대한 정보를 얻을 수 있어.

파이썬 문서 : https://docs.python.org/ko/3/library/functions.html

abs( ) 함수는 숫자의 절댓값(부호가 없는 숫자)을 반환해 주는 기능을 가진 함수야. 예를 들어 10의 절댓값은 10이고, −10의 절댓값도 10이야. abs( ) 함수는 하나의 인수만 요구하니까 abs(−10)

처럼 사용하면 10을 얻을 수 있어.
그런데 abs( ) 함수는 우리가 예제를 통해서 만들어 본 함수라는거 기억해? 절댓값을 구하는 함수는 파이썬이 이미 만들어놓았기 때문에 우리는 가져다 쓰기만 하면 돼.

6번, 7번 줄	abs( ) 함수에 변수를 전달해서 각각의 절댓값을 얻으면 모두 10을 얻게 돼.
9번~12번 줄	앞서 abs( ) 함수에 neg를 넣었다 해도 neg값 자체가 변경되지는 않아. 여전히 neg는 −10이기 때문에 if 조건식은 거짓이야. 11번 줄처럼 abs( ) 함수를 활용해서 코딩이 가능해.

3줄 요약

- ☑ 내장 함수는 파이썬이 공짜로 제공해주는 함수를 말한다.
- ☑ 내장 함수는 모듈을 임포트하지 않고 언제든지 사용할 수 있다.
- ☑ abs( ) 함수는 절댓값을 구해주는 함수이다.

P·Y·T·H·O·N

SECTION 075

내장 함수 - bool( ) 함수

〔핵심내용〕 bool( ) 함수는 주어진 값이 참인지 거짓인지 알려주는 함수이다.

```
# section_075

num0 = 0
num1 = 1
empty_list = []
full_list = [1, 2, 3]
empty_str = ""
full_str = "파이썬"

print(bool(num0))
print(bool(empty_list))
print(bool(empty_str))
print(bool(num1))
print(bool(full_list))
print(bool(full_str))

color = input('좋아하는 색을 입력하세요: ')
if not bool(color):
    print('색을 반드시 입력해야 합니다.')
else:
    print(color + '색을 좋아하는 군요.')
```

숫자 0, 빈 리스트,
빈 문자열 등은 False!
그 외의 값들은 True!

```
False
False
False
True
True
True
좋아하는 색을 입력하세요: 초록
초록색을 좋아하는 군요.
```

bool() 함수는 주어진 값이 참인지 거짓인지 알려주는 기능을 가진 함수야. 이 함수도 인수를 하나만 받고 그 인수를 기준으로 참인지 거짓인지 판단해.

앞서 Section49(if문)에서 자료형 별로 참과 거짓을 대표하는 값을 소개했는데 이번 장에서 확인해 보자. 이번 장을 하기 전에 Section16(부울 알아보기)과 Section49(if문)을 한 번 읽어보길 바래.

3번, 4번 줄 정수 0은 거짓이고, 0 이외의 값은 모두 참이야. 그러니까 1도 참이지. 그런데 이건 특별한 연산에 의한 게 아니고 파이썬 설계자가 이렇게 하자고 규칙을 정해놓은 거니까 우리는 익숙해지면 되는 거야.

5번~8번 줄 빈 리스트는 거짓이고, 항목이 하나라도 있으면 참이야.
빈 문자열은 거짓이고, 문자가 들어있으면 참이야.

10번~12번 줄 숫자 0, 빈 리스트, 빈 문자열을 bool( ) 함수에 넣어보니 False 라는 것을 확인할 수 있네.

13번~15번 줄 그 외의 값들은 모두 True.

17번 줄 사용자로부터 색을 입력받아서 color 변수에 저장했어. 그런데 만약 사용자가 아무 값도 입력하지 않았다면 color 변수는 빈 문자열일 테고, 색을 입력했다면 color에는 문자열이 채워져 있을거야.

18번~21번 줄 사용자가 값을 입력했는지 안했는지를 판단할 때 bool( ) 함수를 사용하면 편리해. 만약 아무 값도 입력하지 않으면 18번 줄은 아래와 같이 되는 거야.

```
if not bool(color): → if not False: → if True:
```

따라서 if문 블록이 실행되고 색을 꼭 입력하라는 메시지를 전달할 수 있지. 반면에, 어떤 값이라도 입력하게 되면 21번 줄이 실행되는 거야.

3줄 요약

- ☑ bool( ) 함수는 참 또는 거짓을 알려주는 함수이다.
- ☑ bool( ) 함수는 하나의 인수만 필요로 한다.
- ☑ 숫자 0, 빈 리스트, 빈 문자열 등은 False, 그 외의 값은 True이다.

SECTION 076

P·Y·T·H·O·N

내장 함수 - dir( ) 함수와 help( ) 함수

〔핵심내용〕 dir( ) 함수는 현재 사용할 수 있는 것들을 보여주고, help( ) 함수는 구체적인 설명을 보여준다.

```
# section_076

myList = [1, 2, 3]

print(dir())
input()
print('-' * 50)

print(dir(myList))
input()
print('-' * 50)

print(help(myList.append))
input()
print('-' * 50)

print(help(myList))
```

```
['_ _builtins_ _', '_ _doc_ _', '_ _file_ _', '_ _loader_ _', '_
_name_ _', '_ _package_ _', '_ _spec_ _', 'myList']
--------------------------------------------------
['_ _add_ _', '_ _class_ _', '_ _contains_ _', '_ _delattr_ _', '_
_delitem_ _', '_ _dir_ _', '_ _doc_ _', '_ _eq_ _', '_ _format_ _', '_
_ge_ _', '_ _getattribute_ _', '_ _getitem_ _', '_ _gt_ _', '_ _hash_
_', '_ _iadd_ _', '_ _imul_ _', '_ _init_ _', '_ _iter_ _', '_ _le_
_', '_ _len_ _', '_ _lt_ _', '_ _mul_ _', '_ _ne_ _', '_ _new_ _',
'_ _reduce_ _', '_ _reduce_ex_ _', '_ _repr_ _', '_ _reversed_ _',
'_ _rmul_ _', '_ _setattr_ _', '_ _setitem_ _', '_ _sizeof_ _', '_ _
str_ _', '_ _subclasshook_ _', 'append', 'clear', 'copy', 'count',
'extend', 'index', 'insert', 'pop', 'remove', 'reverse', 'sort']
--------------------------------------------------
```

```
Help on built-in function append:

append(...) method of builtins.list instance
    L.append(object) -> None -- append object to end

None

--------------------------------------------------
Help on list object:

class list(object)
 |  list() -> new empty list
 |  list(iterable) -> new list initialized from iterable's items
 |
 |  Methods defined here:
                          :
```

지금까지 나온 출력 결과 중에서 가장 길지 않을까... 이번에 볼 dir( ) 함수와 help( ) 함수는 파이썬의 모든 요소(모듈, 함수, 클래스, 변수 등등)에 대한 정보를 제공해 주는 함수들이야.
예를 들어, myList라는 리스트 변수를 가지고 사용할 수 있는 함수들을 보고 싶다면? 물론 인터넷에서 파이썬 문서를 찾아봐도 되고 혹은 잘 설명된 책을 찾아봐도 되지. 그런데 파이썬에 익숙해지다 보면 이 두 함수를 종종 사용하게 될 거야.

5번 줄

우선 dir( ) 함수는 인수 없이 호출하면 현재 상태에서 사용할 수 있는 변수들을 보여줘.

['__builtins__', '__doc__', '__file__', '__loader__', '__name__', '__package__', '__spec__', 'myList']

현재까지 선언된 변수가 myList 뿐이니까 리스트의 마지막에 myList만 보이지? 그 앞에 있는 것들은 그냥 무시해.

6번 줄

이렇게 input( ) 함수를 달랑 사용하면 사용자의 키보드 입력을 기다리기 때문에 화면을 잠시 정지시킬 수 있어. 물론 대입 연산자를 사용하지 않았기 때문에 입력된 어떤 값이든 쓸모없겠지만. 화면이 멈추면 엔터(enter)를 쳐서 다음 코드를 실행하도록 해봐.

9번 줄 dir( ) 함수에 인수를 넣으면 그 인수로 사용할 수 있는 함수들을 보여줘. 여기서는 리스트형인 myList 변수로 사용할 수 있는 함수들을 확인해 볼게.

['__add__', ..., 'append', 'clear', 'copy', 'count', 'extend', 'index', 'insert', 'pop', 'remove', 'reverse', 'sort']

우리가 리스트를 공부할 때 봤던 append, clear 등등을 확인할 수 있지?

13번 줄 append 메서드의 사용법이 궁금하다면 help( ) 함수를 사용하는 거야. 그러면 다음과 같이 myList.append 메서드에 대한 설명을 볼 수 있지.

Help on built-in function append:

append(...) method of builtins.list instance
    L.append(object) -> None -- append object to end

None

출력 결과에서 append가 리스트형 변수의 메서드라는 것을 알 수 있고, 다음 줄의 화살표(->)는 이 메서드를 사용 후 반환받는 값을 의미하는데 None은 반환값이 없다는 뜻이야. 그리고 옆에는 메서드에 대한 설명이 있는데 리스트의 끝에 항목을 추가한다고 되어 있어. myList.append('항목')이라고 명령하면 리스트의 끝에 새로운 항목을 추가할 수 있다는 의미야.
예제에는 없지만 count 메서드에 대한 설명도 잠시 볼까?

```
help(myList.count)
```

```
Help on built-in function count:

count(...) method of builtins.list instance
    L.count(value) -> integer -- return number of occurrences
    of value
```

count 또한 리스트형 변수의 메서드임을 알 수 있고, 다음 줄에서 L.count(value)라고 되어 있으니 한 개의 인수(value)를 필요로 하는 메서드라는 것을 알 수 있어. 그리고 화살표(->) integer는 숫자(정수)를 반환해 준다는 뜻이야. 옆의 설명에는 리스트에 존재하는 value의 개수를 반환한다고 되어 있네. 따라서 myList.count(1)이라고 하면 리스트 항목에서 1의 개수를 반환해 줄 것이고 myList에 1은 한 개 있으니까 숫자 1을 반환해.

17번 줄 마지막으로 리스트 변수의 특정 메서드가 아닌 리스트형 변수 자체에 대해서 help( ) 함수를 사용하면 리스트형 변수로 사용할 수 있는 모든 함수와 이에 대한 설명을 한 번에 볼 수 있어. 단점은 너무 길다는 거야.

```
------------------------------------------------------------
Help on list object:


class list(object)
 |  list() -> new empty list
 |  list(iterable) -> new list initialized from iterable's items
 |
 |  Methods defined here:
                    :
                    :
                    :
```

그래서 먼저 dir( ) 함수로 객체가 사용할 수 있는 기능을 우선 찾고, 그 중에서 내가 원하는 특정 함수에 대한 정보를 검색하는 방법, 즉 9번 줄과 13번 줄을 조합해서 사용하는 것을 더 추천해.

3줄 요약

- ☑ dir( ) 함수는 현재 사용할 수 있는 변수들을 보여준다.
- ☑ dir(객체)는 객체가 사용할 수 있는 기능들을 보여준다.
- ☑ help( ) 함수는 주어진 값에 대한 도움말 기능이다.

SECTION 077

내장 함수 - eval( ) 함수

〔핵심 내용〕 eval( ) 함수는 수식 형태의 문자열을 인수로 받아서 파이썬 수식으로 변환하고 실행한다.

```
1:  # section_77
2:
3:  print(eval('1000 * 2'))
4:
5:  number = 1
6:  exp = 'print(number + 1)'
7:  eval(exp)
```

```
2000
2
```

eval( ) 함수는 문자열을 인수로 받은 다음, 이 인수를 파이썬의 표현식(expression)으로 변환하여 실행까지 해주는 기능을 가지고 있어.

3번 줄 함수의 인수로 '1000 * 2'라는 문자열을 넣었는데, eval( ) 함수는 이 문자열을 파이썬 코드로 변환하여 실행하기 때문에 1000 * 2라는 수식을 계산한 2000이라는 값이 나오게 되는 거야. print( ) 함수는 단지 이 값을 출력한 것이고.

6번 줄 변수 exp에 문자열 'print(number + 1)'을 저장했고, 이 문자열은 그저 문자열일 뿐이지 아무런 일을 할 수 없어.

eval(exp) 함수를 실행하면 다음과 같이 작동해.

eval(exp)

↓

eval('print(number + 1)')

↓

print(number + 1)

↓

print(1 + 1)

↓

print(2)

eval( ) 함수를 사용하면 계산기 프로그램을 만들 때 사용자가 입력한 수식(예를 들면, 1+2+3+4+5+6)을 문자열로 받아 이것을 복잡한 처리 과정을 거치지 않고 바로 파이썬 수식으로 변환하여 계산할 수 있어. 아주 편리한 함수지.

eval( ) 함수의 특징은 파이썬 수식(expression) 형태의 문자열만 인수로 가능하다는 점이야. 인수로 삽입한 문자열에 수식 대신 문장(statement)을 넣으면 오류가 발생해. 문장과 수식을 구별하는 방법은 다음 절에서 설명할게.

```
eval('number = number + 1')

Traceback (most recent call last):
  File "<pyshell#45>", line 1, in <module>
    eval('number = number + 1')
  File "<string>", line 1
    number = number + 1
           ^
SyntaxError: invalid syntax
```

number = number + 1은 수식이 아닌 문장(statement)이야. 할당문 또는 대입문이라고 하지.

3줄 요약

- eval( ) 함수는 파이썬 수식 형태의 문자열을 인수로 받아 실제로 실행시킬 수 있는 파이썬 수식으로 변환하여 실행까지 해준다.
- eval( ) 함수에는 파이썬 수식이 아닌 파이썬 문장을 넣으면 오류가 발생한다.
- input( ) 함수로 받은 값은 문자열이기 때문에 eval( )과 함께 사용하면 계산기와 같은 프로그램을 쉽게 만들 수 있다.

SECTION 078

P·Y·T·H·O·N

내장 함수 - exec( ) 함수

〔핵심내용〕 eval( ) 함수는 문장을 받아 파이썬 코드로 변환하고 실행해 주는 함수이다.

```
1:  # section_078
2:
3:  state1 = 'print("I Love Python")'
4:  exec(state1)
5:
6:  state2 = '''
7:  number = 1
8:  for item in [1, 2, 3]:
9:      number = number + 1
10:     if item%2:
11:         break
12: print(number)
13: '''
14: exec(state2)
```

```
I Love Python
2
```

eval( ) 함수의 단점이라고 한다면 수식으로 구성된 문자열만 파이썬 코드로 변환할 수 있다는 문제가 있는데 exec( ) 함수는 이것을 개선한 함수야. exec( ) 함수는 파이썬 문장으로 된 문자열을 인수로 받아서 파이썬 코드로 변환해 줘.

3번 줄	변수에 print( ) 함수 구문을 문자열로 넣고
4번 줄	이 변수를 exec( ) 함수에 넣으면 그대로 실행돼.
6번~13번 줄	좀 더 복잡한 코드로 된 문자열도 실행할 수 있어. 다중 문자열을 이용해서 state 2 변수에 for문을 포함한 여러 줄의 파이썬 코드를 입력했어.

14번 줄 이 문자열을 exec( ) 함수에 넣고 실행하면 그대로 실행되는 거야. 어때? 신기하고 재미있지 않아? exec( ) 함수를 사용하면 파일로부터 읽어 들인 긴 줄의 파이썬 코드까지 바로 실행시킬 수 있다는 것이 강점이야.

<수식과 문장의 차이>

프로그래밍에서 수식(expression)과 문장(statement)은 어떤 차이가 있을까? 우선 수식의 예를 보여줄게.

```
1 + 2 + 3 + 4 + 5          10 * 3.14
int("1")                   4/2-1
```

수식은 보통 변수, 연산자, 함수 호출 명령 등으로 구성되어 있고 최종적으로 하나의 값을 만들 수 있어. 1+2+3+4+5는 결국 15라는 최종 값을 가지게 되잖아. 반면, 문장은 한 줄을 구성할 수 있는 모든 것을 말해. 그래서 문장은 수식을 포함하는 개념이야. 이번 예제에서 3번 줄의 대입문은 문장이고, 4번 줄의 함수 호출문은 수식이면서 문장이야. 문장들의 다른 예들도 볼게.

```
num = 10                   age = 1 + 2 + 3 + 4 + 5
print('Hello, World')      for item in range(10) :
```

두 번째 예를 보면 우변의 1+2+3+4+5는 수식이고 이 수식을 계산한 값을 변수 age에 저장하는 대입문이야. 수식과 문장이 헷갈리면 최종값을 만드는가를 기준으로 해서 최종값을 만드는 것은 수식, 그렇지 않으면 문장이라고 생각하면 돼.

3줄 요약

- exec( ) 함수는 문장을 받아 파이썬 코드로 변환하고 실행해 주는 함수이다.
- 수식은 변수, 연산자, 함수 호출 등 최종값을 만들 수 있는 것을 말한다.
- 문장은 수식을 포함해 한 줄을 구성할 수 있는 모든 것을 말한다.

SECTION 079

P·Y·T·H·O·N

내장 함수 - compile( ) 함수

〔핵심내용〕 compile( ) 함수는 문자열을 미리 파이썬 코드로 변환해 주는 함수이다.

```python
# section_079

number = 0

exp = 'number + 1'
code1 = compile(exp, '<string>', 'eval')
for h in range(100):
    number = eval(code1)
print('1', number)

state1 = 'number = number + 1'
code2 = compile(state1, '<string>', 'single')
for h in range(100):
    exec(code2)
print('2', number)

state2 = '''
for item in [1, 2, 3]:
    number = number + 1
    if item == 2:
        break;
print('3', number)
'''
code3 = compile(state2, '<string>', 'exec')
exec(code3)
```

```
1 100
2 200
3 202
```

compile( ) 함수는 eval( ) 함수 또는 exec( ) 함수와 비슷한데 다른 점은 속도를 개선시킨 함수라는 거야. compile( ) 함수로 미리 수식 또는 문장을 파이썬 코드로 변환해 두고 이것을 사용하면 속도 면에서 유리하다는 것이지. 그런데 compile( ) 함수는 변환만 해주기 때문에 단독으로 쓰이지는 않고 실제 실행하기 위해서 eval()과 exec()랑 함께 쓰여. 우선 compile() 함수의 형태를 보자.

compile(source, filename, mode)

여기서 source는 파이썬 코드 문자열이고, filename은 문자열이 저장된 파일명을 적는 건데 파일로부터 읽어 들인 문자열이 아니라면 〈string〉을 적어. 그리고 mode에는 세 가지가 있어.

- eval : 수식을 변환할 때 선택하는 모드로 특징이 있다면 이 모드로 변환하면 반환값이 생긴다는 거야. 수식이란 최종값을 만들 수 있는 것이란 걸 상기해 봐.
- single : 단 한 줄의 문장을 변환할 때 선택하는 모드로 반환값이 없어.
- exec : 여러 줄의 문장을 변환할 때 선택하는 모드로 역시 반환값이 없어.

5번~6번 줄 exp의 값이 수식인 문자열이니까 compile() 함수에서 'eval'을 선택했어. 미리 파이썬 코드로 변환해서 code1에 저장한 거야.

7번~9번 줄 for문이 100회전하는 동안 eval(code1)을 실행하면 수식을 실행한 결과값을 반환해줘.

number = eval(code1)

↓

number = num + 1

11번, 12번 줄 state1의 값이 한 문장인 문자열이니까 'single' 모드로 compile() 함수를 실행했어.

13번~15번 줄 for문이 100회전하는 동안 exec(code2)를 실행하는 거야.
exec('number=number+1')을 100번 실행하는 것보다는 미리 변환해 놓은 code2 변수를 exec(code2) 함수로 실행하는게 더 빠르다는 것이지.

17번~25번 줄 여러 줄 문장을 변환하기 위해 'exec' 모드로 compile() 함수를 실행한 다음 exec() 함수로 code3을 실행하는 거야.

3줄 요약

- ☑ compile( )은 문자열을 미리 파이썬 코드로 변환해 주는 함수이다.
- ☑ 미리 변환해 두기 때문에 실제 속도에서 빠르다.
- ☑ 변환만 해주기 때문에 실행하기 위해서는 eval( )과 exec( ) 함수와 함께 사용한다.

SECTION 080

P·Y·T·H·O·N

내장 함수 - float( ) 함수

〔핵심내용〕 float( ) 함수는 주어진 값을 실수로 변환해 주는 함수이다.

```
# section_080

print(float())

print(float(-10))
print(float('10'))

print(float('3.14'))
```

```
0.0
-10.0
10.0
3.14
```

float() 함수는 괄호 안의 값을 실수로 변환해 주는 기능을 가진 내장 함수야. 실수에 대한 설명은 실수 자료형에서 설명되어 있어.

3번 줄 괄호 안에 값을 생략하면 0.0을 반환해 주고.

5번 줄 정수형 숫자를 넣으면 실수로 바꿔줘. −10을 −10.0으로.

6번 줄 인수로 문자열을 넣으면 문자열도 실수로 변환해 주는데, 주의할 것은 문자열의 내용이 숫자들로 구성되어 있어야 해. 그렇지 않으면 다음과 같은 에러가 발생하거든.

```
>>> float('a')
Traceback (most recent call last):
  File "<pyshell#3>", line 1, in <module>
    float('al')
ValueError: could not convert string to float: 'a'
```

8번 줄 실수 문자열은 그대로 실수로 변환돼.

3줄 요약

- ☑ float( ) 함수는 주어진 값을 실수로 변환해 주는 함수이다.
- ☑ float( ) 함수에 넣는 값이 문자열일 경우 숫자로 구성된 문자열이어야 한다.
- ☑ float( ) 함수의 괄호에 값을 생략하면 실수 0.0을 돌려준다.

SECTION 081

내장 함수 - int( ) 함수

P·Y·T·H·O·N

〔핵심내용〕 int( ) 함수는 주어진 값을 정수로 변환해 주는 함수이다.

```
# section_081

print(int())
print(int(10))

print(int(3.74))
print(int('1234'))
```

```
0
10
3
1234
```

int() 함수는 괄호 안의 값을 정수로 바꿔주는 기능을 가진 내장 함수야.

3번 줄 괄호 안에 값을 생략하면 0을 반환해 주고.

4번 줄 인수가 정수이면 정수 그대로 반환해 줘.

6번 줄 인수가 실수이면 소수점 이하를 버리고 정수 부분만 반환해 주고.

7번 줄 인수에 문자열을 넣으면 이것을 정수로 변환해 주는데, 주의할 것은 문자열의 내용이 정수여야 한다는 거야. 문자열에 숫자가 아닌 값이 들어가거나 실수 형태의 문자열이 들어갈 경우에도 오류가 발생한다는 걸 주의해 줘. 다시 말하면, int()에 실수를 넣어주면 정수로 변환해 주지만 실수 형태의 문자열은 변환하지 못해. 정리하면,

int('3') → 가능
int('3.14') → 오류
int('a') → 오류

```
>>> int('3.14')
Traceback (most recent call last):
  File "<pyshell#6>", line 1, in <module>
    int('3.14')
ValueError: invalid literal for int() with base 10: '3.14'
```

실수 문자열을 정수형으로 형변환하려고 하면 위와 같은 오류가 발생해.

3줄 요약

- ☑ int( ) 함수는 주어진 값을 정수로 변환해 주는 함수이다.
- ☑ int( ) 함수에 넣는 값이 문자열일 경우 정수로 구성된 문자열이어야 한다.
- ☑ int( ) 함수의 괄호에 값을 생략하면 정수 0을 돌려준다.

SECTION 082

P·Y·T·H·O·N

내장 함수 - len( ) 함수

〔핵심내용〕 len( ) 함수는 객체의 길이 또는 항목의 개수를 구해준다.

```
1:  # section_082
2:
3:  print('문자열:', len('python'))
4:
5:  myList = [1, 2, 3, 4, 5, 6, 7]
6:  print('리스트:', len(myList))
7:
8:  myDict = {0:'음바페', 1:'메시', 2:'손흥민'}
9:  for item in range(len(myDict)):
10:     print('사전',item,':', myDict[item])
```

```
문자열: 6
리스트: 7
사전 0 : 음바페
사전 1 : 메시
사전 2 : 손흥민
```

len() 함수는 괄호 안 객체의 길이 또는 항목의 개수를 구해주는 내장 함수야.

3번 줄 — 문자열을 넣으면 문자열의 길이를 반환해 주고

5번, 6번 줄 — 리스트나 튜플, 사전 등을 넣으면 항목의 개수를 알려줘.

8번~10번 줄 — len() 함수를 활용하면 객체의 길이를 알 수 있기 때문에 반복문 작업할 때 유용하게 사용할 수 있어. range() 함수를 이용할 때 길이를 숫자로 넣으면 반복 회전수가 고정되는데 만약 항목이 추가되어 사전의 길이가 변하면 숫자도 변경해줘야 하는 문제가 생겨. 그런데 len() 함수를 사용하면 사전의 길이가 변경되어도 알아서 해결되니까 유용하지.

3줄 요약

- ☑ len( ) 함수에 문자열을 넣으면 문자열의 길이를 알려준다.
- ☑ len( ) 함수에 스퀀스형 객체를 넣으면 항목의 개수를 알려준다.
- ☑ range( )와 함께 사용하면 시퀀스형 객체의 항목 개수를 일일이 셀 필요가 없어서 편리하다.

P·Y·T·H·O·N

SECTION 083

내장 함수 - pow( ) 함수, round( ) 함수, sum( ) 함수

〔핵심내용〕 pow( ) 함수는 지수승, round( ) 함수는 반올림, sum( ) 함수는 합계를 구해준다.

```
1:  # section_083
2:
3:  print(pow(10, 2))
4:
5:  print(round(2.3), round(4.6))
6:
7:  myList = [1, 2, 3, 4, 5, 6]
8:  print(sum(myList))
```

```
100
2 5
21
```

3번 줄 pow(A, B) 함수는 A^B을 구해서 반환해 주는 함수야. 이 함수는 A**B 연산과 같은 기능을 가졌어. ** 연산보다 나은 점이 있다면 이 pow( ) 함수는 세 번째 인수가 있는데, pow(10, 2, 2)는 10^2을 2로 나눈 나머지를 구하라는 명령과 같아. 그래서 (10 ** 2) % 2와 같은 값을 반환해 주게 돼.

5번 줄 round( ) 함수는 반올림 함수로 가장 가까운 정수를 찾아 줘.

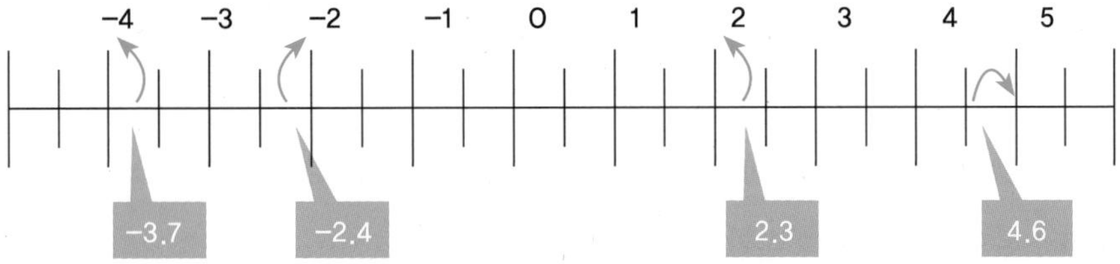

7번 줄 sum( ) 함수는 리스트의 각 항목의 값을 더해서 반환해 주는 기능을 가지고 있어.

3줄 요약

- pow( ) 함수는 지수승을 구해주는 함수이다.
- round( ) 함수는 반올림 함수로서 가장 가까운 정수를 구해준다.
- sum( ) 함수는 항목들의 합을 구해주는 함수이다.

P·Y·T·H·O·N

SECTION 084

내장 함수 - max( ) 함수와 min( ) 함수

[핵심내용] max( ) 함수는 최댓값, min( ) 함수는 최솟값을 구해준다.

```
1:  # section_084
2:
3:  myTup = (56, 79, 82, 1, 22, 99)
4:  print(max(myTup), min(myTup))
5:
6:  print('영문자 중 가장 큰 문자:', max('abcde'))
7:  print('서로 다른 문자들 중 큰 문자:', max('0Aa'))
8:
9:  print('문장 속 최댓값 문자:', max('I went to the zoo
    yesterday, 27 March.'))
10: print('문장 속 최솟값 문자:', min('I went to the zoo
    yesterday, 27 March.'))
```

'0Aa'에서 0은 숫자 형태의 문자 0이야. 컴퓨터 세상에서 숫자 0과 문자 '0'은 서로 다른 존재야.

```
99 1
영문자 중 가장 큰 문자: e
서로 다른 문자들 중 큰 문자: a
문장 속 최댓값 문자: z
문장 속 최솟값 문자:
```

max() 함수는 괄호 안의 객체 내에서 최댓값을 찾아서 반환해주는 기능을 가진 내장 함수이고, min() 함수는 최솟값을 반환해 줘.

3번, 4번 줄 튜플 안에 다양한 숫자들이 있을 때, max() 함수는 최댓값 99를 찾아서 반환해 주고, min() 함수는 최솟값 1을 찾아서 돌려주는 거야.

6번 줄 괄호 안에 문자열이 있으면 문자열을 구성하고 있는 a~e 중에서 가장 큰 값을 찾아줘. 그런데 결과가 e가 나왔지? 컴퓨터 내부에서는 알파벳에 순서가 있는데 abc 순으로 되어 있어서 순서상 e가 더 큰 값으로 인정 돼.

7번 줄 최댓값을 출력해 보니 '0'과 'A'와 'a' 중에서 a가 선택되었지? 컴퓨터 내부에서는 숫자문자 〈 대문자 〈 소문자 순으로 크기가 정해져 있어. 그래서 a가 출력된 거야.

9번 줄 긴 줄의 문자열에서 가장 큰 값은 z가 출력되었고 가장 작은 값은 공백이 출력되었어. 공백 문자가 숫자보다도 더 작은 값을 가지고 있어서 그래.

이 순서는 아스키 코드(ASCII)를 기반으로 하는데 아스키 코드표는 다음과 같아.

[아스키 코드 표]

DEC	HEX	OCT	Char	DEC	HEX	OCT	Char	DEC	HEX	OCT	Char
0	00	000	Ctrl-@ NUL	43	2B	053	+	86	56	126	V
1	01	001	Ctrl-A SOH	44	2C	054	,	87	57	127	W
2	02	002	Ctrl-B STX	45	2D	055	-	88	58	130	X
3	03	003	Ctrl-C ETX	46	2E	056	.	89	59	131	Y
4	04	004	Ctrl-D EOT	47	2F	057	/	90	5A	132	Z
5	05	005	Ctrl-E ENQ	48	30	060	0	91	5B	133	[
6	06	006	Ctrl-F ACK	49	31	061	1	92	5C	134	₩
7	07	007	Ctrl-G BEL	50	32	062	2	93	5D	135	]
8	08	010	Ctrl-H BS	51	33	063	3	94	5E	136	^
9	09	011	Ctrl-I HT	52	34	064	4	95	5F	137	_
10	0A	012	Ctrl-J LF	53	35	065	5	96	60	140	`
11	0B	013	Ctrl-K VT	54	36	066	6	97	61	141	a
12	0C	014	Ctrl-L FF	55	37	067	7	98	62	142	b
13	0D	015	Ctrl-M CR	56	38	070	8	99	63	143	c
14	0E	016	Ctrl-N SO	57	39	071	9	100	64	144	d
15	0F	017	Ctrl-O SI	58	3A	072	:	101	65	145	e
16	10	020	Ctrl-P DLE	59	3B	073	;	102	66	146	f
17	11	021	Ctrl-Q DCI	60	3C	074	<	103	67	147	g
18	12	022	Ctrl-R DC2	61	3D	075	=	104	68	150	h
19	13	023	Ctrl-S DC3	62	3E	076	>	105	69	151	i
20	14	024	Ctrl-T DC4	63	3F	077	?	106	6A	152	j
21	15	025	Ctrl-U NAK	64	40	100	@	107	6B	153	k
22	16	026	Ctrl-V SYN	65	41	101	A	108	6C	154	l
23	17	027	Ctrl-W ETB	66	42	102	B	109	6D	155	m
24	18	030	Ctrl-X CAN	67	43	103	C	110	6E	156	n
25	19	031	Ctrl-Y EM	68	44	104	D	111	6F	157	o
26	1A	032	Ctrl-Z SUB	69	45	105	E	112	70	160	p
27	1B	033	Ctrl-[ESC	70	46	106	F	113	71	161	q
28	1C	034	Ctrl-₩ FS	71	47	107	G	114	72	162	r
29	1D	035	Ctrl-] GS	72	48	110	H	115	73	163	s
30	1E	036	Ctrl-^ RS	73	49	111	I	116	74	164	t
31	1F	037	Ctrl_ US	74	4A	112	J	117	75	165	u
32	20	040	Space	75	4B	113	K	118	76	166	v
33	21	041	!	76	4C	114	L	119	77	167	w
34	22	042	"	77	4D	115	M	120	78	170	x
35	23	043	#	78	4E	116	N	121	79	171	y
36	24	044	$	79	4F	117	O	122	7A	172	z
37	25	045	%	80	50	120	P	123	7B	173	{
38	26	046	&	81	51	121	Q	124	7C	174	|
39	27	047	'	82	52	122	R	125	7D	175	}
40	28	050	(	83	53	123	S	126	7E	176	~
41	29	051	)	84	54	124	T	127	7F	177	DEL
42	2A	052	*	85	55	125	U				

숫자
공백 문자
영문 소문자
영문 대문자

32번이 공백 문자이고, 48번~57번이 숫자, 65번~90번이 영어 대문자, 97번~122번이 영어 소문자야.

max( ), min( ) 함수를 사용할 때 주의할 것은 문자와 숫자는 서로 비교할 수 없다는 점(즉, 숫자 모양의 문자 '0'과 실제 숫자 0은 비교 할 수 없음)이야. 그리고 한글은 영어보다 더 큰 값을 가지며 한글도 가나다 순으로 큰 값을 가진다는 사실을 알아두길 바래.

3줄 요약

- ☑ max( ) 함수는 최댓값을, min( ) 함수는 최솟값을 구해주는 함수이다.
- ☑ 아스키 코드에는 숫자 〈 영어 대문자 〈 영어 소문자 순으로 크기가 정해져 있다.
- ☑ 문자열과 숫자는 크기 비교를 할 수 없다.

SECTION 085

P·Y·T·H·O·N

내장 함수 - zip( ) 함수

〔핵심내용〕 zip( ) 함수는 두 데이터를 묶어주는 기능을 한다.

```
# section_085

var = list(zip([1, 2, 3], ['a', 'b', 'c']))
print(var)

nation = ['스페인', '프랑스', '영국', '한국']
capital = ['마드리드', '파리', '런던', '서울']
dic = {}

for n, c in zip(nation, capital):
    dic[n] = c

print(dic)
```

```
[(1, 'a'), (2, 'b'), (3, 'c')]
{'스페인': '마드리드', '프랑스': '파리', '영국': '런던', '한국': '서울'}
```

zip( ) 함수는 리스트, 튜플, 문자열 같이 인덱스가 있는 시퀀스형 객체를 받아서 차례대로 묶어주는 역할을 해. 형식은 다음과 같아.

zip(seq, seq, seq, ...) # seq는 시퀀스형 객체

각 요소들끼리 순서대로 매칭을 해서 새로운 하나의 객체를 만들어주는 거야. 예제를 보면 보다 쉽게 이해할 수 있어.

3번, 4번 줄 zip( ) 함수 안에 리스트 [1, 2, 3]과 리스트 ['a', 'b', 'c']가 있어. 이 두 시퀀스형 객체를 차례대로 묶어주는 거야. 1과 'a', 2와 'b', 3과 'c' 이렇게! zip( ) 함수의 결과는 zip 객체이기 때문에 list( ) 함수와 같이 사용해서 리스트로 변환하여 사용하곤 해.

6번~13번 줄 서로 분리된 국가명 데이터와 수도 데이터를 묶어서 사전형 데이터로 만드는 거야. zip은 이런 식으로 for문과 어울려서 자주 사용되고 있어.
10번 줄의 zip( )만 실행됐을 때를 보면 다음과 같은 형태일 거야.

('스페인', '마드리드'), ('프랑스', '파리'), ('영국', '런던'), ('한국', '서울')

이 결과가 for 문 안에서 국가명은 변수 n에, 수도는 변수 c에 저장되고 11번 줄에서 사전으로 변환되는 것이지.

3줄 요약

- zip( ) 함수는 서로 다른 데이터를 차례대로 묶어주는 기능을 한다.
- zip( ) 함수의 인수는 리스트, 튜플, 문자열 등 인덱스를 가진 시퀀스형 객체이다.
- zip( ) 함수는 for문과 어울려서 자주 활용된다.

SECTION 086

P·Y·T·H·O·N

내장 함수 - enumerate( ) 함수

〔핵심내용〕 enumerate( ) 함수는 데이터에 넘버링하고 싶을 때 사용한다.

```
# section_86

children = ['준서', '세인', '도윤', '열무']
fruits = ['망고', '사과', '딸기', '바나나']

for idx, child in enumerate(children):
    print(idx, child)

for idx, pair in enumerate(zip(children, fruits)):
  print(idx+1, pair)
```

```
0 준서
1 세인
2 도윤
3 열무
1 ('준서', '망고')
2 ('세인', '사과')
3 ('도윤', '딸기')
4 ('열무', '바나나')
```

enumerate( ) 함수는 시퀀스형 객체를 받아서 숫자 번호를 붙이는 기능을 가지고 있어. 형식은 다음과 같아.

enumerate(seq, start=0) # seq는 시퀀스형 객체

enumerate( ) 함수를 사용하면 숫자 번호를 붙이는 게 가능해. 그래서 for문을 사용하다가 인덱스 정보가 궁금할 때 사용할 수 있어. 매개변수에서 start는 숫자 번호의 시작 값인데 생략하면 0부터 시작해.

6번, 7번 줄 children 변수에는 4개의 항목이 있는데 여기에 enumerate( ) 함수를 적용하면 0부터 순서대로 숫자 번호를 부여해주는 역할을 하는 거야.

9번, 10번 줄 enumerate( ) 함수는 for문뿐만 아니라 zip( ) 함수와도 어울려서 자주 사용되곤 해. children와 fruits의 각 요소를 순서대로 엮은 결과에다 enumerate( )를 이용해서 넘버링을 해주는 것이지.

3줄 요약

- ☑ enumerate( ) 함수는 데이터에 넘버링할 때 사용한다.
- ☑ enumerate( ) 함수는 for문과 zip( ) 함수 등과 어울려 자주 사용된다.
- ☑ start 매개변수를 설정하면 시작 숫자번호를 조정할 수 있다.

SECTION

087 내장 함수 - map( ) 함수

P·Y·T·H·O·N

〔핵심내용〕 map( ) 함수는 시퀀스형 데이터의 각 요소에 동일한 함수를 적용하고 싶을 때 사용한다.

```
# section_87

data = [1, 2, 3, 4, 5]

# map에 내장 함수 사용하기
flist = list(map(float, data))
print(flist)

# map에 사용자 정의 함수 사용하기
def two_times(x):
    return x*2

two = list(map(two_times, data))
print(two)

# 입력받은 숫자 묶음을 분리할 때
input_list = list(map(int, input( ).split( )))
print(input_list)
```

```
[1.0, 2.0, 3.0, 4.0, 5.0]
[2, 4, 6, 8, 10]
100 1 5   <-- 이건 사용자가 입력한 정보
[100, 1, 5]
```

map() 함수의 형식은 다음과 같아.

map(함수, seq) # seq는 시퀀스형 객체

map() 함수를 사용하면 시퀀스형 객체의 각 데이터에 동일한 함수를 적용한 효과를 볼 수 있어. 예제를 보면서 설명할게.

6번, 7번 줄 map( ) 함수의 입력값으로 함수 자리에는 float, 시퀀스형 데이터 자리에는 [1, 2, 3, 4, 5]가 들어있어. 이것은 각 데이터의 요소마다 float( ) 함수를 적용하라는 명령이지. 그래서 1은 1.0, 2는 2.0으로 변환된 것을 확인할 수 있어.
map( ) 함수는 map 객체를 반환하기 때문에 우리가 출력해서 확인하려면 list( ) 함수를 사용해서 리스트로 변환하면 좋아.

10번, 11번 줄 two_times( ) 함수는 입력값을 2배로 돌려주는 함수야. 아주 간단한 함수지.

13번, 14번 줄 two_times( ) 함수를 map( ) 함수에서 사용하는 과정을 보여주는 거야. 즉, 시퀀스형 데이터의 각 요소에 two_times( ) 함수를 적용한 결과를 돌려주는 것이지.

17번, 18번 줄 코딩대회 등에서 문제를 해결할 때 숫자 값을 공백으로 구분하여 입력받아서 활용하는 경우가 많은데, 이럴 때 map( ) 함수를 자주 사용해. input( ) 함수는 사용자 입력을 문자열로 입력받기 때문에 아래와 같은 과정을 거치게 돼.

list(map(int, input( ).split( )))

:

list(map(int, '100 1 5'.split( )))

:

list(map(int, ['100', '1', '5']))

:

[100, 1, 5]

3줄 요약

- map( ) 함수는 데이터의 각 요소에 특정 함수를 적용할 때 사용한다.
- map( ) 함수에는 내장 함수와 사용자 정의 함수 등 다양한 함수를 사용할 수 있다.
- map( ) 함수는 for문과 어울려 자주 사용된다.

SECTION 088

P·Y·T·H·O·N

내장 함수 - 람다 함수

〔핵심내용〕 람다 함수는 함수명이 없는 함수로 단순한 함수를 구현할 때 사용한다.

```
# section_88

def gob(x):    # 일반함수
  return x**2
print('일반함수', gob(2))

jisu = lambda x: x**2       # 람다 함수를 변수에 저장하여 사용
print('람다함수', jisu(2))

print('더 줄인 람다함수', (lambda x: x**2)(2)) #람다함수를 직접 사용

result = list(map(jisu, [1, 2, 3, 4, 5]))  # 람다함수를 인수로 사용
print(result)
```

```
일반함수 4
람다함수 4
더 줄인 람다함수 4
[1, 4, 9, 16, 25]
```

함수라 하면 일반적으로 def를 이용해서 정의하는 것인데, 이번 섹션에서는 좀 독특한 방법으로 함수를 만드는 방법을 소개할게. 바로 람다 함수(lambda function)야. 람다 함수는 이름 없는 함수라는 별명을 가지고 있어. 아래 생김새를 보자.

lambda 매개변수: 표현식

매개변수와 표현식만 있을 뿐 함수의 이름이 없지? 람다 함수는 이 간결한 문법 때문에 종종 사용되는 경향이 있어. def를 이용해서 정식 함수를 만들기에는 상대적으로 단순한 기능의 함수를 구현하고자 할 때 주로 사용하는데, 별도의 이름이 없는 만큼 메모리도 절약할 수 있는 장점이 있지. 예제를 한 번 보자.

3번~5번 줄 람다 함수를 보통의 함수와 비교하기 위해 gob( ) 함수를 만들어봤어. 이 함수는 입력받은 값을 제곱해서 돌려주는 함수야.

7번, 8번 줄 람다 함수야. 매개변수는 x 한 개이고, 표현식은 x**2야. 보통의 함수를 람다함수로 변환할 수가 있는데 아래 그림을 보자.

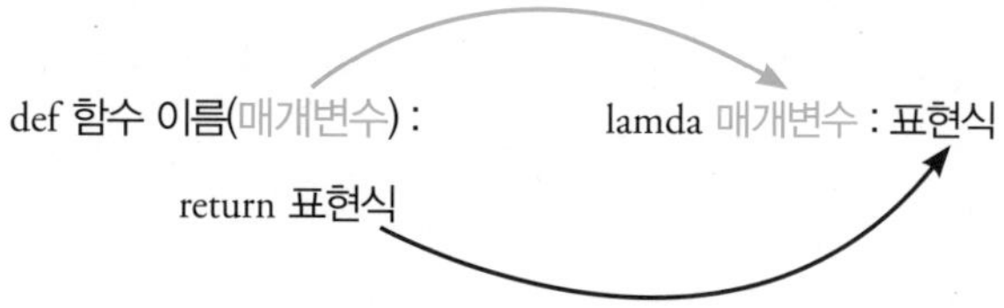

매개변수와 표현식이 각각 어떻게 배치되는지 확인할 수 있지? 그런데 람다함수는 이름이 없기 때문에 다른 데서 함수 호출을 할 수 없어. 그래서 람다함수는 이렇게 변수에 할당해서 사용해.
그리고 jisu(2)처럼 변수 옆에 괄호로 입력값을 넣어주면 되는 거야.

10번 줄 변수에 할당하지 않고 람다 함수를 직접 사용하는 문법도 가능해.

12번, 13번 줄 앞서 map( ) 함수는 입력값으로 함수를 갖는다고 했지? 람다 함수를 map( ) 함수의 입력으로 많이 사용하기도 해. 앞으로 코딩을 많이 하다 보면 이런 코드를 많이 보게될 거야.

3줄 요약

- ☑ 람다 함수는 이름이 없고, 매개변수와 표현식만 가지고 있다.
- ☑ 람다 함수는 변수에 할당하여 "변수(입력값)" 방식으로 사용할 수 있다.
- ☑ 람다 함수를 정의함과 동시에 직접 사용하는 문법도 가능하다.

P·Y·T·H·O·N

Chapter

05

모듈

모듈이란 다른 사람이 만든 좋은 기능의 함수나 코드 등을 모아놓은 것을 말해. 내 프로그램에서 사용하기 위해 모듈을 가져다 쓸 수도 있지만 내가 만든 유용한 코드를 공개하는 수단으로 사용할 수 있지. 여기서는 내가 직접 모듈을 만들어서 임포트하는 방법과 파이썬에 내장된 모듈 몇 가지를 알아볼게.

SECTION 089

P·Y·T·H·O·N

모듈 만들기

〔핵심내용〕 내가 만든 유용한 파이썬 파일을 모듈로 임포트하여 사용할 수 있다.

```
# myMath.py

pi = 3.14

def oneHapN(end):      # 1부터 N까지의 합을 구해주는 함수
    sum = 0
    for i in range(end):
        sum += i+1
    return sum

def oneGopN(end):      # 1부터 N까지의 곱을 구해주는 함수
    total = 1
    for i in range(end):
        total *= i+1
    return total
```

```
# section_089

import myMath
import math

print('내가 만든 모듈 사용 예제')

print(myMath.pi)
print(math.pi)

print('1부터 10까지의 합:', myMath.oneHapN(10))
print('1부터 10까지의 곱:', myMath.oneGopN(10))
```

```
내가 만든 모듈 사용 예제
3.14
3.141592653589793
1부터 10까지의 합: 55
1부터 10까지의 곱: 3628800
```

파이썬에서 모듈이란 간단히 말해서 파이썬 파일(.py)이야. 이게 무슨 말이냐 하면, 우리는 지금까지 코랩 노트북 환경에서 코딩하다 보니 *.ipynb 파일만을 다루어 왔어. 그렇지? 노트북 파일(.ipynb)은 코드 셀 단위로 코드를 실행하고 결과를 즉시 확인할 수 있다는 장점 때문에 최근 많이 활용되고 있지만, 원조 파이썬 확장자는 *.py 라는 거야. 파이썬 파일(.py)이나 노트북 파일(.ipynb) 두 개 모두 '파이썬 코드를 실행하고 저장하기 위한 파일'이라는 점에서 같아.

일단, 코랩 노트북에서 작성한 코드는 간단하게 *.py 파일로 변환해서 저장할 수 있는데 다음을 따라해 보자.

❶ 새로운 노트를 만들고, 아래와 같이 myMath.ipynb 파일 코딩

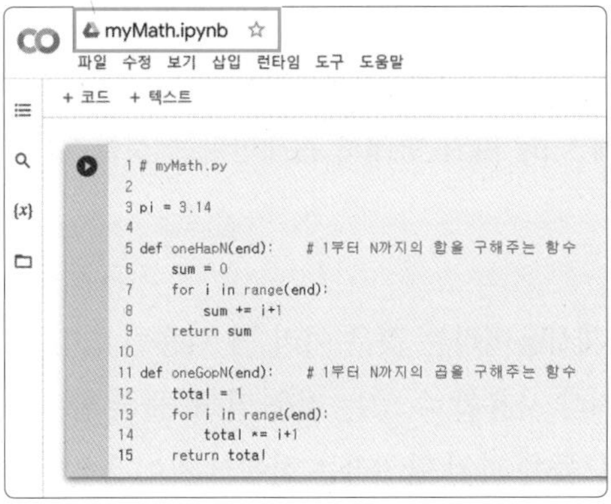

❷ [파일] 〉 [다운로드] 〉 [.py 다운로드] 선택

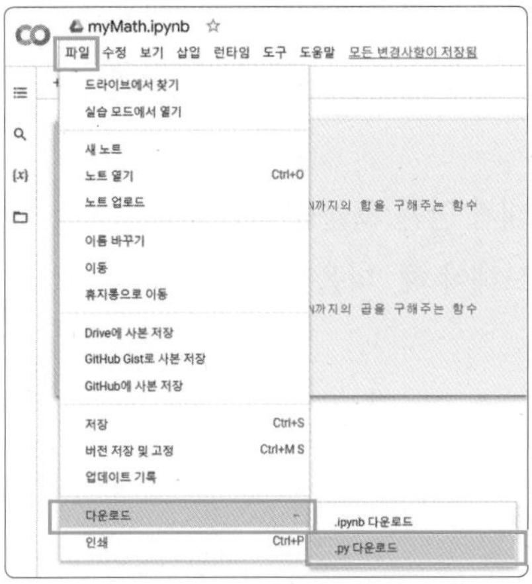

코랩 노트북 파일을 파이썬 파일로 바꾸는거 정말 간단하지? 다운로드 폴더에 가면 myMath.py 파일이 있을거야. 이 파일을 메모장 프로그램에서 한 번 열어봐. 파이썬 코드가 잘 저장되어 있고, 코드 외적인 것들은 모두 주석 처리된 것을 확인할 수 있어.

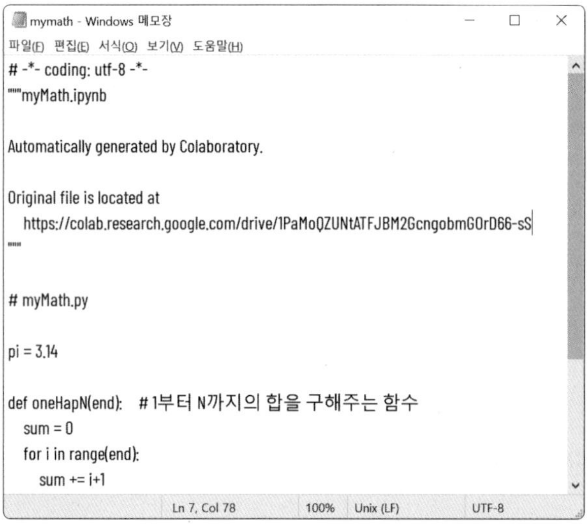

다시 앞으로 돌아가서, 모듈이 단순히 파이썬 파일이라는 말은 우리가 지금까지 만들어 온 모든 코드 파일이 모두 모듈이 될 수 있다는 뜻이기도 해. 내가 만든 노트북 파일을 파이썬 파일로 다운로드 한 다음, 다른 노트북 파일에 임포트 시키기만 하면 되니까. 거꾸로 생각하면 우리가 다루었던 math 모듈, ColabTurtlePlus 모듈도 어딘가에 *.py 파일 형태로 존재한다는 것을 알 수 있지.

모듈을 사용하는 가장 큰 이유는 바로 '재사용'이야. 재사용이라는 것은 여러 번 사용될 만한 것을 한 번만 정의해 놓으면 다시 정의할 필요 없이 가져다 사용할 수 있는 것을 말해. 물론 함수나 클래스를 사용하는 이유에도 '재사용'이 있긴 하지만 모듈은 파일 단위라는 점에서 차이가 있지.

재사용하고 싶은 함수나 변수를 하나의 파일(*.py)에 저장해 두고(여기서는 myMath.py로 저장) 이 파일을 다른 파일에서 임포트하면 되는 거야. 어때 모듈 만들기 정말 간단하지? 간단하게 정리하면 모든 파이썬 파일은 모듈로 사용할 수 있다는 거야. 그리고 모듈명은 .py를 뺀 파일명과 같아.

자, 그럼 모듈 설명은 이걸로 마치고. 이제 코랩 노트에서 내가 만든 모듈을 사용(import)하는 방법을 알아보자. 방금 만든 myMath.py 파일을 코랩에 업로드해야 해. 다음을 따라해 봐.

❶ [파일] 〉 [세션 저장소에 업로드] 〉 파일 선택 〉 [열기]

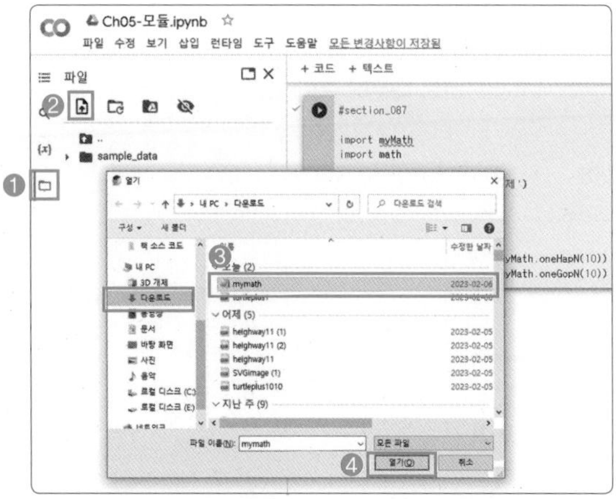

❷ 세션 저장소에 업로드된 파일 확인

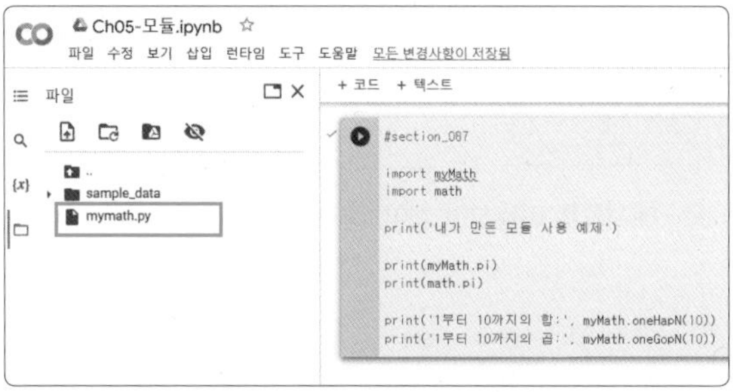

이렇게 코랩 세션 저장소에 업로드하고 나면 이제부터 노트에서 myMath 모듈을 사용할 수 있게 되는 거야. 이제 코드를 살펴보자.

TIP 더 고급스럽게 코랩에 업로드하기

위에서는 코랩에서 제공하는 [파일] 버튼을 이용해서 세션 저장소에 직접 업로드 했어. 이번에는 코드 셀을 통해서 파일을 올리는 방법을 알려줄게. 파이썬 코드를 이용해서 업로드하기 때문에 좀더 고급스럽다고 할 수 있지. 실제 컴퓨터 공학자들은 이 방법을 주로 사용해.
코드 셀에서 다음 코드를 추가하면 파일 업로드할 수 있어.

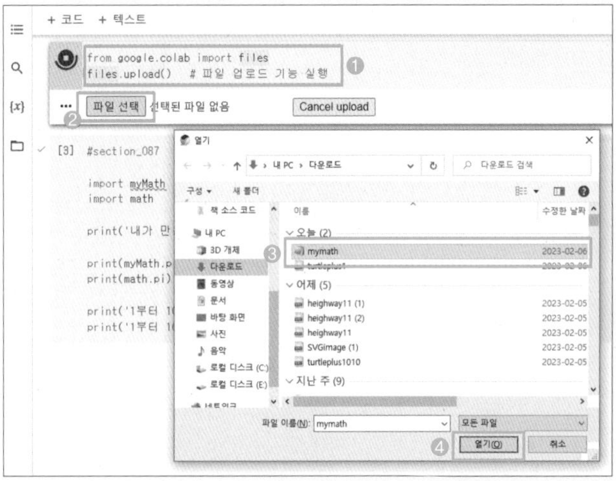

구글 코랩에서 제공하는 files를 임포트하고, files.upload() 메서드를 이용하는 거야.

myMath.py 3번 줄 math모듈의 pi에는 3.141592...로 저장되어 있지. math 모듈의 pi처럼 myMath에도 pi 변수를 만들었는데 여기에는 3.14만 저장하도록 할게.

myMath.py 5번~9번 줄 oneHapN() 함수를 정의했어. 기능은 간단해. 1부터 건네받은 값까지의 합을 구해주는 함수야.

myMath.py 11번~15번 줄 oneGopN() 함수를 정의했어. 이 함수는 1부터 건네받은 값까지의 곱을 구해주는 함수야.
이렇게 1개의 변수와 2개의 함수가 들어있는 코드를 myMath.py라는 파일로 저장해. 그리고 예제에서 이 파일을 모듈로 임포트한 거야.

3번, 4번 줄 myMath 모듈을 임포트하고, 추가로 math 모듈도 임포트했어.

8번, 9번 줄 임포트한 모듈에 있는 변수나 함수를 사용할 때는 모듈명과 점으로 연결해서 사용해. myMath.pi처럼. 물론 math 모듈도 임포트했으니 math.pi도 사용할 수 있지.

11번, 12번 줄　여기서는 모듈이 가지고 있는 함수를 사용한 거야. 모듈명과 함수명을 점으로 연결해서 myMath.oneHapN()이라고 쓰면 돼.

지금까지 파이썬 모듈을 만들고 이를 사용하는 방법을 알아봤는데, 어때 간단하지? 정리하면, 파이썬 파일(.py)을 만들고 거기에 원하는 코드를 넣어. 그리고 그 파일을 다른 파이썬 파일에서 import 하면 끝!

TIP　모듈 불러오는 방법

모듈을 불러오는 다양한 방법들을 소개할게.

```
① import myMath
② from myMath import pi, oneHapN
③ from myMath import *
```

①번은 앞에서 본 것처럼 myMath 모듈의 모든 변수와 함수 등을 가져오라는 의미이고, ②번 방식은 myMath 모듈에서 pi, oneHapN만 가져오라는 의미야. 이렇게 한 모듈이 가진 수많은 변수 또는 함수 중 원하는 것만 지정해서 임포트 할 수 있지. 그러면 그 밑의 코드들이 다음과 같이 바뀔 수 있어.

```
print(pi)
print('1부터 10까지의 합:', oneHapN(10))
```

뭐가 달라졌지? 그래! 모듈명을 쓰지 않아도 돼!

③번 방식에서 '*'는 '모든 것'이라는 의미로, myMath 모듈에서 모든 구성원들을 가져오라는 뜻이야. 그리고 사용법도 ②번 방식과 같아.
그런데 ②번, ③번 방식은 모듈명을 생략할 수 있어서 코딩하기 편리하다는 장점이 있는 반면에 남발하면 문제가 생길 수가 있어. 다음을 봐.

```
from math import *
from myMath import pi

print(pi)
```

위 코드를 실행하면 math.pi의 3.141592653589793이 출력될까? 아니면 myMath.pi의 3.14가 출력될까? 헷갈리지? 이럴 땐 가장 마지막에 임포트한 모듈의 변수가 출력 돼. 먼저 가져온 모듈의 변수를 대체하는 것이지. 이렇게 두 개 이상의 모듈에서 같은 이름의 함수나 변수가 있으면 덮어쓰기가 되어서 예측하지 못한 결과가 나올 수 있거든. 그리고 모듈의 변수가 그대로 사용되기 때문에 내 파일에서 변수를 만들 때도 모듈에 있는 변수와 겹치지 않도록 조심해야 해서 신경쓸 것이 더 생긴다는 게 문제야.

정리하면, ②번, ③번 방식은 여러 모듈을 임포트할 때 조심해야 하고, 주로 ①번 방식을 사용하는 것이 좋다는 것. 마지막으로 모듈명을 잘못 쓰면 다음과 같은 에러가 발생해.

```
ImportError: No module named 'myNath'
```

3줄 요약

- 내가 만든 파이썬 파일을 다른 파일에서 모듈로 사용할 수 있다.
- 내가 직접 모듈을 만들어서 배포할 수도 있다.
- 모듈을 불러오는 방법 중 첫 번째 방법을 주로 사용하자.

SECTION 090 P·Y·T·H·O·N

__name__ 변수

〔핵심 내용〕 파이썬 파일이 모듈로 임포트 되는 순간 임포트 된 파일은 실행된다.

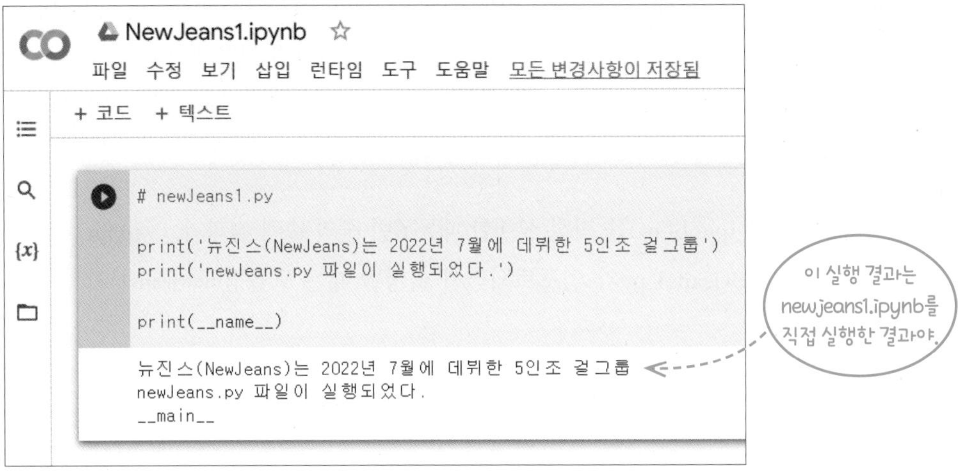

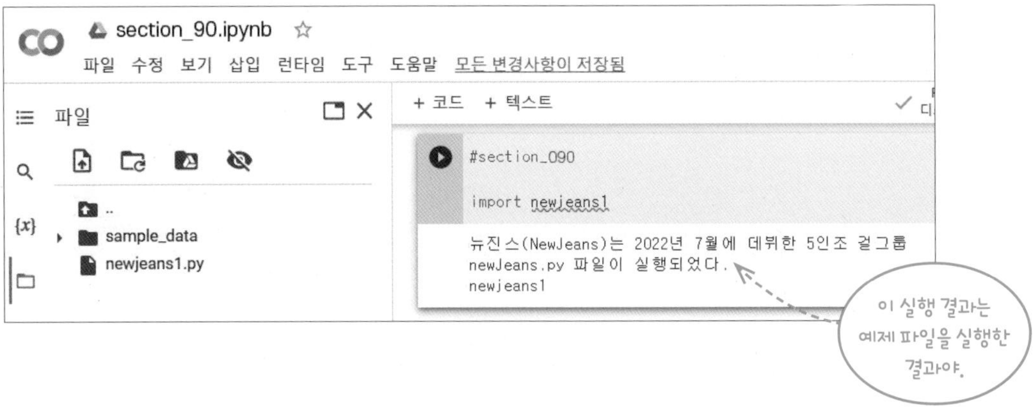

이번 섹션은 두 개의 파일로 구성되어 있어. 우선 아주 간단한 newjeans1.ipynb 파일을 먼저 만들고 실행해 봐. 그러면 파이썬 인터프리터가 파일을 읽어서 실행하겠지. 출력 결과를 보면 newjeans1 파일에 있는 코드들이 대체로 잘 출력된 것을 확인할 수 있어. 물론 newjeans1.ipynb를 직접 실행한 결과지만 newjeans1.py를 직접 실행한 결과와 같을거야. 앞에서도 설명했듯이 *.ipynb와 *.py는 코딩 환경이 다를 뿐, 결국 파이썬 코드를 실행하기 위한 파일 포맷이니까!

이제 newjeans1.ipynb로부터 newjeans1.py를 다운로드하고 코랩의 세션 저장소에 업로드 하자. 그리고 section_090.ipynb를 작성하고 실행시켜 봐. 이 파일에 있는 유일한 실행 코드는 import newjeans1 뿐이야. 그런데도 뭔가 출력 결과가 나왔지? 잘 보면 newjeans1.py(.ipynb)의 실행 결과와 비슷해. 예제 파일의 실행 결과를 보고 알 수 있는 것은 파이썬은 모듈을 임포트 할 때도 해당 모듈(여기서는 newjeans1 모듈)을 실행한다는 거야.

그렇다면 파이썬 파일은 직접 실행될 때도 있고, 다른 파일에서 모듈로 임포트될 때도 실행된다는 건데, 이 두 가지 경우를 구별하고 싶은 거야.

왜냐하면 어떤 모듈을 임포트 한다는 것은 그 안의 변수나 함수들을 사용하고 싶어서인데 모듈에 포함된 불필요한 출력문까지 출력되면 혼동이 생길 수 있으니까.

예를 들어, math 모듈을 임포트 해서 그 안에 정의된 변수와 수학 함수를 사용할려고 했더니 내 프로그램의 출력문 이외에 math 모듈에 포함된 출력문들이 실행된다면 어떻겠어?

따라서 이 두 가지 경우를 구분해야 하는데, 이때 __name__변수를 사용하는 거야. 앞뒤 실행 결과를 보면 __name__변수를 출력할 때 분명 차이가 보일 거야.

myMath.py
3번 줄

newjeans1.ipynb(.py)를 직접 실행할 때는 6번 줄의 출력 결과가 __main__으로 나오고, newjeans1.py가 임포트되면서 실행될 때는 모듈명(newjeans1)이 출력되었잖아.

이어서 다음 섹션을 보자고…

3줄 요약

- 파이썬 파일은 모듈로 임포트 될 때도 실행된다.
- 모듈이 실행될 때 불필요한 출력이 생길 수 있어서 이를 구분할 필요가 있다.
- 파이썬 파일이 직접 실행되었는지 혹은 모듈로 임포트되어 실행된 것인지는 __name__변수를 통해 구별할 수 있다.

SECTION 091

P·Y·T·H·O·N

if _ _name_ _ == '_ _main_ _'

〔핵심내용〕 if문으로 _ _name_ _의 값을 구분하여 출력문을 분류해 둘 수 있다.

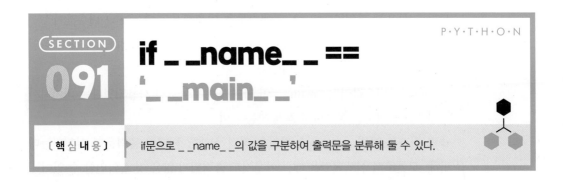

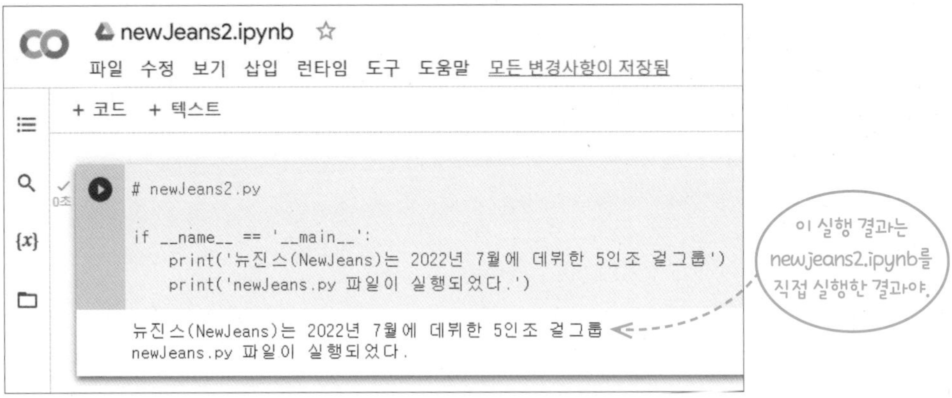

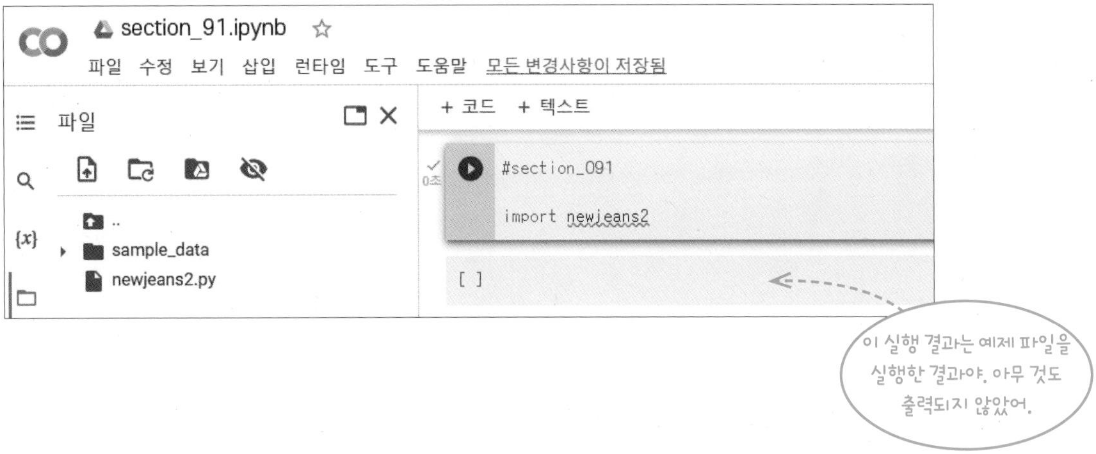

이번 장도 두 개의 파이썬 파일로 구성되어 있어. 이전 예제에서 파이썬 파일을 직접 실행할 때 _ _name_ _변수의 값은 '_ _main_ _'이었고, 다른 파일에 임포트되어 실행될 때는 _ _name_ _ 변수값이 바로 모듈명이었어.

이것을 착안하면 모듈로 사용할 파이썬 파일에서 출력문들을 따로 분류해서 코드를 작성할 수 있게 돼.

newjeans2.py
3번 줄

모듈로 사용할 파일(newjeans2.py)에 if문을 이용해서 _ _name_ _변수값이 '_ _main_ _'이라면, 즉 파일이 직접 실행된거라면 출력문을 실행하도록 해서 파일 본연의 역할을 할 수 있도록 하고.
_ _name_ _변수값이 '_ _main_ _'이 아니라면 모듈로서 사용되었다는 의미니까 불필요한 출력문을 실행하지 않게 하는 거야.
출력 결과를 보면 newjeans2 파일을 직접 실행했을 때는 출력문이 실행되는데 반해, 모듈로서 실행되었을 때는 아무것도 출력되지 않은 것을 확인할 수 있어.

3줄 요약

- ☑ 파이썬 파일은 모듈로 임포트 될 때도 실행된다.
- ☑ _ _name_ _변수의 값이 _ _main_ _이면 파일이 직접 실행된 것이고, _ _name_ _변수의 값이 모듈명이면 모듈로서 임포트되면서 실행된 것이다.
- ☑ if문을 이용해서 모듈로 임포트 되었을 때와 그렇지 않을 때를 구분할 수 있다.

SECTION 092

P·Y·T·H·O·N

내장 모듈 연습 - keyword 모듈

〔핵심내용〕 keyword 모듈은 파이썬 예약어 관련 기능들을 제공한다.

```
# section_092

import keyword

print(keyword.iskeyword('None'))
print(keyword.iskeyword('int'))
print(keyword.kwlist)
```

```
True
False
['False', 'None', 'True', 'and', 'as', 'assert', 'break', 'class',
'continue', 'def', 'del', 'elif', 'else', 'except', 'finally',
'for', 'from', 'global', 'if', 'import', 'in', 'is', 'lamb-
da', 'nonlocal', 'not', 'or', 'pass', 'raise', 'return', 'try',
'while', 'with', 'yield']
```

앞에서 모듈을 사용하는 방법과 만드는 방법을 배웠으니 이제부터는 파이썬을 설치하면 바로 사용할 수 있는 내장 모듈을 몇 가지 알아보록 할께. 내장 모듈에는 선배 프로그래머들이 미리 만들어 놓은 함수들이 많은데, 이 함수들은 충분히 검증되었으니까 믿고 사용해도 좋아.

그래서 어떤 프로젝트를 시작하기에 앞서 내가 구현하려는 기능이 이미 모듈로 만들어져서 배포된 것이 있는지 찾아보는 것이 좋아. 그러지 않고 내가 필요로 하는 모든 기능을 직접 구현하려면 시간도 많이 걸릴 뿐만 아니라 코드도 길어지고, 복잡해지고 어렵거든. 내가 직접 짜서 20줄 정도 소요되는 코드가 이미 모듈로 만들어져 있다면 단 한 줄 만에 임포트만 하면 되니 당연히 사용해야 하지 않겠어? 따라서 모든 코드를 직접 작성하기 보다는 남이 만들어 놓은 좋은 모듈을 활용해서 더 좋은 프로그램을 만드는 것이 합리적이라고 생각해.

그러므로 어떤 모듈이 존재하고 모듈을 어떻게 사용하는지를 학습하는 것이 중요해. 여기서는 우선 내장 모듈 몇 가지를 공부해 보자.

3번 줄 keyword 모듈은 예약어와 관련된 내용을 담고 있어. 현재 내가 사용하는 파이썬 버전의 예약어를 알고 싶을 때 keyword 모듈을 임포트하면 알 수 있지.

5번 줄 keyword 모듈에는 iskeyword( ) 함수가 있는데 이 함수는 괄호 안의 값이 예약어인지 아닌지를 True/False로 알려주는 함수야. 'None'는 예약어니까 True가 출력 돼.

6번 줄 정수형을 의미하는 int는 예약어가 아님을 알 수 있어. 그런데 int는 정수 자료형을 의미하니까 변수명이나 함수명, 클래스명으로 사용하지 않는 것을 추천해.

7번 줄 keyword 모듈의 kwlist 변수를 사용하면 현재 파이썬 버전의 모든 예약어 리스트를 볼 수 있어. 대문자로 시작하는 예약어 False, None, True를 포함해 총 33개의 예약어 리스트가 출력될 거야.

파이썬 언어는 다양한 분야에 사용되고 있는 범용 언어로 분류되는데 그 이유는 데이터 분석, 인공지능 등 다양한 분야에서 활용할 수 있는 막강한 모듈들이 배포되어 있기 때문이야. 파이썬을 설치하면서 바로 사용할 수 있는 내장 모듈과 더불어 인터넷에는 다양한 공개 모듈들이 있어. 앞으로 이런 모듈을 이용한다면 다양한 목적의 프로그램을 만드는데 도움이 될 거야. 가장 큰 장점은 개발 시간을 절약할 수 있다는 것이지.

3줄 요약

- ☑ 내가 만들려는 기능이 구현된 모듈이 이미 있다면 모듈을 적극 활용하자.
- ☑ 모듈을 활용하면 개발 시간을 절약할 수 있고 스트레스도 줄일 수 있다.
- ☑ keyword 모듈은 파이썬의 예약어에 관련된 함수와 변수들을 가지고 있다.

SECTION 093

P·Y·T·H·O·N

random 모듈 - 난수 만들기

〔핵심내용〕 random.randint( ) 함수로 임의의 난수를 얻을 수 있다.

```
1:  # section_093
2:
3:  import random
4:
5:  for i in range(6):
6:      number = random.randint(1, 45)
7:      print(number, end=' ')
```

```
6 32 45 42 45 27
```

난수란 일정한 규칙 없이 무작위로 나열되는 숫자를 말해. 파이썬에서 난수를 만드는 것은 정말 쉬워. random 모듈이 있으니까!
여기서는 1부터 45사이의 숫자 6개를 무작위로 뽑아 나열해 볼게. 마치 로또 숫자 생성기처럼 말야.

3번 줄 random 모듈을 임포트하고

5번 줄 for문을 이용해서 for문 블록을 6번 실행시키도록 했어.

6번 줄 random.randint(시작값, 끝값) 함수는 시작값과 끝값 사이에서 난수 하나를 뽑아 주는 함수야.

7번 줄 그때그때 뽑아낸 난수를 출력하는 출력문이야.
print( ) 함수의 end 속성은 화면 출력 후 마지막을 어떻게 처리할 지를 정해주는 거야. end 속성을 생략하면 기본값이 줄바꿈을 의미하는 '\n'이 적용되어 줄바꿈이 발생해. 결국 end='\n'과 같은 거야. 일반적으로 print문을 사용하면 결과가 출력될 때마다 이전에 작성한 줄의 아랫줄에 작성되잖아.

만약 모든 결과를 한 줄에 출력하고 싶다면 end 속성에 원하는 문자를 넣어주면 돼. 예를 들어 end=' '라고 하면 내용을 출력한 다음 줄바꿈 대신 공백을 넣으라는 것이고, end='/'이라고 하면 내용을 출력한 다음 줄바꿈 대신 '/'를 넣으라는 거야. 그러면 다음과 같이 출력될 거야.

```
6 32 45 42 45 27      # end=' ' 일 때
6/32/45/42/45/27      # end='/ '일 때
```

end 속성이 어떤 쓰임새인지 알겠지?

난수는 게임 프로그래밍 등에서 많이 사용하는 개념이니까 잘 알아둬. 그런데 randint( ) 함수는 매번 주어진 범위 내에서 숫자를 뽑기 때문에 randint( ) 함수를 여러 번 실행하면 출력 결과처럼 뽑힌 숫자가 중복될 수 있다는 점 기억해. 그러므로 만약 이 함수를 이용해 로또 번호 생성기를 만들려면 중복 값이 나타났을 때 별도로 처리해 주는 코드가 필요해.

3줄 요약

- ☑ 난수를 만들려면 random 모듈을 임포트한다.
- ☑ random.randint(시작값, 끝값)은 시작값과 끝값 사이에서 임의의 수를 추출해 준다.
- ☑ print( ) 함수의 end 속성은 출력 후 한 줄의 마지막을 어떻게 처리할 것인지를 지정해주는 역할을 한다.

SECTION 094

P·Y·T·H·O·N

random 모듈 - 리스트를 섞고 무작위로 뽑기

〔핵심내용〕 shuffle( )은 무작위로 섞고, choice( )는 무작위로 뽑아주는 함수이다.

```
# section_094

import random

card = ['A', '2', '3', '4', '5', '6', '7', '8', '9', '10',
        'J', 'Q', 'K']
print(card)

random.shuffle(card)
print(card)

print(random.choice(card))
```

```
['A', '2', '3', '4', '5', '6', '7', '8', '9', '10', 'J', 'Q', 'K']
['9', '4', '3', '8', 'Q', 'A', '5', '6', '2', 'J', 'K', '7', '10']
K
```

random 모듈을 활용하면 리스트의 항목을 무작위로 섞거나 어떤 항목을 무작위로 뽑아낼 수 있어.

5번, 6번 줄 card 변수에 리스트를 저장하고 내용을 확인하는 코드야.

8번, 9번 줄 random.shuffle() 함수를 이용해서 리스트 항목을 무작위로 섞은 후 어떻게 되었는지 확인하는 코드야. 순서가 뒤죽박죽 바뀐 걸 확인할 수 있지?

11번 줄 random.choice() 함수로 리스트에서 무작위로 하나의 항목을 선택하는 거야.

random.choice( )를 응용하면 참/거짓 중 무작위로 하나 고르는 코드를 작성할 수도 있어.

```
random.choice([True, False])
```

3줄 요약

- ☑ 리스트에 random.shuffle( )을 이용하면 리스트의 값을 무작위로 섞을 수 있다.
- ☑ random.choice( ) 함수는 무작위로 하나를 선택해 주는 함수이다.

SECTION 095

P·Y·T·H·O·N

random 모듈 - 여러 항목을 한꺼번에 뽑기

〔핵심내용〕 sample( ) 함수는 여러 항목을 중복되지 않게 뽑아 준다.

```
# section_095

import random

myStr = "최고의영화 - 죽은시인의사회"
print(random.sample(myStr, 3))

myList = random.sample(range(1,46), 6)
myList.sort()
print(myList)
```

```
['고', '영', '의']
[8, 12, 25, 26, 38, 42]
```

random.sample( ) 함수는 첫 번째 인수(시퀀스형 객체 또는 집합)에서 두 번째 인수만큼 항목을 뽑아주는 기능을 가졌는데, 중복되지 않게 뽑아준다는 특징이 있어.

5번 줄 | myStr 변수에 문자열을 저장하고

6번 줄 | 이 문자열에서 3개 항목을 뽑아내라는 명령이야. sample( ) 함수는 결과를 리스트로 만들어서 반환해 줘.

8번 줄 | sample( ) 함수를 사용하면 간편하게 로또 번호 생성기를 만들 수 있어. 이 함수는 숫자가 중복되지 않게 원하는 개수만큼 뽑아주기 때문이야. range(1, 46)가 만들어 낸 1~45 사이의 숫자 중 6개를 뽑아서 리스트형으로 반환해 주는 코드야.

9번 줄 | 추출된 6개의 수를 정렬만 해주면 로또 숫자가 되지.

3줄 요약

- ☑ random.sample( )의 첫 번째 인수는 시퀀스형 객체 또는 집합이고 두 번째 인수는 추출하고 싶은 개수이다.
- ☑ random.sample( ) 함수는 주어진 개수만큼 무작위로 뽑아주는 기능을 가진다.
- ☑ random.sample( ) 함수는 중복되지 않은 값을 뽑아준다.

P·Y·T·H·O·N

SECTION 096

random 모듈 - 실수로 구성된 난수 만들기

〔핵심내용〕 random( ) 함수 또는 uniform( ) 함수로 실수 난수를 구할 수 있다.

```
1:  # section_096
2:
3:  import random
4:
5:  print(random.random())
6:
7:  print(random.uniform(0, 10))
```

```
0.7744850949181107
9.925523321537058
```

5번 줄 사실 random 모듈의 가장 기본이 되는 함수가 바로 random.random( ) 함수야. 이 함수는 0.0~1.0 사이의 임의의 실수를 반환해 주는 기능을 가지고 있어.

7번 줄 random.uniform(시작값, 끝값) 함수는 주어진 시작값과 끝값 사이의 실수를 반환해 주는 기능을 가지고 있어. 참고로, random( ) 함수를 이용해서 uniform(0, 10)의 결과와 비슷하게 코드를 짤 수 있어.

random.random( ) * 10.

이 코드는 0.0~1.0 사이의 임의의 실수 값에 10을 곱하기 때문에 uniform(0, 10)과 같은 결과가 발생하게 돼. 반대로 uniform( ) 함수로 random( )의 결과와 비슷하게 코드를 짤 수도 있지.

random.uniform(0, 1)

3줄 요약

- random.random( ) 함수는 0.0~1.0 사이의 실수를 무작위로 추출해 준다.
- random.uniform( ) 함수는 주어진 값의 범위에서 실수를 임의로 추출해 준다.
- random 모듈에는 다양한 난수 함수가 제공되는데 이중 자주 사용하는 함수를 정리해 보자.

SECTION 097

time 모듈

- 프로그램 실행 시간 측정하기

〔핵심내용〕 time.time( )으로 현재 시간을 초단위로 알 수 있다.

```
# section_097

import time

print('현재시각:', time.time())

def manyloop(max):
    t1 = time.time()
    for a in range(max):
        pass
    t2 = time.time()
    print(t2-t1, '초 경과')

number = int(input('숫자를 입력하세요: '))
manyloop(number)
```

```
현재시각: 1464514549.512392
숫자를 입력하세요: 10000
0.43802499771118164 초 경과
============== RESTART ==============
현재시각: 1464514573.820782
숫자를 입력하세요: 100000
0.46002697944641113 초 경과
```

time 모듈에는 시간과 관련된 많은 함수들이 포함되어 있어. 여기서는 time 모듈을 이용해서 프로그램을 실행하는데 소요되는 시간을 구해볼게. 이렇게 실행 시간을 측정하는 코드는 보통 프로그램이나 알고리즘의 효율성을 체크할 때 많이 사용 돼.

3번 줄	time 모듈을 임포트하고
5번 줄	time.time( ) 함수는 현재 시각을 알려주는 함수인데, 출력 결과를 보면 좀 난해한 숫자로 나타나지? 이 숫자는 1970년 1월 1일 00시 00분 00초 이후 지금까지의 초를 나타낸 값이야. 사실 이것 자체로는 쓸모가 없지만 응용하면 유용하게 사용할 수 있어.
7번 줄	manyloop( ) 함수를 선언하고
8번 줄	함수를 실행하자마자 바로 현재 시각을 t1에 저장해.
9번, 10번 줄	그리고 건네받은 max 번만큼 for문을 회전시킨 다음에
11번, 12번 줄	함수가 끝나기 직전에 다시 현재 시각을 t2에 저장한 다음, t2에서 t1을 빼면 for문이 실행된 시간을 알 수 있지.

3줄 요약

- ☑ time.time( ) 함수는 현재 시간을 1970년 이후부터 지금까지의 초 단위로 알려준다.
- ☑ time.time( ) 함수를 이용하면 프로그램의 실행 시간을 알아낼 수 있다.

SECTION 098

P·Y·T·H·O·N

time 모듈 - ctime( ) 함수로 년, 월, 일, 시, 분, 초 추출하기

〔핵심내용〕 time.ctime( ) 함수는 현재 시간을 문자열로 알려준다.

```
# section_098

import time

current = time.ctime()
print(current)

list_cur = current.split(' ')

for t in list_cur:
    print(t)
```

```
Wed Apr 20 23:57:02 2023
Wed
Apr
20
23:57:02
2023
```

time.ctime( ) 함수는 현재 시각을 문자열로 반환해 주는 기능을 가지고 있어. time.time( )보다 실제 시간을 아는 데는 더 유용하지.

5번, 6번 줄 ctime( ) 함수를 이용해서 현재 시각을 얻고 출력해 봤어. 출력 결과는 첫 번째 줄에 나온 형식으로 출력 돼.

8번 줄 ctime( ) 함수는 현재 시각을 문자열 형태로 돌려주기 때문에 문자열 메서드들을 이용해서 날짜의 각 요소들을 분리할 수 있어. 현재 시각의 항목들이 공백으로 구분되어 있으니까 split(' ') 함수를 이용한 거야. split( ) 함수는 각 요소를 분리해서 리스트로 반환해 줘.

10번, 11번 줄 리스트의 각 항목을 for문으로 출력하는 코드야.

3줄 요약

- ☑ time.ctime( ) 함수는 현재 시간을 문자열로 알려준다.
- ☑ time.ctime( ) 함수로 얻은 시간 정보를 문자열 함수를 이용해 분리해서 사용할 수 있다.

P·Y·T·H·O·N

SECTION 099

time 모듈 - 시간 딜레이 주기

〔핵심내용〕 time.sleep( ) 함수는 프로그램을 잠시 쉬게 만드는 함수이다.

```python
# section_099

import time

for t in range(6):
    print(time.ctime())
    time.sleep(1)
```

```
Wed Apr 20 23:37:16 2023
Wed Apr 20 23:37:17 2023
Wed Apr 20 23:37:18 2023
Wed Apr 20 23:37:19 2023
Wed Apr 20 23:37:20 2023
Wed Apr 20 23:37:21 2023
```

time 모듈의 sleep( ) 함수는 프로그램을 잠시 쉬게해 주는 기능을 가지고 있어. 보통 딜레이(delay)를 준다고도 표현하지.

6번 줄 time.ctime( ) 함수는 현재 시각을 문자열 형태로 보여주는 함수야.

7번 줄 time.sleep( ) 함수에 인자값을 넣어주면 해당 초만큼 딜레이를 줄 수 있어. 여기서는 1을 넣었으니 1초간 프로그램이 잠시 쉬도록 만드는 거야. 괄호 안에는 0.5초처럼 실수 값을 입력할 수도 있어.

정리하면 6번 줄에서 시간을 출력하고 7번 줄에서 1초간 딜레이, 다시 6번 줄에서 시간을 출력하는 식으로 반복되는 거야.

출력 결과를 보면 초단위로 바뀌는 것을 볼 수 있지? 대략 6초에 걸쳐서 전체 프로그램이 실행된 거야. 만약 sleep( ) 함수가 없었다면 어땠을까? for문 실행 속도는 매우 빠르기 때문에 6번 회전하는 건 순식간에 끝나버려서 동시에 6개의 결과가 출력될 거야. sleep( ) 함수를 빼고 실행해 봐.

3줄 요약

- ☑ time.sleep( ) 함수는 프로그램을 잠시 쉬게 해주는 기능을 가진 함수이다.
- ☑ time.sleep( ) 함수는 주로 반복문 안에서 사용되고, 초를 실수 값으로 입력할 수도 있다.

SECTION 100

datetime 모듈 - 다른 방법으로 년, 월, 일, 시, 분, 초 추출하기

P·Y·T·H·O·N

〔핵심내용〕 datetime 모듈에도 현재 시간을 구하는 방법이 있다.

```python
# section_100

import datetime

d = datetime.datetime.now()
print(d)

print(d.year, d.month, d.day, sep='/')
print(d.hour, d.minute, d.second, d.microsecond, sep=':')
print(d.weekday())
```

```
2023-04-21 00:17:43.692717
2023/4/21
0:17:43:692717
3
```

이 모듈은 time 모듈에 date 모듈을 합친 모듈로, 날짜와 시간을 모두 다루고 있는 모듈이야(날짜와 관련된 date 모듈은 이 책에서 별도로 다루지 않을 거야. 파이썬 문서를 찾아봐).

3번 줄	datetime 모듈을 임포트하고
5번~6번 줄	datetime.datetime.now()를 실행하면 현재 시각을 구할 수 있어. 이 값을 출력한 거야.
8번~10번 줄	변수 d를 가지고 년, 월, 일, 시, 분, 초와 마이크로초, 요일을 알아내는 방법들이야. 마지막에 출력된 요일을 보면 숫자로 나오지? weekday()는 0~6사이의 값을 반환하는데 각 숫자가 차례대로 월요일~일요일과 대응해. 그러니까 0은 월요일, 3은 목요일을 의미해.

3줄 요약

- datetime.datetime.now( )를 이용해서 현재 시간을 구할 수 있다.
- 이때 얻은 값에서 year, month, day...와 같은 방법으로 값을 사용할 수 있다.
- weekday( )로 얻는 값은 0~6이며, 0은 월요일이고 6은 일요일이다.

P · Y · T · H · O · N

Chapter

06

파일 입출력

여태까지 우리는 프로그램에 데이터를 입력할 때 input( ) 함수를, 출력할 때는 print( ) 함수를 주로 사용해 왔었어. 이 함수들은 코드 셀을 통해서 키보드로 데이터를 입력하고 화면에 출력하는 방법으로 이런 방법을 표준 입출력 방식이라고 해.
이번에는 파일을 이용해서 프로그램에 데이터를 입력하고 출력하는 방법을 배울 거야. 이것을 파일 입출력이라고 하는데 파일 입출력의 장점은 대량의 데이터를 다루는데 매우 효과적이라는 거야. 우리 학교 전교생의 데이터가 텍스트 파일로 저장되어 있는데 이것을 input( ) 함수로 입력한다면 모든 학생들의 데이터를 키보드로 일일이 쳐야 하잖아. 그런데 파일 입출력을 이용하면 정말 간단하게 처리할 수 있어.

SECTION 101

P·Y·T·H·O·N

파일 입출력의 개요

〔핵심내용〕 open( ) 함수를 'w' 모드로 사용하면 파일을 새로 만들 수 있다.

코드를 실행하면 [파일] 탭 안에 myfile.txt 파일이 생성될거야. 혹시 안보인다면 위의 (새로고침)을 눌러봐.

우선 파일 입출력의 전체적인 개요를 먼저 볼까?

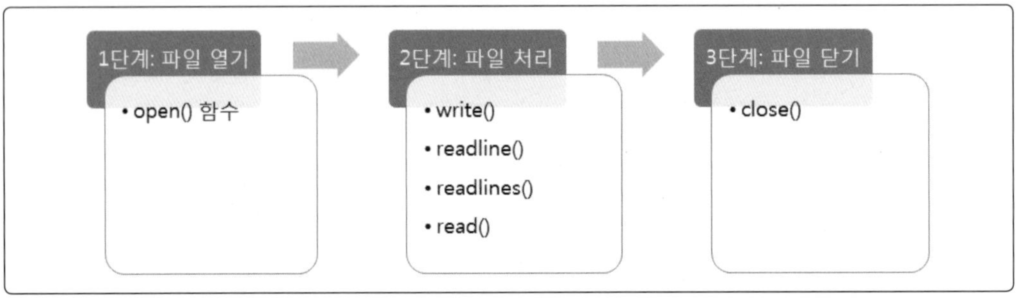

<1단계 : 파일 열기>

파일 처리를 위해서는 우선 파일을 열어야 해. 파이썬에서 파일 열기는 매우 간단해서 쉽게 할 수 있어. open() 함수만 사용하면 되거든.

<2단계 : 파일 처리>

파일 입출력의 핵심적인 부분이지. 파일 처리와 관련된 다양한 함수들이 있는데 이 책에서는 자주 사용하는 몇 가지를 볼 거야. 각 함수들의 특징을 잘 구별해 두면 충분할 거야.

<3단계 : 파일 닫기>

파일을 열고 원하는 바대로 파일을 처리했다면 파일을 닫아줘야지. 파일 닫기 함수도 매우 간단해. close( ) 함수 하나야. 만약 파일을 닫지 않을 경우엔 내 프로그램이 열었던 파일을 계속 붙들고 있는 상황이 되어 다른 프로그램이 해당 파일을 사용할 수 없게 만들기도 하고 메모리를 낭비하기도 하지. 사실 파일을 닫는 과정을 하지 않아도 파이썬이 자동으로 파일을 닫아주지만 명시적으로 파일을 닫아주는 것이 좋아.

파일의 종류에는 텍스트 파일과 바이너리 파일이 있어. 컴퓨터 안에 존재하는 모든 파일은 바이너리 파일이라고 해. 컴퓨터가 읽을 수 있는 바이너리(0, 1) 코드로 되어 있기 때문이야. 그런데 그 중에서 사람이 읽고 쓸 수 있는 일반 문자열들이 들어가 있는 파일을 특별히 텍스트 파일이라고 하는 거야. 텍스트 파일을 만드는 건 매우 간단해. 메모장을 열고 다음 왼쪽의 파일처럼 글자만 입력하면 완성!

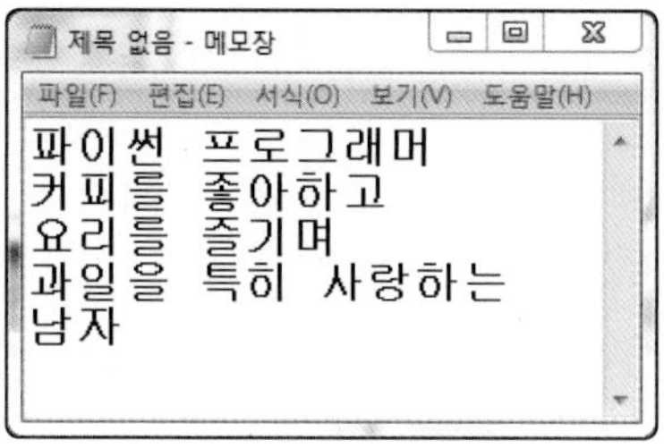

[텍스트 파일]

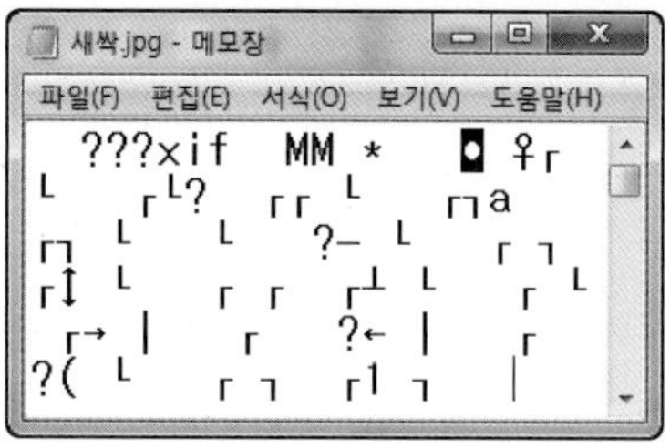

[바이너리 파일]

반면에 오른쪽의 바이너리 파일은 내 컴퓨터에 있는 '새싹.jpg' 라는 그림 파일을 메모장에 드래그 앤 드롭해서 열어본 거야. 어때? 사람이 읽고 쓰기 어려운 형태로 되어 있지? 하지만, 텍스트 파일도 본질적으로는 바이너리 파일의 일종이라는 것은 기억해 둬.

자, 그럼 텍스트 파일은 어떤 구조일까?

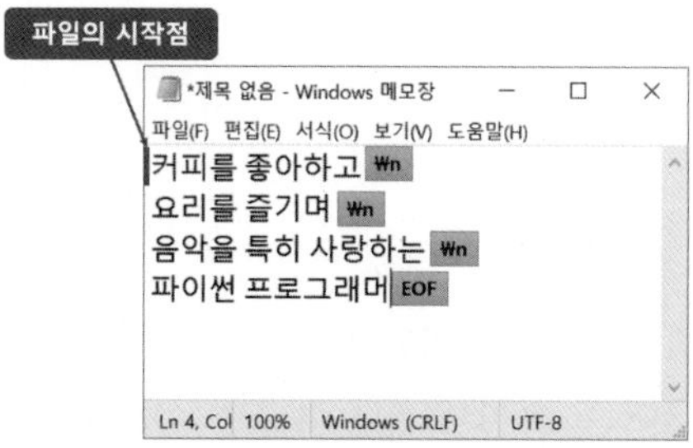

[텍스트 파일의 구조]

위 그림을 잘 봐. 텍스트 파일의 맨 처음에는 파일의 시작점이 있고 글자들이 나열되어 있어. 그리고 다음 줄로 넘어가지. 첫 문장과 두 번째 문장을 구분하는 것은 첫 줄 맨 마지막에 있는 개행 문자('\n')로 엔터(Enter)키를 입력할 때 자동으로 들어가는 문자야. 텍스트 파일의 모든 줄의 끝에는 '\n'이 있다는 것을 잊지 마. 그렇게 문자열이 나열되다가 언젠가 파일의 끝에 다다르겠지? 파일의 끝을 EOF(End of File)라고 부르는데 파일 처리할 때 이 EOF를 기준으로 파일의 끝인지 아닌지를 판단하게 돼.
어때? 파일의 구조도 별거 아니지? 그럼 이제 예제를 볼까?

3번 줄

우선 open( ) 함수의 형태를 보자.

파일 객체 변수 = open('파일명', '파일_열기_모드')

기본적으로 open( ) 함수는 파일을 열 때 사용하는 함수야. 그런데 파일 열기 모드는 뭘까? 주로 사용하는 파일 열기 모드는 아래 표에 정리했어. 이외에도 몇 가지가 더 있지만 여기서는 이 정도만 이해하고 넘어가자고.

파일 열기 모드	설명
w	• 쓰기 모드. 파일에 데이터를 저장하고 싶을 때 사용함. • 파일이 폴더에 존재하지 않으면 파일을 생성함. • 만약 동일한 파일이 존재하면 기존 데이터를 삭제하고 파일을 새로 만듦. 따라서 사용 시 주의할 것
r	• 읽기 모드. 파일에서 데이터를 가져올 때 사용함. • 파일이 폴더에 존재하면 파일 객체를 반환해 주고, 존재하지 않으면 OSError를 발생. • 파일 열기 모드의 기본 값이기 때문에 생략하면 읽기 모드로 파일이 열림.
a	• 추가 모드. 파일에 데이터를 추가하고 싶을 때 사용함. • 파일이 폴더에 존재하지 않으면 파일을 생성함. 만약 동일한 파일이 존재하면 파일 안의 기존 데이터에 이어서 데이터를 추가할 수 있음. • 'w'와 차이점은, 'a'는 파일에 존재하는 데이터 이후에 추가로 쓸 수 있고, 'w'는 기존의 데이터를 지우고 완전히 새로운 파일을 만든다는 점에서 다름.

파일을 생성할 때는 open('파일명', 'w')라고 하면 돼. 파일 열기 모드 'w'의 특성 때문에 open( ) 함수로 파일을 새로 만들 수 있는 거야. 물론 그 안은 비어있는 파일이겠지.
3번 줄이 실행되고 나면 [파일] 탭에서 myfile.txt 파일이 만들어진 것을 확인할 수 있어. 그리고 파일에 대한 모든 권한이 파일 객체 변수 f에 저장될 거야.

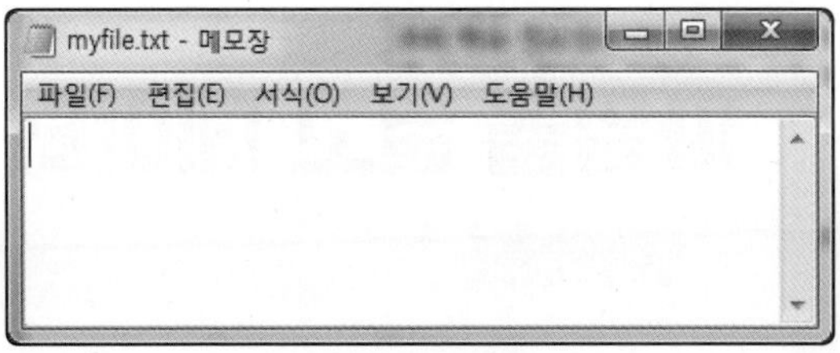

[myfile.txt 파일]

5번 줄 f.close()는 파일을 닫아주는 함수야. 따라서 파일 객체 변수 f를 이용해서 파일을 닫을 수 있어.

3줄 요약

- 파일 입출력은 파일 열기 → 파일 처리 → 파일 닫기의 3단계로 이루어진다.
- open( ) 함수의 세 가지 파일 열기 모드 중 'w' 모드는 빈 파일을 만들 때 사용한다.
- 'w' 모드로 파일을 생성할 때 폴더 내에 동일한 파일이 존재할 경우 기존 데이터가 삭제된다.

SECTION 102

P·Y·T·H·O·N

파일을 열고 데이터 쓰기 - write( )

〔핵심내용〕 write( ) 함수는 파일에 데이터를 저장하는 기능을 가진 함수이다.

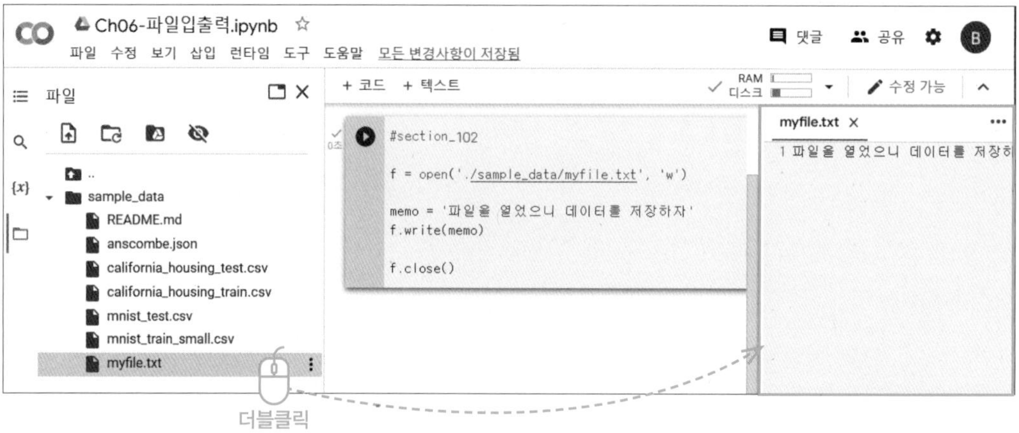

코드 실행 후 [파일] 탭에서 sample_data 폴더의 myfile.txt를 더블클릭하면 맨 오른쪽에 새로운 창에서 파일 내용을 확인할 수 있을거야.

3번 줄

<파일 열기>

myfile.txt라는 파일을 'w' 모드로 열라는 명령이야. 만약 파일이 없다면 myfile.txt를 생성할 것이고, 파일이 존재한다면 파일 안에 있는 모든 데이터를 지우고 새롭게 파일을 만들 거야.

<절대 경로와 상대 경로>

그런데 파일명 앞에 경로가 적혀 있군. 파일 처리할 때 경로를 많이 사용하게 될 건데, 경로에는 상대 경로와 절대 경로가 있어.

▷ 절대 경로 : 작업 폴더와 무관하게 절대적인 위치를 가리키는 경로

예 C:\\Windows\\ System32

C:/temp

▷ 상대 경로 : 소스 코드(*.ipynb 또는 *.py)가 있는 작업 폴더를 기준으로 상대적인 위치를 가리키는 경로

예 ..\\ python35

./src/image

(파이썬에서 상하위 폴더를 구분할 땐 '/ ' 또는 ' \\'를 사용)

이때 주의할 것은, open( ) 함수의 'w' 모드는 파일이 없을 땐 새롭게 생성해 주지만 폴더가 없을 땐 오류가 발생해. 그러니 지정한 폴더가 존재하는지 꼭 확인하고 없다면 미리 만든 다음에 실행할 것.

5번 줄 memo 변수에 파일에 저장할 내용을 저장하고

6번 줄 <파일 처리> write( ) 함수를 이용해서 파일에 데이터를 쓰는 거야. 괄호 안에다 쓸 내용을 넣어주면 돼.

8번 줄 <파일 닫기> 파일 처리가 완료되면 파일 종료하기

프로그램을 실행한 다음 sample_data 폴더에서 myfile.txt 파일을 다운로드 한 후 열어보면 다음과 같이 내 컴퓨터에서도 확인할 수 있어.

[파일 쓰기]

3줄 요약

- ☑ 파일 입출력의 3단계(파일 열기 → 파일 처리 → 파일 닫기)를 기억하자.
- ☑ 절대 경로와 상대 경로의 차이를 이해하자.
- ☑ write( ) 함수는 파일에 데이터를 저장하는 함수이다.

SECTION 103

P·Y·T·H·O·N

파일을 열고 데이터 읽기 - readline( )

〔핵심내용〕 readline( ) 함수는 파일의 데이터를 한 줄씩 읽어오는 기능을 가지고 있다.

```
# section_103

f = open('c:/temp/myfile.txt', 'w')
poem = '''
살어리 살어리랏다 청산에 살어리랏다
멀위랑 달래랑 먹고 청산에 살어리랏다
얄리 얄리 얄랑셩 얄라리 얄라

우러라 우러라 새여 자고 니러 우러라 새여
널라와 시름 한 나도 자고 니러 우리노라
얄리 얄리 얄라셩 얄라리 얄라
'''
f.write(poem)
f.close()

f = open('c:/temp/myfile.txt', 'r')

while True:
    sentence = f.readline()
    if not sentence:
        break
    print(sentence)

f.close()
```

```
살어리 살어리랏다 청산에 살어리랏다

멀위랑 달래랑 먹고 청산에 살어리랏다

얄리 얄리 얄랑셩 얄라리 얄라

우러라 우러라 새여 자고 니러 우러라 새여

널라와 시름 한 나도 자고 니러 우리노라

얄리 얄리 얄라셩 얄라리 얄라
```

파일 안의 데이터를 불러오는 방법은 여러 가지가 있는데 그 중에서 readline( ) 함수를 사용해 보기로 해. readline( ) 함수는 파일에서 한 줄을 읽어오는 기능을 가졌어. 예제를 보면서 살펴보자구.

3번~14번 줄	파일을 쓰기 모드로 열고, 청산별곡 가사를 저장했어.
16번 줄	파일에 있는 데이터를 불러오려면 파일을 읽기 모드('r')로 열어야 해.
18번 줄	보통은 파일의 끝이 어딘지 알 수 없으니까 while문을 사용하고 조건식에 True를 지정해서 무한 루프를 돌리자구.
19번 줄	파일에서 한 줄씩 읽어들이는 readline( ) 함수를 이용해서 한 줄씩 읽어 와서 sentence라는 변수에 저장하고 있어. 파이썬은 개행 문자인 '₩n'가 나타날 때까지를 한 줄로 판단해.
20번, 21번 줄	파일의 끝(EOF)에 다다르면 readline( ) 함수는 'None'을 돌려줘. sentence의 값이 None이면 False인데 not 연산자와 함께 쓰여서 파일의 끝에 다다르면 break가 실행되는 거야.
22번 줄	반복문의 매 회전마다 sentence의 값을 출력해 주는 문장이야. 22번 줄이 실행된다는 얘기는 아직 파일의 끝이 아니라는 것이기도 하고 sentence에 어떤 값이 있다는 뜻이기도 해. 그리고 출력 결과를 보면 한 줄 출력 때마다 빈 줄이 삽입된 이유는 문장의 끝에 있는 '\n'로 인해 한 번, 그리고 print( )문이 기본적으로 출력 후 한 번, 이렇게 해서 엔터(Enter)가 두 번 추가되어 삽입된 거야. 빈 줄을 없애고 싶다면 print( )에 end=' ' 속성을 추가해도 좋아.
24번 줄	파일 종료하기

3줄 요약

- ☑ 파일의 데이터를 읽기 위해서는 반드시 'r' 모드로 파일을 열어야 한다.
- ☑ readline( ) 함수는 파일의 데이터를 한 줄씩 읽어오는 기능을 가진 함수이다.
- ☑ 파일의 끝(EOF)에 다다르면 readline( ) 함수는 None을 반환한다.

P·Y·T·H·O·N

SECTION 104

파일을 열고 데이터 읽기 - readlines( )

〔핵심내용〕 readlines( ) 함수는 파일 전체를 줄 단위로 읽어서 리스트로 반환해 준다.

```
# section_104

f = open('c:/temp/myfile.txt', 'w')
poem = '''
살어리 살어리랏다 청산에 살어리랏다
멀위랑 달래랑 먹고 청산에 살어리랏다
얄리 얄리 얄랑셩 얄라리 얄라

우러라 우러라 새여 자고 니러 우러라 새여
널라와 시름 한 나도 자고 니러 우리노라
얄리 얄리 얄라셩 얄라리 얄라
'''
f.write(poem)
f.close()

f = open('c:/temp/myfile.txt', 'r')

all = f.readlines()

print(all)

for sentence in all:
    print(sentence)

f.close()
```

```
['\n', '살어리 살어리랏다 청산에 살어리랏다\n', '멀위랑 달래랑 먹고 청산에 살어리랏다\n', '얄리 얄리 얄랑셩 얄라리 얄라\n', '\n', '우러라 우러라 새여 자고 니러 우러라 새여\n', '널라와 시름 한 나도 자고 니러 우리노라\n', '얄리 얄리 얄라셩 얄라리 얄라\n']


살어리 살어리랏다 청산에 살어리랏다
```

멀위랑 달래랑 먹고 청산에 살어리랏다

얄리 얄리 얄랑셩 얄라리 얄라

우러라 우러라 새여 자고 니러 우러라 새여

널라와 시름 한 나도 자고 니러 우리노라

얄리 얄리 얄라셩 얄라리 얄라

이번에는 readlines( ) 함수를 사용해 볼게. readlines( ) 함수는 파일의 모든 줄을 한꺼번에 읽어오는 기능을 가졌어.

3번~14번 줄	파일을 쓰기 모드로 열고, 청산별곡 가사를 저장했어.
16번 줄	파일에 있는 데이터를 불러오려면 파일을 반드시 읽기 모드('r')로 열어야 해.
18번 줄	readlines( ) 함수를 이용하면 파일의 모든 내용을 줄 단위로 읽어서 각각의 줄을 항목으로 갖는 리스트 형태로 반환해 줘. 그리고 이 값을 all이라는 변수에 저장해.
20번 줄	리스트 변수 all을 출력해 본거야. 출력 결과를 보면 리스트의 각 항목이 가사의 각 행으로 구성된 것을 확인할 수 있어. 행의 끝마다 있는 개행 문자('₩n')는 줄바꾸기를 의미해.
22번, 23번 줄	all에는 모든 내용이 리스트 형태로 되어 있으니 for문을 사용할 수 있는 것이지.
25번 줄	파일 종료하기

3줄 요약

- ☑ readlines( ) 함수는 파일의 모든 내용을 한꺼번에 가져온다.
- ☑ readlines( ) 함수는 파일 내용을 줄 단위로 끊어서 리스트 항목으로 만들어서 돌려준다.
- ☑ 파일의 용량이 매우 클 경우 처리 시간이 오래 걸릴 수 있다.

SECTION 105

P·Y·T·H·O·N

파일을 열고 데이터 읽기 - read( )

〔핵심내용〕 read( ) 함수는 파일 내용 전체를 문자열로 반환해 준다.

```
# section_105

f = open('c:/temp/myfile.txt', 'w')
poem = '''
살어리 살어리랏다 청산에 살어리랏다
멀위랑 달래랑 먹고 청산에 살어리랏다
얄리 얄리 얄랑셩 얄라리 얄라

우러라 우러라 새여 자고 니러 우러라 새여
널라와 시름 한 나도 자고 니러 우리노라
얄리 얄리 얄라셩 얄라리 얄라
'''
f.write(poem)
f.close()

f = open('c:/temp/myfile.txt', 'r')

string = f.read()

print(string)

f.close()
```

```
살어리 살어리랏다 청산에 살어리랏다
멀위랑 달래랑 먹고 청산에 살어리랏다
얄리 얄리 얄랑셩 얄라리 얄라

우러라 우러라 새여 자고 니러 우러라 새여
널라와 시름 한 나도 자고 니러 우리노라
얄리 얄리 얄라셩 얄라리 얄라
```

파일을 읽는 또 다른 함수인 read( ) 함수에 대해 알아보자. read( ) 함수는 파일의 모든 내용을 문자열의 형태로 반환해 준다는 점에서 앞서 배운 readlines( )와 달라. readlines( )는 파일의 모든 내용을 리스트로 만들어 줬지.

3번~14번 줄	파일을 쓰기 모드로 열고, 청산별곡 가사를 저장했어.
16번 줄	파일에 있는 데이터를 불러오려면 파일을 읽기 모드('r')로 열어야 해.
18번 줄	read( ) 함수를 이용해서 파일 내 모든 내용을 읽어 들이는데 이때 문자열형으로 반환해 줘. 따라서 string 변수는 문자열형이야.
20번 줄	print( ) 함수로 바로 출력했어.
22번 줄	파일 종료하기

3줄 요약

- read( ) 함수는 파일의 모든 내용을 한꺼번에 가져온다.
- read( ) 함수는 파일 내용을 전체를 문자열로 반환한다.
- 파일의 용량이 매우 클 경우 처리 시간이 오래 걸릴 수 있다.

SECTION 106

P·Y·T·H·O·N

파일을 열고 데이터 읽기 (파일 객체 변수 사용)

〔핵심내용〕 파일 객체 변수는 파일 데이터를 줄 단위로 가지고 있다.

```
# section_106

f = open('c:/temp/myfile.txt', 'w')
poem = '''
살어리 살어리랏다 청산에 살어리랏다
멀위랑 달래랑 먹고 청산에 살어리랏다
얄리 얄리 얄랑셩 얄라리 얄라

우러라 우러라 새여 자고 니러 우러라 새여
널라와 시름 한 나도 자고 니러 우리노라
얄리 얄리 얄라셩 얄라리 얄라
'''
f.write(poem)
f.close()

f = open('c:/temp/myfile.txt', 'r')

for line in f:
    print(line)

f.close()
```

```
살어리 살어리랏다 청산에 살어리랏다

멀위랑 달래랑 먹고 청산에 살어리랏다

얄리 얄리 얄랑셩 얄라리 얄라


우러라 우러라 새여 자고 니러 우러라 새여

널라와 시름 한 나도 자고 니러 우리노라

얄리 얄리 얄라셩 얄라리 얄라
```

이번에는 직접 파일 객체 변수를 이용해서 출력하는 방법을 알아볼게.

3번~14번 줄	파일을 쓰기 모드로 열고, 청산별곡 가사를 저장했어. 이젠 하도 많이 써서 외우겠지? 평소 공부하다 외우고 싶은 것이 있으면 적어도 좋아.
16번 줄	파일에 있는 데이터를 불러오려면 파일을 읽기 모드('r')로 열어야 해.
18번, 19번 줄	파일 객체 변수 f는 줄 단위로 파일 내용을 가지고 있어서 각 항목을 line으로 받아서 바로 출력 가능해. 이 방법이 파일 읽는 방법 중 가장 간단하고 빠른 방법이야.
21번 줄	파일 종료하기

3줄 요약

- ☑ 파일 객체 변수를 이용해서 직접 출력할 수 있다.
- ☑ 파일 객체 변수에는 파일 내용이 줄 단위로 저장되어 있다.
- ☑ 파일 객체 변수를 이용하면 코드가 간결해지고 속도도 빠른 편이다.

SECTION 107

파일을 열고 데이터 읽기 (with문 사용)

P·Y·T·H·O·N

〔핵심내용〕 with문을 사용하면 안정적인 파일 처리를 할 수 있다.

```
# section_107

f = open('c:/temp/myfile.txt', 'w')
poem = '''
살어리 살어리랏다 청산에 살어리랏다
멀위랑 달래랑 먹고 청산에 살어리랏다
얄리 얄리 얄랑셩 얄라리 얄라

우러라 우러라 새여 자고 니러 우러라 새여
널라와 시름 한 나도 자고 니러 우리노라
얄리 얄리 얄라셩 얄라리 얄라
'''
f.write(poem)
f.close()

with open('c:/temp/myfile.txt', 'r') as f:
    for line in f:
        print(line)
```

```
살어리 살어리랏다 청산에 살어리랏다

멀위랑 달래랑 먹고 청산에 살어리랏다

얄리 얄리 얄랑셩 얄라리 얄라



우러라 우러라 새여 자고 니러 우러라 새여

널라와 시름 한 나도 자고 니러 우리노라

얄리 얄리 얄라셩 얄라리 얄라
```

이번에는 with문을 이용해서 파일을 읽어 들이는 방법이야. 이미 눈치 챈 사람도 있겠지만, with문을 이용하여 파일을 열 때의 장점은 close() 함수를 호출하지 않아도 된다는 것이야. 즉 with문이 종료되면서 자동으로 파일을 닫아주기 때문에 편리해. 한 줄 덜 쓰는게 얼마나 즐거운 일인지 다들 느끼고 있겠지?
단순히 편리한 것에서 끝나지 않고 파일을 처리하다가 문제가 생겼을 경우에도 안정적으로 파일을 닫아주기 때문에 안정성이 높아져. with문을 이용한 파일 처리는 나중에 배울 예외 처리 try-except 블록보다 더 낫다고 하니 파일 처리를 할 때는 with문을 사용하길 바라.

3번~14번 줄 — 파일을 쓰기 모드로 열고, 또 청산별곡 가사를 저장했어. 걸그룹 가사였으면 더 좋았을텐데... 원하는 노래의 가사를 넣어도 좋아.

16번 줄 — open() 함수를 with문과 함께 파일을 열고 이 파일에 대한 권한을 파일 객체 변수 f에 저장하는 거야.

17번, 18번 줄 — 파일 객체 변수 f는 줄 단위로 파일 내용을 가지고 있어서 각 항목을 line으로 받아서 바로 출력 가능해. 이 부분에는 파일 객체 변수 f를 이용해서 read(), readline() 함수 등을 사용하는 다른 코드로 바꿔서 사용할 수도 있어.

3줄 요약

- ☑ with문을 이용하면 close( ) 함수를 사용하지 않아도 파이썬이 자동으로 파일을 닫아준다.
- ☑ with문을 이용한 파일 처리가 예외 처리(try-except)보다 더 안전하다.
- ☑ 파일 객체 변수를 이용해서 read( ), readline( ) 등 다른 함수들을 사용할 수 있다.

SECTION 108

P·Y·T·H·O·N

파일에 데이터 추가하기

〔핵심내용〕 'a' 모드는 파일의 맨 끝에 데이터를 추가할 때 선택한다.

```
# section_108

poem1 = '''
살어리 살어리랏다 청산에 살어리랏다
멀위랑 달래랑 먹고 청산에 살어리랏다
얄리 얄리 얄랑셩 얄라리 얄라
'''

with open('c:/temp/myfile.txt', 'w') as f:
    f.write(poem1)

with open('c:/temp/myfile.txt', 'r') as f:
    print('------ 원본 파일 ------')
    print(f.read())

poem2 = '''
우러라 우러라 새여 자고 니러 우러라 새여
널라와 시름 한 나도 자고 니러 우리노라
얄리 얄리 얄라셩 얄라리 얄라
'''

with open('c:/temp/myfile.txt', 'a') as f:
    f.write(poem2)

with open('c:/temp/myfile.txt', 'r') as f:
    print('------ 데이터를 추가한 후 ------')
    print(f.read())
```

기존 파일에 데이터를 추가하기 위해 'a' 모드를 선택했어.

```
------- 원본 파일 -------

살어리 살어리랏다 청산에 살어리랏다
멀위랑 달래랑 먹고 청산에 살어리랏다
얄리 얄리 얄랑셩 얄라리 얄라
```

```
------ 데이터를 추가한 후 ------

살어리 살어리랏다 청산에 살어리랏다
멀위랑 달래랑 먹고 청산에 살어리랏다
얄리 얄리 얄랑셩 얄라리 얄라

우러라 우러라 새여 자고 니러 우러라 새여
널라와 시름 한 나도 자고 니러 우리노라
얄리 얄리 얄라셩 얄라리 얄라
```

이번 예제의 핵심은 22번 줄의 파일 열기 모드 중 추가 모드인 'a'야.

3번~10번 줄	myfile.txt를 쓰기 모드('w')로 열고 가사의 일부분만 저장했어.
12번~14번 줄	myfile.txt를 읽기 모드('r')로 열고 파일의 내용을 확인해 본거야. 출력 결과에 보면 잘 저장되어 있는 것을 확인할 수 있어.
16번~20번 줄	파일에 추가할 내용을 poem2에 저장하고
22번 줄	myfile.txt를 추가 모드('a')로 열었어. 추가 모드는 기존 파일이 가지고 있는 데이터에 이어서 내용을 추가할 때 사용하는 옵션이야. 'w' 모드는 기존의 데이터를 완전히 삭제한다는 점에서 'a' 모드와 다르다는 것 잘 기억해 둬.
23번 줄	write() 함수를 사용해서 poem2 변수의 값을 파일에 쓰기 작업을 하는 거야.
25번~27번 줄	파일에 내용이 잘 추가되었는지 확인하는 거야.

3줄 요약

- ☑ 파일 열기 모드 중 'a' 모드는 기존 파일에 데이터를 추가할 때 선택한다.
- ☑ 새롭게 추가하는 데이터는 기존 파일 데이터의 맨 끝에 추가된다.
- ☑ 파일에 데이터를 저장할 때는 write( ) 함수를 사용한다.

P·Y·T·H·O·N

Chapter

07

객체 지향 프로그래밍

여기까지 잘 따라왔다면 지금까지 배운 내용으로도 웬만한 프로그램을 만들 수 있을거야. 그런데 객체 지향 프로그램을 배워야하는 이유가 뭘까? 현재 대세이기도 하고 무엇보다 여러 사람이 모여 큰 프로그램을 작성하기 위해 코딩할 때 객체 지향 프로그래밍이 효율적이기 때문이지. 그런데 우린 지금 걸음마 단계이기 때문에 큰 부담갖지 말고 객체 지향이 무슨 뜻인지 한 번 공부해 보자.

SECTION 109

P·Y·T·H·O·N

객체(object)

〔핵심내용〕 객체는 우리가 보고 생각할 수 있는 모든 것을 말한다.

```
# section_109

name = '휴보'
weight = 45

def speak():
    print('안녕하세요. 휴보입니다.')

def move():
     print('휴보가 이동한다')
```

아무것도 출력되지 않아.

객체 지향 프로그래밍(Object-Oriented Programming)이라는 말을 들어보았다면 '이게 뭐지?'라는 생각을 했을 거야. 객체 지향 프로그래밍은 객체(object, '오브젝트'라고 읽음)를 '지향'하는 또는 '중심으로' 하는 프로그래밍이라는 의미야. 따라서 객체 개념을 먼저 잡는 것이 중요해.

현실을 잘 살펴보면 모든 것이 다 객체로 구성되어 있다고 볼 수 있어. 나도 객체, 친구 한 명 한 명도 객체, 부모님도 각각 객체. 사람뿐만 아니라 강아지, 옷, 책상, 자동차, 집, 공원에 존재하는 모든 것들을 객체라고 할 수 있어. 객체라는 것이 대단한 것이 아니라 생물을 포함한 모든 사물을 말하는 거야. 게다가 객체는 손에 잡히는 것 말고도 수업이나 사랑과 같이 눈에 보이지 않는 것들도 객체라고 할 수 있지. 즉, 내가 바라보고 생각할 수 있는 것은 모두 객체라고 생각하면 편해.

객체 지향 프로그래밍은 이렇게 현실에 존재하는 객체를 디지털 세상으로 구현하기 위해 시작되었다고 해. 그렇다면 현실 세계의 객체(예를 들면 강아지, 자동차 등)를 디지털 세계의 객체로 구현하고 싶을 때 무엇을 먼저 해야 할까? 우선 객체를 특성과 기능으로 분석해야 해.

- 객체의 특성 : 현실 객체의 고정적인 요소들이나 상태. 예를 들면 색, 크기, 온도, 키, 몸무게 등등을 말해.
- 객체의 기능 : 현실 객체의 움직임과 관련된 것들. 예를 들면 걷다, 뛰다, 날다, 먹다, 잠자다, 회전하다 등 등을 말하는 거야.

현실 객체에 대한 분석이 완료된 후 이것을 디지털 세계로 넣으려면 현실 객체의 특성은 변수에 저장하고, 기능은 함수로 구현하면 되는 거야. 변수는 값을 저장하기 때문에 객체의 특성들을 저장하는데 적합하고, 함수는 어떤 일을 처리하기 위한 것이니까 객체가 가진 기능을 표현하는데 적합해. 따라서 다음과 같이 표현할 수 있지.

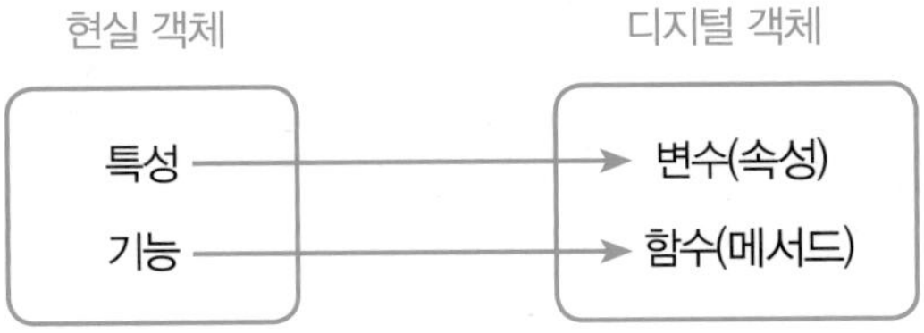

[현실 객체와 디지털 객체]

예를 들어, '로봇'이라는 객체를 코드로 구현하고 싶다면 먼저 로봇의 특성과 기능을 찾아내면 되는 거야. 로봇의 특성에는 제조사, 제조번호, 모델명, 이름, 몸무게 등등이 있을 것이고, 로봇의 기능은 말하다, 이동하다, 충전하다 등등으로 분석할 수 있지. 그 다음에는 로봇의 특성을 변수로, 기능은 함수로 구현하는 거야. 객체 지향 프로그래밍에서는 변수를 '속성(attribute)'이라고 부르고, 함수를 '메서드(method)'라고 불러. 이름은 생소해도 본질은 같아.

3번, 4번 줄 | 예제를 보면 로봇의 특성 중 일부를 변수로 구현했고,

6번~10번 줄 | 로봇의 기능 중 일부를 함수로 구현했어. 예제처럼 현실 객체가 실제로 가진 모든 특성과 기능을 전부 코드로 구현할 필요는 없어. 프로그래머가 프로그램 실행에 필요하다고 판단되는 부분만 선택해서 구현하면 되는 거야.

그런데 이 예제는 변수와 함수가 흩어져 있을 뿐 객체라고 할 수 없어. 다음 절에서 이것을 완성해 보자.

3줄 요약

- ☑ 객체는 우리가 보고 느끼고 생각할 수 있는 모든 것을 말한다.
- ☑ 현실의 객체를 구현하기 위해서 우선 특성과 기능으로 분석한다.
- ☑ 객체의 특성은 변수(속성)로, 기능은 함수(메서드)로 구현한다.

SECTION 110

클래스(class)

〔핵심내용〕 클래스는 객체의 원형이다.

```
1:  # section_110
2:
3:  class Robot:
4:      name = '휴보'
5:      weight = 45
6:
7:      def speak(self):
8:          print('안녕하세요. 휴보입니다.')
9:
10:     def move(self):
11:         print('휴보가 이동한다.')
12:
13: robot1 = Robot()
14: robot2 = Robot()
15: robot3 = Robot()
16:
17: print(type(robot1))
18: robot2.speak()
```

```
<class '__main__.Robot'>
안녕하세요. 휴보입니다.
```

예제의 코드를 자세히 보면 3번 줄에서 바로 다음 예제 코드(4~11번 줄)를 class('클래스'라고 읽음)라는 키워드로 묶은 것을 알 수 있어.

다시 말해서 객체를 만들기 위해서는 클래스를 만들어야 해. 여기서 꼭 집고 넘어가야 할 것이 객체와 클래스, 이 두 개념을 구분하는 거야.

예를 들어볼게. 내가 만약 나무를 이용해서 책상을 만들려고 한다면 우선 책상 설계도가 필요할 거야. 설계도에 따라서 자로 재고 톱으로 잘라서 책상을 만들 수 있겠지. 클래스는 여기서 설계도에 해당하고, 객체는 설계도를 바탕으로 만들어진 실물이라고 생각하면 돼. 설계도를 바탕으로 무수히 많은 책상을 만들 수 있듯이 클래스를 한 번 구현해 두면 원하는 만큼의 객체를 만들어 낼 수 있어.
어떤 책에서는 '클래스–객체'의 관계를 '붕어빵 틀—붕어빵'으로 표현하기도 해. 설계도를 바탕으로 여러 개의 책상을 만들 수 있듯이 붕어빵 틀로 여러 붕어빵을 만들어 낼 수 있다는 점에서 비슷하다고 보면 돼.

3번~11번 줄

예제로 돌아가면, 우리의 목표는 로봇 객체를 만드는 거야. 로봇 객체를 만들기 위해서는 설계도가 필요할 것이고 3번 줄부터 시작되는 클래스가 바로 그 역할을 해주는 거야. 3번 줄부터 11번 줄까지가 클래스를 정의하는 부분이야.
즉, 클래스는 속성과 메서드를 담는 큰 틀이라고 할 수 있어. 그러면 클래스를 어떻게 정의하는지 일반적인 형태를 보자.

```
class 클래스명 : # 클래스 헤더
    명령어1 ⎫
            ⎬ 클래스 블록
    명령어2 ⎭
```

클래스의 형태는 위와 같이 클래스 헤더와 클래스 블록으로 나눌 수 있어. class 키워드는 클래스를 정의할 때 반드시 써줘야 하는 거야.
Robot은 클래스 이름이야. 클래스 이름은 변수명 작성 규칙을 따르지만 보통은 첫 문자를 대문자로 해줘. 의무는 아니지만 많은 사람들이 따르는 규칙이니까 따라하면 좋겠지~

13번~15번 줄

3번~11번 줄에 거쳐 클래스를 정의했지만 우리는 설계도만 완성했을 뿐이야. 이제 실물에 해당하는 객체를 만들어보자. 객체는 변수의 형태로 만드는 거야. 다음을 봐.

변수 = 클래스명( )

Robot 객체를 저장할 변수 robot1을 만들고 대입연산자의 우변에다 Robot( )이라고 써주는 거야. 이렇게 만들어진 로봇 객체 robot1을 Robot 클래스의 인스턴스(instance)라고도 해. 즉, 변수 robot1은 객체이면서 인스턴스라고 할 수 있지.

robot1은 Robot 객체이다.
robot1은 Robot 클래스의 인스턴스이다.

인스턴스라는 용어는 결국 객체를 가리키는 단어이지만, 특별히 클래스와의 관계를 표현할 때 사용하는 거야.
설계도인 클래스를 이용하면 무수히 많은 객체를 만들 수 있다고 했지? 예제처럼 robot1, robot2, robot3, ... 무수히 많은 Robot 객체를 만들 수 있어.

```
robot1 = Robot()
robot2 = Robot()
robot3 = Robot()
robot4 = Robot()
   :
```

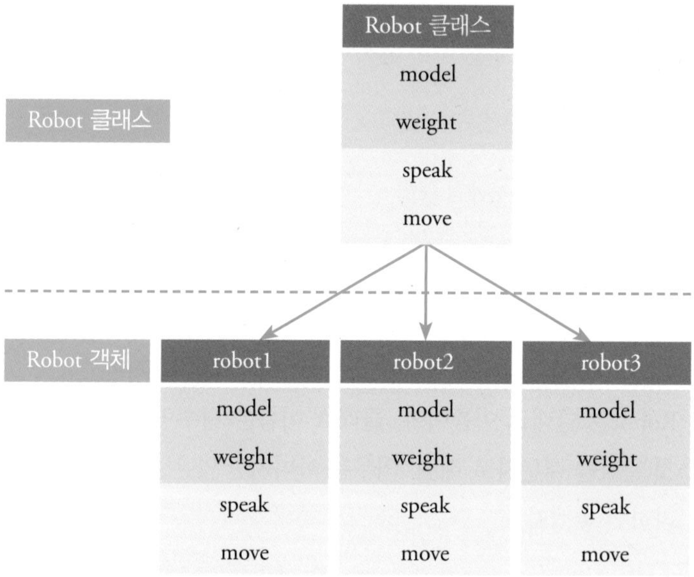

[robot1, robot2, robot3는 Robot 객체이면서 Robot 클래스의 인스턴스이다.]

이렇게 만들어진 각 객체들은 모두 Robot 클래스의 모든 속성과 메서드를 부여받게 되어 변수의 값을 수정하거나 메서드를 이용해서 데이터를 처리할 수 있는 거야. Robot 클래스가 왜 설계도 또는 붕어빵 틀인지 알겠지?

17번 줄

객체 변수 robot1의 타입을 알아보려고 type() 함수를 사용했어. 그랬더니 〈class '__main__.Robot'〉라고 나왔네. 즉, robot1은 Robot 클래스의 인스턴스라는 것을 확인할 수 있지.

이번 예제에서 우리는 로봇 객체를 만들기 위해서 Robot 클래스를 정의했고 이 클래스를 기반으로 다양한 로봇 객체들을 만들어 낼 수 있었어. 객체를 만드는 과정을 정리하면 다음과 같아.

1. 객체 분석

현실 객체를 특성과 기능으로 분석해. 이게 객체를 만들기 위한 시작이니까.

특성 : 네 발, 뾰족한 귀, 긴 꼬리
기능 : 걷다, 뛰다, 울다.

2. 클래스 정의

현실 객체에 대한 분석이 끝나면 설계도에 해당하는 클래스를 만들어야지. 클래스는 class 키워드와 클래스명으로 클래스 블록을 만들고 현실 객체의 특성은 속성(변수)으로, 기능은 메서드(함수)로 구현하는 거야.

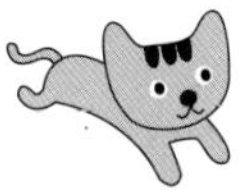

```
class Cat:
    foot = 4
    ear = 'sharp'
    tail = 15
    def walk(self):
        pass
    def run(self):
        pass
```

3. 객체 생성

클래스를 구현하고 나면 객체를 만드는 거야. 객체까지 만들고 나면 객체와 객체끼리 서로 메시지를 주고받으면서 프로그램이 작동하게 돼. 예를 들어, 아이 객체가 '말하다' 메서드를 이용해서 강아지 객체에게 "접시를 물어와"라는 메시지를 보내면 강아지 객체는 '듣다'라는 메서드를 이용해 메시지를 받는 거야.

이런 식으로 메시지를 통해 객체와 객체가 서로 상호 작용하면서 프로그램이 운영되도록 코딩하는 것을 객체 지향 프로그래밍이라고 하는 거야. 물론 객체 지향 프로그래밍 언어라야 가능한 작업이지.

3줄 요약

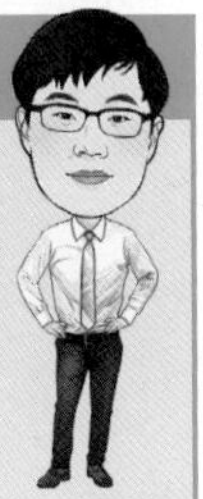

- ☑ 객체를 만들기 위해서는 클래스를 구현해야 한다.
- ☑ 하나의 클래스로 무수히 많은 객체를 만들어 낼 수 있다.
- ☑ 객체 지향 프로그래밍은 객체와 객체가 메시지를 주고받으며 상호 작용하면서 작동하도록 코딩하는 것을 말한다.

SECTION 111

P·Y·T·H·O·N

파이썬은 객체로 구성된다

〔핵심내용〕 파이썬은 모든 요소가 객체이다.

```
1:  # section_111
2:
3:  a = 10
4:  print(type(a))
5:
6:  b = int(10)
7:  print(type(b))
8:
9:  c = [1, 2, 3, 4, 5]
10: print(type(c))
11:
12: def func(x):
13:     return x + 1
14: print(type(func))
15:
16: import math
17: print(type(math))
```

정수형도 객체이기 때문에 6번 줄처럼 정수형 변수를 만들 수 있어.

```
<class 'int'>
<class 'int'>
<class 'list'>
<class 'function'>
<class 'module'>
```

파이썬은 모든 요소가 객체로 구성되어 있어. 우리는 그 동안 객체를 직접 다루지는 않았지만 은연중에 객체를 사용해 오고 있었어. 한 번 보자고.

3번 줄	변수 a에 정수 10을 할당하고
4번 줄	4번 줄의 출력 결과에서 변수 a의 타입을 확인해 보니 'int'형임을 알 수 있지? 그

런데 그 앞에 'class'라는 것에 주목해 봐. 〈class 'int'〉는 변수 a가 int 객체라는 의미, 즉 int 클래스의 인스턴스라는 이야기야. 숫자 하나를 저장하기 위한 변수도 객체로 구성되어 있다는 뜻이지.

6번 줄

정수형 변수를 '변수 = 클래스명()'처럼 객체를 생성하는 방법으로도 만들 수 있다는 것을 보여주려는 거야.
파이썬이 기본으로 제공해 주는 자료형이라는 것들은 사실 알고 보면 파이썬 설계자가 미리 만들어 놓은 클래스라는 것이지. 따라서 만약 내가 만들려는 프로그램에 새로운 자료형이 필요하다면 클래스를 이용해서 만들 수 있는 거야.
예를 들어, 내가 화학 계산 프로그램을 만들려고 하는데, 단위가 원자인 거야. 그런데 파이썬에서는 '원자'라는 자료형을 제공하지 않아. 이럴 때 Atom 클래스를 직접 만들면 돼. 그리고 아래와 같이 Atom형 변수들을 사용하면 되는 것이지.

```
atom1 = Atom()
atom2 = Atom()
atom3 = Atom()
```

기본 자료형인 정수형 변수를 마음대로 만들어 썼듯이 Atom형 변수를 마음대로 만들어 사용할 수 있는 거야. 클래스로 인해서 개발자들은 자료형을 새롭게 만들 수 있게 되었고 프로그램을 더 쉽고 편리하게 만들 수 있게 된 거야.

9번~17번 줄

변수 c에 리스트를 연결했어. 그리고 출력 결과에서 변수 c의 타입을 확인해 보니 'list' 객체임을 알 수 있지? 그 아래의 func 함수나 math 모듈도 마찬가지야. 함수는 function 객체이고, 모듈은 module 객체라는 사실을 확인할 수 있어.
파이썬의 모든 요소가 객체로 구성되어 있다는 의미가 무슨 의미인지 이해가 돼?

3줄 요약

- ☑ 파이썬의 모든 요소는 객체이다.
- ☑ 〈class 'int'〉는 'int 객체'라는 의미이다.
- ☑ 새로운 클래스를 정의하면 새로운 자료형이 생긴 것과 같다.

SECTION 112

P·Y·T·H·O·N

가장 간단한 클래스

〔핵심내용〕 클래스를 구성하는 변수를 속성(attribute)이라고 한다.

```
1:  # section_112
2:
3:  class Robot:
4:      '''가장 심플한 클래스'''
5:      pass
6:
7:  robot1 = Robot()
8:  robot1.name = 'Hubo 2'
9:  robot1.weight = '45 Kg'
10:
11: robot2 = Robot()
12: robot2.name = 'Hubo 2 plus'
13: robot2.build_year = '2011년'
14:
15: print(robot1.name, '-', robot1.weight)
16: print(robot2.name, '-', robot2.build_year)
```

```
Hubo 2 - 45 Kg
Hubo 2 plus - 2011년
```

현실 객체의 특성은 디지털 객체에서 속성으로 구현된다고 했지? 쉽게 말해 객체 지향 프로그래밍을 공부하다가 속성이라는 용어를 보면 아! 변수구나 라고 이해하면 편해.

3번~5번 줄 클래스를 정의할 때는 프로그래머의 필요에 따라 속성과 메서드를 처음부터 넣지 않고 만들 때가 있어. 이럴 때는 함수에서처럼 pass를 넣어주면 돼. 이렇게 비어있는 클래스를 완성했어.

7번 줄 클래스는 설계도 또는 붕어빵 틀일 뿐 아무런 일도 할 수 없다고 했지? 실제로 Robot 클래스를 사용하려면 Robot 클래스의 인스턴스를 만들어야 해. 7번 줄처럼 robot1이라는 변수에 Robot 객체이면서 Robot 클래스의 인스턴스를 할당한 거야. robot1 객체는 원본인 Robot 클래스를 그대로 담아낸 것이니까 아무런 속성이나 메서드가 없는 객체야.

8번 줄 객체를 만들고 난 다음 속성을 추가할 수 있어. 객체와 추가하고자 하는 속성명을 점(.)으로 연결하면 돼. robot1의 모델 속성을 추가하기 위해 name이라는 속성을 추가한 거야.

9번 줄 바로 이어서 이 robot1의 무게를 저장하기 위해 weight라는 속성을 추가한 거야. 어때? 객체에 속성을 추가하는 방법이 간단하지?

11번~13번 줄 또 다른 객체인 robot2를 만들고, name 속성과 building_year 속성을 추가해 본 거야.

15번, 16번 줄 객체가 가진 속성 값들은 '객체.속성명'과 같은 방식으로 접근할 수 있어. 즉, 속성에 저장된 값을 사용할 수 있는 거야.

robot1과 robot2는 각각이 Robot 클래스의 인스턴스이고, 각각은 독립된 개체야. 그래서 robot1에만 추가된 속성(weight)은 robot2에는 존재하지 않는다는 점을 기억해야 해. robot2에만 추가된 속성(build_year)도 마찬가지로 robot1에는 존재하지 않는 것이지. 그래서 robot2가 가지지 않은 속성인 robot2.weight를 사용하려고 하면 다음과 같은 에러가 발생해.

AttributeError: 'Robot' object has no attribute 'weight'

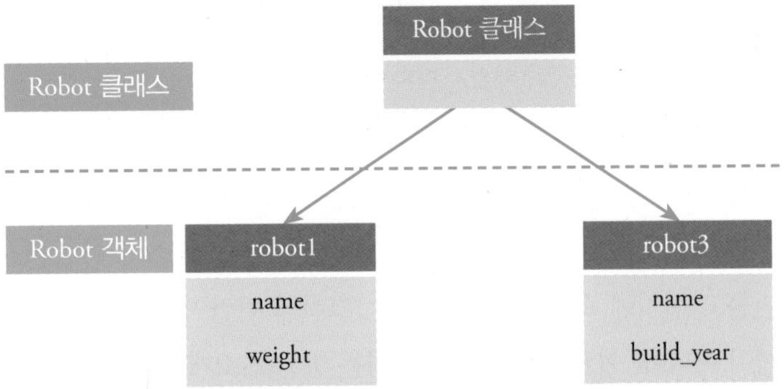

[Robot 클래스로 만든 robot1과 robot2는 독립된 개체이다.]

3줄 요약

- 객체의 속성을 추가할 때는 점(.)으로 연결한다.
- 클래스로부터 만들어진 객체들은 독립적인 개체들이다.
- 객체를 생성한 후에 속성을 추가하면 다른 객체에는 영향을 주지 않는다.

SECTION 113

P·Y·T·H·O·N

_ _init_ _( )

〔핵심내용〕 생성자를 이용하면 객체가 생성될 때부터 값을 가지도록 할 수 있다.

```python
# section_113

class Robot:
    '''다양한 로봇을 만드는 클래스'''
    def _ _init_ _(self):
        self.name = 'pybot'
        self.weight = '45kg'

hubo1 = Robot()
hubo2 = Robot()
print(hubo1.name, hubo1.weight)
print(hubo2.name, hubo2.weight)

print()
hubo1.name = 'minibot'
hubo2.weight = '60kg'
print(hubo1.name, hubo1.weight)
print(hubo2.name, hubo2.weight)
```

```
pybot 45kg
pybot 45kg

minibot 45kg
pybot 60kg
```

앞에서 우리는 비어있는 클래스를 정의하고 난 다음 클래스의 인스턴스인 robot1, robot2라는 객체를 만들고 여기에 속성을 추가했었어. 그런데 이런 방식으로 객체의 속성을 추가하는 것은 좋은 방법이 아니야. 여기에서 보다 추천하는 방법을 소개할게.

바로 _ _init_ _( ) 메서드('_ _'는 '_'를 두 번 쓴다.)를 사용하는 방법이야. 클래스에서 _ _init_ _( ) 메서드는 특별한 의미를 가지고 있어(앞으로 자주 보게 되겠지만 파이썬에서 '_ _'가 사용되는 메서드들은 특별한 용도가 있는 것들이야).

"객체를 만들 때마다 맨 처음 자동으로 실행되는 메서드!"

객체를 생성할 때마다 맨 처음 실행되기 때문에 생성자(Constructor)라고 부르기도 해. 생성자에는 어떤 코드를 담으면 좋을까? 객체를 만들 때 맨 처음 실행되는 거니까 변수에 처음 값을 설정하는 용도로 많이 사용하고 있어. 생성자를 사용하면 객체를 만들 때부터 필요한 값을 가지고 생성되기 때문에 좀 더 그럴듯한 객체를 만들 수 있어.

5번 줄

생성자인 _ _init_ _() 메서드는 메서드니까 def 키워드로 정의하고, 필수적으로 관례상 self가 첫 번째 매개 변수로 들어가야 해. self가 의미하는 것은 생성되는 객체 자신을 의미하는 거야.

6번 ,7번줄

_ _init_ _() 메서드 블록에서 Robot 클래스에서 사용할 name 변수와 weight 변수를 각각 초기화 했어.

9번, 10번 줄

_ _init_ _() 메서드는 9번, 10번 줄처럼 Robot 클래스의 인스턴스를 만들 때마다 자동으로 실행돼. 그리고 모든 Robot 클래스의 인스턴스들은 처음부터 name와 weight 속성을 갖게 돼.

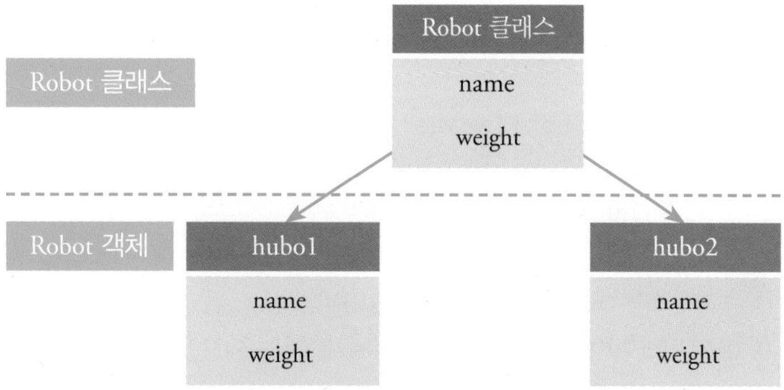

[두 객체 모두 Robot 클래스의 속성을 갖는다.]

11번, 12번 줄

각 객체의 속성들이 잘 초기화되었는지 확인하는 코드야.

15번~18번줄

각 객체를 이미 생성한 이후에 각 객체의 속성 값을 수정했어. 일단 객체로 만들어진 후 hubo1과 hubo2는 각각 독립된 개체라서 hubo1의 변화는 hubo2에게 아무런 영향을 주지 않아.

3줄 요약

- ☑ _ _init_ _( )은 객체 생성 시 변수를 초기화하는 목적으로 사용된다.
- ☑ _ _init_ _( )은 객체 생성 시 가장 먼저 자동으로 실행되는 특별한 메서드이다.
- ☑ _ _init_ _( )은 기본 매개변수를 가지며 관례적으로 self를 사용한다.

SECTION 114

P·Y·T·H·O·N

_ _init_ _( )에 매개 변수 추가하기

〔핵심내용〕 생성자에 매개 변수를 추가하여 객체마다 특별한 값을 설정할 수 있다.

```
# section_114

class Robot:
    '''다양한 로봇을 만드는 클래스'''
    def _ _init_ _(self, name, build_year):
        self.maker = 'KAIST'
        self.isWalking = True
        self.name = name
        self.build_year = build_year

hubo1 = Robot('shane', 2016)
print(hubo1.maker, hubo1.isWalking, hubo1.name,
      hubo1.build_year)

hubo2 = Robot('albert', 2023)
print(hubo2.maker, hubo2.isWalking, hubo2.name,
      hubo2.build_year)
```

self를 제외하면 두 개의 매개 변수를 가진 메서드야.

```
KAIST True shane 2016
KAIST True albert 2023
```

Robot 객체를 생성할 때(또는 Robot 클래스의 인스턴스를 생성할 때) _ _init_ _() 메서드에 매개 변수를 추가하면 객체마다 특별한 값을 설정할 수 있어.

5번 줄 여기서는 객체마다 생성 시 name과 bulid_year를 설정하도록 만들었어.

8번, 9번 줄 객체를 생성하려고 할 때 삽입된 값을 name과 build_year에 저장하는 코드야.

11번 줄 hubo1 변수에 Robot 객체를 생성 시 'shane'과 2016을 던져주면 이 값들은 각각 name과 build_year에 복사되고, 8번, 9번 줄에 의해서 속성으로 저장되는 거야.

12번 줄 hubo1이 가진 속성들을 확인하는 코드야.

14번, 15번 줄 hubo2 변수에는 'albert', 2023을 초기값으로 던져주었고 각각 name과 build_year에 저장되어 hubo2 객체의 속성으로 저장되는 거야.

11번, 14번 줄처럼 객체를 생성할 때는 5번 줄에서 self를 제외한 매개 변수 개수만큼 값을 입력해 줘야 해. 예제에서는 name과 build_year에 저장될 값을 요구하니까 두 개의 값을 적어주면 되는 거야.

3줄 요약

- _ _init_ _()에 self 이외에 필요한 매개 변수를 추가할 수 있다.
- 객체를 생성할 때 self를 제외한 매개 변수의 개수만큼 값을 입력해 줘야 한다.
- 객체 생성 시 입력한 값들은 객체 고유의 값이 된다.

SECTION 115

P·Y·T·H·O·N

메서드

〔핵심내용〕 메서드는 클래스의 기능을 구현하는 부분이다.

```
# section_115

class Robot:
    '''다양한 로봇을 만드는 클래스'''
    def _ _init_ _(self, name, build_year):
        self.maker = 'KAIST'
        self.isWalking = True
        self.name = name
        self.build_year = build_year
        self.xpos = 0
        self.ypos = 0

    def move(self):
        if self.isWalking:
            self.xpos += 1
            self.ypos += 1

    def curPosition(self):
       print('현재 좌표: ({}, {})'.format(self.xpos, self.ypos))

hubo = Robot('shane', 2016)
hubo.move()
hubo.move()
hubo.move()
hubo.curPosition()
```

```
현재 좌표: (3, 3)
```

앞에서 객체의 상태를 나타내는 속성을 저장하기 위해 변수를 사용해 봤어. 이번에는 객체의 상태를 바꾸거나 데이터 처리를 하기 위해 메서드를 정의해 주려고 해.
앞에서 봤던 __init__()도 하나의 메서드야. __init__() 이외에 우리가 클래스에 필요하다고 생각하는 메서드를 추가할 수 있어. 여기서는 로봇의 이동을 표현하기 위해 move() 메서드, 그리고 로봇의 현재 위치를 알려주는 curPosition() 메서드를 정의했어.

13번~19번 줄

메서드를 정의하는 방법은 함수를 정의하는 방법과 똑같아. def 키워드를 사용하고, 메서드명을 적어주고, 메서드 블록에 메서드의 기능을 코딩해 주면 되는 거야. 메서드는 단지 클래스 안에 존재하는 함수를 부르는 말이야.
추가된 메서드들을 잘 보면 모든 메서드들에서 self라는 매개 변수를 발견할 수 있지? __init__()에서 봤던 것처럼 self는 관례적으로 항상 입력하도록 되어 있어. 그렇다면 self는 어떤 역할을 할까? 이미 알고 있듯이 클래스를 이용해서 무수히 많은 객체를 만들어 낼 수 있잖아. 그리고 각각의 객체가 필요할 때마다 메서드를 호출하겠지. 이렇게...

```
hubo1.move()
hubo2.move()
hubo3.move()
    :
```

이때 메서드는 여러 객체들 중에서 hubo1이 자기를 실행시켰는지, 아니면 hubo2가 자기를 실행시켰는지 궁금할텐데 self가 바로 메서드를 실행시킨 객체의 정보를 가지고 있는 거야. 따라서 hubo1 객체가 실행한 거라면 파이썬이 알아서 self에 hubo1을 넣어주게 돼. 다음과 같이 말이야.

```
def move(hubo1):
    if hubo1.iswalking:
        hubo1.xpos += 1
        hubo1.ypos += 1
```

파이썬이 이렇게 자동으로 해결해주기 때문에 우리는 self라는 인수를 메서드를 정의할 때 넣어주기만 하면 돼.

이해하기 어려우면 단순하게 생각해. 메서드는 무조건 self를 첫 번째 인수로 가져야 한다! 그리고 self는 각각의 객체를 의미하는 것이다!
만약 메서드에 self를 매개 변수로 넣지 않으면 에러가 발생해. 인수 1개가 필요한데 아무것도 넣지 않았다는 뜻이야.

TypeError: move( ) takes 0 positional arguments but 1 was given

21번 줄 Robot 클래스의 인스턴스인 hubo 객체를 만든 후,

22번 줄 객체가 가진 메서드를 호출할 때는 변수와 메서드명을 점(.)으로 연결해서 사용해.

변수.메서드명( )

속성이 변수의 형태로 객체의 특성을 저장하고 있다면, 메서드는 이렇게 객체에 어떤 행위를 부여해서 변수가 가진 값을 수정해 주는 기능을 하는 거야.
move( ) 메서드가 한 번 실행될 때마다 xpos와 ypos 속성 값들에 1 씩 변화가 발생한다는 사실에 주목해.
그런데 말야. 메서드라는 단어를 어디서 많이 본거 같지 않니? 그러니까 문자열을 배울 때도 그랬고, 리스트, 튜플, 사전 등등의 자료형을 배울 때 메서드라는 단어를 봐왔어. 예를 들어 문자열의 upper( ) 메서드는 'abc'.upper( )와 같이 사용하고 결과는 'ABC'를 돌려주지.
이게 무슨 말이냐 하면, 우리가 배워왔던 문자열, 리스트, 튜플 등등은 모두 파이썬 설계자가 클래스로 미리 정의해 두었다는 것을 확인할 수 있는 부분이지. 문자열 클래스가 파이썬 내부 어딘가 만들어져 있다는 얘기고 이 안에 upper( ) 메서드가 구현되어 있어서 우리는 문자열 객체로 사용할 수 있었던 거야.

25번 줄 현재 좌표를 출력해 주는 curPosition( ) 메서드를 이용해서 객체가 현재 가지고 있는 xpos 변수와 ypos 변수의 상태, 즉 로봇의 현재 위치 값을 출력하고 있어.

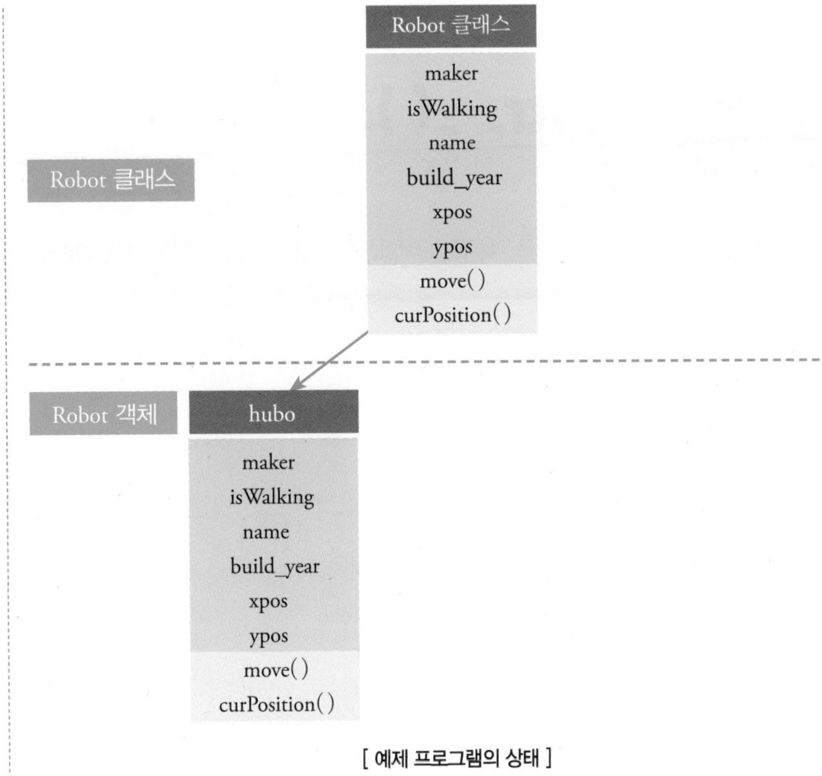

[예제 프로그램의 상태]

3줄 요약

- 클래스의 메서드는 객체의 기능을 구현하는 부분이다.
- 메서드를 이용해서 객체의 속성 값을 변경하거나 데이터를 처리한다.
- 메서드를 사용할 때는 점(.)을 이용해 '객체.메서드명( )'과 같이 사용한다.

SECTION 116

P·Y·T·H·O·N

_ _str_ _( ) 메서드

〔핵심내용〕 _ _str_ _( )은 객체를 대표하는 문자열을 출력하기 위한 메서드이다.

```
# section_116

class Robot:
    '''다양한 로봇을 만드는 클래스'''
    def _ _init_ _(self, name, build_year):
        self.maker = 'KAIST'
        self.isWalking = True
        self.name = name
        self.build_year = build_year
        self.xpos = 0
        self.ypos = 0

    def move(self):
        if self.isWalking:
            self.xpos += 1
            self.ypos += 1

    def curPosition(self):
       print('현재 좌표: ({}, {})'.format(self.xpos, self.ypos))

    def _ _str_ _(self):
        sentence = '이름:{}, 제조년:{}, 현재위치: ({}, {})'\
       .format(self.name, self.build_year, self.xpos, self.ypos)
        return sentence

hubo = Robot('shane', 2016)
print(hubo)
```

```
이름:shane, 제조년:2016, 현재위치: (0, 0)
```

21번~24번 줄 _ _str_ _() 메서드도 _ _init_ _() 메서드와 같이 파이썬이 지정해 놓은 특별한 메서드야. _ _str_ _() 메서드는 객체를 대표하는 문자열을 반환하도록 설계되어 있어서 꼭 return문으로 마무리 해줘야 해.
22번 줄의 마지막에 역슬래시('\')는 다음 줄을 이번 줄에 이어서 사용하겠다는 의미야. 즉, 22번 줄과 23번 줄을 연결해서 하나의 줄로 인식하라고 파이썬에게 알리는 기능을 가진 문자야.

27번 줄 객체의 이름만 넣으면 파이썬이 알아서 _ _str_ _() 메서드를 실행시키도록 되어 있어. 이렇게 간단한 방법으로 클래스의 변수들을 출력할 수 있기 때문에 _ _str_ _() 메서드를 종종 디버깅용으로 사용해.
_ _str_ _() 메서드(21번~24번 줄)를 지우고 print(hubo)를 실행하면 아래와 같이 hubo 객체의 메모리 주소가 나오는데 이 값은 크게 사용할 일은 없을 거야.

〈_ _main_ _.Robot object at 0x022B8630〉

그래서 이 메서드를 활용하면 사용자에게는 객체에 대한 정보를 제공하는데 사용할 수 있고, 프로그래머에게는 임시적으로 디버깅으로 활용할 수 있어.

3줄 요약

- ☑ _ _str_ _( )은 객체를 대표하는 문자열을 출력하기 위한 메서드이다.
- ☑ _ _str_ _( )은 return문을 사용해야 한다.
- ☑ _ _str_ _( )을 디버깅에 활용하면 좋다.

SECTION 117

P·Y·T·H·O·N

클래스 변수와 인스턴스 변수

〔핵심내용〕 클래스 변수는 모든 객체가 공유하는 변수이다.

```python
# section_117

class Robot:
    '''다양한 로봇을 만드는 클래스'''
    population = 0
    maker = 'KAIST'

    def __init__(self, name, build_year):
        self.isWalking = True
        self.name = name
        self.build_year = build_year
        self.xpos = 0
        self.ypos = 0
        Robot.population += 1

hubo1 = Robot('shane', 2016)
hubo2 = Robot('albert', 2023)
hubo3 = Robot('sol', 2012)
print(Robot.maker, Robot.population, hubo1.population)

Robot.maker = 'POSTECH'
print(hubo2.maker, hubo2.population)
```

클래스 변수야. 모든 객체들이 공유하는 변수지. 위치를 봐. 클래스의 메서드 밖에서 만들어졌어.

self.가 붙은 변수들은 인스턴스 변수야. 모든 객체들이 독립적으로 소유하게 돼.

클래스 변수는 '클래스명.클래스변수명'처럼 사용해.

```
KAIST 3 3
POSTECH 3
```

앞에서 공부한 바에 따르면 Robot 클래스를 이용해서 여러 개의 객체를 만들 수 있다는 건 알겠지? 그리고 각 객체들은 독립된 개체로서 값이 바뀌어도 다른 객체에 영향을 주지 않았어.
그런데 말야, 만약 모든 객체들이 공유할 수 있는 변수가 있다면 어떨까? 예를 들어, 현재까지 생성된 로봇 객체의 총 개수를 알고 싶거나, 또는 로봇들의 제조사가 'KAIST'였는데 로봇의 특허권을 'POSTECH'에 팔아서 제조사가 변경된다면 이미 생성된 모든 객체의 maker 변수 값을 일일이 수정해 줘야 하는 상황이 생기잖아. 그런데 만약 모든 객체들이 공유하는 변수를 만들 수 있다면 한 번에 수정할 수 있겠지?
바로 클래스 변수(Class Variable)가 이런 기능을 가능하게 해주고 있어.

5번, 6번 줄 클래스 변수는 클래스 안에서 메서드 밖에 만들어진 변수를 말해. 여기서는 population과 maker가 클래스 변수야. 반면에 메서드 안에서 self와 결합하여 만들어진 변수들(isWalking, name, build_year 등)은 인스턴스 변수(instance variable)라고 해.

	인스턴스 변수	클래스 변수
생성 위치	메서드 안	메서드 밖
특징	각 객체별로 독립적으로 존재한다. 즉, 인스턴스 변수 값의 변화가 다른 객체에 영향을 주지 않는다.	클래스의 모든 인스턴스가 공유하는 변수이다. 클래스 변수 값의 변화는 모든 객체들에 영향을 준다.

14번 줄 population 변수는 Robot 객체들이 생성된 개수를 저장하는 변수라서 생성자가 실행될 때마다 1씩 증가하도록 만들었어. 클래스 변수를 사용할 때는 '클래스명.클래스 변수'처럼 사용하는 거야.

14번~18번 줄 Robot 클래스의 인스턴스 3개를 만들었어.

19번 줄 각 객체가 생성될 때마다 population이 1씩 증가할테고 이 변수는 모든 객체가 공유하는 변수야. 그래서 hubo1 객체를 이용해서 출력해도 같은 값 3이 출력 돼.

21번, 22번 줄 클래스 변수 maker는 모든 객체가 공유하는 변수이기 때문에 값을 'POSTECH'로 변경하면 hubo2.maker의 값도 수정된 값 'POSTECH'이 출력 돼. 22번 줄에서는 값의 변화를 보여주기 위해 '객체명.클래스 변수'를 사용했지만 클래스 변수를 접근할 때는 항상 '클래스명.클래스 변수'를 이용해야 나중에 인스턴스 변수로 오해하는 것을 방지할 수 있어.

3줄 요약

- ☑ 클래스 변수는 클래스의 메서드 밖에서 만들어진 변수이다.
- ☑ 클래스 변수는 클래스의 모든 인스턴스들이 공유하는 변수이다.
- ☑ 클래스 변수를 사용할 때는 '클래스명.클래스 변수'처럼 사용한다.

SECTION 118

P·Y·T·H·O·N

데이터 숨기기

〔핵심내용〕 파이썬은 네임 맹글링 방법으로 변수의 사용을 제한할 수 있다.

```python
# section_118

class Robot:
    '''다양한 로봇을 만드는 클래스'''
    def __init__(self, name, build_year):
        self.name = name
        self.__build_year = build_year
        self.xpos = 0
        self.ypos = 0

    def getYear(self):
        return self.__build_year

hubo = Robot('shane', 2016)

hubo.name = 'albert'
print(hubo.name)
#print(hubo.__build_year)
print(hubo.getYear())

print()
print(dir(hubo))
```

```
albert
2016

['_Robot_ _build_year', '_ _class_ _', '_ _delattr_ _', '_
_dict_ _', '_ _dir_ _', '_ _doc_ _', '_ _eq_ _', '_ _format_
_', '_ _ge_ _', '_ _getattribute_ _', '_ _gt_ _', '_ _hash_
_', '_ _init_ _', '_ _le_ _', '_ _lt_ _', '_ _module_ _',
'_ _ne_ _', '_ _new_ _', '_ _reduce_ _', '_ _reduce_ex_ _',
'_ _repr_ _', '_ _setattr_ _', '_ _sizeof_ _', '_ _str_ _',
'_ _subclasshook_ _', '_ _weakref_ _', 'getYear', 'name',
'xpos', 'ypos']
```

클래스를 구성하는 변수와 메서드들을 통틀어서 클래스 멤버(class member)라고 해. 이 예제에서 Robot 클래스의 멤버로는 name, _ _build_year, xpos, ypos 등의 변수와 _ _init_ _( ), getYear( ) 등의 메서드들이 있다고 말할 수 있는 거야.

예제에서 7번 줄의 _ _build_year 변수를 봐. 변수 앞에 밑줄(_) 두 개가 '_ _' 붙어 있지? 클래스 내에서 만든 멤버명 앞에 '_ _'를 붙이면 독특한 일이 발생하는데 바로 멤버명이 바뀌게 된다는 거야. 이걸 네임 맹글링(name mangling, 이름 변경하기)이라고 해. 22번 줄에서 확인해 보자.

22번 줄을 보면 dir(hubo)를 출력했는데, dir( ) 함수는 hubo 객체가 사용할 수 있는 멤버들을 리스트로 보여주는 함수야. 출력 결과 중 마지막에서 name, xpos, ypos는 보이는데 _ _build_year 변수는 안보이지? 그런데 리스트의 첫 번째 항목을 잘 보면 '_Robot_ _build_year'가 있는 것을 확인할 수 있어. _ _build_year 변수의 이름이 _Robot_ _build_year로 변경된 거야!

파이썬은 앞에 '_ _'가 붙은 멤버는 멤버명 앞에 클래스 이름을 붙이는 방법으로 이름을 변경함으로써 외부에서 해당 변수를 그대로 사용하지 못하게 만들어.

이런 멤버를 프라이빗 멤버라고 해. 이런 멤버를 만드는 이유는 클래스가 숨겨야 할 만한 중요한 정보를 외부로부터 보호하고 싶거나, 메서드에 정의된 대로만 사용하도록 제한을 하는 거야.

누군가가 hubo의 제조년을 임의로 접근해서 마음대로 바꾼다면 개발자가 원하지 않은 결과가 생길 수 있겠지? 따라서 이런 속성은 프라이빗 멤버로 만들고, 메서드를 통해서 제조년을 읽는 기능만 제공하는 것이지. 이런 것을 객체 지향 프로그래밍에서는 데이터 숨기기(data hiding)라고 해.

단, 프라이빗 멤버라고 해도 클래스 내부에서는 얼마든지 원래 이름 그대로 사용할 수 있어. 12번 줄처럼 말이지. 클래스 안에서는 모두 한 가족이니까.

프라이빗 멤버는 다음과 같이 두 가지 방법으로 간단하게 만들 수 있어.

① 두 개의 밑줄(_)을 변수명/함수명 앞에 붙인다.

예 _ _name

② 변수명/함수명 뒤에는 밑줄(_)을 하나까지만 붙일 수 있다.

예 _ _name_

만약 변수명/함수명 뒤에 밑줄(_)을 두 개 붙여서 _ _name_ _으로 만들면 일반 변수가 된다는 것은 주의해.
이제 예제를 볼까?

7번 줄

프라이빗 변수 _ _build_year에다 객체 생성 시 넘겨받은 제조년 정보를 담도록 했어. 제조년 정보는 한 번 설정되고 나면 수정될 필요가 없는 정보니까 함부로 수정되지 않도록 프라이빗 변수로 만드는 것이 좋지.

16번, 17번 줄

프라이빗 멤버가 아닌 멤버들은 쉽게 객체를 통해서 접근하고 값을 변경할 수 있지만

18번 줄

프라이빗 멤버를 직접 사용하려고 하면 오류가 발생해. 주석을 해제하고 실행해 봐. 다음과 같은 오류가 발생할 거야.

AttributeError: 'Robot' object has no attribute '_ _build_year'

Robot 객체에는 '_ _build_year' 변수가 없다는 의미야. 당연하지. 이름이 '_Robot_ _build_year'로 변경됐으니 말야.

19번 줄

프라이빗 변수는 직접 접근하지 못하니까 11번~12번 줄처럼 정보를 확인할 수 있는 메서드를 통해서 접근하도록 만들어 주는게 일반적이야. 직접 수정하게는 못해도 간접적으로 접근할 수 있는 전용 창구를 만들어주는 것이지. 물론 이런 친절한 메서드를 만들어 줄지 말지는 전적으로 개발자의 판단에 달렸어.
재미있는 것은 hubo._Robot_ _build_year라고 코딩하면 프라이빗 멤버임에도 사용할 수 있다는 거야. 파이썬은 프라이빗 멤버에 접근하기 불편하게 만들었을 뿐 아예 접근하지 못하게 만들지는 않았다는 거야. 이건 파이썬의 기본 철학에 따라 개발자에게 제약을 주지 않으려 하기 때문이야. 우리는 이 규칙을 따라서 코딩하면 돼.

아, 한 가지 더. 다른 사람들의 코드를 보면 밑줄(_)이 앞에 하나 붙은 _name과 같은 변수를 볼 수 있어. 이건 네임 맹글링이 적용되지는 않아서 변수명 그대로 사용하는 것은 가능하지만, 개발자들 사이에서 관례적으로 프라이빗 변수로 사용하자고 약속한 거야. 그리고 'from M import *' 방식으로 모듈을 임포트하면 이런 멤버들을 가져오지 않는다는 점을 고려해서 코딩하는게 좋아.

3줄 요약

- ☑ 변수명/함수명 앞에 '_ _'가 붙은 변수는 사용하지 말자.
- ☑ 변수명/함수명 앞에 '_'를 붙은 변수도 사용하지 말자.
- ☑ '_ _'가 앞에 붙은 멤버명은 네임 맹글링이 적용된다.

SECTION 119

P·Y·T·H·O·N

상속

〔핵심내용〕 상속은 자식 클래스가 부모 클래스의 멤버들을 물려받는 것을 말한다.

```
# section_119

class Robot:
    '''다양한 로봇을 만드는 클래스'''
    def speak(self):
        print('로봇이 말한다.')

    def move(self):
        print('로봇이 이동한다.')

    def charge(self):
        print('로봇이 충전한다.')

class CleanRobot(Robot):
    def broom(self):
        print('청소로봇이 먼지를 쓸어 담는다.')

robot = Robot()
robot.move()

clean = CleanRobot()
clean.broom()
clean.move()
```

```
로봇이 이동한다.
청소로봇이 먼지를 쓸어 담는다.
로봇이 이동한다.
```

객체 지향 프로그래밍의 중요한 특징 중에 상속(inheritance)이라는 것이 있어. 이것은 클래스와 클래스 사이에 관계를 맺어주는 방식인데 특별히 부모-자식 관계를 맺어주는 형태를 상속이라고 해.
인간 세상에서 부모와 자식 사이의 상속처럼 객체 지향 프로그래밍에서도 상속 관계를 맺어주면 자식은 부모가 가진 속성과 메서드들을 그대로 물려받게 돼.
예를 들어볼게. 다양한 종류의 로봇을 만들려고 각 로봇마다 기능을 분석한 결과가 다음과 같았어.

[구현하려는 로봇의 종류]

그런데 위와 같이 분석한대로 전부 코딩을 하게 되면 어떤 문제가 있을까? 그래. 모든 종류의 로봇 클래스가 가진 말하기, 이동하기, 충전하기 기능이 중복 정의되는 거야. 이건 비효율적이고 코드를 길게 만드는 요인이야.
상속을 이용해서 중복을 제거해보자.

[로봇들 사이의 상속 관계]

로봇 클래스와 청소 로봇을 부모-자식의 상속 관계로 만들어 주게 되면 청소 로봇은 로봇 클래스가 가진 기능을 물려받으니까 또 다시 코딩할 필요가 없게 되는 거야. 청소 로봇 클래스에는 청소 로봇만이 가지는 새로운 기능인 먼지쓸기 기능만 구현해 주면 되는 것이지. 다시 말하면, 로봇 클래스가 가진 말하기, 이동하기, 충전하기 기능을 자식 클래스에서 재사용하는 거야. 그래서 청소 로봇은 부모 클래스로부터 물려받은 3개의 기능과 새로 구현한 1개의 기능이 더해져 총 4개의 기능을 갖게 되는 거야.
따라서 물청소 로봇은 청소 로봇의 자식 클래스가 되면서 새로이 추가된 물뿌리기 기능만 구현해 주면 되는 거야.
이러한 상속의 장점은 기존에 있던 클래스를 다시 사용하는 방법이기 때문에 코드의 중복을 줄이고 복잡한 코드도 단순하게 만들 수 있다는 점이야. 또 어떤 메서드에 문제가 생겨서 수정할 때도 한 번 만 수정하면 모든 자식 클래스에 적용이 되니까 유지 보수하기도 편리한 것이지.
이제 상속 관계를 맺는다는게 어떤 것인지 감이 오니? 그러면 상속 관계를 코드로 표현해 볼까?

```
class Parent:
    # 속성
    # 메서드

class Child(Parent):
    # 비어있는 클래스라 해도 부모의 것을 모두 갖게 된다.
    # 단, 프라이빗 멤버는 상속되지 않음.
```

(여기에 부모 클래스의 이름을 적어 줘.)

두 개의 클래스 Parent와 Child가 있을 때 상속 관계를 맺어주는 방법은 자식 클래스의 헤더에 부모 클래스의 이름을 괄호로 묶어서 적어주는 거야.
코드 구현은 간단하지? 예제를 한 번 볼까?

3번~12번 줄	Robot 클래스를 정의하는 부분이야.
14번 줄	CleanRobot 클래스는 Robot 클래스가 가진 것들을 모두 소유하고 있으니까 Robot의 자식 클래스로 만들면 돼. CleanRobot 다음에 (Robot)을 이어주면 되는 거야.
15번, 16번 줄	CleanRobot에서 추가된 메서드를 작성해 준거야. 우리가 보기에는 CleanRobot에 broom( ) 뿐이지만 부모 클래스인 Robot으로 물려받은 세 개의 메서드 모두 가지고 있다고 생각해야 해.
18번, 19번 줄	부모 클래스의 인스턴스를 만들고, 부모 클래스가 가진 메서드를 실행시키는 건 이제 자연스럽지?

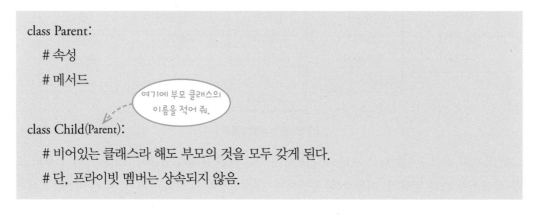

21번 줄 자식 클래스의 인스턴스를 만들고

22번 줄 자식 클래스에 정의된 메서드를 실행시키는 것도 당연한거야.

23번 줄 그리고 자식 클래스의 인스턴스가 부모로부터 상속받은 메서드를 실행시키는 것도 가능하다는 것이 포인트야.

TIP 모든 클래스의 시조 object 클래스

파이썬에서 클래스를 정의할 때 상속할 부모를 명시하지 않은 클래스는 암묵적으로 object 클래스를 상속받아. 예를 들면

```
class A :
    pass

class A(object) :
    pass
```

두 코드는 완전히 동일한 코드라는 거야. 따라서 이 클래스를 상속받은 자식 클래스들은 모두 object 클래스의 자손 클래스가 되는 것이지. 파이썬의 object 클래스는 최상위 클래스로서 모든 클래스의 시조라고 할 수 있어.

3줄 요약

- ☑ 상속이란 클래스와 클래스 사이에 부모–자식 관계를 만들어 주는 것이다.
- ☑ 상속 관계가 생기면 자식 클래스는 부모의 속성과 메서드를 그대로 물려받는다.
- ☑ 상속 관계를 사용하면 코드를 재사용할 수 있고 유지 보수가 편리하다.

SECTION 120

P·Y·T·H·O·N

상속 - super( )

〔핵심내용〕 자식 클래스에서 super( )는 부모 클래스를 의미한다.

```
# section_120

class Robot:
    '''다양한 로봇을 만드는 클래스'''
    def __init__(self, name, pos):
        self.name = name
        self.pos = pos

    def move(self):
        print('로봇이 이동한다.')

    def charge(self):
        print('로봇이 충전한다.')

class CleanRobot(Robot):
    def __init__(self, name, pos, filtertype):
        super().__init__(name, pos)
        self.filtertype = filtertype

    def broom(self):
        print('청소 로봇이 먼지를 쓸어 담는다.')

    def __str__(self):
        word = '{}를 장착한 {}, {}에서 시작'\
                .format(self.filtertype, self.name, self.pos)
        return word

clean = CleanRobot('깔끔이로봇', (20, 45), '먼지필터')
print(clean)
clean.move()
clean.broom()
```

```
먼지필터를 장착한 깔끔이로봇, (20, 45)에서 시작
로봇이 이동한다.
청소 로봇이 먼지를 쓸어 담는다.
```

여기서는 부모 클래스와 자식 클래스의 __init__() 메서드를 자세히 살펴보자.

28번 줄 CleanRobot 클래스의 인스턴스인 clean 객체를 만들었어. 객체 생성 시에 필요한 값을 넣어줬지.

16번 줄 CleanRobot 클래스의 인스턴스를 만드는 과정이니 16번 줄이 가장 먼저 실행될 거야. name, pos, filtertype 값들을 받아서 __init__() 메서드를 실행하는데

17번 줄 우리가 예측할 수 있는 코드는 다음과 같아.

```
def __init__(self, name, pos, filtertype):
    self.name = name
    self.pos = pos
    self.filtertype = filtertype
```

그런데 name, pos는 어차피 부모로부터 받은 속성인데 이 값을 초기화하는 6번~7번 줄과 코드가 중복되잖아? 파이썬은 중복을 좋아하지 않아. 어차피 놀고 있는 부모의 생성자를 사용해 보자는 거야.

super()는 부모 클래스를 의미하는 내장 함수야. 자식 클래스의 생성자에서 부모 클래스의 생성자를 호출할 때는 부모를 나타내는 super()와 생성자를 의미하는 __init__()을 연결하여 사용하면 돼.

```
super().__init__(name, pos)
```

그리고 이건 __init__() 메서드를 호출하는 코드니까 self를 넣지 않아.

3줄 요약

- ☑ super( )는 부모 클래스를 의미하는 내장 함수이다.
- ☑ super( )는 자식 클래스에서 사용할 수 있다.
- ☑ super( )를 사용하면 코드를 줄일 수 있다.

SECTION 121

P·Y·T·H·O·N

상속 - 오버라이딩

〔핵심내용〕 오버라이딩은 부모 클래스로부터 물려받은 메서드를 재정의하는 것이다.

```python
# section_121

class Robot:
    '''다양한 로봇을 만드는 클래스'''
    def move(self):
        print('로봇이 이동한다.')

    def charge(self):
        print('로봇이 충전한다.')

class CleanRobot(Robot):
    def move(self):
        print('청소 로봇이 이동한다.')

    def charge(self):
        print('청소 로봇이 충전한다.')

robot = Robot()
robot.move()
robot.charge()

clean = CleanRobot()
clean.move()
clean.charge()
```

```
로봇이 이동한다.
로봇이 충전한다.
청소 로봇이 이동한다.
청소 로봇이 충전한다.
```

오버라이딩(overriding)은 부모 클래스의 메서드 중 마음에 드는 메서드를 자식 클래스에서 같은 이름, 다른 기능으로 사용할 수 있는 것을 말해.

12번~16번 줄 12번~16번 줄을 보면 부모 클래스가 가진 메서드명과 같지? 두 개의 메서드가 없을 때 출력 결과가 어떻게 바뀔지 생각해 봐. 자식 클래스는 부모 클래스의 메서드를 물려받으니까 '로봇이 이동한다'와 '로봇이 충전한다'가 출력될 거야. 맞지?

자식 클래스 입장에서는 말야. 부모 클래스가 이미 사용하고 있는 move( ), charge( ) 메서드를 사용하고 싶은데, 그렇다고 그대로 사용하고 싶지는 않고 내 상황에 맞게 고쳐 쓰고 싶은 거야. 이게 바로 오버라이딩이야.

즉, 오버라이딩이라는 것은 부모 클래스의 메서드의 메서드명만 사용하고 내용은 자식 클래스에서 재정의해서 사용하는 것을 말해.

오버라이딩은 객체 지향 프로그래밍에서 다형성(polymorphism)을 구현하는데 중요한 역할을 하는 기능이야. 다형성은 같은 이름의 메서드가 다양한 형태로 동작하는 것을 말하는데 바로 오버라이딩이 그것을 지원해 주지.

같은 move( ) 메서드를 실행했지만, 객체가 robot인지 clean인지에 따라서 다른 동작을 한다는 것이 다형성이야. 예제에서 robot.move( )는 '로봇이 이동한다.'라고 수행하고, clean.move( )는 '청소 로봇이 이동한다.'라고 수행하는 것처럼 말야. 다형성은 잊어도 오버라이딩의 의미와 사용 방법은 기억해 둬.

3줄 요약

- ☑ 오버라이딩은 부모 클래스로부터 물려받은 메서드를 자식 클래스에서 재정의하는 것이다.
- ☑ 자식 클래스 입장에서는 부모의 메서드를 그냥 써도 되고, 오버라이딩해서 써도 된다.
- ☑ 다형성은 같은 이름의 메서드가 다른 형태로 동작하는 것을 말하며, 오버라이딩과 관련이 있다.

SECTION 122

P·Y·T·H·O·N

포함 관계

〔핵심내용〕 한 클래스가 다른 클래스의 멤버로 포함되는 관계를 포함 관계라고 한다.

```
# section_122

import random

class Motor:
    def __init__(self):
        self.distance = 0

    def forward(self):
        print('앞으로 이동한다.')
        self.distance += 1

    def backward(self):
        print('뒤로 이동한다.')
        self.distance -= 1

class Robot:
    '''다양한 로봇을 만드는 클래스'''
    def __init__(self):
        self.drive = Motor()

    def __str__(self):
        return '이동거리: {}'.format(self.drive.distance)

robot = Robot()

for i in range(10):
    if random.randint(0,1):
        robot.drive.forward()
    else:
        robot.drive.backward()

print(robot)
```

```
뒤로 이동한다
앞으로 이동한다
앞으로 이동한다
앞으로 이동한다
앞으로 이동한다
앞으로 이동한다
앞으로 이동한다
앞으로 이동한다
뒤로 이동한다
뒤로 이동한다
이동거리: 4
```

좀 전까지 우리는 상속에 대한 내용들을 다뤄왔어. 상속은 기본적으로 서로 다른 클래스 사이의 관계를 부모-자식 관계로 설정해 주는 것이라고 했지?

그런데 클래스와 클래스와의 관계를 설정하는 한 가지 방법이 더 있어. 클래스와 클래스 사이에 포함 관계를 설정해 주는 거야.

포함 관계는 두 클래스가 논리적으로 서로 소유의 관계일 때 설정해 주면 좋아. 예를 들어, 로봇은 모터를 가지고 있으니까 로봇 클래스가 모터 클래스를 포함하도록 설정하는 것이지. 비슷한 예로, 자동차가 엔진을 가지고 있으니까 자동차 클래스가 엔진 클래스를 포함하도록 설정하는 거야.

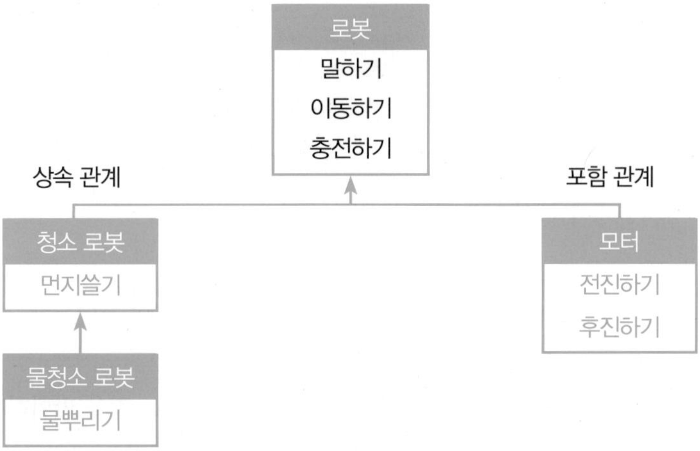

[상속 관계와 포함 관계]

이렇게 클래스와 클래스가 서로 관계를 맺는 방법이 두 가지가 있는데 상속 관계를 IS-A 관계, 포함 관계를 HAS-A 관계라고도 불러.

클래스 사이의 관계를 상속 관계로 할지, 포함 관계로 할지는 전적으로 프로그래머에게 달렸어. 그런데 복잡하게 생각하지 말고 상식적인 선에서 결정하면 충분할 것 같아. 다음 예시들을 봐.

상속(IS-A) 관계

청소 로봇은 로봇이다(청소 로봇 is a 로봇).

버스는 자동차이다(버스 is a 자동차).

포함(HAS-A) 관계

로봇은 모터를 가진다(로봇 has a 모터).

사각형은 점을 가진다(사각형 has a 점).

'청소 로봇은 로봇이다.'라는 문장이 '청소 로봇은 로봇은 가진다.'라는 문장보다 더 자연스럽지? 이럴 때 상속 관계로 설정하고, '로봇은 모터를 가진다.'라는 문장이 '로봇은 모터이다.'라는 문장보다 더 자연스러우니까 포함 관계로 설정하면 돼.
포함 관계일 때 한 클래스는 다른 클래스의 멤버로 활동하게 되는 거야.
예제를 보면서 살펴보자.

3번 줄	random 모듈을 임포트 했어. 랜덤 함수는 28번 줄에서 사용할 거야.
5번 줄	Motor 클래스의 헤더 부분이고.
7번 줄	Motor 클래스의 속성인 distance를 0으로 초기화 했어.
9번~15번 줄	distance 변수는 forward( ), backward( ) 메서드에서 1씩 증가하거나 감소하도록 되어 있지.
17번 줄	이제 Robot 클래스의 헤더 부분이고.
19번, 20번 줄	생성자에서 Motor 클래스의 인스턴스인 drive를 Robot 클래스의 멤버로 등록했어.
22번, 23번 줄	__str__() 메서드에서는 drive가 가진 속성 distance 값을 반환하도록 했어. 자, 두 개의 클래스를 정의했고, Robot 클래스의 멤버로 Motor 클래스의 인스턴스를 만들었으면 어떻게 작동하게 하는지 보자.
25번 줄	Robot 클래스의 인스턴스인 robot을 만들었어.
27번 줄	for문을 10회전 돌릴거야.

28번 줄

10회전 하는 동안 0과 1 사이의 정수를 난수로 추출해서 1이 나오면 논리식이 참이니까 29번 줄이 실행될 것이고, 0이 나오면 논리식이 거짓이니까 31번 줄이 실행될 거야. 즉, 1이 나오면 forward( ) 메서드가 실행되고, 0이 나오면 backward( ) 메서드가 실행되는 거야.

29번, 31번 줄

robot 객체를 이용해서 forward()와 backward()에 접근하는 것을 잘 봐.

robot.drive.forward( )

robot 객체의 멤버인 drive에 접근하기 위해 robot.drive라고 할 수 있고, drive 객체의 멤버인 forward()에 접근하기 위해 robot.drive.forward()라고 할 수 있어.

한 클래스가 다른 클래스의 멤버로 포함될 때 어떤 식으로 사용하는지 잘 봐두도록 해.

3줄 요약

- ☑ 클래스와 클래스의 관계를 설정하는 방법에는 상속 관계와 포함 관계가 있다.
- ☑ 포함 관계는 한 클래스가 다른 클래스의 멤버로 포함되는 것을 말한다.
- ☑ 포함 관계로 설정했을 때 변수나 메서드를 사용하는 방법을 알아두자.

P · Y · T · H · O · N

Chapter

08

예외 처리

예외란 실행 중에 발생하는 오류를 말해. 실행 중 프로그램이 갑자기 멈추면 사용자는 당황하겠지? 이런 문제를 해결하려는 것이 예외 처리야. 내용이 어렵다 생각되면 한번 공부해 보고 넘어가도 되지만 결코 어렵지 않아. 도전 화이팅!

SECTION 123

P·Y·T·H·O·N

예외 처리의 기본

〔핵심내용〕 예외 처리란 프로그램을 정지시킬 수 있는 오류를 예방하기 위한 처리이다.

```
# section_123

number = int(input('나눌 숫자를 입력하세요: '))

try:
    result = 10/number
except ZeroDivisionError:
    print('0으로 나누면 안돼요.')
else:
    print(result)
```

```
나눌 숫자를 입력하세요: 0
0으로 나누면 안되요.
```

첫째 줄의 숫자 0은 사용자가 입력하는 거야.

내가 맨 처음 프로그래밍 언어를 배웠을 때 계산기 프로그램을 만들어서 친구들에게 자랑을 했던 적이 있어. 그런데 친구들한테 칭찬받는 것도 잠시, 한 친구가 계산기 프로그램을 이리저리 조작하는 도중 계산기 프로그램이 그냥 종료되어버린 거야. 다시 실행시켜 봤지만 특정 입력 값을 넣을 때마다 프로그램이 꺼져버리더라고.

알고 보니 친구가 나눗셈 계산에서 분모에 0을 넣은 거야. 수학에서 배운게 기억난다면 숫자를 0으로 나누는 것은 불가능하다는 것을 알거야(무한대라고 주장하는 사람도 있지만 이건 수학이 아니니까 극한의 개념까지는 가지 말자고). 컴퓨터도 마찬가지로 0으로 나눗셈하는 게 안 돼. 컴퓨터는 이럴 때 오류를 발생시켜서 사용자 또는 개발자에게 경고를 주도록 되어 있어. 문방구에서 산 계산기 프로그램은 0으로 나눗셈하는 경우에 '나눌 수 없다'고 메시지를 알려주기도 하지만 내가 만들었던 프로그램은 아무 경고도 없이 프로그램이 멈춰버린 거야. 이런 프로그램을 그냥 배포하면 사용자 입장에서는 당황스럽겠지.

이렇게 컴퓨터가 감당할 수 없는 상황은 비단 0으로 나누기에서만 있는게 아니야. 예를 들어, 곱셈을 하려는데 사용자가 숫자 대신 문자들만 입력했다면? 여기에 대한 대비를 개발자가 해두지 않으면 컴퓨터는 이때도 '아 몰랑~' 하면서 에러를 발생시키지. 컴퓨터는 정확하게 계산해 줄 뿐 알아서 처리해 주는 융통성은 없거든.

예외란 이렇게 프로그램 실행 중 프로그램이 갑자기 정지될 수 있는 사건을 말하는데, 간단하게 말하면 프로그램 실행 중 발생하는 오류를 말하는 거야. 우리가 많이 경험해 봤겠지만, 파이썬은 오류가 발생하면 프로그램을 강제 종료시키면서 빨간 글씨를 뿌려대며 오류의 위치와 종류만 알려주고는 아무런 일도 해주지 않아.
그렇다고 프로그램 실행 중 문제가 발생할 때마다 프로그램이 그냥 멈춰버리거나 종료돼 버리면 사용자는 불만이 쌓일 것이고 내가 만든 프로그램은 소외받겠지. 그래서 이런 문제들을 처리하기 위해 만든 것이 예외 처리야. 어찌보면 당연한 것이고 꼭 필요한 거니까 이 단원을 어렵지 않게 접근했으면 좋겠어.
이 책의 앞에서부터 차례대로 공부했다면 다양한 오류들을 접해봤을 거야. 아마 이런 것들?

SyntaxError, TypeError, IndexError, NameError, KeyError, IndentationError, ValueError, ImportError 등등

이 중에는 프로그램을 코딩하는 과정에서 오류를 발견하고 수정할 수 있는 에러들이 많아. 예를 들어, 오타로 인해 발생하는 SyntaxError도 그렇고, 들여쓰기를 잘못하면 발생하는 IndentationError도 그렇고. 이런 오류들이 있을 땐 프로그램 실행 자체가 불가능하기 때문에 보통 개발 과정에서 걸러지게 돼서 예외 처리의 대상이 되지 않아.
예외의 대상은 사실상 개발자가 완성한 다음 사용자들이 사용하는 과정에서 발생할 수 있는 오류들이 문제인거야. 예를 들어, 0으로 나눗셈을 하려는 시도나, 파일 입출력 프로그램을 만들었더니 존재하지 않는 파일을 입력받으려고 하는 경우 같은 거야.
개발자는 사용자들을 위해서 이런 예외(실행 중 발생하는 오류)들을 관리해줘야 해. 그래야 프로그램이 안정적으로 운영될 테니까. 예외 처리를 하는 방법은 다음과 같아.

```
try :
    〈오류가 발생할 수 있는 코드〉
except 〈오류 종류〉:
    〈오류가 발생했을 때 처리할 코드〉
else:
    〈오류가 발행하지 않았을 때 처리할 코드〉
```

구조는 매우 간단해서 if문보다도 간결해(조건식이 없거든). try 블록에 오류가 발생할 법한 코드를 넣어주고, except 블록에는 오류가 발생했을 때 처리할 코드를 넣어주는 거야. 〈오류 종류〉에는 예상되는 예외의 명칭을 적어주면 돼. 만약 try 블록에서 오류가 발생하지 않으면 except 블록은 실행하지 않고 else 블록이 실행되는 거야. try문에는 반드시 1개 이상의 except문이 필요하지만 else문은 선택이라서 생략할 수도 있어.

예제를 보자고. 이 프로그램은 어떤 수를 입력하든 10을 나눈 값을 출력해 주는 프로그램이야.

3번 줄 변수 number에 숫자를 입력받고

5번 줄 try문은 try 블록 내에서 발생하는 오류를 처리하겠다는 명령이야.

6번 줄 예외가 발생할 수 있는 코드를 try 블록에 넣어줘. 이 블록도 여느 블록들처럼 여러 줄로 구성될 수 있어.
6번 줄은 10을 number로 나누어 변수에 저장하는 코드야. 이 코드는 오타도 없고 파이썬 문법도 잘 지킨 문장이라서 파이썬 인터프리터가 해석하는 시점에서는 발견되는 오류가 없는 문장이야. 그러나 이미 설명했듯이 실행 중에 0으로 나누면 오류가 생길 수 있는 코드라서 여기에 넣었어.

7번 줄 except문은 try 블록에서 오류가 발생했을 때만 실행돼. 특히 except 옆에 오류의 명칭을 적어주면 해당 오류가 발생했을 때 처리할 코드를 지정할 수 있지.
파이썬은 다양한 오류 상황에 대한 예외 목록들을 클래스로 구현해 놓았어. 0으로 나누는 오류를 처리하기 위한 예외는 ZeroDivisionError야. 그렇다면 우리는 파이썬이 제공하는 모든 예외 목록을 알아야 한다는 거네? 맞아! 하지만 암기할 필요는 없고 이러이러한 예외가 있다는 것만 알면 나중에 찾아서 사용하면 돼. 예외 목록은 부록에 정리해 둘게.

8번 줄 try 블록을 실행하던 중 ZeroDivisionError 에러가 발생하면 이 except 블록을 실행하게 돼. "0으로 나누면 안돼요."라는 메시지가 전부지만 적어도 프로그램이 강제 종료되지는 않는다는 것이지.

잠깐! 그런데 만약 여기서 다른 종류의 오류(예를 들면, 숫자 대신 문자를 입력하면 ValueError가 발생)가 발생하면 역시나 강제 종료 될 거야. 따라서 오류의 종류별로 except문을 만들어줘야 해.

9번, 10번 줄

else문은 try 블록에서 아무런 문제가 없어서 무난히 넘어갔을 때 실행하는 블록이야. 계산의 결과값을 출력해 주는 코드이고.

파이썬이 제공하는 예외 처리 방법은 매우 간결하고 쉽기 때문에 쉽게 적용해서 사용할 수 있어. 예외 처리의 목적은 프로그램이 실행 중 발생하는 오류 때문에 적어도 프로그램이 정지되는 일은 없도록 만들자는 거야.
개발자는 프로그램이 작동하는 도중 발생할 수 있는 예외를 예측하고 최대한 처리해 주는게 좋아. 물론 그러기 위해서는 많은 경험이 필요하겠지?

3줄 요약

- ☑ 예외란 프로그램 실행 중 발생할 수 있는 오류를 말한다.
- ☑ 예외 처리란 프로그램 실행 중에 발생한 오류 때문에 프로그램이 정지되는 것을 막기 위한 방법을 말한다.
- ☑ try 블록에 오류가 생길 수 있는 코드를 넣고, 해당 오류를 처리하기 위한 except문을 구성한다.

P·Y·T·H·O·N

SECTION 124 예상되는 오류가 여러 개일 때

〔핵심내용〕 예외가 여러 개 예상될 때는 해당 오류에 대한 except문을 추가한다.

```
1:  # section_124
2:
3:  try:
4:      number = int(input('나눌 숫자를 입력하세요 '))
5:      result = 10/number
6:  except ValueError:
7:      print('숫자만 입력하세요.')
8:  except ZeroDivisionError:
9:      print('0으로 나누면 안돼요.')
10: except:
11:     print('2가지 외에 개발자가 전혀 예측하지 못한 에러ㅠㅠ')
12: else:
13:     print(result)
```

```
나눌 숫자를 입력하세요: 0
0으로 나누면 안되요.
```

try 블록에서 발생할 수 있는 오류가 여러 개일 경우에는 except 블록을 여러 개 적어주면 돼.

3번 줄 — try 블록을 시작하고

4번 줄 — input() 함수를 통해 입력받은 값을 int()를 이용해 정수형으로 변환한 다음 저장하려는데, 만약 사용자가 숫자가 아닌 값을 입력하면 ValueError 오류가 발생해.

5번 줄 — 이전에 봤듯이 여기서는 ZeroDivisionError가 발생할 수 있고.

6번, 7번 줄 — 예외를 처리하기 위해 6번 줄처럼 ValueError를 위한 except문을 추가하는 거야. 만약 숫자가 아닌 값을 넣어서 ValueError가 발생하면 프로그램을 종료시키는 대신 개발자가 생각한 특별한 처리를 하는 거지. 물론 여기서는 단순히 '숫자만 입력하세요.'라고 했지만.

8번, 9번 줄 5번 줄에서 0으로 나눌 때 발생하는 ZeroDivisionError를 처리하기 위한 부분이야. 그리고 ValueError와 ZeroDivisionError을 위한 except문에는 순서가 필요없어.

10번, 11번 줄 except문에 예외의 종류를 생략하면 모든 종류의 오류를 받아내겠다는 의미야. 그래서 이 블록에는 앞서 예측한 2개의 예외를 벗어난 에러가 발생했을 때 처리할 코드를 넣어주면 돼.

어찌보면 오류명을 생략하는 것이 덜 골치아플 것 같고 더 편하다고 생각할 수 있는데, 개발자가 정확한 오류를 예측할 수 없으면 사용자에게는 적절한 피드백을 줄 수 없고, 개발자 스스로는 적절한 처리를 할 수 없기 때문에 좋은 것만은 아니야. 아, 그리고 예제에서 6번~9번 줄을 합칠 수 있어. 다음을 봐.

```
try:
    number = int(input('나눌 숫자를 입력하세요 '))
    result = 10/number
except (ValueError, ZeroDivisionError):
    print('문자나 0으로 나누면 안돼요.')
except:
    print('2가지 외에 개발자가 전혀 예측하지 못한 에러ㅠㅠ')
else:
    print(result)
```

하나의 except문에 여러 예외들을 나열해서 처리할 수도 있는데, 이때는 예외 목록을 꼭 괄호로 묶어줘야 해.

3줄 요약

- ☑ 예외가 발생할 수 있는 종류가 여러 개라면 종류별로 except문을 만든다.
- ☑ except문에 오류명을 생략하면 모든 종류의 오류를 받을 수 있다.
- ☑ except문 옆에 두 개 이상의 오류를 나열할 수 있다.

SECTION 125

P·Y·T·H·O·N

as문

〔핵심내용〕 as문을 이용하면 파이썬이 제공해 주는 예외 정보를 얻을 수 있다.

```
# section_125

def openFile():
    file = open('없는파일.txt')
    line = file.readline()
    number = int(line.strip())

try:
    openFile()
except OSError as err:
    print('시스템 에러: ', err)
except:
    print('내가 예측할 수 없는 오류ㅠ')
else:
    print(number)
```

```
시스템 에러: [Errno 2] No such file or directory: '없는파일.txt'
```

오류가 발생하면 except문을 이용해서 처리했는데, 여기에 파이썬이 제공해주는 오류 정보를 활용하는 방법을 알아볼게. 발생한 예외 정보를 확인하고 싶을 땐 except문을 아래와 같이 작성해 봐.

except 〈오류 종류〉 as 〈변수명〉

이렇게 작성하면, 오류에 대한 정보를 변수를 이용해서 확인할 수 있어.
예제를 통해서 한 번 확인해 볼까?

3번~6번 줄 openFile( ) 함수를 정의하는 코드야. 이 함수는 존재하지 않는 텍스트 파일을 열려고 시도하기 때문에 예외(실행 중 오류)가 발생할 거야.

8번 줄 try문을 이용해 예외 처리의 시작을 알리고

9번 줄 오류가 발생할 수 있는 openFile( ) 함수를 try 블록에서 실행시켜.

10번 줄 파일 입출력 오류를 담당하는 OSError가 발생할 경우 이 줄이 실행될 거야. OSError에 대한 정보를 err이라는 변수에 저장한 다음에

11번 줄 정보를 출력했어. err은 err.args라고 써도 돼. 원래는 err.args라고 쓰는 건데, 클래스 내부의 __str__( ) 메서드에 같은 내용이 정의되어 있어서 클래스 인스턴스의 이름만 적어도 동일한 내용이 출력되는 거야.
그리고 err.args는 튜플의 형태로 정보를 반환하기 때문에 err.args[0]처럼 인덱스를 이용해서 필요한 정보만 가져올 수도 있어.

args[0] → 2
args[1] → No such file or directory

3줄 요약

- ☑ as문을 이용해 파이썬이 제공해 주는 예외에 대한 정보를 얻을 수 있다.
- ☑ as 〈변수명〉 일 때, '변수' 대신 '변수.args'를 이용할 수도 있다.
- ☑ args는 튜플의 형태기 때문에 인덱싱으로 일부분만 가져올 수 있다.

SECTION 126

P·Y·T·H·O·N

finally문

〔핵심내용〕 try문이 실행된 이후 무조건 실행해야 하는 코드는 finally문에 넣는다.

```python
# section_126

def writeFile():
    try:
        f = open('myfile', 'w')
        try:
            f.write('Hello World!')
        finally:
            f.close()
    except IOError:
        print('oops!')

def readFile():
    try:
        f = open('myfile', 'r')
        line = f.readline()
    except IOError:
        print('oops!')
    else:
        print(line)
    finally:
        f.close()

writeFile()
readFile()
```

```
Hello World!
```

finally문은 예외가 발생해도 실행되고, 예외가 없어도 실행되는 코드야. 즉 finally문은 try문이 실행된 이후 무조건 실행된다는 거야. 보통 try문에서 시작한 작업을 마무리하기 위한 코드를 넣는 것이 적당해. 예를 들면, 파일을 열었을 때 오류가 나든 안나든 파일을 닫아주는 코드를 넣는다던지, 네트워크를 연결할 때 오류가 나든 안나든 네트워크 연결을 끊어주는 코드를 넣는 것이지. finally문까지 배웠으니 지금까지 배운 try...exeception문의 전체 구조를 확인해 보자.

```
try :
  〈오류가 발생할 수 있는 코드〉
except 〈오류 종류1〉:
  〈오류 종류1이 발생했을 때 처리할 코드〉
except (〈오류 종류2〉, 〈오류 종류3〉, 〈오류 종류4〉):
  〈오류 종류2, 3, 또는 4가 발생했을 때 처리할 코드〉
except 〈오류 종류5〉 as 변수명:
  〈오류 종류5가 발생했을 때 처리할 코드〉
else:
  〈오류가 발행하지 않았을 때 처리할 코드〉
finally:
  〈예외 발생과 무관하게 무조건 실행할 코드〉
```

여기서 else문과 finally문은 선택 사항으로 생략할 수 있어. 앞에서 설명하기를 try문에는 하나 이상의 except문을 사용해야 한다고 했는데 예제처럼 finally문을 넣었을 때는 except를 사용하지 않아도 돼.

4번, 5번 줄	'myfile' 파일을 쓰기 모드로 열기 위한 문장이고, 여기서 IOError오류가 발생하면 10번 줄로 이동하겠지.
6번~9번 줄	이렇게 try문 안에 또 다른 try문을 사용할 수도 있어. 오류가 없다면 f.write( ) 문을 실행할 거야. 여기서는 오류가 발생하든 안하든 8번 줄은 실행할 것이고 f.close( )는 반드시 실행될 거야. 즉, 7번 줄에서 오류가 발생한다 해도 finally가 실행된 후에 프로그램이 종료 돼.

3줄 요약

- ☑ finally문은 try문이 실행된 이후 무조건 실행된다.
- ☑ 따라서 예외의 발생과 무관하게 무조건 실행해야 하는 코드를 넣는데 적합하다.
- ☑ finally문이 있을 땐 except문을 생략할 수 있다.

SECTION 127

P·Y·T·H·O·N

raise문

〔핵심내용〕 raise문은 개발자가 의도적으로 예외를 발생시킬 때 사용한다.

```
1:  # section_127
2:
3:  try:
4:      raise IndexError
5:  except IndexError:
6:      print('인덱스 에러 발생')
```

```
인덱스 에러 발생
```

이번에는 개발자가 의도적으로 오류를 발생시킬 때 사용하는 raise문을 알아볼게. 개발자가 왜 의도적으로 오류를 발생시킬까? 예를 들자면, 프로그램을 개발하는 과정에서 try...except문이 잘 작동하는지 확인하는 차원에서 필요할 수도 있고, 다른 개발자에게 어떤 작업을 강제하도록 하기 위해서 사용할 수도 있어.

이렇게 의도적으로 오류를 발생시킬 때 사용하는 명령어가 raise야. 이 명령은 두 가지 일을 해. 하나는 오류를 발생시키고, 그 다음엔 except에서 해당되는 오류를 찾아가는 일이야.

3번 줄	try문으로 예외 처리의 시작을 알리고
4번 줄	개발자가 강제로 IndexError를 발생시켜.
4번 줄	IndexError 에러가 발생했으니 당연히 except 중 IndexError 에러를 처리하는 부분을 찾고 블록을 실행하겠지.

자, 위 예제를 살짝 수정해 볼게.

```
try:
    raise IndexError('인덱스 에러에 대한 정보')
except IndexError as err:
    print('인덱스 에러 발생', err.args)
```

as문은 에러에 대한 정보를 변수에 저장하고 싶을 때 사용한다고 했잖아. 그리고 우리는 .args를 이용해서 이 정보에 접근할 수 있었고. 그런데 이번엔 파이썬이 발생시킨 에러가 아니고 개발자가 강제로 발생시킨 에러이기 때문에 .args에 파이썬이 제공해 주는 에러에 대한 정보가 없단 말이지.
이럴 때 raise IndexError('인덱스 에러의 인자')와 같은 방법으로 개발자가 직접 에러에 대한 정보를 설정할 수 있어. 그럼 이 값은 err.args에 전달되는 거야. 물론 err.args 대신 err만 써도 돼.

3줄 요약

- raise문은 개발자가 의도적으로 예외를 발생시킬 때 사용한다.
- raise문을 이용하면서 에러 정보를 개발자가 작성할 수도 있다.
- 개발자가 작성한 에러 정보는 as문을 이용하여 얻을 수 있다.

SECTION 128 사용자 정의 예외

〔핵심 내용〕 ▶ 파이썬은 사용자가 직접 예외를 만들어 쓸 수 있는 방법을 제공한다.

```
1:  # section_128
2:
3:  import math
4:
5:  class QuadError(Exception):
6:      pass
7:
8:  def quad(a,b,c):
9:      if a == 0:
10:         qe = QuadError("이차 방정식이 아니에요.")
11:         qe.member= (a, b, c)
12:         raise qe
13:     if b*b-4*a*c < 0:
14:         qe = QuadError("방정식의 근이 없어요.")
15:         qe.member= (a, b, c)
16:         raise qe
17:     x1 = (-b+math.sqrt(b*b-4*a*c))/(2*a)
18:     x2 = (-b-math.sqrt(b*b-4*a*c))/(2*a)
19:     return (x1, x2)
20:
21: def getQuad( a, b, c ):
22:     try:
23:         x1, x2 = quad( a, b, c )
24:         print("방정식의 근은", x1, x2)
25:     except QuadError as err:
26:         print(err, err.member)
27:
28: getQuad(0, 100, 10)
```

잠깐! 이차 방정식을 모르는 사람을 위해서... 이차 방정식의 형태가 $ax2 + bx + c = 0$일 때, 근의 공식은 $x = -b \pm \dfrac{\sqrt{b2-4ac}}{2a}$ 야.

⤷ 이차 방정식이 아니에요. (0, 100, 10)

내장 예외 대신 개발자가 스스로 사용자 예외를 만들 수 있어. 파이썬이 많은 예외들을 제공하고 있지만 다양한 코딩 상황을 모두 고려할 수는 없으니까 말야. 이번 예제에서는 이차 방정식의 근의 공식을 구하는 프로그램을 통해 사용자 정의 예외를 만들어서 활용하는 방법을 알아볼게.

5번, 6번 줄	모든 사용자 정의 예외는 Exception 클래스나 그 하위 클래스를 상속받아서 구현해야 해. 이 QuadError 클래스는 Exception 클래스를 상속받았고, 클래스에는 아무 내용이 없어.
8번 줄	quad( ) 함수는 근의 공식을 구하는 함수야.
9번, 10번 줄	만약 a가 0이면 예외를 발생시키려고 해. 클래스 인스턴스인 qe에 QuadError( ) 클래스를 생성해서 할당했어. 이때 "이차 방정식이 아니에요."라는 에러에 대한 정보도 함께 보냈어.
11번 줄	qe 객체에 member 속성을 추가하고 여기에 튜플 (a, b, c)를 저장했어.
12번 줄	여기서 사용자 정의 예외 QuadError를 강제로 발생시킨 거야.
13번~16번 줄	b*b−4*a*c 〈 0 인 경우에도 예외를 발생시키려고 해. 마찬가지로 qe 객체를 만들고 16번 줄에서 QuadError를 발생시킨 거야. 위와 다른 점은 에러 정보 메시지의 차이지.
17번~19번 줄	위 두 경우가 아니면 두 개의 근을 구하고 반환해 주는 거야.
21번 줄	이번엔 quad( ) 함수를 호출하는 getQuad( ) 함수를 볼게.
23번 줄	try 블록에서 quad( ) 함수를 호출했어. quad( ) 함수를 실행하다가 오류가 발생한다면 바로 except문으로 이동하겠지?
28번 줄	getQuad(0, 100, 10) 함수를 호출하면 프로그램의 흐름이 21번 줄로 이동하고 23번 줄에서 quad( ) 함수가 호출될 거야. 다시 흐름의 제어가 8번 줄로 이동하고 a는 0이니까 12번 줄이 실행돼서 예외가 발생할 거야. 23번 줄을 실행하다가 예외가 발생했으니 25번 줄 except문으로 이동해서 오류를 처리하게 되니 출력 결과와 같이 나오는 거야.

3줄 요약

- ☑ 파이썬은 내장 예외 외에 사용자 정의 예외도 제공한다.
- ☑ 사용자 정의 예외는 사용자가 예외를 직접 만들어서 사용하는 것이다.
- ☑ 사용자 정의 예외는 Exception 또는 그 하위 클래스를 상속받아야 한다.

P · Y · T · H · O · N

Chapter

09

파이썬으로 만들어보는 재미있는 프로그램들

1. 문자열에서 전화번호 찾기
2. 카카오톡 대화 파일에서 단어 수 분석하기
3. 파일명 일괄 변경하기
4. 숫자 맞추기 게임
5. 그래프 그리기

PROJECT 001

P·Y·T·H·O·N

문자열에서 전화번호 찾기

〔핵심내용〕 함수 / for문, if문 / len( ) 함수 / 문자열 인덱싱
문자열의 isdecimal( ) 메서드 / 다중 문자열(''' ~ ''')

```
# project_01

def isPhoneNumber(text):

    for i in range(0, 3):                    # '010'
        if not text[i].isdecimal():
            return False

    if text[3] != '-':                       # '-'
        return False

    for i in range(4, 8):                    # '1234'
        if not text[i].isdecimal():
            return False

    if text[8] != '-':                       # '-'
        return False

    for i in range(9, 13):                   # '5678'
        if not text[i].isdecimal():
            return False

    return True

message = '''
그의 전화번호는 010-1234-5678이에요.
그리고 제 번호는 010-2345-6789구요.
아 참, 제 ID는 245-08이에요.
현지 시각 13시 정각에 원하는 번호로 연락주세요.'''
print(message)
print()
```

넘겨 받은 문자열이 전화번호 형식인지 체크하는 함수야.

원본 메시지를 message 변수에 저장했어.

```python
for i in range(len(message)):
    chunk = message[i:i+13]
    if len(chunk) < 13:
        break
    if isPhoneNumber(chunk):
        print('발견된 전화번호: ' + chunk)

print('프로그램 종료')
```

13 문자만 슬라이싱해서 isPhoneNumber( ) 함수로 확인하는 거야.

```
그의 전화번호는 010-1234-5678이에요.
그리고 제 번호는 010-2345-6789구요.
아 참, 제 ID는 245-08이에요.
현지 시각 13시 정각에 원하는 번호로 연락주세요.'''

발견된 전화번호: 010-1234-5678
발견된 전화번호: 010-2345-6789
프로그램 종료
```

친구로부터 받은 이메일에서 전화번호만 추출하고 싶을 때, 전화번호가 서너 개라면 그냥 하나씩 찾아서 가져오면 되겠지만, 우리반 전체 또는 전교생의 전화번호를 받았는데 이걸 추출하려면 어떻게 해야 할까? 하나씩 찾으려 하면 하루 종일 걸리기도 하겠지만, 지루하고 실수라도 하면 다 끝내고나서도 혹시 어딘가 실수했을지 모른다는 불안감에 찜찜하겠지!
이번 예제에는 문자열에서 전화번호를 추출하는 방법을 소개하는데 이메일의 내용을 텍스트 파일로 저장한 다음 파일 입출력 코드를 접목하면 대량의 데이터에도 충분히 응용 가능해.
전화번호를 추출하는데 필요한 기초 지식을 좀 알아볼까?

- 우리나라 핸드폰 번호는 xxx–xxxx–xxxx의 형식을 가지고 있다. 즉, 3자리–4자리–4자리의 형식이다.
- 번호의 총 길이는 13이다.
- 4번째, 9번째 문자는 '–'이다.

당연한 정보지만 이 프로그램을 작성하는데 있어 이 세 개의 정보가 핵심이야. 이 정보들은 전화번호가 가진 패턴으로 프로그래밍은 컴퓨터에게 일을 시키는 과정인데, 프로그래밍을 할 때 문제에 대한 패턴을 찾는 건 정말로 중요한 작업이야.

25번~29번 줄

자, 이제 코드를 살펴보는데, 함수 정의 코드(3번~23번 줄)는 이따가 함수 호출 명령이 나오면 그때 확인해 보기로 하고 처음에는 프로그램이 시작되는 시작점을 먼저 확인해 보자구.

```
message = '''
그의 전화번호는 010-1234-5678이에요.
그리고 제 번호는 010-2345-6789구요.
아 참, 제 ID는 245-08이에요.
현지 시각 13시 정각에 원하는 번호로 연락주세요.'''
```

전화번호가 담긴 문자열을 message 변수에 저장했어. 다중 문자열을 이용해서 저장했기 때문에 각 줄 끝마다 들어가 있는 줄 바꿈도 그대로 적용돼서 출력될 거야.

30번 줄

```
print(message)
```

문자열에 저장된 내용을 확인하는 차원에서 출력하는 코드야.

31번 줄

```
print()
```

출력 화면에서 한 줄을 띄워주기 위해 넣은 건데 message 내용과 함수 처리 출력 결과를 구분하기 위한 것이지.

33번 줄

```
for i in range(len(message)):
```

len( )는 문자열의 길이를 알려주는 함수잖아. message 변수에 저장된 문자열의 길이를 계산해서 돌려주면 range(101)가 되겠지.

```
for i in range(len(message)):
↓
for i in range(101):
```

range(101)는 [0, 1, 2, 3, 4, ... , 100]인 range 객체를 만들어주니까 회전 변수 i는 0부터 100까지 1씩 증가하면서 for문 블록을 실행할 거야.

34번 줄 chunk = message[i:i+13]

이 코드는 for문이 실행되는 동안, 즉 변수 i의 값이 0~100까지 변하는 동안 매번 실행되는 코드야. 그리고 문자열이 message에 저장된 상태를 확인하면 아래 그림과 같이 인덱스가 지정되어 있을 거야.

message 변수

그	의		전	화	번	호	는		0	1	0	-	1	2	3	4	-	5	6	7	8	이	…
0	1	2	3	4	5	6	7	8	9	10	11	12	13	14	15	16	17	18	19	20	21	22	23

맨 처음 상태를 따라가 보자구. 즉, 회전 변수 i가 0일 때는 message[0:13]만 슬라이싱 하겠지? 그러면 chunk 변수에는 아래와 같은 문자열만 추출돼서 저장되는 거야.

chunk 변수

그	의		전	화	번	호	는		0	1	0	-
0	1	2	3	4	5	6	7	8	9	10	11	12

chunk에 저장된 이 문자열을 가지고 35번 줄로 가보자.

35번 줄 if len(chunk) < 13:

36번 줄 　break

len( ) 함수로 chunk의 길이가 13인지 아닌지 판단하는 거야. 우리가 찾는 전화번호는 길이가 13이니까 만약 len(chunk) 값이 13보다 작으면 더 계산할 필요 없이 for문을 빠져나가게 하는 것이지.

34번 줄 chunk = message[i:i+13]에서 이미 13문자만 추출했는데 chunk 값의 길이를 체크할 필요가 있을까? for문이 계속 수행하다가 message 문자열의 막바지에 다다르면 어느 순간 chunk 변수에는 "는 번호로 연락주세요."(12문자)를 저장하게 될 거야. 그런데 12문자라는 것은 이미 전화번호 양식에 안 맞으니까 굳이 문자열 하나하나씩 검토할 필요 없이 for문을 종료해 주면 되잖아. 그래서 이 코드는 확인할 필요가 없는 부분을 제거해 줌으로써 프로그램의 효율을 높이는 코드라고 볼 수 있어.

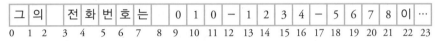

37번 줄

```
if isPhoneNumber(chunk):
```

section_51(if문)에 가면 참과 거짓을 나타내는 다양한 값들을 확인할 수 있어.

if문의 조건식이 들어갈 곳에 조건식 대신 함수를 호출했어. 주의할 것은 조건식이 항상 참/거짓으로 결정나는 식이어야 하는 것과 같이 이곳에 들어갈 수 있는 함수는 함수 실행 후 돌려받는 값이 boolean 타입이어야 해. 3번~23번 줄을 살펴보면 함수 블록에서 return할 땐 꼭 False 또는 True를 반환하는 것을 확인할 수 있어.

isPhoneNumber( ) 함수는 인자값으로 받은 문자열이 전화번호의 형태(xxx - xxxx - xxxx)를 가졌는지를 판단해서 전화번호 형태이면 True를, 그렇지 않으면 False를 반환해 주는 함수야.

자, isPhoneNumber( ) 함수를 호출했고, 이 함수에 chunk 변수의 값을 보냈어. 그럼 함수가 정의된 3번 줄로 이동해 볼까?

3번 줄

```
def isPhoneNumber(text):
```

함수를 정의한 부분이고, isPhoneNumber(chunk)로 호출했으니 chunk에 저장된 문자열은 text에 복사되는 거야. 그러면 text 변수도 chunk 변수와 같은 값을 가리키겠지.

text 변수

그	의		전	화	번	호	는		0	1	0	-
0	1	2	3	4	5	6	7	8	9	10	11	12

이제부터 함수 내부에서는 text 변수의 값이 전화번호 형식인지를 판단하게 될 거야.

5번~7번 줄

```
for i in range(0, 3):            # '010'
    if not text[i].isdecimal():
        return False
```

문자열의 처음 3자리를 한 문자씩 인덱싱해서 각 문자가 숫자형 문자(예, "23", "010")인지 체크하는 코드야. 회전 변수 i의 값이 0, 1, 2로 변하면서 text[0], text[1], text[2]의 각 문자가 십진수인지 확인하기 위해 isdecimal( ) 함수를 이용했어. isdecimal( ) 함수는 다음과 같아.

<파이썬 문서>

str.isdecimal( ) : 문자열이 숫자형 문자로만 구성되어 있으면 True, 다른 문자가 포함되어 있으면 False를 반환한다.

not 연산자는 True는 False로, False는 True로 바꿔주는 논리 연산자야.
isdecimal( ) 함수가 True를 반환하면 if문 조건식은 False가 되면서 if문 블록은 실행되지 않게 되고, isdecimal( ) 함수가 False를 반환하면(숫자형 문자가 아니면) if문 조건식은 True가 되면서 if문 블록이 실행돼.
if문 블록 안에는 return문이 있어서 함수 실행이 종료되면서 호출한 장소로 False를 반환해 줘.
text 문자열을 적용해 볼까? 처음 3자리는 각각 '그', '의', ' '(공백 문자)로 구성되어 있고, text[0].isdecimal( )은 False를 반환할 거야.

```
if not text[0].isdecimal( ):
↓
if not False:
↓
if True:
```

따라서 if문 블록이 실행되면 False 값이 반환되면서 함수는 종료될 거야.
정리하면, text에 처음 저장된 문자열 "그의 전화번호는 010-"은 전화번호 양식과 다르다는 판정이 난 것이지.

그	의		전	화	번	호	는		0	1	0	-
0	1	2	3	4	5	6	7	8	9	10	11	12

→ 휴대폰 번호 아님!

함수가 종료되면 파이썬은 반환 값인 False를 가지고 호출한 곳(37번 줄)으로 이동해. 37번 줄에서는 다음과 같이 작동할 것이고, if문 블록은 실행하지 않고 빠져나갈거야.

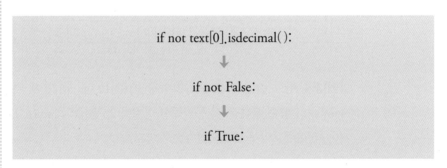

```
if isPhoneNumber(chunk):
        ↓
if False:
```

33번 줄 for문의 회전 변수 i는 다음 항목인 1이 될 거야.

34번 줄 chunk = message[1:14]가 되겠지.

37번 줄 chunk에 저장된 문자열은 "의 전화번호는 010-1"가 되고 다시 이 문자열이 전화번호가 맞는지 isPhoneNumber(chunk) 함수를 호출하는 거야.
이런 과정이 계속 반복될 거야. for문이니까.

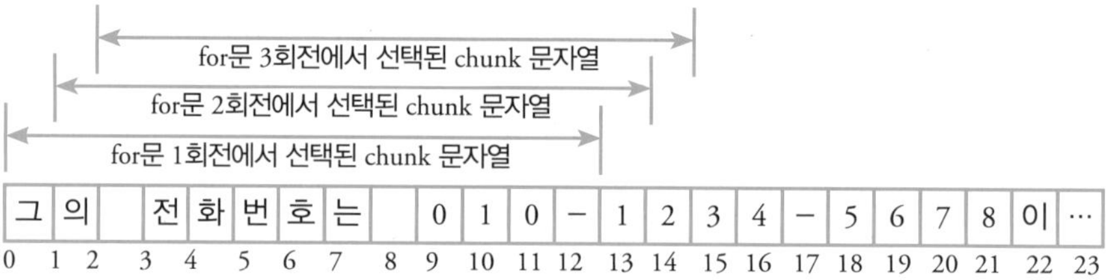

그러다가 어느 순간에 chunk 변수에 '010-1234-5678'이 저장되면 isPhone Number( ) 함수 블록을 잘 통과해서 마지막 23번 줄의 return True를 만나게 될 거야. 전화번호임이 확인되었다는 뜻이지.

9번, 10번 줄 isPhoneNumber( ) 함수에서 설명이 안 된 9번, 10번 줄의 코드만 살짝 볼게.

```
if text[3] != '–':              # '–'
    return False
```

9번 줄까지 왔다면 문자열의 앞 3 글자가 숫자형 문자라는 뜻일거야. 맞지? 그리고 이 코드는 4번 째 문자인 text[3]이 '–'인지 확인하는거야. 만약 아니라면 전화번호 형식이 아니라는 거니까 return False를 실행하고, 맞다면 if문 블록을 실행하지 않고 다음 줄로 넘어갈 거야.
16번, 17번 줄의 코드도 같은 코드야.

37번, 38번 줄

```
if isPhoneNumber(chunk):
    print('발견된 전화번호: ' + chunk)
```

만약 chunk 변수의 문자열이 전화번호 양식이 맞다면 isPhoneNumber(chunk) 함수가 True를 반환하게 되고, 그 값을 출력하게 돼.

40번 줄

```
print('프로그램 종료')
```

프로그램이 종료되는 걸 알리는 코드야.

전화번호를 추출하는 프로그램을 만들어봤는데, 공부하면서 프로그램을 좀 더 효율적으로 수정하고 싶은 욕구가 생긴 사람도 있을 거야. 현재 isPhoneNumber( ) 함수는 프로그램의 알고리즘을 이해하기 쉽게 하기 위해 좀 길게 적어 놓은 측면이 있어. 함수 내부 코드를 좀 간단하게 줄일 수 있지.
가령, 5번~7번 코드를 2줄로 줄여볼까?

```
if not text[0:3].isdecimal():
    return False
```

for문으로 text의 각 문자들을 순회하는 대신 문자열의 슬라이싱을 이용해서 문제를 해결한 거야. 이외에도 isPhoneNumber( ) 함수와 프로그램은 더 간략하게 줄일 수 있는 여지가 많아. 다른 부분은 한 번 고민해 봐.

3줄 요약

- ☑ 문자열 관련 함수들을 활용하여 특정한 형식의 문자열을 추출할 수 있다.
- ☑ 문자열의 isdecimal( ) 함수는 문자열 타입의 숫자인지를 판단해 주는 함수이다.
- ☑ isPhoneNumber( ) 함수처럼 특정한 목적을 가진 함수를 자유롭게 만들어 활용할 수 있다.

PROJECT

002 카카오톡 대화 파일에서 단어 수 분석하기

P·Y·T·H·O·N

〔핵심내용〕 collections 모듈 / for문, if문
파일 입출력 / 문자열의 strip( ) 함수, split( ) 함수

```python
# project_02

from collections import Counter

wordDict = Counter()
with open('KakaoTalkChats.txt', 'r', encoding='utf-8') as f:

    chatline = f.readlines()
    chatline = [x.strip() for x in chatline]
    chatline = [x for x in chatline if x]

    for count in range(len(chatline)):
        if count < 2:                 # 첫 두 줄 제거
            continue

        wordlist = chatline[count].split(':')
        if len(wordlist) == 2 :       # 매일 대화시작 시간 제거
            continue

        if len(wordlist) == 1 :       # 엔터[Enter]가 삽입된 경우
            for word in wordlist[0].strip().split():
                wordDict[word] += 1
        else:
            for x in range(2, len(wordlist)):   # ':'가 있는 경우
                for word in wordlist[x].strip().split():
                    wordDict[word] += 1

print('단어 \t\t빈도수')
for word, freq in wordDict.most_common(50):
    print('{0:10s} \t: {1:3d}'.format(word, freq))
```

```
단어                빈도수
<사진>             : 355
잘                 : 111
ㅋㅋㅋㅋ           : 111
ㅋㅋㅋ             : 110
오늘               : 105
수                 :  87
좀                 :  79
지금               :  69
더                 :  62
너무               :  58
난                 :  53
보자고             :  53
다                 :  52
내가               :  51
ㅋㅋ               :  50
(emoticon)         :  50
많이               :  50
헐                 :  48
좋은               :  47
이제               :  47
```

친구들과의 카카오톡 대화 중에서 어떤 단어가 가장 많이 사용하는지를 분석하는 프로그램을 만들어 볼게. 우선 대화내용을 분석하기 위해 카카오톡에서 대화내용 가져오는 과정을 알아볼게. 한 가지 주의할 것은 함께 공유하는 대화방의 내용을 구성원의 동의 없이 저장하면 불법일 수 있으니 반드시 동의를 얻고서 저장할 것. 그리고 대화내용은 절대 인터넷이나 제3자에게 공개하지는 말 것. 여기서 사용한 데이터는 동의를 받은 후 편집한 것을 사용했어. 설령 동의를 받았다고 하더라도 우리는 오로지 공부 목적으로만 사용하자!

<카카오톡에서 대화내용 가져오기>

1. 카카오톡 대화방에서 3선 메뉴 버튼을 터치하면 아래쪽에 [설정] 메뉴(카카오톡 버전마다 다르겠지만 이미지로 되어 있을 거야)가 나타나.

2. 메뉴 중에서 [대화내용 내보내기]를 선택하면 나타나는 창에서 [텍스트만 보내기]를 선택해.

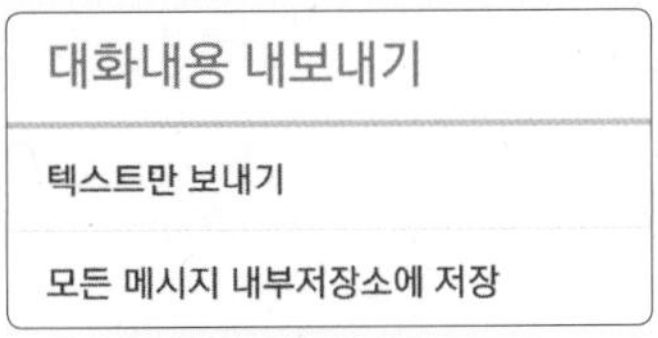

[카톡 대화내용 내보내기]

3. 그러면 아래처럼 대화내용 텍스트 파일을 어디로 보낼 것인지 묻는 창이 나와. 본인이 편리한 것을 선택하고 전송하면 돼.

[카톡 대화내용 전송하기]

4. 전송된 파일을 다운받으면 KakaoTalkChats.txt 파일로 되어 있을 거야. 이 파일을 열면 대략 아래와 같이 대화내용이 저장되어 있어.

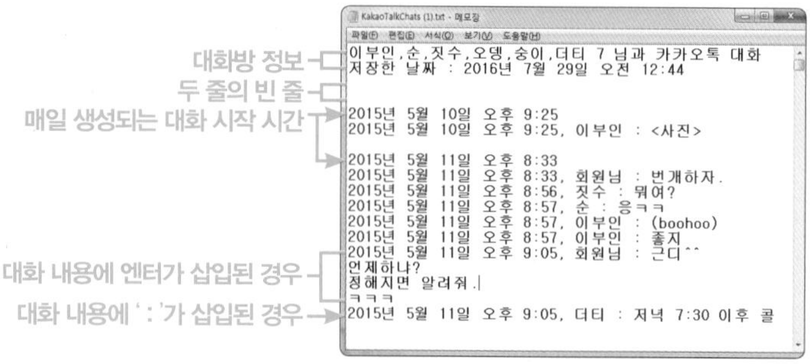

[대화내용 저장 화면]

대화내용을 컴퓨터로 분석하려면 우선 패턴을 발견해야 해. 그래서 코딩하기 전에 먼저 전체적인 파일 데이터에서 나타나는 패턴 분석을 해 보자.
파일 데이터의 패턴을 보면 다음과 같아.

– 처음 네 줄은 대화 분석에 필요 없는 대화방 정보와 빈 줄이야.
– 대화내용들의 형식적인 패턴을 보면 다음과 같아.

① 2015년 5월 10일 오후 9:25

② 2015년 5월 10일 오후 9:25, 이부인 : 〈사진〉

③ 언제하냐?

④ 2015년 5월 11일 오후 9:05, 더티 : 저녁 7:30 이후 콜

대화내용의 네 가지 패턴을 설명하면,

①번은 대화가 있는 날마다 시작 시간 정보가 표시되는 형식이야. 대화 분석에서 필요 없는 데이터라서 나중에 제거할 대상이야.

②번은 일상적인 대화의 형식이야. 두 번째 콜론(':') 이후의 내용이 대화내용임을 알 수 있어.

③번은 대화내용에 엔터(Enter)가 삽입된 경우의 형식이야. 여기엔 시간 정보가 없다는 것이 특징이야.

④번은 대화내용에 ':'이 삽입된 경우의 형식이야.

자, 우리는 대화내용을 얻었고, 파일 데이터의 패턴을 대략 파악했어. 이제 코딩해 보자고.

3번 줄

```
from collections import Counter
```

프로그램에 collections 모듈의 Counter 클래스를 임포트했어. Counter 클래스는 사전을 상속받아 만든 클래스인데, 29번 줄에서 most_common( ) 메서드를 사용하기 위해서 임포트한 거야.

5번 줄

```
wordDict = Counter()
```

'단어'와 '단어의 빈도수'를 저장할 Counter 클래스의 인스턴스 wordDict를 미리 만들었어. wordDict는 사전과 거의 유사해. 그냥 사전형 변수를 선언해서 사용해도 되지만, most_common( ) 메서드의 편리함을 누리기 위해서 Counter 클래스를 선택한 거야.

6번 줄

```
with open('KakaoTalkChats.txt', 'r', encoding='utf-8') as f:
```

카톡 텍스트 파일을 읽기 모드('r')로 열어서 f라는 이름으로 사용하려고 해. 카톡에서 생산된 텍스트 파일은 encoding 옵션을 'utf-8'로 설정해야 제대로 열 수 있어.

8번 줄

```
chatline = f.readlines()
```

파일 전체를 줄 단위로 읽어 와서 chatline에 저장해. readline( ) 함수가 리스트 형식으로 반환하기 때문에 chatline은 리스트야.

9번 줄

```
chatline = [x.strip() for x in chatline]
```

chatline에서 한 줄씩 가져와서 x 변수에 저장한 다음 strip() 함수를 이용해 문장 양쪽의 공백을 제거하기 위한 거야. 즉, chatline의 모든 줄에 대해 양쪽 공백을 제거하는 코드야.

10번 줄

```
chatline = [x for x in chatline if x]
```

다시 chatline에서 한 줄씩 가져와서 x 변수에 저장한 다음 만약 그 값이 비어 있지 않으면 놔두고, 비어 있으면 제거하기 위한 거야. 즉, chatline의 모든 줄에 대하여 의미 없는 빈 줄을 제거하는 코드야.
여기까지 파일 전체에서 가져온 데이터를 chatline 변수에 저장한 다음 불필요한 공백과 빈 줄을 제거했으니 chatline에 남아있는 값들은 어떤 문자를 가진 데이터일거야.
자, 이제부터는 한 줄 한 줄 가져와서 필요한 단어는 챙기고, 필요 없는 단어는 버리면서 wordDict에 단어들을 저장할 거야. 한 번 보자.

12번 줄
13번 줄
14번 줄

```
for count in range(len(chatline)):
    if count < 2:              # 첫 두 줄 제거
        continue
```

chatline를 구성하는 항목 수만큼 반복문을 돌리면서 각 문장을 다룰 것인데, 대화내용의 첫 줄과 두 번째 줄은 우리 분석에 필요 없는 내용이니 continue문으로 건너 띄도록 했어. 원본 파일 데이터에서 보면 첫 네 줄이 불필요한 줄이었는데, 두 개의 빈 줄은 10번 줄 코드에서 이미 걸러졌기 때문에 count 〈 4가 아닌 count 〈 2라고 한 거야. 즉, 파일 데이터에서 처음에 자리한 대화방 정보를 제거한 거야.

16번 줄

```
wordlist = chatline[count].split(':')
```

이제 chatline에 남은 데이터는 대화내용들이야. 이제부터는 다음 네 가지 경우만 잘 따져서 처리해주면 돼.

① 2015년 5월 10일 오후 9:25

② 2015년 5월 10일 오후 9:25, 이부인 : 〈사진〉

③ 언제하냐?

④ 2015년 5월 11일 오후 9:05, 더티 : 저녁 7:30 이후 콜

위 네 가지 패턴에서 알 수 있듯이 우리에게 필요한 대부분의 대화내용은 두 번째 콜론(':') 이후의 값들이야. 그래서 우선 split(':') 함수로 분리해서 wordlist에 저장했어. 그럼 wordlist는 다음과 같을 거야.

① ['2015년 5월 10일 오후 9', '25']

② ['2015년 5월 10일 오후 9', '25, 이부인' '〈사진〉']

③ ['언제하냐?']

④ ['2015년 5월 11일 오후 9', '05, 더티', '저녁 7', '30 이후 콜']

```
17번 줄    if len(wordlist) == 2 :    # 시작 시간 정보 제거
18번 줄        continue
```

이 코드는 ①번 형식을 제거하기 위한 코드야. 시작 시간 정보는 ':'를 기준으로 항상 2개의 리스트 항목을 가지니까 이럴 때는 continue문을 이용해서 for문의 아래 부분을 실행하지 못하게 막음으로써 분석 대상에서 제거하는 거야.

```
20번 줄    if len(wordlist) == 1 :  # 엔터[Enter]가 삽입된 경우
21번 줄        for word in wordlist[0].strip( ).split( ):
22번 줄            wordDict[word] += 1
```

이 코드는 ③번 형식을 처리하기 위한 코드야. wordlist의 길이가 1인 경우는 사용자가 대화내용 중에 엔터(Enter)를 삽입해서 생겨난 데이터야. 우리의 분석 대상이니까 이때의 값을 strip( )과 split( )를 이용해서 공백으로 분리한 다음 각 단어를 wordDict 변수에 저장해.

```
23번 줄    else:
24번 줄        for x in range(2, len(wordlist)): # ':'가 있는 경우
25번 줄            for word in wordlist[x].strip( ).split( ):
26번 줄                wordDict[word] += 1
```

이 코드는 ②번, ④번 형식을 동시에 처리하기 위한 코드야. ②번과 같은 일상적인 대화내용의 경우 항상 콜론(':')이 두 번 들어가. 이때는 len(wordlist)값이 3이겠

지. 그런데 대화내용 중에 콜론이 추가로 들어가면 len(wordlist)값은 더 클 수 있어. 그래서 24번 줄처럼 처리한 거야.
이런 대화 내용의 경우 wordlist[0]은 시간 정보의 앞부분이고, wordlist[1]은 시간 정보의 뒷부분과 별명이기 때문에 25번 줄을 통해 분석 대상에서 제거했어.
wordlist[2], wordlist[3], ... 등은 실제 대화내용이기 때문에 26번 줄에서 wordDict 변수에 저장해.
이렇게 for문이 chatline의 항목 수만큼 반복하면 반복문이 종료되었을 때 wordDict에는 대화내용에 사용된 단어들이 모두 들어있을 거야.
마지막으로 남은 건 출력하는 것 뿐. 출력 코드를 한 번 보자.

```
28번 줄  print('단어 \t\t 빈도수')
29번 줄  for word, freq in wordDict.most_common(50):
30번 줄      print('{0:10s} \t: {1:3d}'.format(word, freq))
```

most_common( ) 메서드는 wordDict에서 가장 빈도수가 높은 항목부터 차례대로 정리해 주는 기능을 가지고 있어.

3줄 요약

- 데이터를 분석하기 위해서는 데이터의 패턴을 먼저 파악해야 한다.
- Counter 클래스의 most_common( ) 메서드는 가장 출현 빈도가 높은 값을 기준으로 정렬해 준다.

P·Y·T·H·O·N

PROJECT 003 파일명 일괄 변경하기

〔핵심내용〕 os 모듈(os.listdir( ), os.rename( )), 문자열 슬라이싱 lower( ), startswith( ), continue, break

```
# project_03

import os

# 파일명 변경하기 함수
def changeFilename(filelist, size, change):
    number = 0

    print('-'*50)
    for name in filelist:
        if name[-4: ]=='.jpg':
            number += 1
            strnumber = str(number).zfill(size)
            newname = '자연' + strnumber + '.jpg'
            if change:
                os.rename(path+name, path+newname)
            print(name, '->', newname)
    print('-'*50)

# 프로그램 시작
while True:
    print('프로그램을 종료하고 싶으면 q를 입력하세요.')

    # 폴더 경로 입력받기
    path = input('경로를 입력해 주세요(형식: c:/content/drive/Mydrive/Temp/)')

    if path == 'q':
        break
    elif path == '':
        path = 'c:/temp/'
    elif path[-1] != '/':
        path += '/'
```

```
    # 폴더에서 파일 정보 가져오기
    try:
        files = os.listdir(path)
        for file in files:
            print(file)
    except:
        print('경로를 다시 확인하세요.')
        continue

    # 파일 정보 확인하기
    go = input('해당 폴더의 파일이 맞나요? (y/n) ').lower()
    if go == 'n':
        continue
    elif go == 'q':
        break

    size = len(input('숫자부분의 자릿수에 맞춰 0을 넣어주세요(ex, 000):
            '))

    # 파일 변경 전 확인하기(미리보기)
    changeFilename(files, size, False)

    go = input('이대로 변경할까요? (y/n) ').lower()
    if go == 'n':
        continue
    elif go == 'q':
        break

    # 파일 변경하기
    changeFilename(files, size, True)
    print('파일명 변경 완료')

    # 재실행 / 종료
    ans = input('또 다른 파일명을 수정할건가요?(y/n): ').lower().
            startswith('y')
    if ans:
        continue
    else:
        break

# 프로그램 종료
```

```
프로그램을 종료하고 싶으면 q를 입력하세요.
경로를 입력해 주세요(형식: c:/content/drive/Mydrive/Temp/) c:/content/
drive/Mydrive/Temp/
Chrysanthemum.jpg
Desert.jpg
Hydrangeas.jpg
PV3.txt
해당 폴더의 파일이 맞나요? (y/n) y
숫자 부분의 자릿수에 맞춰 0을 넣어주세요(ex, 000): 000
--------------------------------------------------
Chrysanthemum.jpg -> 자연001.jpg
Desert.jpg -> 자연002.jpg
Hydrangeas.jpg -> 자연003.jpg
--------------------------------------------------
이대로 변경할까요? (y/n) y
--------------------------------------------------
Chrysanthemum.jpg -> 자연001.jpg
Desert.jpg -> 자연002.jpg
Hydrangeas.jpg -> 자연003.jpg
--------------------------------------------------
파일명 변경 완료
또 다른 파일명을 수정할건가요?(y/n): n
```

컴퓨터로 작업을 하다보면 여러 개의 파일명을 한꺼번에 변경할 필요가 있어. 예를 들어, 여러 친구들에게서 과제 파일을 받았는데 파일명에 숫자를 넣고 싶다든지 또는 여러 파일명의 일부분을 다른 문자로 변경하고 싶을 때가 있을 거야. 물론 파일 한두 개를 수정할 때는 직접 하는 것이 빠르지만, 여러 개의 파일을 다룰 때는 프로그램을 만들어 사용하는 것이 빠르고 정확하지!

이번 프로그램은 내장 모듈인 os 모듈을 이용해서 구글 드라이브 안의 파일명을 조작하는 방법을 배워볼게. 예제에는 폴더에 접근하는 방법과 파일명을 변경하는 방법이 나와 있으니 파일을 다루는 응용 프로그램을 만드는 데 도움이 될 거야.

이 프로그램은 다음과 같은 제한이 있어.

- 대상은 .png 이미지 파일이고,
- 파일명을 '자연' + 숫자의 형식으로 수정해.
- 폴더에 정렬되어 있는 이미지 파일 순으로 숫자가 붙여지고.

예를 들면, a.jpg → 자연001.jpg 식으로 파일명을 변경할 수 있는 프로그램이야. 물론 이러한 제약들은 공부를 하고 나면 쉽게 해결할 수 있는 제약들이야. 따라서 내가 원하는 방식의 파일명 변경 프로그램으로 발전시킬 수도 있어.

이 프로젝트를 실행한 결과를 미리 확인해보자. 왼쪽 그림은 코드 실행 전, 구글 드라이브의 Temp 폴더에 3개의 *.png 이미지 파일이 있어. 오른쪽 그림은 코드 실행 후, 파일명이 바뀐 걸 확인할 수 있지.

[실행 전]

[실행 후]

이번 프로젝트를 위해서는 코랩에서 구글 드라이브의 모든 파일에 접근하고 수정할 수 있도록 "코랩과 구글 드라이브를 연결하는 과정"을 반드시 거쳐야 해. 꼭 팁을 읽고 실행한 다음 예제 코드를 살펴보자.

TIP 코랩과 구글 드라이브 연결하기

우리는 6장. 파일처리에서 내 컴퓨터의 파일을 코랩 저장소에 업로드하는 방법을 배웠어. 그런데 이 방법은 간단하긴 하지만 매번 수많은 파일을 한꺼번에 올리기는 번거롭지. 그래서 코랩에서는 구글 드라이브와 연동하는 기능을 제공하니까 이번에는 그 방법을 알아보자고.

1. 코드 셀에 구글 드라이브 연결 코드 작성

그림 왼쪽에 [파일] 탭을 보면 현재는 기본 폴더인 sample_data 폴더만 보일 거야. 이제 첫 번째 코드 셀을 실행시켜 봐. 이 코드 셀의 의미는 구글 드라이브를 코랩에 "마운트한다", "연결한다"는 의미야.

2. 구글 드라이브 연결 허용

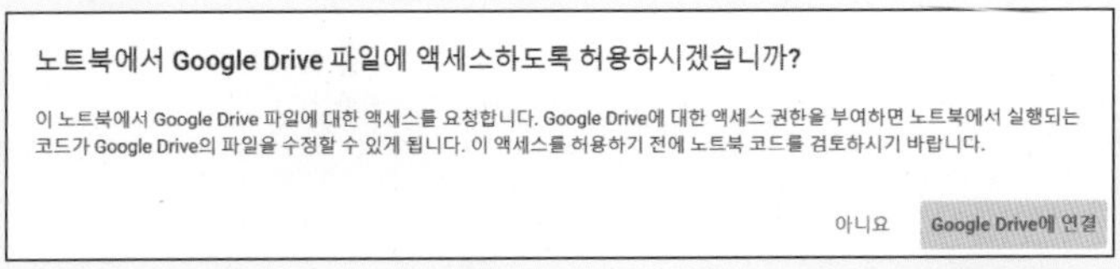

3. 구글 계정 선택 및 액세스 허용

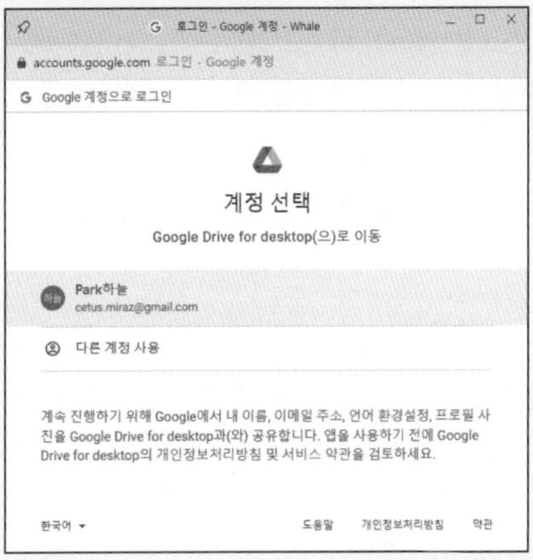

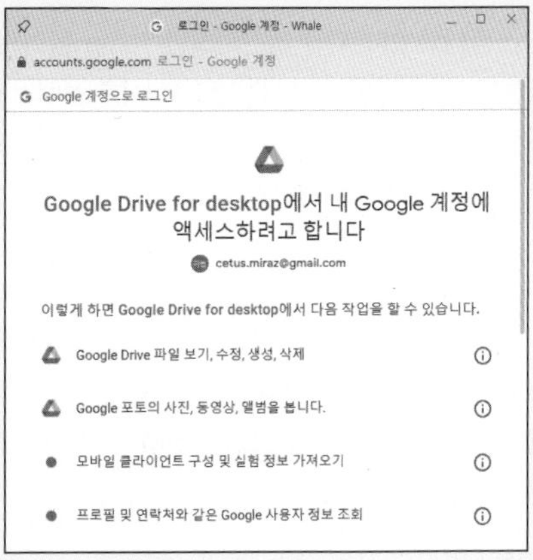

4. 결과 확인

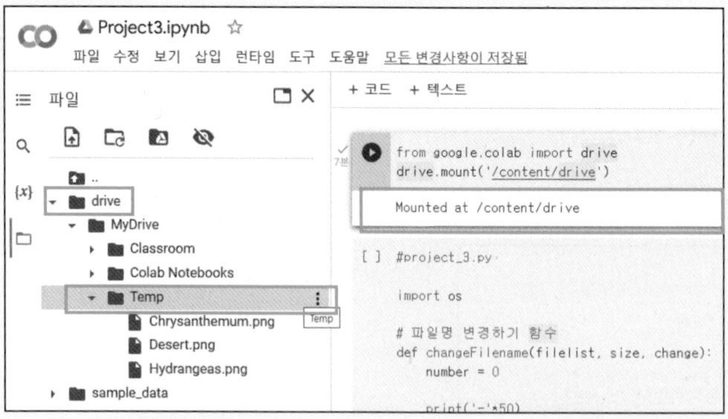

코드 셀 아래에 잘 연결되었다는 메시지가 나와. 왼쪽 [파일] 탭에는 전에 없던 drive 폴더가 새로 생기는데 이 폴더가 나의 구글 드라이브(MyDrive)를 담고 있는 폴더야. MyDrive 폴더 아래엔 실제 구글 드라이브 폴더와 파일이 나열돼 있어. 우리의 실습 이미지 파일들이 담겨진 Temp 폴더도 확인할 수 있어.

5. 마지막으로 Temp 폴더의 경로 주소는?

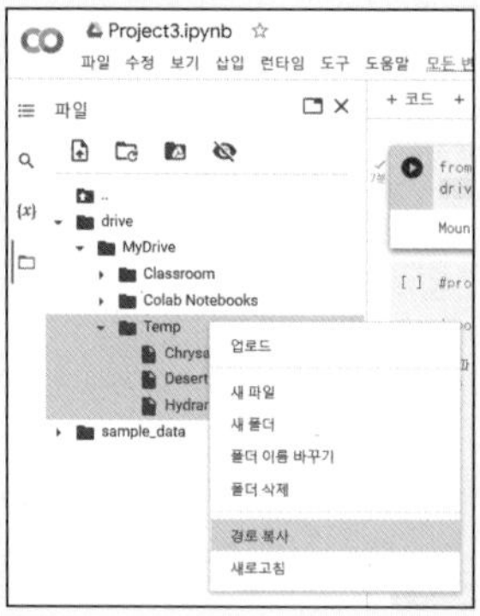

코드 셀에서 Temp 폴더의 이미지에 접근하려면 Temp 폴더의 경로를 알아야 해. 그 경로는 Temp 폴더에서 마우스 오른쪽 버튼을 클릭, 팝업 창에서 [경로 복사]를 선택하면 알 수 있어. 위와 같은 경우는 아래와 같은 경로 주소를 갖게 돼.

이미지 폴더 경로: /content/drive/MyDrive/Temp

이렇게 코랩과 구글 드라이브를 연결했어.

좀 더 나아가서 혹시 내 컴퓨터의 파일을 코랩을 통해서 파일 처리하고 싶다면, 인터넷 검색에서 "구글 드라이브와 내 컴퓨터를 연결하기"를 찾아서 해보길 바래. 그러면 코랩에서 구글 드라이브를 통해 내 컴퓨터의 파일을 사용할 수 있지.

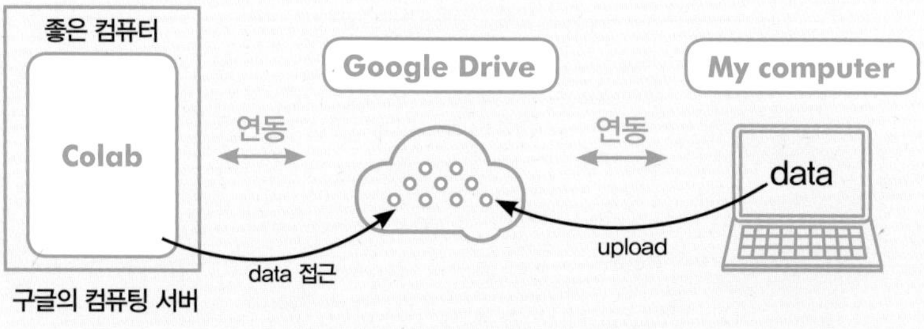

3번 줄

```
import os
```

os 모듈의 os는 operating system의 약자로 말 그대로 운영 체제(윈도우7, 리눅스 등)에서 제공하는 다양한 기능을 파이썬이 사용할 수 있도록 만들어 놓은 모듈이야. 이따 보겠지만 이 프로그램에서 os 모듈을 이용해서 폴더와 파일에 접근할 거야.

6번~18번 줄

```
changeFilename(filelist, size, change)
```

이 함수는 change의 값에 따라 두 가지 기능을 가지고 있는데, False이면 변경 전 미리보기와 같은 기능을 제공하고, True이면 실제로 파일명을 변경해 주는 기능을 가지고 있어. filelist는 파일 목록이고, size는 파일명 뒤에 붙을 숫자의 자릿수를 의미해.

21번~70번 줄

실제 프로그램 실행의 메인이 되는 부분이야. while문이 굉장히 길지? 무한 루프 안에 프로그램이 진행되는 순서를 살펴보면 다음과 같아.

(1) 폴더 경로 입력받기(24번~32번 줄)
(2) 폴더에서 파일 정보 가져오기(34번~41번 줄)
(3) 파일 정보 확인하기(43번~48번 줄)
(4) 숫자 자릿수 입력받기(50번 줄)
(5) 파일 변경 전 확인하기(미리보기) (52번~59번 줄)
(6) 파일 변경하기(61번~63번 줄)
(7) 프로그램 재실행 또는 종료 선택하기(65번~70번 줄)

위와 같이 작동하는 프로그램의 전체적인 그림을 잘 잡고 세부적인 코드들을 살펴보자고. changeFilename( ) 함수는 나중에 호출될 때 분석하기로 하고 프로그램의 메인인 21번 줄부터 차근차근 보자.

21번 줄
22번 줄

```
while True:
   print('프로그램을 종료하고 싶으면 q를 입력하세요.')
```

while문의 조건식에 True만 있잖아. 이건 break문을 만나지 않는 한 while 반복문을 무한히 돌리겠다는 의미야. True값 그 자체는 프로그램 실행 중에 변할 수 없으니까. 그리고 print() 함수로 종료 방법을 알리고 있어.

```
25번 줄  path = input('경로를 입력해 주세요(형식: /content/drive/Mydrive/Temp/) ')
26번 줄
27번 줄  if path == 'q':
28번 줄    break
29번 줄  elif path == '':
30번 줄    path = '/content/drive/Mydrive/Temp/'
31번 줄  elif path[-1] != '/':
32번 줄    path += '/'
```

수정하려는 파일들이 있는 폴더 경로를 사용자로부터 입력받아서 변수 path에 저장하는 부분이야.

사용자가 경로 대신 'q'를 입력하면 break문이 실행되고, while문을 빠져나가면 while문 이후에는 아무런 코드가 없으니까 프로그램은 종료되는 거야.

그 아래 elif문을 보자. 사용자가 파일 경로를 입력하지 않고 그냥 엔터를 친 경우도 생길 수 있지? 이때를 위해 변수 path에 /content/drive/MyDrive/Temp를 기본 경로로 설정했어.

마지막 elif문은 path의 마지막 문자가 '/'인지 확인하는 코드야. 사용자가 /content/drive/MyDrive/Temp처럼 경로 끝에 '/'를 입력하지 않으면 추가해 주는 거야. 이 마지막 '/'가 언제 문제가 될 수 있냐면, 16번 줄에서 파일명 변경이 최종적으로 이루어지는데, '/'로 끝나지 않으면 path+file에서 다음과 같은 경로가 생길 수 있어.

/content/drive/MyDrive/TempChrysanthemum.jpg

폴더명 temp와 파일명이 '/'없이 연결되는 바람에 결국 C 드라이브에 있는 이상한 이름의 그림 파일을 찾게 되는 거야. 그래서 사용자가 혹시라도 '/'를 생략해도 프로그램이 알아서 넣어주도록 한 것이지(이 문제는 os 모듈의 다른 함수 os.path.join( )을 이용하면 자동으로 해결할 수 있어. join( )에 대한 내용은 인터넷으로 한 번 찾아보도록 해봐).

```
34번 줄    # 폴더에서 파일 정보 가져오기
35번 줄    try:
36번 줄        files = os.listdir(path)
37번 줄        for file in files:
38번 줄            print(file)
```

사용자가 변경하려는 파일들이 있는 폴더 경로를 알아냈으니 이제 그 폴더에서 파일을 가져와보자고. 이때 유용한 함수가 os.listdir( ) 함수야.

os.listdir(폴더_경로) 함수는 특정 폴더에 존재하는 파일과 하위 폴더들의 목록을 가져올 때 사용하는 함수야. 함수가 반환한 파일 목록과 하위 폴더 목록은 변수 files에 저장되고 이 내용을 for문을 출력해서 확인하는 과정이야. 그러면 폴더의 내용들을 확인할 수 있겠지.

```
39번 줄    except:
40번 줄        print('경로를 다시 확인하세요.')
41번 줄        continue
```

그런데 os.listdir( ) 함수에다 실제 존재하지 않는 폴더 경로를 알려주면 다음과 같은 에러가 발생해.

FileNotFoundError: [WinError 3] 지정된 경로를 찾을 수 없습니다: 'c:/iam NotaFolder/'

이런 오류는 프로그램을 중단시키는 문제가 있기 때문에 예외 처리를 위해 try ~ except문을 이용했어. 에러가 발생할 수 있는 os.listdir()를 try 블록에 넣고 이 함수 실행 중 만약 오류가 발생하면 except 블록에서 처리해 주는 거야.

경로를 다시 확인하라는 메시지와 함께 경로를 처음부터 다시 설정하라고 continue문을 사용했어. 반복문 실행 중에 continue문을 만나면 프로그램의 흐름은 반복문의 조건식으로 이동해. 즉, 21번 줄로 이동해서 다시 조건식을 판단하는 거야. 조건식이 True니까 프로그램이 처음부터 시작하는 효과가 나겠지.

```
43번 줄    # 파일 확인하기
44번 줄    go = input('해당 폴더의 파일이 맞나요? (y/n) ').lower( )
45번 줄    if go == 'n':
46번 줄        continue
47번 줄    elif go == 'q':
48번 줄        break
```

사용자가 입력한 폴더의 파일과 하위 폴더를 보여준 후 그 폴더가 맞는지 확인하는 부분이야. input( ) 함수는 입력 값을 문자열 형으로 반환하니까 lower( ) 함수를 사용해서 소문자로 변경하면 if문의 조건식을 소문자만으로 비교할 수 있지.

```
go = input('해당 폴더의 파일이 맞나요? (y/n) ').lower( )
  ↓
go = 'Y'.lower( )      # 입력 값을 'Y'라고 가정
  ↓
go = 'y'
```

사용자가 입력한 값이 'N' 또는 'n'이면, 현재 폴더가 아닌 다른 폴더를 선택하도록 continue문을 이용해서 프로그램의 시작점으로 이동시키고,

사용자가 여기서 'q'를 눌렀다면 프로그램을 종료하고자 한 것이니까 break문을 이용해서 while문을 빠져나가도록 하는 거야.
사실 이 코드에 따르면 사용자가 y를 누르지 않아도 n과 q만 아니면 모두 진행할 수 있도록 코딩했어.

50번 줄 `size = len(input('숫자부분의 자릿수에 맞춰 0을 넣어주세요(ex, 000): '))`

이제 사용자로부터 넘버링할 숫자의 자릿수를 입력받으려고 하는 건데, 세 자리 숫자를 넣고 싶다면 000(숫자 0 세 개)을 입력하고, 네 자리 숫자를 넣고 싶다면 0000(숫자 0 네 개)을 입력하라는 의미야. 그러면 len( ) 함수를 이용해서 자릿수를 얻을 수 가 있잖아. 프로그래머에 따라서는 자릿수를 '숫자'로 받아서 처리할 수도 있겠지? 그렇게 구현해도 아무 문제없어.

```
52번 줄    # 파일 변경 전 확인하기(미리보기)
53번 줄    changeFilename(filelist, size, False)
```

changeFilename( ) 함수를 호출하고 있어. 이때 함수의 인수로 파일 목록인 filelist와 넘버링 자릿수인 size, 그리고 False를 입력했네. 이 함수는 세 번째 인수가 False이면 파일 변경 후 상태를 미리보기 해주는 기능이 있어. 그리고 미리보기 후 아래와 같이 물어보는 거야.

```
55번 줄    go = input('이대로 변경할까요? (y/n) ').lower( )
56번 줄    if go == 'n':
57번 줄        continue
58번 줄    elif go == 'q':
59번 줄        break
```

이대로 변경을 원하면 'y'를 누를 텐데, 만약 'n'을 누르면 아까처럼 프로그램 시작점으로 이동시켜서 처음부터 다시 하라는 것이고, 'q'를 누르면 프로그램 종료를 위해 반복문을 빠져나가라는 의미야.

```
61번 줄    # 파일 변경하기
62번 줄    changeFilename(filelist, size, True)
63번 줄    print('파일명 변경 완료')
```

changeFilename( ) 함수의 세 번째 인수가 True일 때 실제로 파일명이 변경될 것이고, 63번 줄에서 파일명 변경이 완료되었다는 메시지로 알려주도록 했어.

프로그램의 전체적인 흐름을 한 번 살펴보았어. 어때? 좀 어렵니? 직접 코딩해 보고 중간 중간 조금씩 수정해 가면서 분석해 보면 그리 어렵지 않은 프로그램이야. 힘내! 그럼 이제부터 이 프로그램의 핵심인 changeFilename( ) 함수를 살펴보자.

```
5번 줄    # 파일명 변경하기 함수
6번 줄    def changeFilename(filelist, size, change):
7번 줄        number = 0
8번 줄
```

```
9번 줄    print('–'*50)
```

changeFilename( ) 함수의 시작이야. def는 함수를 만들겠다고 선언하는 키워드이고, 이 함수는 filelist, size와 change 세 개의 인수를 받고 있어.

넘버링할 숫자를 number에 저장하려고 해. 파일명에 들어갈 숫자는 1부터 시작할 것이기 때문에 초기값으로는 0을 넣었어.

9번 줄은 문자열 연산자 *를 이용해서 '–'문자를 50번 반복하라는 의미야. 출력물들을 구분하기 위해서 넣은 거야.

```
10번 줄    for name in filelist:
11번 줄        if name[-4: ]= ='.jpg':
12번 줄            number += 1
13번 줄            strnumber = str(number).zfill(size)
14번 줄            newname = '자연' + strnumber + '.jpg'
```

filelist에는 아까 36번 줄에서 files에 저장된 파일 및 하위 폴더 정보들이 들어 있어. for문을 이용해 filelist에서 각각의 항목들(즉, 파일명)을 가져와 name이라는 변수에 넣었어.

name[-4:]라고 슬라이싱 했잖아. 문자열의 맨 뒤에서 4개 문자를 잘라낸 것이 '.jpg'와 같을 때만 파일명 수정 작업을 할 거야. 즉, 그림 파일 중에서도 jpg라는 확장자를 가진 파일만 파일 변경하겠다는 거야. 물론 이 확장자는 '.hwp'나 '.pdf' 등 다른 것으로 수정할 수도 있어.

넘버링에 사용할 숫자를 1 증가시키고, zfill( ) 함수를 사용하기 위해 str( ) 함수로 number를 문자열로 형변환해 주는 거야.

<파이썬 문서>

str.zfill(숫자) : 문자열에 사용하는 zfill( ) 함수는 문자열의 왼쪽을 0으로 채워 '숫자'크기만큼의 문자열로 돌려준다.

예를 들어서 'a'.zfill(5)는 '0000a'를 반환하고, '10'.zfill(4)는 '0010'를 반환해. 사용자로부터 입력받은 size를 여기서 사용하는 거야. number가 1이고 size가 4라면 '0001'이라는 값이 strnumber에 저장될 거야.

자, 넘버링할 숫자형 문자가 준비되었으니 새로운 파일명을 만들려고 해. '자연'과 strnumber을 결합하여 파일명을 만들고 여기에 원래 그림 파일의 확장자인 '.png'을 연결해 주는 거야. 새로운 파일명 완성!

새로 만든 파일명을 newname에 저장했으니 이제 우리는 수정된 파일명을 실제 파일에다 적용하는 일만 남았어.

```
15번 줄    if change:
16번 줄        os.rename(path+name, path+newname)
```

바로 이 코드가 파일명을 수정하는 핵심 코드야. os.rename( ) 함수는 파일명을 변경해 주는 역할을 하는 기능을 가졌어. 그런데 이 함수는 항상 실행되는 것이 아니라 change가 True일 때만 실행 돼.

change는 changeFilename( ) 함수를 호출할 때 세 번째 인수로 전달한 값이잖아. 즉 함수를 호출할 때 False를 주면 os.rename( )은 실행되지 않아. 그래서 미리보기만 가능하지. 그리고 True를 주면 os.rename( )이 실행되겠지. 이때만 파일명이 실제로 수정된다는 거야.

path+name은 현재 폴더에 있는 파일들 중에서 선택된 파일명이고,
path+newname은 이 파일에 새롭게 적용하고 싶은 파일명이야.

<파이썬 문서>

os.rename(원본_파일명, 목표_파일명) : os.rename( )은 두 개의 인수가 필요한데, 첫 번째 인수는 바꾸고 싶은 원본 파일, 두 번째 인수는 이 파일에 새롭게 적용하고 싶은 파일명이다. 원본 파일을 목표 파일명으로 수정한다.

```
17번 줄  print(name, '->', newname)
18번 줄  print('-'*50)
```

16번 줄이 실행되었든 실행하지 않았든 17번 줄은 항상 실행될 거야. 왜냐하면 if문 블록이 아니니까. 파일명의 수정 전과 후를 보여주기 위한 출력문이야.

파일명 변경이 완료되고 나면 이제 프로그램의 흐름은 70번 줄로 이동해.

```
65번 줄  # 재실행 / 종료
66번 줄  ans = input('또 다른 파일명을 수정할건가요?(y/n): ').lower().startswith('y')
67번 줄  if ans:
68번 줄    continue
69번 줄  else:
70번 줄    break
```

프로그램을 다시 실행할 것인지 아니면 종료할 것인지 체크하는 부분이야. 또 다른 파일명을 수정할 것인지 물을 때 사용자가 y를 입력하면 True를, 그렇지 않으면 False를 ans에 저장돼.

여기서 startswith( ) 함수가 사용되었는데 이 함수는 문자열에서의 시작 문자열이 같은지를 판단해서 같으면 True, 그렇지 않으면 False를 반환해주는 함수야. 이 함수를 lower( ) 함수와 사용하면 'y', 'Y' 뿐만 아니라 'yes', 'Yes', 'YES' 등의 문자열도 체크할 수 있다는 장점이 있지.

```
ans = input('또 다른 파일명을 수정할건가요?(y/n): ').lower().startswith('y')
        ↓
ans = 'Yes'.lower().startswith('y')  # 입력값을 'Yes'라고 가정
        ↓
ans = 'yes'.startswith('y')
        ↓
ans = True
```

3줄 요약

- ☑ 내장 모듈인 os 모듈의 os.listdir( )을 이용해서 폴더에 있는 파일과 하위 폴더 정보를 읽을 수 있고, os,rename( )을 이용해서 파일명을 수정할 수 있다.
- ☑ os 모듈을 이용해 가져온 파일 정보는 문자열형이기 때문에 문자열 슬라이싱을 이용해 파일의 일부를 자르고 조합할 수 있다.
- ☑ input( ) 함수로 입력받은 문자열을 lower( ), startswith( ) 등을 이용해서 변환하면 사용자로부터 받을 수 있는 다양한 입력 형태를 다룰 수 있는 장점이 있다.

P·Y·T·H·O·N

PROJECT 004

숫자 맞추기 게임

〔핵심내용〕

모듈 / random.randint( ) 함수 / while문, if문
복합 연산자 += / int( ), str( ) – 형변환 함수

```
# project_04

import random

count = 0

print('게임하자. 컴퓨터인 내가 생각하는 수를 6번 안에 맞추면 돼. 준비됐으면 엔터를 쳐.')
input()

goal = random.randint(1, 100)
print('좋아. 숫자를 정했으니 한 번 맞춰봐')

while count < 6 :
    guess = input('당신이 예상하는 숫자는? ')
    guess = int(guess)

    count += 1

    if guess == goal:
        break
    elif guess > goal:
        print('더 작은 수야..')
    else:
        print('더 큰 수야..')

if guess == goal :
    count = str(count)
    print('대박! ' + count + '번 만에 맞췄어!')
else:
    goal = str(goal)
    print('이런.. 내가 생각한 숫자는 ' + goal + '인데..ㅋㅋ')

print('프로그램 종료')
```

```
게임하자. 컴퓨터인 내가 생각하는 수를 6번 안에 맞추면 돼. 준비됐으면 엔터를 쳐.

좋아. 숫자를 정했으니 한 번 맞춰봐
당신이 예상하는 숫자는? 50
더 작은 수야..
당신이 예상하는 숫자는? 25
더 작은 수야..
당신이 예상하는 숫자는? 12
더 큰 수야..
당신이 예상하는 숫자는? 19
더 작은 수야..
당신이 예상하는 숫자는? 16
대박! 5번 만에 맞췄어!
프로그램 종료
>>> ==================== RESTART ====================
>>>
게임하자. 컴퓨터인 내가 생각하는 수를 6번 안에 맞추면 돼. 준비됐으면 엔터를 쳐.

좋아. 숫자를 정했으니 한 번 맞춰봐
당신이 예상하는 숫자는? 89
더 작은 수야..
당신이 예상하는 숫자는? 32
더 큰 수야..
당신이 예상하는 숫자는? 54
더 큰 수야..
당신이 예상하는 숫자는? 70
더 큰 수야..
당신이 예상하는 숫자는? 80
더 작은 수야..
당신이 예상하는 숫자는? 72
더 큰 수야..
이런.. 내가 생각한 숫자는 79인데..ㅋㅋ
프로그램 종료
```

3번 줄

import random

이 프로그램은 컴퓨터가 1~100 사이의 임의의 숫자를 고르면 사용자가 그 숫자를 맞추는 게임이야. 임의의 수를 난수라고도 하는데 난수를 만들기 위해서는 특별한 함수가 필요해. random 내장 모듈은 난수와 관련된 함수들이 포함되어 있기 때문에 난수를 사용할 일이 있다면 random 모듈을 임포트하면 되는 거야.

5번 줄

```
count = 0
```

count 변수는 게임에서 사용자가 숫자를 맞추기 위해 시도한 횟수를 저장하는 거야. 1~100 사이의 숫자를 맞추는데 기회를 무한정 주게 되면 재미가 없잖아. 그래서 이 게임에서는 사용자에게 딱 6번의 맞출 기회를 주기로 했어. 6번 안에 맞추면 게임에서 이기는 것이고, 못 맞추면 지는 것이지.
그러니까 사용자가 몇 번째 시도인지 세기 위해서 count라는 이름으로 변수를 만든 거야.

7번 줄

```
print('게임하자. 넌 내가 생각하는 수를 6번 안에 맞추면 되. 준비됐으면 엔터를 쳐.')
```

7번 줄은 게임 안내 문구야. 그런데 코드를 보면 7번 줄이 다음 줄로 넘어갔지? 하지만 아래 줄로 넘어간 코드도 7번 줄의 연속이니까 직접 코딩할 때는 한 줄에 넣어야 해. 이건 코드가 너무 길어서 책의 한 줄에 다 담지 못해서 그런 것이야.

8번 줄

```
input()
```

input() 함수는 원래 사용자로부터 어떤 값을 받아들일 때 사용하는 건데, 여기서는 게임 안내 문구를 읽고 게임의 다음 단계로 넘어가기 전에 잠시 화면을 멈추게 하기 위해서 넣었어. 사용자가 엔터를 치면 '엔터'값이 프로그램에 입력되지만 8번 줄은 그 값을 별도로 저장하지 않기 때문에 그것으로 그냥 끝나버려. 프로그램을 잠시 정지시키는 방법으로 괜찮은 방법이지?

10번 줄

```
goal = random.randint(1, 100)
```

randint() 함수를 호출해서 얻은 난수값을 goal 변수에 저장했어. 파이썬 문서에서 randint() 함수에 대한 내용을 가져와 볼게.

<파이썬 문서>

random.randint(a, b): a에서 b사이의 난수 N을 돌려준다.

randint( ) 함수의 역할을 알겠지? 우리가 random.randint(1, 100)이라고 했으니까 1~100 사이에서 임의의 값을 얻을 수 있어.

goal = random.randint(1, 100)

↓

goal = [1~100사이 임의의 어떤 수 N]

함수가 선택한 임의의 수는 goal 변수에 저장되고 게임의 중요한 요소로 사용될 거야.

11번 줄 print('좋아. 숫자를 정했으니 한 번 맞춰봐')

게임 안내 문구를 출력하고.

13번 줄 while count 〈 6 :

여기부터가 게임의 가장 중요한 알고리즘이 포함된 부분이야. while문을 선언했으니 이제 조건이 참인 동안 while 블록은 계속 반복하게 될 거야. while 블록은 14번~24번 줄까지야.

14번 줄 guess = input('당신이 예상하는 숫자는? ')

여기부터는 게임이 종료될 때까지 계속 반복되는 구간인거 알지? 14번 줄은 사용자로부터 값을 입력받는 명령이야. input( ) 함수는 콘솔 창으로부터 입력된 값을 문자열 형태로 돌려줘. 그래서 10을 입력하면 문자열 값 "10"이 guess에 저장되지.

15번 줄 guess = int(guess)

컴퓨터가 만들어 낸 난수는 숫자형이고 input( ) 함수가 돌려주는 값은 문자열형이니까 두 값을 비교하려면 같은 형으로 통일해줘야 해. 그래서 guess에 있는 값을 int( ) 함수를 이용해서 숫자형으로 바꿔주는 거야.
14번, 15번 줄을 줄여서 int(input('당신이 예상하는 숫자는? '))로 쓸 수 있어.

17번 줄

```
count += 1
```

복합 대입 연산자 +=를 사용해서 count를 1씩 증가시키고 있어. 이 식은 count = count + 1를 줄여서 표현한 수식이야.
count 변수의 값은 사용자가 1회 시도할 때마다 1씩 증가될 거야. 이 코드는 while 블록 안에서 한 번 만 실행되면 되니까 꼭 17번 줄에 넣지 않아도 돼.

19번, 20번 줄

```
if guess == goal:
    break
```

만약 guess 값과 goal 값이 같다면, 즉 컴퓨터가 가지고 있는 값(goal)과 사용자가 추측한 값(guess)이 같다면 게임을 끝내야겠지? 그래서 두 값이 같으면 break문을 실행시키는 거야. break문은 현재 실행 중인 반복문을 빠져나가는 거니까 while 문을 종료시키고 26번 줄로 이동하라는 것이지.

21번, 22번 줄

```
elif guess > goal:
    print('더 작은 수야..')
```

그렇지 않고 guess와 goal 값이 같지 않다면 guess > goal 인지 비교하는 거야. 추측 값이 목표 값보다 크면 사용자에게 "더 작은 수야.."라고 알려주는 거지.

23번, 24번 줄

```
else:
    print('더 큰 수야..')
```

guess와 goal 두 값이 같지도 않고 크지도 않다면, guess < goal 이겠지? 추측 값이 목표 값보다 작으니까 "더 큰 수야.."라고 알려주고 사용자로 하여금 더 큰 수를 입력받도록 알려주는 거야.
자, 여기까지 이 프로그램의 핵심인 while 블록을 살펴봤는데 아직 이해가 안 된다면 다음 예시를 보면서 프로그램 실행 중 변수의 상태를 살펴 봐.

• while문 들어가기 전

goal	59 (임의의 난수 값을 가정)
count	0

컴퓨터가 만들어 낸 난수 값을 59라고 가정할게. count 값이 0이니까 while 조건식(count 〈 6)이 참이 돼서 while문 블록으로 진입하게 돼.

• while문 1회전

goal	59 (임의의 난수 값을 가정)
guess	50 (첫 번째로 사용자가 입력한 값 가정)
count	1

while문 1회전에서 count는 1 증가하고, 사용자가 입력한 값을 50이라고 가정하면 if 조건식(guess == goal)과 elif 조건식(guess 〉 goal)이 모두 거짓이니까 else문이 실행되어 프로그램은 "더 큰 수야.."라고 출력할 거야.

그리고 if문을 빠져나오면 while문의 끝까지 오겠지. 그러면 다시 13번 줄의 while 조건식(count 〈 6)을 평가하게 돼. count의 현재 값이 1이니까 조건식은 참이 되고 다시 한 번 while 블록을 실행할 거야.

• while문 2회전

goal	59 (임의의 난수 값을 가정)
guess	75 (두 번째로 사용자가 입력한 값 가정)
count	2

자, 첫 번째 시도에서 50을 제시했고 59와 다르기 때문에 while 블록을 두 번째로 실행하게 됐어. 2회전에서 count는 1 증가해서 2가 될 테고. 그런데 이번에도 사용자가 틀렸어. 75를 입력했거든.

if문 조건식(guess == goal)은 거짓이지만 elif 조건식(guess 〉 goal)은 참이니까 이 프로그램은 "더 작은 수야.."라고 출력하면서 if문을 끝내겠지.

while 블록의 끝에 다다르면, 프로그램의 흐름은 자동으로 13번 줄로 이동해. count는 2니까 while문 조건식(count 〈 6)이 여전히 참이지? 다시 while문 블록 안으로 진입한다.

• while문 3회전

goal	59 (임의의 난수 값을 가정)
guess	59 (세 번째로 사용자가 입력한 값 가정)
count	3

두 번째 시도에서도 맞추지 못해서 while 블록이 세 번째 실행하게 되었어. count가 역시 1 증가해서 3이 되었지. 다행스럽게도 사용자가 정확하게 목표 값인 59를 입력한 거야. 그럼 19번 줄에서 if문 조건식(guess == goal)이 참이 될 테고 break가 실행되면서 while문 블록을 빠져나오게 돼.

26번 줄

```
if guess == goal :
```

자, 26번 줄까지 왔을 때는 단 두 가지 경우야.

① 사용자가 목표 값을 정확하게 맞춰서 break문으로 인해 while문을 빠져 나온 경우(승리한 경우).

② 사용자가 6번의 기회를 다 소진해 버려서 while문 조건식(count 〈 6)이 거짓이 되었기 때문에 while문을 빠져 나온 경우(패배한 경우).

26번 줄은 첫 번째 경우에 해당하는 경우를 처리하기 위한 부분이야.

27번, 28번 줄

```
count = str(count)
print('대박! ' + count + '번 만에 맞췄어!')
```

여기서 count를 문자열형으로 변경한 이유는 바로 아래 출력문에서 문자열과 연결하기 위해서야.

29번~31번 줄

```
else:
    goal = str(goal)
    print('이런.. 내가 생각한 숫자는 ' + goal + '인데.. ㅋㅋ')
```

이 줄이 실행된다면 패배한 경우에 해당하는 거겠지? 그래서 게임의 목표 값인 goal을 문자열형으로 변환해서 출력했어. 이렇게 if문을 실행하고 나면 게임이 완전하게 종료되는 거야.

33번 줄

```
print('프로그램 종료')
```

프로그램을 종료하는 메시지를 출력해.

3줄 요약

- ☑ 게임 프로그래밍에서 난수는 꼭 사용되며 random 내장 모듈에서 다양한 난수 함수를 제공한다.
- ☑ 게임이 실질적으로 이루어지는 부분은 while 반복문 내부이다.
- ☑ 숫자를 문자열과 함께 출력하기 위해 str( ) 함수를 이용할 수 있다.

PROJECT 5-1

P·Y·T·H·O·N

그래프 그리기 :

1. 그래프 그리기 준비 및 간단한 그래프 그리기

〔핵심내용〕 아나콘다와 파이참을 준비하자.

```
1:  project_5-1
2:
3:  import matplotlib.pyplot as plt
4:
5:  plt.plot([1, 2, 3, 4, 5], [4, 5, 6, 7, 6])
6:  plt.show()
```

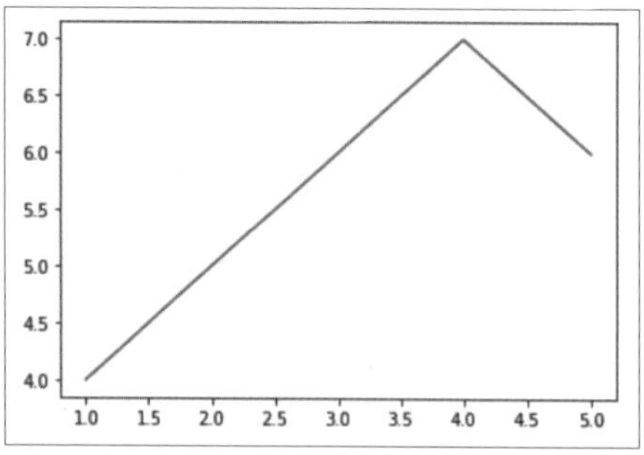

파이썬은 데이터 분석 분야에서 R이라는 프로그래밍 언어와 함께 2대 주요 분석 툴로 다뤄지고 있다고 해. 빅데이터 수집이나 복잡한 처리 및 시각화 등을 다루는 것은 이 책의 범위를 벗어나는 것이므로 이 책에서는 시각화에 중점을 두고 간단한 그래프 그리기를 해볼 거야.
그래프를 그리기 위해서는 matplotlib이라는 모듈이 필요해.

3번 줄

그래프를 그리기 위해서는 matplotlib 패키지 안에 pyplot 모듈을 임포트 해야 해. import ~ as plt라고 하면 임포트 하면서 모듈에 별명을 지어주는 거야. 모듈 안의 기능을 쓸 때마다 matplotlib.pyplot.xxx처럼 사용하면 길어서 불편하니까 이 프로그램 내에서 matplotlib.pyplot는 plt라고 쓰겠다라는 의미지. 그런데 대다수의 파이썬 프로그래머들이 matplotlib.pyplot를 plt로 사용하니까 우리도 이 별명을 사용하자고! 고수 프로그래머의 습관을 따라하는 것은 흥미로운 일이야.

5번 줄 그래프를 그리려면 plot( ) 함수를 이용해. plot( )의 인수를 보니 두 개의 리스트가 있지? 첫 번째 리스트는 그래프의 x 값, 두 번째 리스트는 그래프의 y 값이야. [1, 2, 3, 4, 5], [4, 5, 6, 7, 6]의 의미는 x가 1일 때 y는 4라는 의미이고, x가 2일 때 y는 5라는 의미야. x값과 y값을 일일이 지정해 준거야. 앞으로 그래프를 그릴 때 이런 방식으로 그릴 거야.

6번 줄 plot( )은 그래프를 가상으로 그려주기만 해. 따라서 실제로 화면에 보여주기 위해서는 show( ) 함수를 호출해야만 해.

이번에는 x, y 값에 따라 그래프만 그려봤는데, 다음에는 x축 이름, y축 이름, 범례 등을 추가해서 그래프 다운 그래프를 만들어 보자.

3줄 요약

- ☑ 그래프를 그리기 위해서 많이 사용하는 모듈은 matplotlib.pyplot 모듈이다.
- ☑ matplotlib.pyplot 모듈은 관례적으로 plt라는 애칭을 사용한다.
- ☑ plot( )은 데이터를 그래프로 그려주는 함수이다.

PROJECT 5-2

P·Y·T·H·O·N

그래프 그리기 :

2. 그래프에 필요한 표식 설정하기

〔핵심내용〕 그래프에 필요한 x축, y축 라벨과 제목을 설정할 수 있다.

```
project_5-2

import matplotlib.pyplot as plt

x = [1, 2, 3, 4, 5]
y = [4, 5, 6, 7, 6]

x1 = [1, 2, 3, 4, 5]
y1 = [2, 4, 7, 4, 3]

plt.plot(x, y)
plt.plot(x1, y1)
plt.xlabel('x')
plt.ylabel('y')
plt.title('Graph')
plt.show()
```

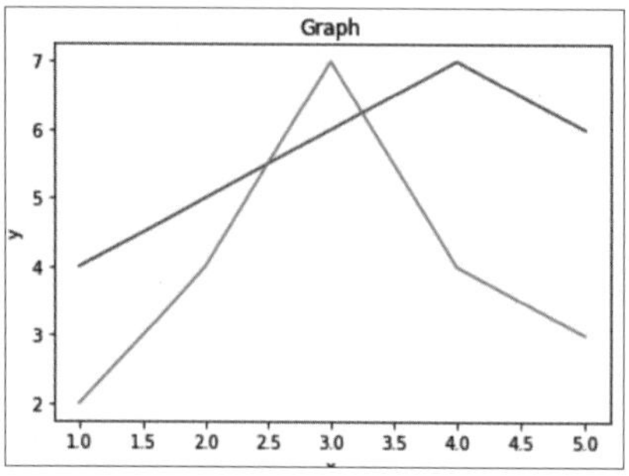

이번에는 그래프에 필요한 표식들을 삽입하면서 추가 그래프를 그려보자.

3번 줄	matplotlib.pyplot을 임포트했어.
5번, 6번 줄	11번 줄에서 출력할 x, y 좌표값들이야. 이번에는 리스트 변수로 만들었어.
8번, 9번 줄	추가로 그릴 직선 그래프의 x, y 좌표값들을 각각 x1, y1에 저장했어.
11번, 12번 줄	리스트 변수 x, y와 x1, y1에 저장된 값으로 그래프를 그리라는 명령이야.
13번, 14번 줄	차트의 x축 라벨과 y축 라벨을 입력하는 부분이야.
15번 줄	차트의 제목을 추가하는 코드야.
16번 줄	가상으로 설정된 위의 내용들을 실제로 화면에 보여주기 위해 show( ) 함수는 마지막에 명령해 줘.

3줄 요약

- ☑ 한 차트에 여러 그래프를 작성할 수 있다.
- ☑ xlabel( ), ylabel( ), title( )은 각각 x축 라벨, y축 라벨, 차트 제목을 표시한다.

PROJECT 5-3

P·Y·T·H·O·N

그래프 그리기 :
3. 일차함수 그리기

〔핵심내용〕 그래프에 필요한 x축, y축 라벨과 제목을 설정할 수 있다.

```
project_5-3

import matplotlib.pyplot as plt
from pylab import axis

x = [0, 1, 2, 3, 4, 5]
def f(x):
    '''y 좌표(일차함수 y=x+1) 구하기'''
    y = []
    for num in x:
        y.append(num + 1)
    return y

plt.plot(x, f(x))
axis(xmin=0, xmax=5, ymin=0, ymax=7)
plt.xlabel('x')
plt.ylabel('y')
plt.title('linear function')
plt.show()
```

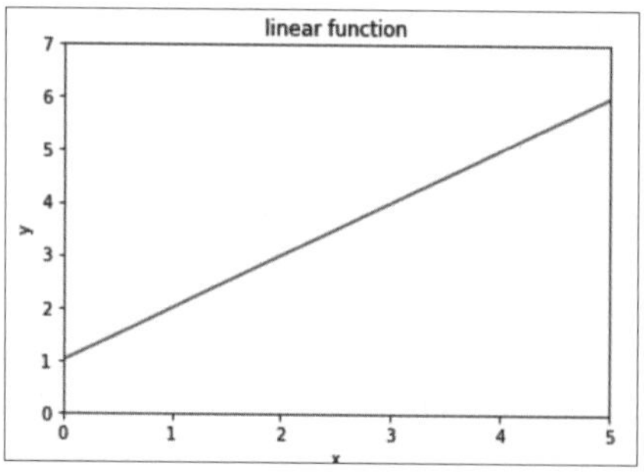

f(x) = x + 1이라는 일차함수를 그래프로 그려보려고 해. 이전까지는 그래프에 그려질 x 값과 이에 대응하는 y 값을 직접 리스트 변수로 지정해 줬잖아? 이번에는 x 값은 그대로 지정해 주는 대신 y 값은 함수를 통해 얻은 값을 리스트로 만들어 보려고 해.

4번 줄	새로운 모듈을 추가했어. pylab 모듈의 axis 함수를 추가했는데, 이것은 15번 줄에서 차트의 x 좌표와 y 좌표 범위를 지정해 주기 위한 것이야.
6번 줄	함수의 x값을 지정하고
7번 줄	함수 이름을 f라고 짓고, 리스트 변수 x를 입력했어. 이 함수는 리스트 변수인 y를 리턴하는데 여기에 x에 대응하는 y 값들을 저장하려고 해.
9번 줄	빈 리스트 y를 만들고,
10번, 11번 줄	입력된 각 x값에 대해서 num+1 값을 리스트에 추가하는 거야.
12번 줄	10번의 for문에서 x에 대응하는 값들을 완성한 리스트 변수 y를 돌려주는 거야.
14번 줄	plot( ) 함수의 y값 자리에 f( ) 함수 호출 코드를 넣었어. 그러면 함수 호출 후 리턴되는 y 값들이 자리하겠지?
15번 줄	axis( ) 함수는 실행 화면에서 보는 것처럼 차트의 x축 범위와 y축 범위를 지정해 주는 거야. 이것을 설정하지 않으면 그래프가 생기는 범위에 딱 맞는 그래프만 그려주거든.
18번 줄	차트 제목을 'linear function'으로 작성하고 실행해 봐.

3줄 요약

- 일차함수의 값을 구해주는 파이썬 함수를 직접 구현할 수 있다.
- 파이썬 함수의 리턴값을 plot( ) 함수의 인수로 넣는다.
- pylab 모듈의 axis( ) 함수는 차트의 x, y 좌표 범위를 설정해 준다.

PROJECT 5-4

P·Y·T·H·O·N

그래프 그리기 :
4. 이차함수 그리기

〔핵심내용〕 이차함수를 위한 파이썬 함수를 작성할 수 있다.

```
project_5-4

import matplotlib.pyplot as plt
from pylab import axis
import numpy as np

x = np.arange(-5, 5, 0.01)
def f(x):
    '''y 좌표(이차함수 y = x**2 + 3*x + 1) 구하기'''
    y = []
    for num in x:
        y.append(num**2 + 3*num + 1)
    return y

plt.plot(x, f(x))
axis(xmin=-5, xmax=5, ymin=-3, ymax=40)
plt.xlabel('x')
plt.ylabel('y')
plt.title('quadratic function')
plt.show()
```

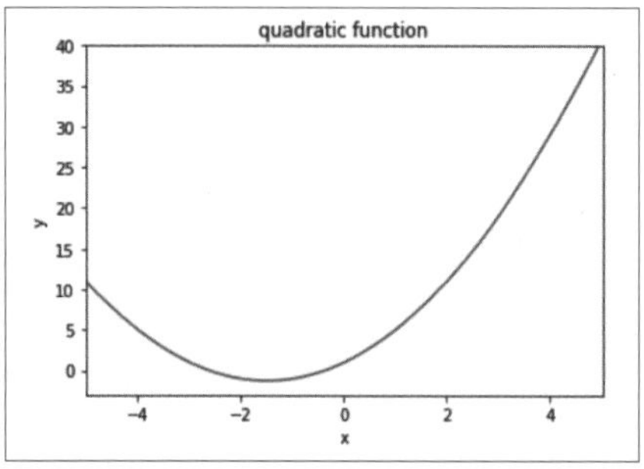

$f(x) = x^2 + 3x + 1$이라는 이차함수를 그래프로 그려볼게.

5번 줄 새로운 모듈을 추가했어. 과학 계산에 필요한 기능들이 많은 numpy 모듈인데, 7번 줄에서 x 값을 설정할 때 사용하기 위한 거야. 프로그래머들은 numpy 모듈을 주로 np라는 별명으로 사용해. 우리도 np라는 이름을 사용하자.

7번 줄 이전까지는 x 값을 정수로 입력했는데, 이차함수가 곡선이다 보니 정수를 넣으면 각진 그래프가 생겨. 그래서 더 촘촘하게 x 값을 설정하기 위해 numpy 모듈의 arange( ) 함수를 사용하려는 거야. 사용법은 range( ) 함수와 같아.

numpy.arange(시작값, 끝값, 증감값)
−5부터 5까지 0.01 단위로 구성된 배열을 얻을 수 있게 돼.
array([−5, −4.99, −4.98, ..., 4.98, 4.99])

8번~13번 줄 함수 이름을 f 라고 짓고, 파이썬 함수 f(x)를 만들었어. 이 함수가 일차함수와 달라진 것은 12번 줄의 함수식 뿐이야.

15번 줄 plot( ) 함수를 이용해 그래프를 그리는데, x와 y값에 해당하는 f(x)를 전달했어.
16번 줄 axis( ) 함수를 이용해서 차트의 x 값 범위와 y 값 범위를 적절하게 지정해 주고
19번 줄 차트의 제목을 'guadratic function'으로 수정한 후 실행해 봐.

3줄 요약

- ☑ 이차함수의 값을 구해주는 파이썬 함수를 직접 구현할 수 있다.
- ☑ numpy 모듈은 수학 계산 관련 모듈이다.
- ☑ numpy.arange( )의 사용법은 range( )와 같다.

P·Y·T·H·O·N

Chapter

10

부록

- 문자열 관련 메서드
- 리스트(list) 관련 메서드
- 튜플(tuple) 관련 메서드
- 집합(set) 관련 메서드
- 사전(dict) 관련 메서드
- Turtle 모듈에서 사용되는 컬러 상수
- 예외의 종류
- 구글 코랩 이외의 파이썬 개발 환경 구축하기

< 문자열 관련 메서드 >

참고: https://docs.python.org/3/library/stdtypes.html#string-methods

메서드	설명	리턴값
capitalize()	문자열의 첫 문자를 대문자로 바꾼 문자열을 돌려준다.	문자열
center(width, fillchar)	width를 총 길이로 갖고 가운데 정렬된 문자열을 돌려준다.	문자열
endswith(suffix, beg=0, end=len(string))	문자열의 끝이 suffix로 끝나면 참, 그렇지 않으면 거짓을 돌려준다. 문자열내 시작과 끝 구간의 문자열로도 가능하다.	문자열
expandtabs(tabsize=8)	문자열 내에 있는 특수 문자열 '₩t'를 지정한 숫자 크기의 공백으로 대체한다.	문자열
find(str, beg=0 end=len(string))	문자열 내에 str 문자열이 있으면 위치를 알려주고, 없으면 -1을 돌려준다.	문자열
index(str, beg=0, end=len(string))	find() 메서드와 같지만, str 문자열이 문자열 내에 존재하지 않으면 오류를 발생시킨다.	문자열
isalnum( )	문자열 내에 최소 한 개 이상의 문자형 숫자가 있으면 참, 그렇지 않으면 거짓을 돌려준다.	부울값
isalpha( )	문자열 내에 최소 한 개 이상의 영문자가 있으면 참, 그렇지 않으면 거짓을 돌려준다.	부울값
isdecimal( )	문자열이 숫자로만 구성되어 있으면 참, 그렇지 않으면 거짓을 돌려준다.	부울값
isdigit( )	문자열이 숫자로만 구성되어 있으면 참, 그렇지 않으면 거짓을 돌려준다.	부울값
islower( )	문자열 내의 모든 문자가 소문자이면 참, 그렇지 않으면 거짓을 돌려준다.	부울값
isnumeric( )	문자열이 숫자로만 구성되어 있으면 참, 그렇지않으면 거짓을 돌려준다.	부울값
isspace( )	문자열이 전부 공백으로만 구성되어 있으면 참, 그렇지 않으면 거짓을 돌려준다.	부울값
istitle( )	문자열 내 모든 단어들이 첫 문자가 대문자로 되어 있으면 참, 그렇지 않으면 거짓	부울값
isupper( )	문자열 내의 모든 문자가 대문자이면 참, 그렇지 않으면 거짓을 돌려준다.	부울값
join(seq)	괄호 안의 seq들이 문자열을 구분자로 한 새로운 문자열을 만들어 돌려준다.	부울값
len(string)	문자열의 길이를 돌려준다.	부울값
ljust(width[, fillchar])	문자열의 길이를 width로 확장할 때 추가된 길이는 fillchar로 채운 좌측 정렬된 문자열을 돌려준다.	부울값
lower( )	모든 대문자를 소문자로 변경한 문자열을 돌려준다.	문자열
lstrip( )	문자열에서 왼쪽 공백을 제거한 문자열을 돌려준다.	문자열
max(str)	문자열 내에서 가장 값이 큰 문자를 돌려준다.	문자열
min(str)	문자열 내에서 가장 값이 작은 문자를 돌려준다.	문자열
replace(old, new [, max])	old 문자를 new 문자로 대체한 문자열을 돌려준다. max가 주어지면 주어진 숫자만큼만 대체한다.	문자열
rfind(str, beg=0,end=len(string))	find( ) 메서드와 같지만, 문자열의 끝에서부터 거꾸로 찾는다.	문자열
rindex(str, beg=0, end=len(string))	index( ) 메서드와 같지만, 문자열의 끝에서부터 거꾸로 찾는다.	문자열

< 리스트(list) 관련 메서드 >

메서드	설명	리턴값
list.index(obj)	리스트에서 obj 객체가 위치한 가장 첫 번째 인덱스를 리턴한다.	인덱스 리턴, 값이 없으면 오류 발생
list.append(obj)	리스트에 obj 객체를 추가한다.	리턴값은 없고 리스트만 갱신
list.insert(index, obj)	리스트의 index 위치에 obj 객체를 삽입한다.	리턴값은 없고 리스트만 갱신
list.extend(obj)	리스트에 obj 객체를 추가한다.	리턴값은 없고 리스트만 갱신
list.sort( )	리스트를 구성하는 항목들을 정렬한다.	리턴값은 없고 리스트 내부를 정렬
list.reverse( )	리스트를 구성하는 항목들을 거꾸로 정렬한다.	리턴값은 없고 리스트 내부를 정렬
list.pop( )	리스트의 맨 마지막 항목을 리턴하고 삭제한다.	삭제된 항목을 리턴
list.remove(obj)	리스트에서 obj 객체를 삭제한다.	리턴값은 없고 리스트만 갱신
list.count(obj)	리스트에서 obj 객체가 몇 개 있는지 알려준다.	obj 객체의 개수를 리턴

< 튜플(tuple) 관련 메서드 >

메서드	설명	리턴값
tuple.count(obj)	튜플에서 obj 객체가 몇 개 있는지 알려준다.	obj 객체의 개수를 리턴
tuple.index(obj)	튜플에서 obj 객체가 위치한 가장 첫 번째 인덱스를 리턴한다.	인덱스 리턴, 값이 없으면 오류 발생

< 집합(set) 관련 메서드 >

메서드	연산자	설명	리턴값
set.add(obj)		집합에 obj 객체를 추가한다.	리턴값은 없고 집합만 갱신
set.update(obj1, obj2)		집합에 여러 객체를 추가한다.	리턴값은 없고 집합만 갱신
set.pop( )		집합에서 임의의 한 항목을 리턴하고 집합에서 삭제한다.	삭제된 항목을 리턴
set.discard(obj)		집합에서 obj 객체를 삭제한다. 삭제하려는 객체가 집합에 없어도 오류를 발생시키지 않는다.	리턴값은 없고 집합만 갱신
set.remove(obj)		집합에서 obj 객체를 삭제한다. 삭제하려는 객체가 집합에 없으면 오류가 발생한다.	리턴값은 없고 집합만 갱신
set.clear( )		집합의 모든 항목을 삭제한다.	리턴값은 없고 집합을 빈 집합으로 갱신
set.union(set)			집합과 set 집합의 합집합을 구한다.	합집합을 리턴

메서드	연산자	설명	리턴값
set.intersection(set)	&	집합과 set 집합의 교집합을 구한다.	교집합을 리턴
set.difference(set)	−	집합에서 set 집합의 차집합을 구한다.	차집합을 리턴
set.symmetric_difference(set)	^	집합과 set 집합의 대칭차집합을 구한다.	대칭차집합을 리턴
set.issubset(set)	〈=	집합이 set 집합의 부분집합인지 알려준다.	부분집합이면 True, 아니면 False를 리턴
set.issuperset(set)	〉=	집합이 set 집합을 포함하는지 알려준다.	포함하면 True, 아니면 False를 리턴

< 사전(dict) 관련 메서드 >

메서드	설명	리턴값
dict.get(key)	키에 해당하는 값을 돌려준다.	키에 대응하는 값을 리턴
dict.pop(key, [default])	해당 key가 사전에 있으면 대응하는 값을 돌려주고 원본 사전에서 해당 항목을 삭제한다. 만약 사전에 key가 없으면 지정해둔 default를 리턴함. 이때 default를 지정하지 않았다면 에러가 발생한다.	사전에 키가 있으면 대응하는 값을 리턴. 키가 없으면 default를 리턴
dict.popitem( )	사전에서 임의의 항목을 돌려주고 원본 사전에서 해당 항목을 삭제한다.	임의의 항목을 리턴
dict.clear( )	사전의 모든 항목을 삭제한다.	리턴값은 없고 사전을 빈 사전으로 갱신
dict.copy( )	사전의 복사본을 만든다.	복사된 새로운 사전을 리턴
dict.fromkeys(seq)	seq를 키로 하는 새로운 사전을 생성한다.	seq 항목을 키로 갖는 사전을 리턴
dict.items( )	사전의 키와 값을 dict_items 형태로 돌려준다.	dict_items 형태로 리턴
dict.keys( )	사전의 키들만 dict_keys 형태로 돌려준다.	dict_keys 형태로 리턴
dict.update(dict2)	다른 사전 변수의 항목을 추가한다.	리턴값은 없고 사전만 갱신
dict.values( )	사전의 값들만 dict_values 형태로 돌려준다.	dict_values 형태로 리턴

< Turtle 모듈에서 사용되는 컬러 상수 >

컬러 상수	RGB	설명	관련된 컬러 상수
red	(255, 0, 0)	빨간색	darkred
green	(0, 255, 0)	초록색	darkgreen, greenyellow
blue	(0, 0, 255)	파란색	blue1, blue2, blue3, blue4, blueviolet, lightblue, darkblue
yellow	(255, 255, 0)	노란색	yellow1, yellow2, yellow3, yellow4, lightyellow, yellowgreen
black	(0, 0, 0)	검은색	
white	(255, 255, 255)	흰색	whitesmoke
brown	(165, 42, 42)	갈색	brown1, brown2, brown3, brown4

컬러 상수	RGB	설명	관련된 컬러 상수
azure	(240, 255, 255)	하늘색	azure1, azure2, azure3, azure4
cyan	(0, 255, 255)	청록색	cyan1, cyan2, cyan3, cyan4, darkcyan, lightcyan
gray(또는 grey)	(128, 128, 128)	회색	gray1 ~ gray100, darkgray, lightgray,
chocolate	(210, 105, 30)	초콜릿색	chocolate1, chocolate2, chocolate3, chocolate4
orange	(255, 200, 0)	오렌지색	orange1, orange2, orange3, orange4, orangered, orangered1, orangered2, orangered3, orangered4, darkorange
pink	(255, 175, 175)	분홍색	pink1, pink2, pink3, pink4, deeppink, deeppink1, deeppink2, deeppink3, deeppink4, lightpink
gold	(255, 215, 0)	금색	gold1, gold2, gold3, gold4
purple	(160, 32, 240)	자주색	purple1, purple2, purple3, purple4
violet	(238, 130, 238)	보라색	violetred, violetred1, violetred2, violetred3, violetred4

< 예외의 종류 >

참고: https://docs.python.org/3/library/exceptions.html

예외의 종류	설명
Exception	모든 내장 예외의 기본이 되는 클래스. 사용자 정의 예외를 만들 때 이 클래스를 상속받아 구현함
ArithmeticError	
BufferError	
LookupError	

[다른 예외의 기본이 되는 예외 클래스]

예외의 종류	설명
AssertionError	assert문에서 발생한 에러
AttributeError	
EOFError	input() 함수에 EOF 입력되면 발생
FloatingPointError	
GeneratorExit	
ImportError	import문에서 발생한 에러
IndexError	인덱스 범위를 벗어날 때 발생
KeyError	
KeyboardInterrupt	사용자가 Ctrl + C / Del 키를 누를 때 발생
MemoryError	
NameError	유효하지 않은 이름을 접근할 때 발생

예외의 종류	설명
NotImplementedError	
OSError	
OverflowError	연산 결과 자료형이 담을 수 있는 범위를 벗어났을 때 발생
RecursionError	재귀가 허용된 최대 횟수를 넘었을 때 발생
ReferenceError	
RuntimeError	프로그램 실행 중 발생한 분류할 수 없는 에러
StopIteration	
StopAsyncIteration	
SyntaxError	구문 에러
IndentationError	들여쓰기 에러
TabError	
SystemError	
SystemExit	
TypeError	자료형과 관련된 에러
UnboundLocalError	
UnicodeError UnicodeEncodeError UnicodeDecodeError UnicodeTranslateError	유니 코드와 관련된 에러
ValueError	변수의 값이 적절하지 않을 때 발생
ZeroDivisionError	나누기 연산에서 0으로 나눌 때 발생

[실제 발생하는 예외 클래스]

< 구글 코랩 이외의 파이썬 개발 환경 구축하기>

개정판에서는 구글 코랩 노트북 환경에서 코딩하는 것을 기준으로 설명을 하고 있어. 이 책을 처음 집필하던 2016년엔 온라인 환경이 거의 없었고 직접 파이썬을 설치해야만 했는데 이제는 온라인에서 코딩할 수 있고, 집이나 학교, 카페 등에서 언제든지 접속하고 공부할 수 있지.
만약, 내 컴퓨터에 직접 코딩 환경을 구축하고 코딩하고 싶다면 아래 방법을 따라해 보도록 해.
일단, 파이썬 코딩 환경을 구축하는 가장 기본적인 방법은 파이썬 공식 홈페이지(https://www.python.org/)에서 최신 파이썬을 다운받아 설치하는 것이지만 추천하지 않아. 이걸 설치하면 이 책의 코드를 따라하는 데는 문제가 없어. 하지만, 더 많은 분야(예를 들어, 데이터 분석, 자동화 프로그래밍, 인공지능 공부 등)로 확장하고 싶다면 수많은 패키지를 설치해야 하는데 쉬운 일이 아니거든. 그래서 아나콘다를 추천해. 아나콘다를 설치하면 파이썬뿐만 아니라 여러 가지 패키지를 한꺼번에 몽땅 설치할 수 있어서 편리하거든. 아나콘다를 강력하게 권해!
그래서 부록에서는 아나콘다 + 주피터 노트북(*.ipynb)을 이용하여 코딩하는 방법과 아나콘다 + 파이참을 이용하여 파이썬 파일(*.py)을 만들어 코딩하는 방법을 소개하려고 해.

1. 아나콘다(Anaconda) 설치

:: 아나콘다 다운로드 하기

아나콘다 홈페이지(https://www.anaconda.com/)로 이동해. 이 주소를 타이핑하거나 검색 엔진에서 '아나콘다'를 입력하면 아나콘다 홈페이지를 찾을 수 있어. 그림처럼 다운로드 버튼을 클릭해 보자. 그럼 파일 다운로드(현재 버전: Anaconda3-2022.10-Windows-x86_64.exe)가 시작되면서 다운로드 페이지가 나와.

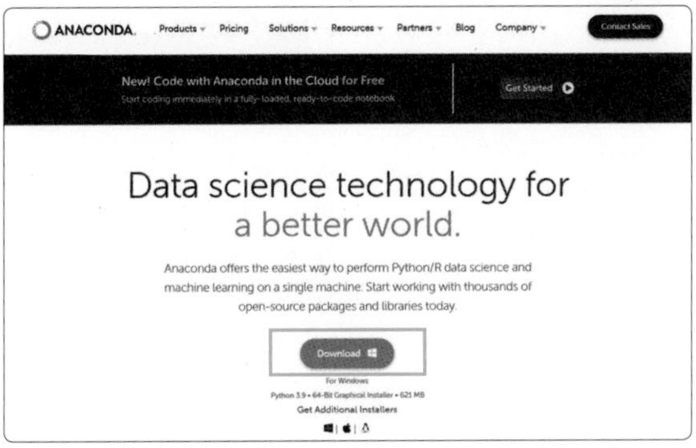

:: **아나콘다 설치하기**

❶ 설치 파일을 더블클릭하고 [Next], [I Agree] 버튼을 눌러서 진행해.

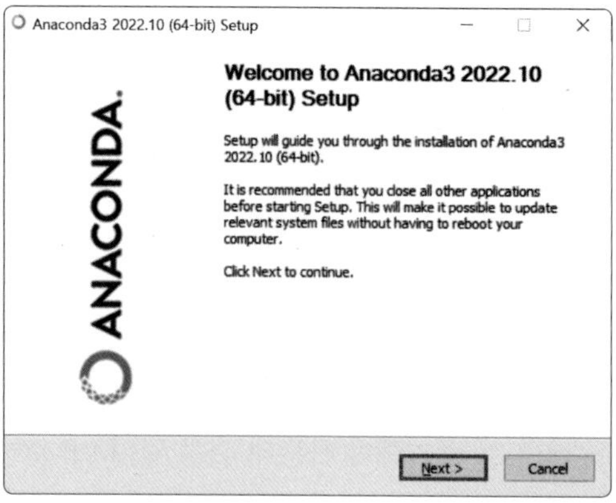

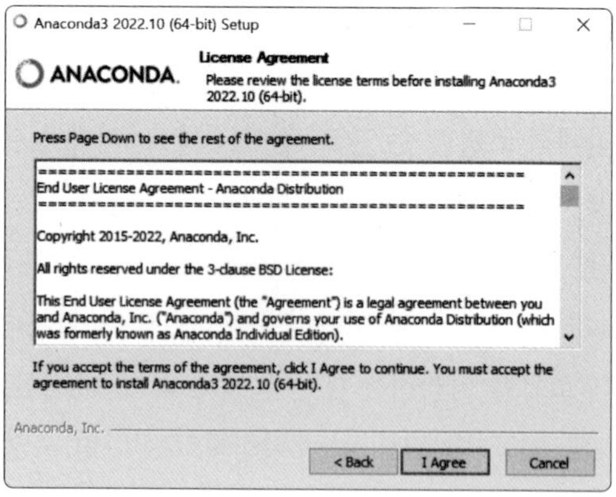

❷ [Just Me]를 선택하고

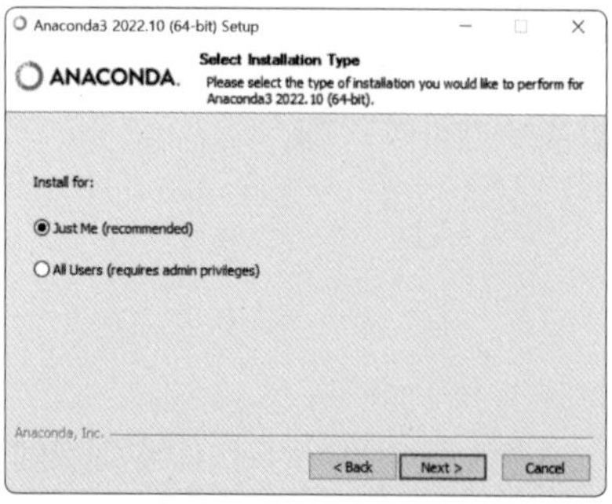

❸ 설치 경로는 그대로 두고 [Next]를 클릭해.

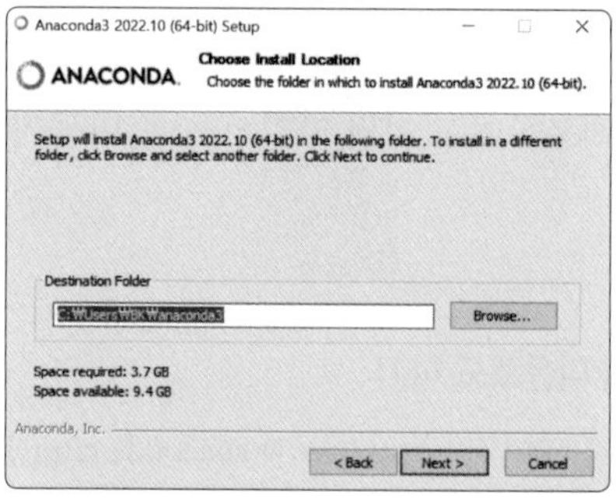

❹ 아래 화면에서 install 버튼을 눌러.

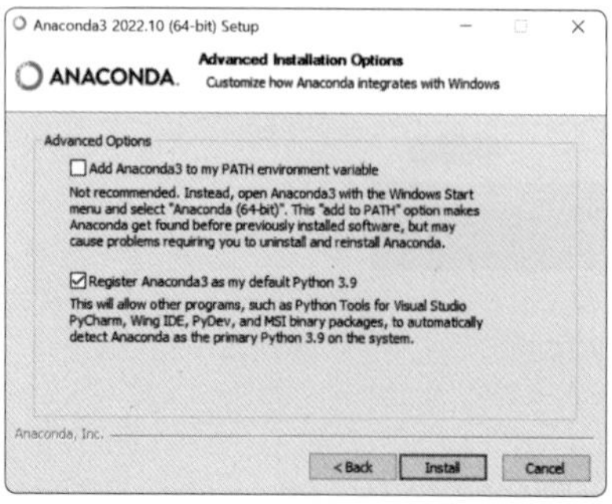

❺ 설치 진행 중...

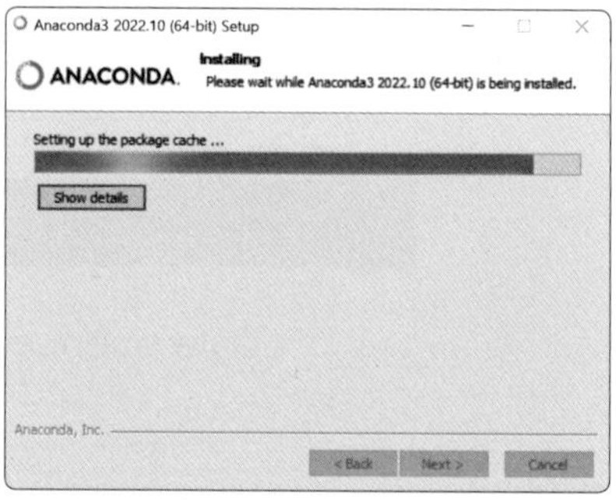

❻ 설치 끝!

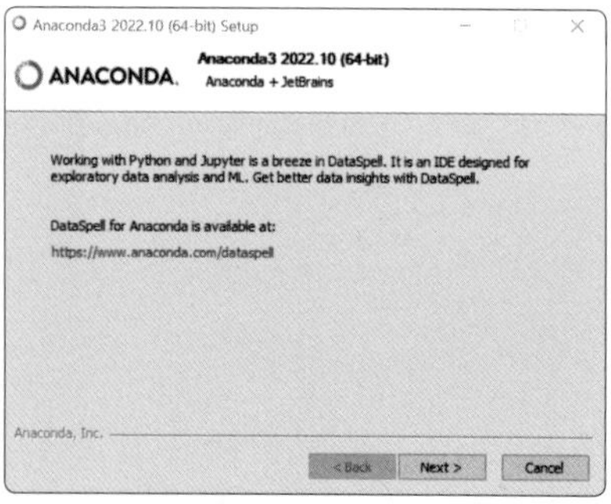

:: **아나콘다 설치 확인 테스트하기**

❶ [시작]–[프로그램]–[Anaconda3 (64–bit)]에서 [Anaconda Prompt] 실행해.

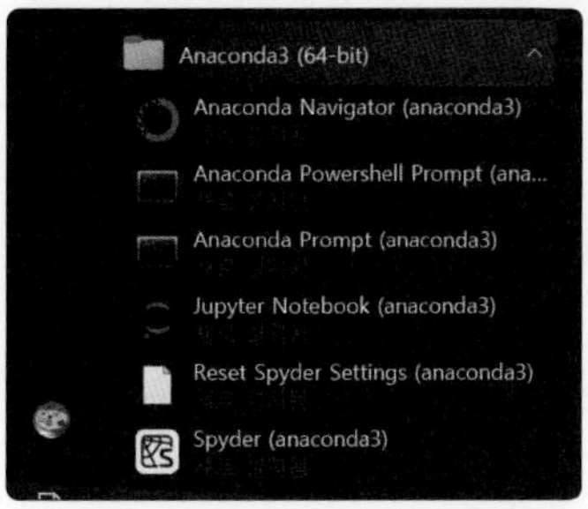

❷ Anaconda Prompt를 실행시키면 아나콘다 프롬프트 창이 나타나. 여기서 아나콘다 버전을 확인해 보자. conda — version 아래처럼 아나콘다 버전이 잘 나오면 아나콘다 잘 설치된 거야.

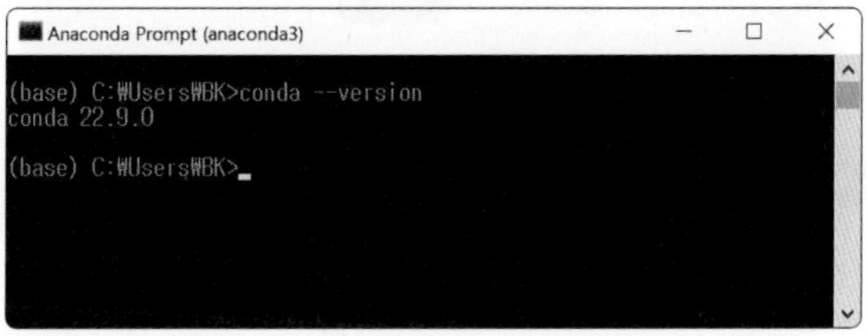

:: **아나콘다의 주피터 노트북(*.ipynb) 사용하기**

❶ 아나콘다 네비게이터 실행

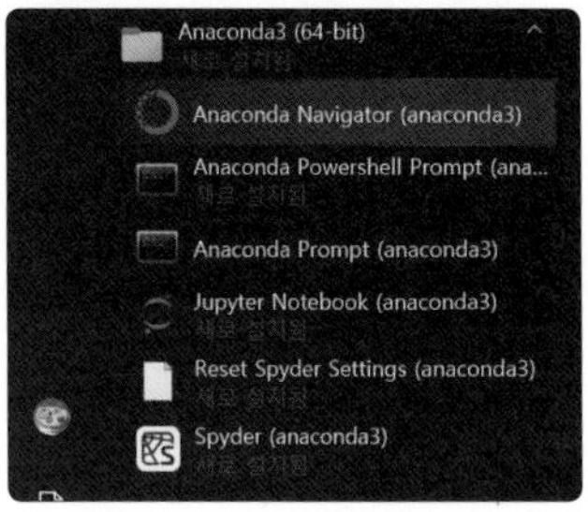

❷ 주피터 노트북 실행

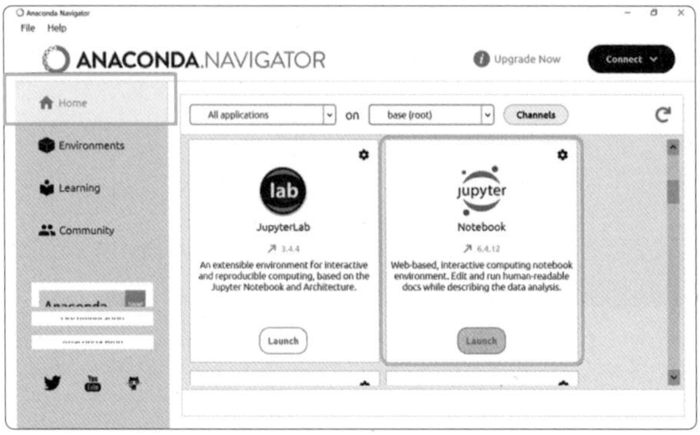

아나콘다 네비게이터(Anaconda Navigator)의 [Home]에는 다양한 앱들을 실행할 수 있어. 스크롤을 내리면 커다란 [Jupyter Notebook] 메뉴를 확인할 수 있는데, 이걸 클릭해.

❸ 주피터 노트북 화면

주피터 노트북의 메인 화면이야. 여러 폴더가 보이는데, 내 문서 폴더인 [Documents], 다운로드 폴더인 [Downloads] 폴더도 보이네.

❹ 새 노트 만들기

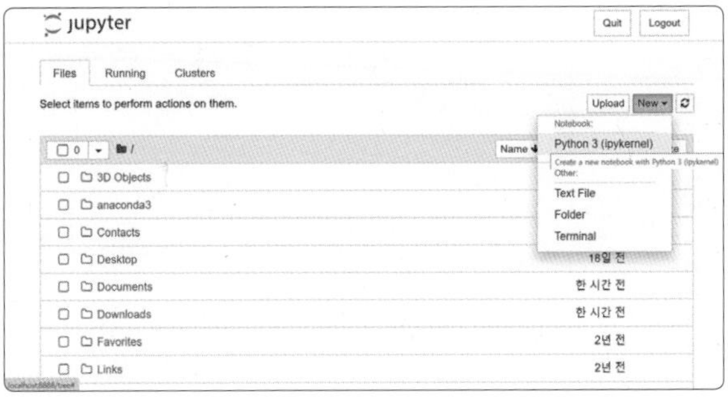

우측 상단의 [New] 버튼을 클릭하면 새 노트를 만들 수 있는 메뉴가 나오는데 그 중 첫 번째 메뉴인 [Python 3]를 선택하면 새 노트를 생성할 수 있어(그 밖에도 공부할 파일을 별도로 저장하기 위해 새로운 폴더를 만들고 싶다면 [Folder]를 이용해서 만들 수도 있지).

❺ 새 노트에서 코딩하기

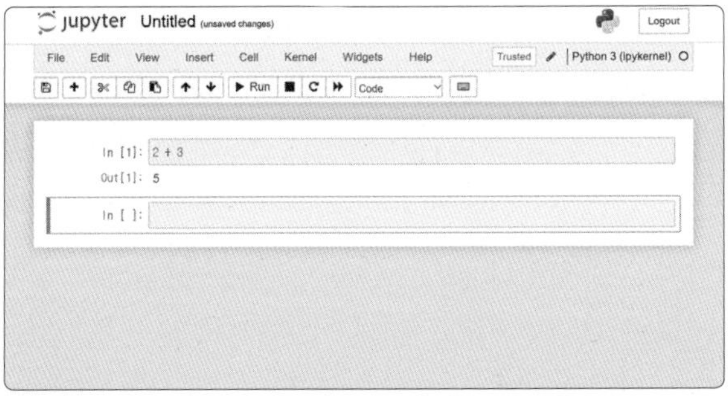

주피터 노트북에서 만든 새 노트야. 파이썬 코딩 환경이 구글 코랩과 거의 비슷해. 사실 구글 코랩은 이 주피터 노트북의 장점을 그대로 벤치마킹해서 만든 거라고 생각하면 돼. 주피터 노트북은 내 컴퓨터에서 실행되기 때문에 코랩보다는 속도가 좀 더 빠른게 장점이야. 하지만, 빅데이터를 이용한 코딩을 할 때는 GPU를 활용할 수 있는 코랩이 더 유용할거야.

❻ 내가 만든 새 노트 확인하기

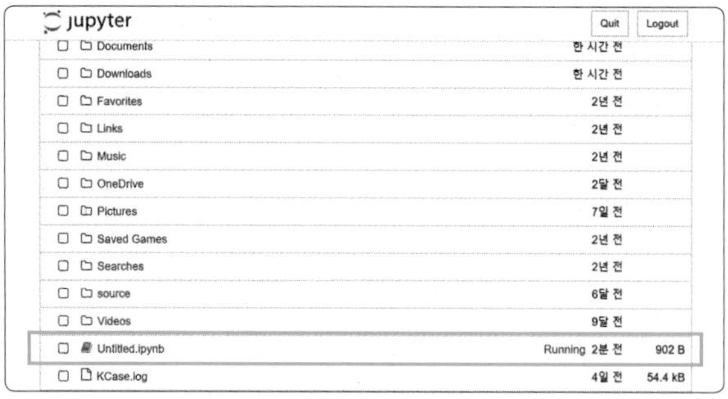

다시 주피터 노트북 화면이 있는 탭으로 돌아가서 아래로 스크롤해 보면 방금 만든 새 노트를 확인할 수 있어.

2. 파이참(PyCharm)으로 파이썬 파일(*.py) 사용하기

파이참은 무료 개발 툴로 규모가 큰 파이썬 프로그램을 만들 때 사용하면 유용해. 코랩 노트북이나 주피터 노트북은 코드 셀 단위로 코딩하고 즉시 실행 결과를 확인할 수 있다는 것이 특징이라면, 파이참은 한 화면에 모든 코드를 입력하고 한 번에 실행하는 방식이야. 특히 파이참을 설치하면 *.py 파일을 만들 수 있고, pygame 같은 그래픽 모듈을 이용한 프로그래밍도 가능하지.

:: **파이참 다운로드하기**

❶ 파이참 홈페이지

파이참 홈페이지(https://www.jetbrains.com/ko-kr/)로 이동해. 이 주소를 타이핑하거나 검색 엔진에서 '파이참'을 입력하면 파이참 홈페이지를 찾을 수 있어. 홈페이지에서 [개발자도구] 〉 [PyCharm]을 선택해.

❷ 무료인 [PyCharm Community] 버전 다운로드하기

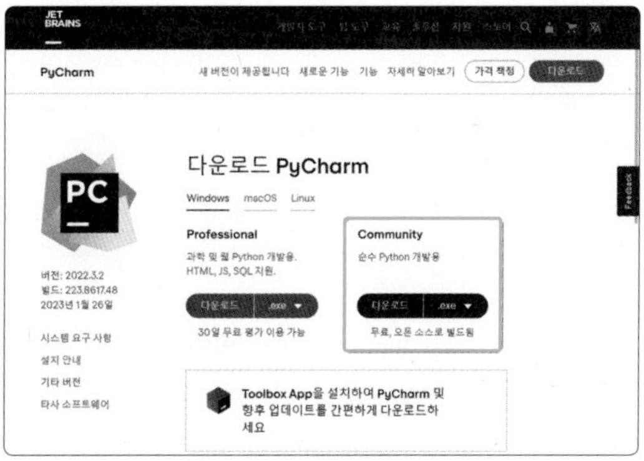

:: **파이참 설치하기**

❶ 설치 파일을 다운 받은 후 더블클릭해서 실행해.

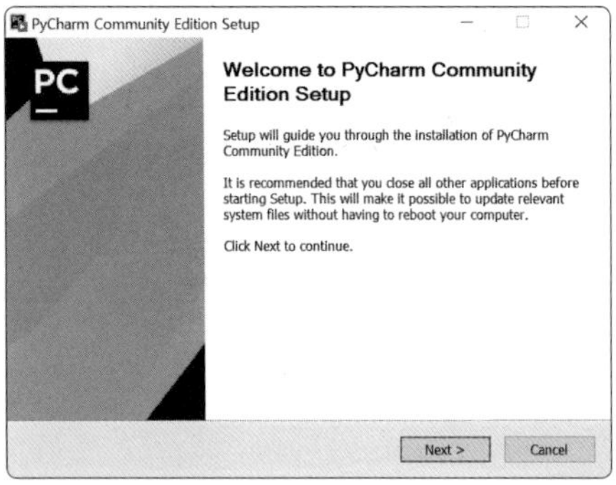

❷ 경로 설정하고

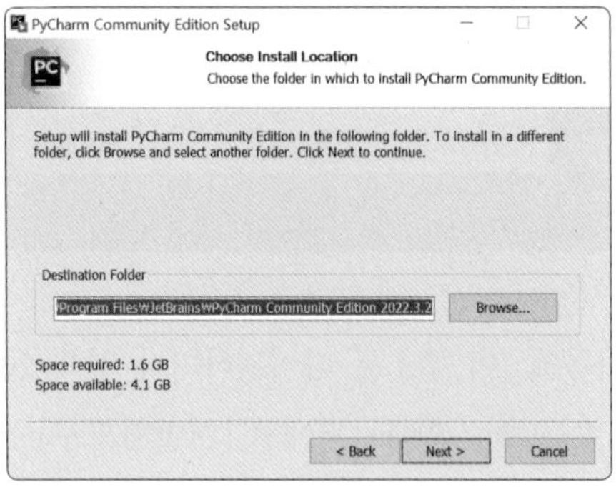

❸ 그림과 같이 모두 선택하는 것을 권장해. 그리고 다음 화면에서 [install] 누르기.

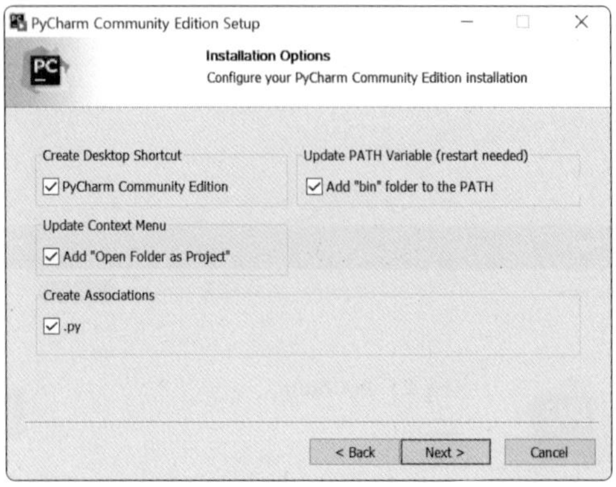

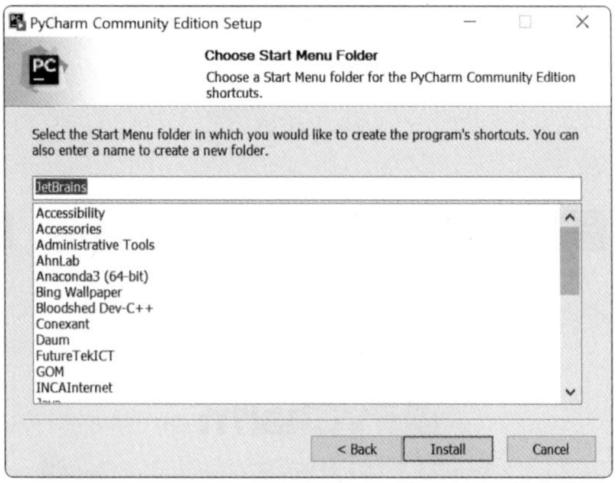

[Create Desktop Shortcut] : 바탕화면에 아이콘 생성하기

[Update PATH Variable] : 명령 프롬프트에서 PyCharm에 직접 접근하기

[Update Context Menu] : PC 내 임의의 폴더를 PyCharm에서 프로젝트 폴더로 선택한 폴더를 열 수 있도록 설정

[Create Associations] : *.py 확장자 파일을 열 수 있도록 설정

❹ 설치하고 나서, 나중에 시작을 해도 되니 바로 [Finish]를 클릭해.

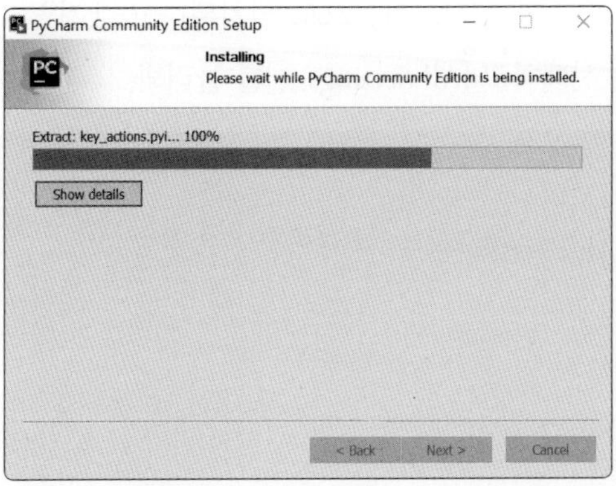

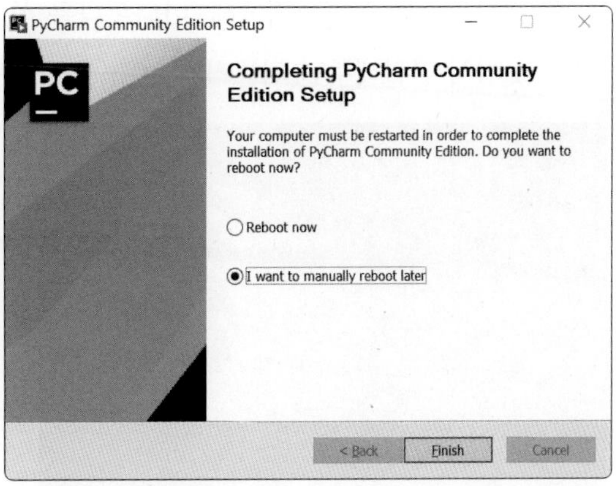

:: **파이참과 파이썬 연결하기**

❶ 바탕화면에 만들어진 아이콘이나 [시작]–[프로그램]–[JetBrains]에서 PyCharm Community Edition.. 을 실행시키면 동의서 창이 뜨는데 체크하고 [Continue] 버튼을 눌러.

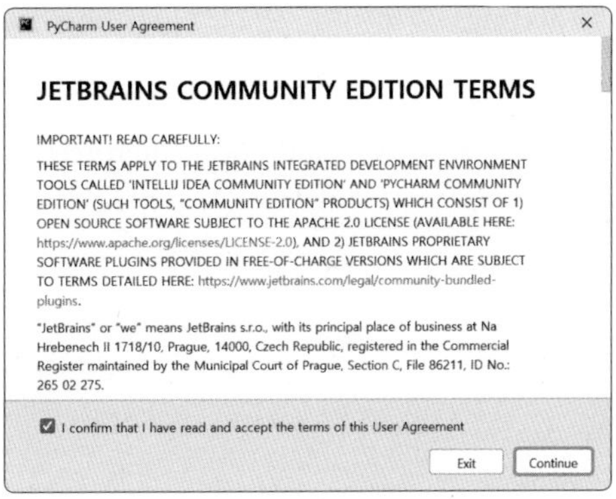

❷ Data Sharing은 JetBrains에서 프로그램 사용 통계를 수집하겠다는 내용이야. 원하지 않으면 [Don't Send], 상관없으면 [Send Anonymous Statistics]를 선택해.

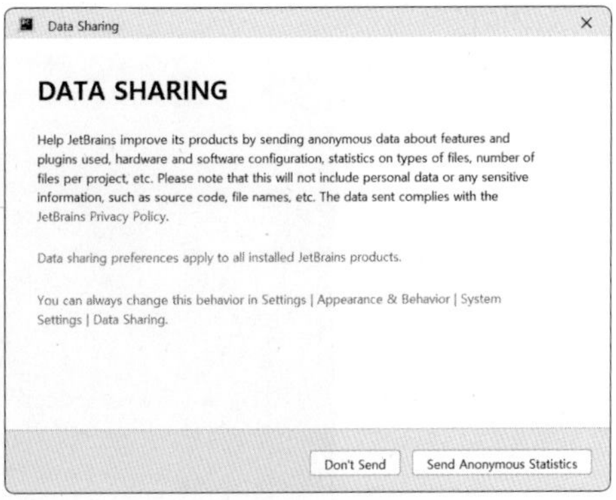

❸ 파이참의 첫 화면이야. 파이참은 코딩할 수 있는 도구만 제공해주니까 실제로 코드를 실행시키는 파이썬과 연결해줘야해. 아나콘다를 설치하면 파이썬도 자동으로 설치된다고 했지? 그걸 찾아서 연결해주면 되는거야. [Custumize]를 선택하고 [All Settings...]를 눌러봐.

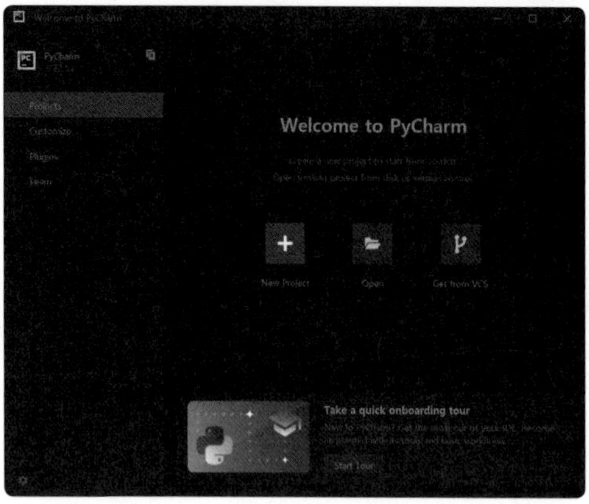

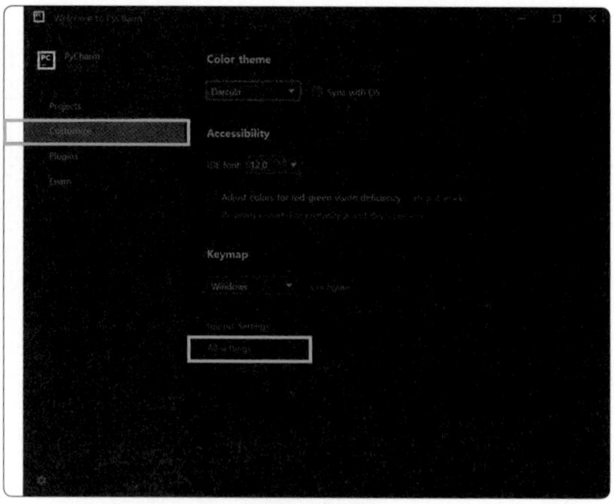

❹ Settings 화면이야. 여기서 [Python Interpreter] 화면으로 가서 [Add Interpreter]를 선택하면 바로 아래에 뜨는 [Add Local Interpreter]을 선택해.

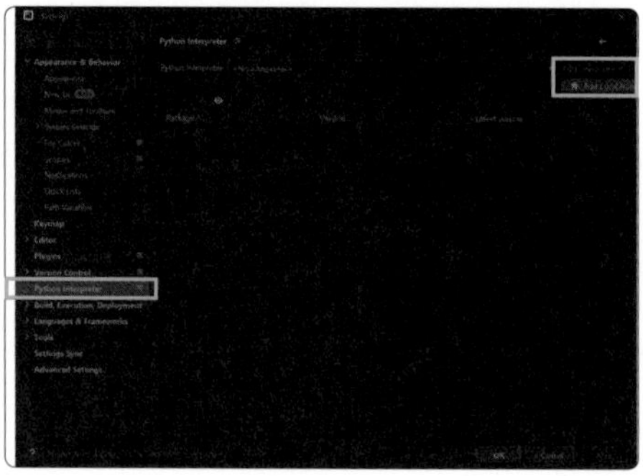

❺ 왼쪽 메뉴 [System Interpreter]에서 그림과 같이 python.exe가 설치된 경로를 설정해주고 [OK]를 클릭해. 방금 전에 아나콘다를 설치했으면 그림처럼 해당 주소가 자동으로 설정돼 있을거야.

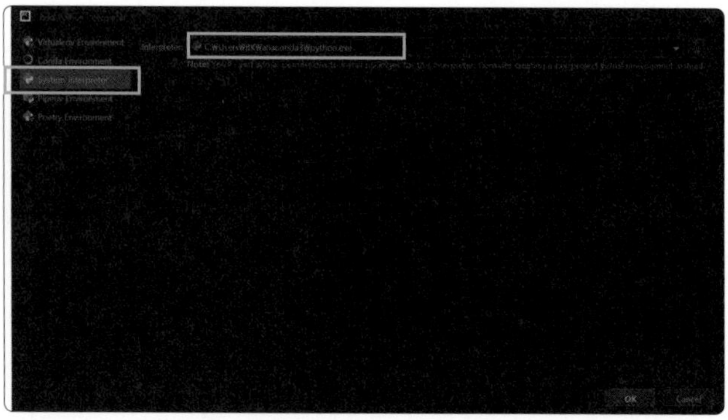

❻ 다시 Settings로 가면 파이참과 파이썬을 연결하는 과정이 진행되는데, 시간이 좀 오래 걸려. 아나콘다에 포함된 수많은 패키지들을 파이참과 연결하는 과정이니 좀 기다리면 끝날거야. 설치가 끝나면 [OK] 버튼을 누르자.

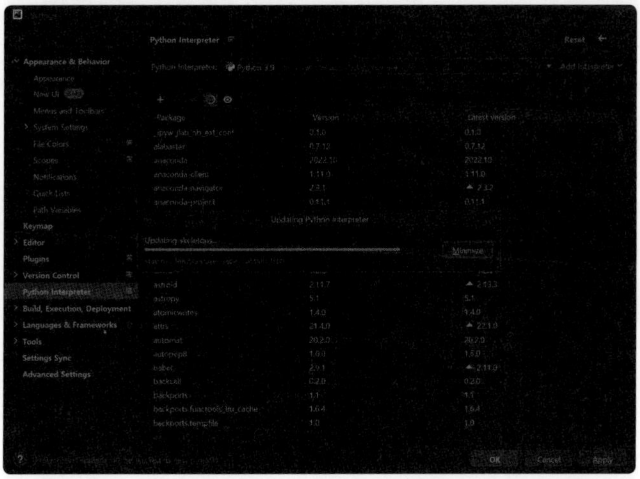

:: **파이참으로 코딩하기**

❶ 파이참을 실행하면 [Projects]에서 [New Project]를 선택해.

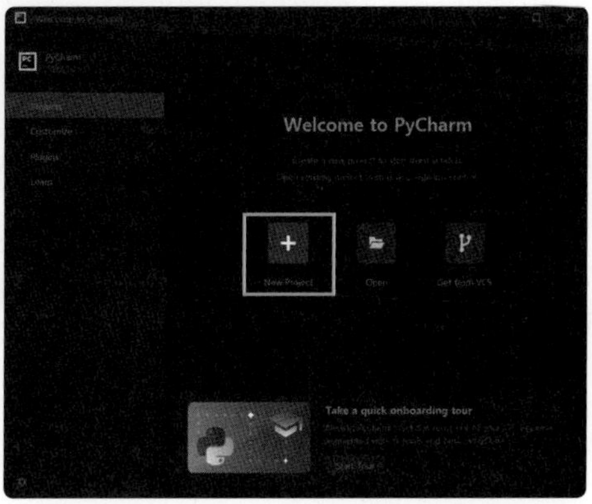

❷ 맨 위의 새 프로젝트가 생성되는 폴더 주소를 확인하고, [Previously configured interpreter]를 선택한 다음, [Create]를 클릭해.

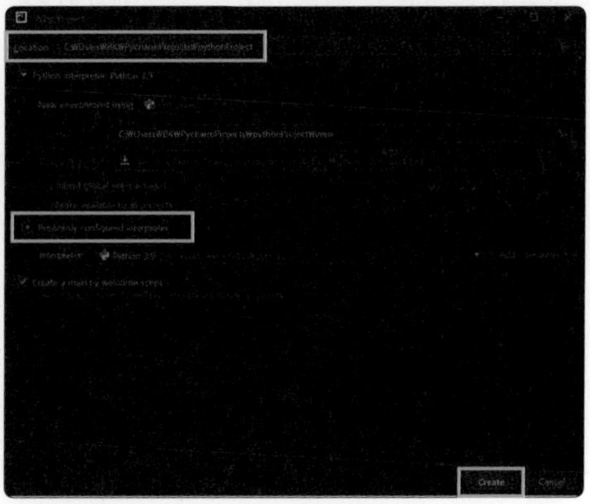

❸ main.py 라는 기본 코드가 보일 거야. 지워도 상관없지만, 여기서는 한번 이 코드를 가지고 실행해볼게. print(2+3) 코드를 추가해보는 것도 좋아. 그리고 우측 상단에 실행 버튼을 눌러.

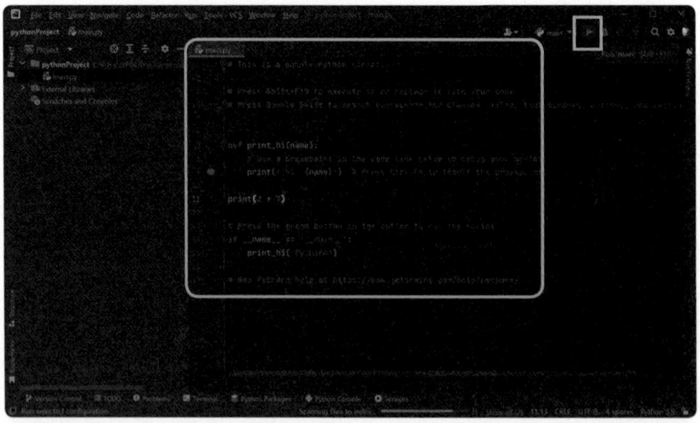

❹ 파이참의 하단에 새로운 창이 생기는데 여기가 실행 결과 창이야. 여기에 실행 결과가 나타나지.

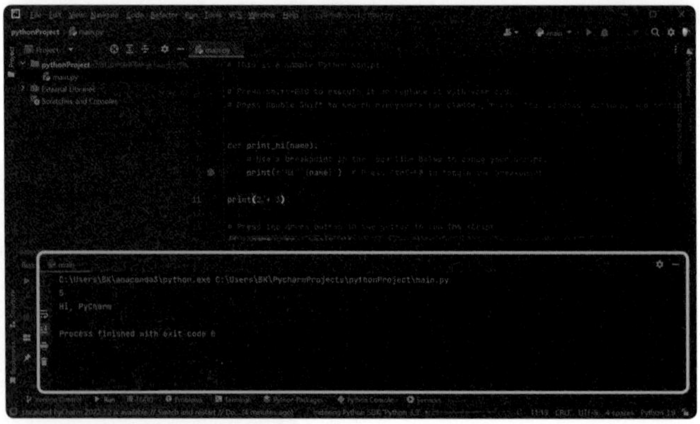

❺ 새로운 파일을 만들 때는 왼쪽 프로젝트에서 마우스 오른쪽 버튼 누르고, [New] 〉 [Python File]을 선택해. 새로 뜬 창에서 파이썬 파일명(예를 들면, section_100.py)을 입력하고 Enter 키를 눌러.

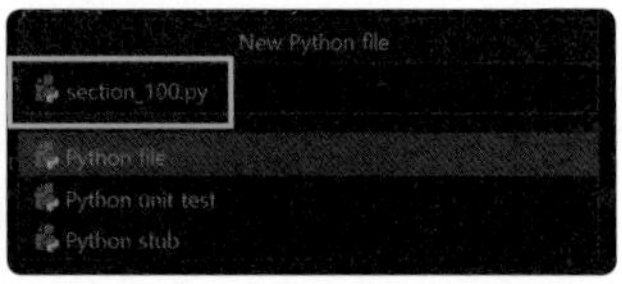

❻ 그러면 이 프로젝트에 새 파이썬 파일이 추가된 것을 확인할 수 있어.

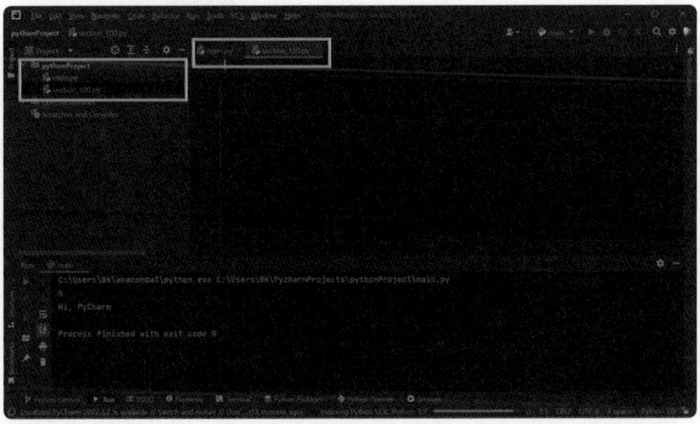

박병기

초등학교 때 학교 실습실에서 처음 접한 컴퓨터에 흠뻑 빠져 어머니를 졸라 무작정 컴퓨터 학원에 등록하여 BASIC 언어를 배우면서 프로그래밍 언어의 세계로 들어섰다. 이후 한국교원대 컴퓨터 교육과와 교육대학원 영재 교육 석사 과정을 거쳐 현재 서울과학고등학교에 재직하면서 서울 남부교육청, 강동 송파교육청 정보영재원에서 학생들을 대상으로 스크래치, C언어, 자바 등의 프로그래밍 언어를 가르치다가 배우기 쉽고 간결한 문법을 가진 파이썬에 매력을 느껴 몰두하고 있는 중이다.

저서로는 컴퓨터일반, 정보과학, 컴퓨터 과학Ⅱ 교과서와 IT 단행본으로 '재미있는 알고리즘으로 배우는 스크래치 2.x'(아티오 출판사), 'OK! click 엑셀 & 파워포인트'(교학사)가 있다.

*소스 코드 다운 :
소스 코드는 아티오(www.atio.co.kr) 자료실에서 다운받으시면 됩니다.

박쌤과 함께 코딩의 기본기를 채울 수 있는

다양한 예제로 배우는 파이썬 개정판

2017년 1월 30일 초판 발행
2023년 4월 10일 개정판 인쇄
2023년 4월 20일 개정판 발행

펴낸이 | 김정철
펴낸곳 | 아티오
지은이 | 박병기
마케팅 | 강원경
표 지 | 박효은
편 집 | 이효정
전 화 | 031-983-4092~3
팩 스 | 031-696-5780
등 록 | 2013년 2월 22일
정 가 | 25,000원
주 소 | 경기도 고양시 호수로 336 (브라운스톤, 백석동)
홈페이지 | http://www.atio.co.kr
내용 문의 | 저자 이메일(shinyjad@daum.net)

* atio는 Art Studio의 줄임말로 혼을 깃들은 예술적인 감각으로 도서를 만들어 독자에게 최상의 지식을 드리고자 하는 마음을 담고 있습니다.